데이터의
역사

데이터의
역사

크리스 위긴스

매튜 L. 존스

지음

노태복

옮김

**인간의 숨겨진 욕망과
권력 관계를 숨김없이 보여주는
데이터에 관한 진실**

씨마스21

차례

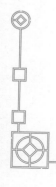

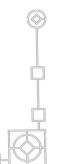

프롤로그

데이터, 그 진실과 권력의 역사

2018년 4월 어느 날 아침, 봄 햇살이 컬럼비아대학교 셔머혼홀의 한 세미나실 동쪽 창문으로 비쳐 들던 그때, 나는 칠판 앞으로 다가갔다. 정량적 구체화, 즉 실증적 관찰 결과를 그에 대응하는 수치로 변환하는 마법과도 같은 과정을 설명하기 위해서였다. 나는 아돌프 케틀레Adolphe Quetelet에 관한 이야기와 더불어 불멸의 '정규곡선normal curve'을 칠판에 그렸다. 케틀레는 스코틀랜드 병사들의 신체 측정치에 관해 자신이 얻은 데이터를 사용하여 이상적인 인간의 신체 상태를 알아내고자 했던 사람이다. 수학자들한테는 가우스곡선Gaussian curve이라고 알려진 이 곡선은 IQ 검사의 유명한 '종 곡선bell curve'으로도 잘 알려져 있으며, 데이터가 자연 현상의 실체를 밝혀내며 심지어 초월적인 실체까지도 밝혀낸다는 사실을 자연과학자들에게 알려준 곡선이기도 하다. 내가 느낀 흥분을 학생들도 함께 느꼈는지 보려고 몸을 돌려 그들의 눈을 응시했다. 한 학생이 내 시선과 마주치자 손을 들고서 물었다. "지금 페이스북에 관해 한 말씀해 주실 수 있나요?"

그날 아침, 신문과 SNS 뉴스피드에서는 지금껏 은폐되었던 모든 사실을 밝혀낼 뜨거운 불길이 워싱턴에서 곧 타오를 것이라고 알리고 있었다. 시대 문화를 뒤바꾸고 있는 실리콘밸리에 소재한 기술 기업의 불손한 CEO가 미국 상원에 불려갔다. 『뉴욕타임스』의 설명처럼, 상원의원들은 모든 시민을 대표하여 어떻게 우리 대학교 학생들을 포함해 수백만 명의 개인 데이터가 우리 사회의 정치적 과정과 개인 사생활에 관한 규범을 어기고 나쁜 목적에 악용되었는지 이해하려고 했다.[1] 의회 증언이 끝날 무렵 학생들은 선출 공무원들이 디지털 세계의 현실을 이해하는 방식과 학생들 자신이 알고리즘과 함께 자라면서 체득한 지식 사이에 얼마나 큰 간극이 있는지를 실감했다.

데이터에 관한 이야기는 경쟁으로 가득하다. 무엇이 참인지 정의하기 위한 경쟁, 데이터를 이용해 권력을 키우기 위한 경쟁, 알고리즘과 데이터를 이용해 어둠에 빛을 비추고 무력한 존재들에 힘을 실어주기 위한 경쟁 말이다. 이 책은 호기심으로 가득 찬 수많은 학생들을 가르친 경험에서 나왔다. 아울러 과학사가이자 데이터과학자로서의 개인적 경험, 그리고 한 시민으로서 알고리즘을 기반으로 하는 지금의 현실에서 살게 된 과정과 어떻게 하면 우리가 다르게 사는 길을 선택할 수 있을지 이해하려고 노력해온 경험에서 나왔다. 기술의 시대를 살아가는 모든 사용자와 개발자처럼 우리는 기술의 앞날이 어디로 향하는지, 그리고 우리가 집단적으로 그런 미래를 어떻게 만들어 나갈지를 이해하고자 했다. 이를 통해 우리는 아이디어와 기술의 이야기만이 아니라 진실과 권력의 역사도 함께 전하고자 한다.

결론적으로 우리는 케틀레의 전성기가 도래했다는 데 생각이 일치했다. 하지만 먼저 살펴봐야 할 것이 있다. 어떻게 한 무명의 벨기에 천문학자가 데이터에 관한 이야기를 가장 잘 보여주는지, 다시 말해 국가의 관심사였던 데이터와 그것을 해석하기 위한 수단들이 어떻게 대학, 군대 및 사기업의 관심사가 되었는지를 케틀레의 사례를 통해 살펴볼 것이다.

이 책에서 말하는 '데이터'란 거의 모든 분야에서 우리를 둘러싸고 있는 데이터 중심의 알고리즘에 기반한 의사결정 시스템의 축약어이다. 우리는 어떻게 데이터가 창조되고 활용되었는지와 더불어 그런 데이터를 활용해 사람들의 삶, 아이디어, 사회, 군대 운영 및 경제에 이바지하기 위해 어떻게 새로운 수학 및 계산 기법들이 경쟁적으로 개발되었는지를 탐구한다. 데이터에는 권력이 뒤따라오는데, 가령 무엇이 참인지를 규정하는 권력도 데이터를 기반으로 하고 있다. 데이터 역사의 핵심에는 기술과 수학이 있지만, 궁극적으로 그것은 국가, 기업 및 시민 간의 불안정한 게임에 관한 이야기이다.

그렇기에 그날 아침 우리는 단지 데이터만이 아니라 데이터가 중개하는 세계의 위험성에 대해서도 함께 논의했다.

데이터, 현대 사회를 이해하는 열쇠

데이터의 탄생 과정에 관한 수업을 개설하자는 생각은 2015년 11월에 시작되었다. 공학과 인문학을 공부한 컬럼비아대학교 학부생 몇 명과 평범한 저녁식사를 하며 나눈 대화가 계기였다. 그때 우리는 학생들이 데이터과학의 역사에 관심이 있다고 여겼고, 서로 연관되어 있고 보완적인 우리의 시각이 기술자는 물론이고 기술자가 아닌 이들한테도 신선한 내용이 되어 유용한 시각을 갖는 데 도움이 되리라고 생각했다. 2017년 1월에 처음으로 수업을 시작하고서 금세 깨달은 것은 학생들은 데이터가 지금의 상태에 이른 과정뿐만 아니라 데이터의 윤리와 정치를 이해하기 위한 분석적이고 활용 가능한 기틀을 찾는 데에도 관심이 있다는 것이었다.[2]

여기서 '정치'란 '투표'와 같은 좁은 의미가 아니라 '권력의 역학과 관련된'이라는 넓은 의미의 단어다. 우리의 목표는 권력, 즉 기업 권력, 국가 권력 및 시민 권력이 재조정될 때 데이터가 갖는 지속적인 역할을 이해하는 데 필요한 기본틀을 제공하는 것이다. 지난 역사적 궤적을 통해 알 수 있는 중요한 지식을 지렛대 삼아 우리는 현재의 세계를 이해할 수 있을 뿐만 아니라 미래를 결정할 수단과 도구까지 수중에 넣을 수 있다.

이 책에 관하여

모든 역사는 출발점이 있기 마련인데, 우리가 찾은 유용한 출발점은 'statistics(통계 또는 통계학)'라는 용어가 영어에 처음 도입된 18세기 말 즈음이다. 우리의 이야기는 데이터 수집의 힘겨운 노력과 데이터를 연구하기 위한 새로운 수학 및 계산 기법들의 개발 과정에 관한 이야기를 담고 있다. 데이터 수집 이야기에는 데이터를 모으고 발표하기 위한 인프라 구축에 관한 내용이 포함된다. 그리고 수학 및 계산 기법들은 데이터를 이해하고, 해당 데이터에 관한 주장들을 내놓고, 그런 주장들을 이용하여 좋은 쪽으로든 나쁜 쪽으로든 종종 사람들의 삶을 중대하게 변화시키는 의사결정을 내리는 새로운 방식이다. 각 장마다 우리는 한 가지 지적인 전환 과정과 그와 관련된 새로운 기술적·과학적 역량이 어떻게 개발되었는지, 그리고 누가 그런 역량이나 전환을 지원하고 발전시키고 또는 자금을 지원했는지 살펴볼 것이다. 아울러 그런 전환을 둘러싸고 어떤 경쟁이 벌어졌는지 논의한다. 그리고 어떻게 이 새로운 역량이 권력을 재조정했는지, 즉 누가 무엇을 할 수 있는지, 권력이 무엇으로부터 오는지 그리고 누구에게로 향하는지를 변화시킨 과정을 논의할 것이다.[3] 군사적 또는 금융적 권력에만 초점을 맞추지 않고, 더 일반적으로 윤리적·정치적 의미를 지닌 전환에도 초점을 맞추어 데이터가 권리에 영향을 미치고 손해를 재조정하며 정의를 뒷받침하거나 왜곡하는 과정도 살펴볼 것이다.

이 책의 1부에서는 국정 운영statecraft을 위한 데이터를 시작으로, 사회 개선을 위한 데이터 사용을 거쳐 '수리통계학'이라는 새로운 학문 분야의 탄생과 함께 데이터가 수학의 세례를 받게 되는 과정을 살핀다. 2부에서는 제2차 세계대전 때 암호해독을 위해 데이터를 군사적으로 적용한 데에서 시작된 디지털 연산의 탄생 과정에서부터 영국 블레츨리 파크Bletchley Park와 미국의 벨연구소, 그리고 제2차 세계대전 이후로 기업과 기술 분야에 데이터를 적용한 사례까지 추적한다. 기업 권력으로부터 국가 권력 그리고 '시민 권력'으로까지 옮겨가면서 디지털화된 개인정보 기록이 우리가 프라이버시, 특히 1970년대에 지배적인 국가 권력으로부터 개인을 보호하기 위한 수단으로서 프라이버시에 대한 대중의 요구를 이해하는 데 미치는 영향을 탐구한다. 또한 '인공지능' 분야가 탄생하고 사그라들었다 시민, 소비자 및 적국에 대한 데이터가 점점 증가하며 '기계학습'이라는 형태로 잿더미 속에서 다시 부화하게 된 과정을 살펴본다.

3부에서는 앞에서 살펴본 데이터의 역사를 바탕으로 우리의 현재 및 미래와 연결하여 어떻게 데이터와 권력이 국가의 관심사에서 기업의 관심사로 옮겨갔는지를 논의한다. 이를 위해, 한 단일 기업이 데이터 중심으로 작동하는 기술의 도움으로 전 분야를 재빠르게 지배할 수 있게 해준 금융협정 및 기업 모형을 살펴본다. 기업 권력의 문제점을 둘러싸고 다양한 잠재적 해결책에 대한 윤리적 논란이 빚어졌다. 이 문제와 관련하여 우리는 연구 분야에 대한 응용 윤리의 역사를 추적하여 데이터 중심의 알고리즘이 제품으로 이용되어 우리의 개인적·정치적 현실을 만들어내는 방식에 응용 윤리가 어떤 영향을 미쳤는지도 아울러 살핀다.

마지막으로 우리는 미래를 논한다. 예측하기가 아무리 어렵더라도 미래를 체계적으로 이해할 예리한 방법을 하나 꼽자면, 권력들 간에 현재 벌어지는 경쟁 상황과 더불어 그런 경쟁의 결과를 결정하게 될 분야를 설명하는 것이다. 이 책의 마지막에서 우리는 기업 권력, 국가 권력과 시민 권력 간에 현재 가장 중요한 경쟁 사안이라고 여겨지는 것들과 더불어 새로운 형태의 통합 가능성을 살펴본다. 이런 경쟁의 해결을 통해 전반적인 미래가 형성되고 사회가 더 정의로워질 것이다. 어쩌면 아닐 수도 있겠지만.

우리의 목표는 과거 역사를 현재에 적용 가능한 방식으로 이해하는 것이다. 우리는 시민이자 기술 전문가이자 개인으로서 우리의 역할을 외면하지 않을 것이다. 우리가 그런 제품의 사용자인 동시에, 일찌감치 1970년대부터 언급되었던 것처럼 광고 경제에 속해 있다는 측면에서 우리 자신이 제품이기도 하기 때문이다.

이 책은 두 가지 상호보완적인 관점에서 쓰였는데, 각 관점마다 한계와 편향이 존재한다. 위긴스는 컬럼비아대학교의 교수진으로서 20년 넘게 생물학과 의료 문제를 이해하기 위해 기계학습 기법을 개발해 왔으며, 2013년 이후로는 『뉴욕타임스』에서 수석 데이터과학자로서 기계학습 기법과 제품을 개발하고 활용해 오고 있다. 존스는 과학사가로서, 과학자와 인문학자의 단절을 표현한 C. P. 스노의 '두 문화' 개념의 정반대편에 서 있다. 그는 어떻게 수학적 사고방식과 논증이 17세기의 '과학혁명' 이후로 자연과 정치 현상을 연구하는 중요하고 권위 있는 방법이 되었는지를 추적해 왔다. 특히 데이터 사용이 얼마나 증가하면 사회적 불균형이 커지는지를 조사하면서 우리는 그런 과정들을 설명한 많은 학자와 활동가 들의 빛나는 저술에 크게 의지했다. 대다수까진 아니지만 다수의 날카롭고 뛰어난 비평가들은 우리 두 백인 남성 종신 교수와는 꽤 다른 배경과 경험을 가진 이들이었다. 우리의 연구는 그들의 노력과 통찰력을 바탕으로 하며, 그들을 줄곧 기리고 있다. 이 책에서 우리는 데이터 중심의 알고리즘과 기술의 전 지구적 영향에 관한 훌륭한 문헌을 제시하고, 아울러 우리 사회, 경제 및 교육 제도의 구성에 관여한 데이터의 역사를 서술한다. 가까운 현대에 대해 서술하는 부분에서는 주로 미국에 초점을 맞추었다. 본문 뒤에 실은 주석에는 우리가 교실에서 다루고 학술지에 발표한 주제들을 더 자세히 다룬 출처와, 독자가 관련 주제를 더 깊이 이해하는 데 도움이 될 만한 문헌과 저서를 소개했다.

우리는 현재 기업 권력, 국가 권력과 시민 권력 사이의 긴장 구도와 더불어 역사적 긴장 구도를 분명하게 밝히고자 했다. 이를 위해 그런 권력들 사이에서 진리를 확립하기도 하고 경쟁을 조성하기도 하는 데이터의 역할에 초점을 맞추었다. 또한 어떻게 사회가 전반적으로 현재 상태에 도달했는지 보여주고자 하며, 작은 우연의 일치, 주관적인 설계상의 선택 그리고 '반드시 그런 식으로 되기 마련인' 것처럼 보일 뿐인 기만을 밝히려고 했다. 이런 전환과 우발적 사건 들을 이해하면, 비슷한 문제들이 과거에 어떻게 해결되었는지를 알 수 있다. 이는 다시 우리로 하여금 무력한 존재들에게 힘을 북돋워주는, 하지만 기득권에 힘을 실어줄 때가 더 많은 체계들의 골격을 어떻게 분해하고 재조립할지 이해하는 데 도움이 될 것이다.

필연적인 듯 보이는 결과들이 어떤 과거의 선택에 기초해 나타났는지 확인함으로써 우리가 이전과 다른 미래를 어떻게 집단적으로 만들어 나가는 방법을 찾아갈 수 있을 것이다.

PART 1

데이터의 탄생

권력이 된
데이터의 경고

기술은 좋지도 나쁘지도 않으며, 그렇다고 중립적이지도 않다.

— 크란츠버그의 기술에 관한 첫 번째 법칙(1986년)

나는 미시건대학교에서 '인터넷은 난장판이다'라는 제목의 수업을 하는데, 그게 무슨 뜻인지 굳이 설명할 필요가 없다. … 우리는 오랫동안 그러려니 해왔다. 이와 다르게 볼 이유는 없는 듯하다.

— 리사 나카무라(2019년)

2014년 12월 몬트리올컨벤션센터에서 컴퓨터과학자 해나 왈라크Hanna Wallach가 기술자, 법률가 및 활동가로 이루어진 청중 앞에서 하나의 혁명을 주창했다. '기계학습'을 연구하는 정상급 컴퓨터과학자들에게 그녀는 컴퓨터과학 분야에서 어떻게 알고리즘을 개발하고 있으며, 알고리즘이 가져올 기술 발전이 '공정성, 책임성, 투명성'이라는 가치에 어떻게 도전하는지를 주의 깊게 살펴보아야 한다고 제안했다. 철학자, 사회학자, 법률가 들은 오랫동안 우려의 목소리를 내왔던 데 비해, 마이크로소프트에서 모두가 선망하는 연구직에 오른 기술계의 저명 인사 한 명이 이제야 그런 비판을 바탕으로 동료들에게 호소하기 시작한 것이다. 자신들의 알고리즘 시스템에 공정성과 책임성이 필요함을 인식함으로써 해당 분야 연구를 향상하자는 호소였다.

아무도 듣지 않는 광야에서의 외침과는 달리, 응용 기계학습 분야의 가장 중요한 회의에서 이루어진 왈라크의 강연은 마틴 루터가 그랬던 것처럼 대성당의 문에 논의 안건을 직접 붙여놓은 셈이었다. 왈라크는 이것이 컴퓨터과학이라는 전통적인 학문 분야 밖의 문제라고 진단했다. 그리고 이 문제에 대한 해법이 컴퓨터과학 내부에서 나올 수 없음을 인정하며 다른 분야의 전문가들 간의 협력을 요청했다. 왈라크는 이렇게 설명했다. "어느 컴퓨터과학자나 엔지니어도 천문학자의 도움 없이 천문학 데이터를 분석하기 위한 모형이나 도구를 개발할 수는 없을 것입니다. 그런데 왜 사회과학자들의 참여 없이 사회적 데이터 분석을 위한 많은 기법들을 개발하고 있습니까?"[1]

왈라크는 기계학습 개발자들이 창조한 모형에 편향이 스며드는 방식들을 더 깊이 인식해야 한다고 촉구하는 동시에 단지 이용 가능하다는 이유로 데이터세트를 연구에 포함해서 생기는 내재적 위험성을 경고했다. 예를 들어 트위터 사용자들의 정보를 얻어서 분석하는 것은 비교적 쉽지만, 이 데이터는 미국 인구 전체를 제대로 대표하지 못한다. 그녀는 연구자들에게 이렇게 촉구했다. "기계학습 분야에서 일반적으로 채택하는 알고리즘 체계를 벗어나 사고하고, 사회에 관한 현실 데이터를 분석하는 기계학습 기법들을 개발하고 이용할 때 수반되는 기회와 도전, 의미에 초점을 맞추기 바랍니다."[2]

왈라크가 강연한 그즈음에 사회에 관한 현실 데이터를 분석하는 것은 이미 거대 인터넷 기업이 된 구글, 페이스북, 아마존의 핵심 사업 모형이었을 뿐만 아니라 미국, 영국, 이스라엘, 중국 등 국가 정보기관의 중심 활동이었다. 말하자면 이런 기업들과 기관들은 왈라크 강연의 동기가 된 공정성과 책임성이라는 문제에는 거의 관심이 없었다. 그들의 핵심 사안은 학문적이지도 않았고 그 연구 분야의 초점을 바꾸는 것도 아니었다.

2000년 이후 인터넷 만능주의라는 물결을 거스르며 일군의 활동적인 사회과학자들이 데이터 중심의 상업, 교육 및 통치 구조에 인터넷이 미치는 역할에 우려를 표했다. 2011년 옥스퍼드에서 열린 한 심포지엄에서 다나 보이드danah boyd와 케이트 크로퍼드Kate Crawford는 "빅데이터의 시대가 시작되었다"라고 주장했다. "인터넷의 발명자들" 중 한 명인 빈트 서프Vint Cerf와 같은 명사가 포함된 청중 앞에서 두 사람은 연구자들이 걸음마 단계의 빅데이터 시대에 관해 더 비판적으로 사고하기를 촉구하며 다음과 같이 말했다.

> 대규모 검색 데이터가 더 나은 도구, 서비스, 공익을 창출합니까? 아니면 사생활 침해와 공격적 마케팅에 새로운 방식을 가져옵니까? 데이터 분석 덕분에 우리가 온라인 공동체와 정치적 운동을 더 잘 이해하게 됩니까? 아니면 그런 분석이 시위자들을 색출하고 언론을 억압하는 데 사용됩니까? 다량의 데이터가 인간의 의사소통과 문화를 연구하는 방식을 변화시키거나 연구에서 선택할 사안의 범위를 축소하고 '연구'의 의미 자체를 변화시킵니까?[3]

오스카 갠디 주니어Oscar Gandy Jr, 웬디 천Wendy Chun, 헬렌 니센바움Helen Nissenbaum 등이 초기에 내놓은 비판적 목소리를 바탕으로, 과학기술계는 기업과 정부가 이 곤란한 문제들에 대처하지 못했을 때 현실적으로 맞닥뜨릴 결과들을 취합하여 극적 변화를 촉구했다.[4] 이 방대한 연구 전체를 적절하게 파악했다고 자부할 수는 없지만, 몇 가지 핵심 사례를 살펴보자.

2013년 일리노이대학교의 교수였으며, '천재들의 상'이라고 알려진 맥아더상 수상자인 사피야 노블Safiya Noble이 구글 검색의 문제점을 폭로하는 글을 발표했다. 그 글에서 노블은 이렇게 적었다. "여성과 유색인종, 특히 흑인 여성과 소녀에 관해 신뢰할 만하고 믿음직하며 역사적 맥락을 갖춘 정보 제공의 측면에서 볼 때, 기업이 제공하는 영리 목적의 검색 서비스는 엉망에 가까운 수준이다.” 짐짓 편향이 없는 듯 보이는 기술이 흑인 여성에 대한 인종주의적·성차별적 편향을 재생산하고 강화했다. 그녀는 계속해서 이렇게 주장했다. “이런 현상을 지속적으로 연구하는 것이야말로 세간에서 말하는 기술의 중립성에 이의를 제기할 기회이자, 한편으로는 온라인상에서 사회적 정의와 공정한 표현을 위한 새로운 기회가 된다.”[5]

2016년 수학자 캐시 오닐Cathy O'Neil은 학자에서 월스트리트 직원으로, 그다음에는 규제를 받지 않는 데이터와 알고리즘에 대한 비평가로 활동해 온 자신의 인생을 설명했다. 『대량살상 수학무기Weapons of Math Destruction』라는 저서에서 그녀는 데이터과학으로 얻을 수 있는 보상이 그 분야 종사자들의 인간성을 어떻게 훼손하는지 파헤치며 다음과 같이 말했다.

> 사람들을 데이터의 흐름으로 대체하여 더 효과적인 쇼핑객, 유권자, 근로자로 만들어 어떤 목적을 달성하려는 경향이 있다. 특히 성공을 익명의 점수 형태로 나타내고 데이터에 영향을 받는 사람들이 화면에 춤추는 숫자들처럼 추상적인 비트로 표시될 때, 이런 경향이 더 강해지고 그것을 정당화하기가 더 쉬워진다.”[6]

이런 경향으로 얻을 수 있는 보상이 바뀌지 않는 한 데이터과학은 온갖 장밋빛 약속에도 불구하고, 대학에서부터 의료기관 및 사회복지기관에 이르는 숱한 조직들의 목표를 특히 사회에서 가장 취약한 계층을 희생시키는 방향으로 근본적으로 변화시킬 것이다. 이런 비판적 진단이 나오던 무렵에 미국을 포함한 '파이브 아이즈Five Eyes(미국·영국·캐나다·호주·

뉴질랜드 등 영어권 5개국이 참여하고 있는 기밀정보 동맹체–옮긴이)'라는 첩보 동맹국들이 9.11 사태를 계기로 첩보 조직을 대폭 강화했다는 사실이 에드워드 스노든Edward Snowden에 의해 폭로되었다. 이로써 이전 세대의 내부고발자, 언론인 및 시민운동가 들이 오랫동안 제기해왔던 정부의 대규모 감시 활동에 대한 우려가 되살아났다. 미국 NSA(국가안보국)와 영국 GCHQ(정부통신본부)가 데이터의 수집과 분석에 관한 학문적 연구 및 상업적 개발의 전폭적인 팽창을 지원했고 이로부터 큰 수혜를 입었다. 정부의 감시 활동이 가지고 있는 위험성이 여러 분야에 걸쳐 인식되면서 더 많은 양의 데이터 수집과 정교한 분석으로 가능해진 프라이버시 침해에 대하여 더욱 비판적인 법적, 기술적 분석이 필요해졌다. 이처럼 프라이버시 침해에 대하여 상당한 개입 조치가 이루어지는 한편, 데이터와 알고리즘의 새로운 중심성을 비판적으로 진단하는 주장이 급증했다.

비판적 우려가 분출된 지 몇 년 만에 구글, 페이스북 및 IBM 같은 기업들은 자체 AI 윤리 규정을 마련했다. 재정적으로 많은 국가들의 규모와 맞먹는 경제적 실세 집단인 이 회사들은 비판적 동향을 금세 수용하여 뛰어난 비판자들을 여럿 고용했지만, 한편으로는 비판이 너무 거세지면 그들을 침묵시키거나 무력화했다. 마치 교황이 마틴 루터를 고용하여 바티칸의 한 구석진 사무실을 내주었지만, 종교개혁을 촉발한 가톨릭교회의 부패는 별로 줄어들지 않은 상태와 마찬가지였다. 팀닛 게브루Timnit Gebru와 마거릿 미첼Margaret Mitchell 등 구글 같은 회사들에 고용된 연구자들은 회사에 이용당하지 않으려고 애쓸수록 벅차다는 느낌을 자주 받았다. 컴퓨터과학계도 공정성에 관한 심각한 우려를 해결할 새로운 알고리즘 도입을 추진했지만, 번번이 권력에 대한 성찰을 외면했다.

왈라크, 노블, 오닐과 같은 학자들이 예리하게 간파했듯이, 새로운 알고리즘 시스템들은 자동화된 판단을 통해서 전례 없는 속도와 규모로 예전의 체계적인 불평등을 쉽게 재생산했다. 새로운 능력이 새로운 권력을 만들어냈다. 그리고 권력은 수많은 사회가 오랫동안 굴곡진 과정을 겪으며 해소하려고 애써온 많은 불평등 문제들을 고착화하겠다고 위협했다. 이런 새로운 기술들은 너무 자주 구조적 불평등과 차별을 만들어내는 기존의 형태를 강화하는데, 프린스턴대학교 교수인 루하 벤저민Ruha Benjamin은 이렇게 설명한다. "사회적 관계의 패턴을 형성하는 일군의 기술들은 당연하고 불가피한 자동화된 블랙박스가 되었다."[7] 루하의 주장에 의하면, 데이터를 사용하는 기술에서 비롯되는 허울뿐인 객관성이 불평등을 "부호화한다." 그리고 이 불평등은 알고리즘 시스템을 제작하는 회사들 안으로 스며든다. 전 구글 직원인 메러디스 휘태커Meredith Whittaker가 강조했듯이, 오늘날 대규모로 그런 기술들을 이용할 수 있는 능력은 최상의 자원을 갖춘 기업들과 정부 들만 갖고 있기 때문이다.[8]

> 과학소설 작가 윌리엄 깁슨은 이렇게 말했다고 한다. "미래는 이미 와 있다. 공평하게 분포되어 있지 않을 뿐이다." 내 생각도 마찬가지지만, 작가가 의도한 바와는 반대 의미에서 그렇다. 가난한 노동계층 공동체, 이주민 공동체, 유색인 공동체, 종교적 또는 성적 소수자 공동체와 같이 자신의 권리를 제대로 보장받지 못하는 환경에 사는 사람들은 이미 디지털 미래에 살고 있는데, 하이테크 감시와 통제 측면에서 특히 그러하다.
>
> - 버지니아 유뱅크스Virginia Eubanks[9]

왈라크, 보이드, 오닐, 노블 등의 여러 학자와 활동가의 경고가 현 세계의 데이터 홍수가 지닌 부정적 측면을 보여주는 최초의 사례도, 유일한 사례도 아니다. 리사 나카무라는 이렇게 꼬집었다. "나는 미시건대학교에서 '인터넷은 난장판이다'라는 제목의 수업을 하는데, 그게 무슨 뜻인지 굳이 설명하지 않아도 된다."[10]

초기 세대의 학자 및 법률 분야의 활동가들은 1960년대 이래로 데이터의 수집 및 자동화된 분석이 프라이버시에 미치는 위험성을 경고해왔으며, 때로는 그런 연구가 어떻게 기존의 불평등을 악화하는지 언급했다. 사회학자들도 데이터 중심의 알고리즘이 민주정치에 미치는 영향에 관해 우려를 표시해왔다.

2014년 사회학자 제이넵 투펙치Zeynep Tufekci는 "매우 효율적이고 불투명하며 무책임한 설득 캠페인을 벌이고 정치, 공공 및 상업 분야에서 사회적 공학을 실행할 수 있는 도구들을 이용하는 데 필요한 자원과 접근성을 가진 이들의 능력"[11]이 커지고 있다고 경고했다. 2014년에 정치적 설득 및 정량적 또는 '퍼포먼스' 마케팅(디지털 환경에서 성과 기반으로 이루어지는 마케팅—옮긴이)이 새로운 개념은 아니었지만, 그것이 정치적 영향력을 초래하는 활동이나 개인들에게 각자 다른 디지털 메시지를 최적화하여 전달하는 '마이크로타기팅microtargeting' 같은 능력과 결합하여 유권자의 현실을 르네 디레스타Renée DiResta가 명명한 이른바 '맞춤형 현실bespoke reality'[12]로 왜곡할 가능성이 열렸다. 2016년 미국 대선은 마이크로타기팅의 현실을 적나라하게 드러냈다.

특히 케임브리지 애널리티카Cambridge Analytica란 회사 및 이 회사가 페이스북을 통해 수집한 데이터 활용 사례가 두드러졌다. 투펙치의 표현에 따르면, 얼핏 무해해 보였던 페이스북의 성격 검사 하나가 "대중을 조작하는 데" 이용된 사례는 대중들의 상상력과 두려움을 잘 보여준다. 그 사건은 결국 2018년 봄에 페이스북 CEO 마크 저커버그의 의회 증언으로 이어졌는데, 이를 계기로 국회의원들은 선거구민들의 우려에도 불구하고 그들의 데이터가 판매되어 다른 용도로 사용되지 않는다는 사실과 더불어 멘로파크(당시 페이스북, 현재는 메타의 본부가 있던 도시—옮긴이)에 전부 보관되어 있다는 사실을 확실히 알게 되었다. (하지만 국회의원들의 반응이 유권자들을 딱히 안심시키지는 못했다. 한 어리둥절한 상원의원은 페이스북이 트위터와 '똑같은' 회사인지 물었고, 또 다른 상원의원은 페이스북의 수익 모델이 광고인지 아닌지 명백히 밝히라고 저커버그에게 물었다. 페이스북의 주된 수익 모델은 광고다.)

알고리즘의 힘이 전체 민족국가 규모로 계산정치computational politics를 작동시킨다는 두려움은 알고리즘의 힘이 버지니아 유뱅크스가 "디지털 푸어하우스digital poorhouse"라고 명명한 현상을 초래하는 문제와 관련하여 제기한 우려를 잘 보여주었다. 2018년에 발간한 저서 『자동화된 불평등Automating Inequality』은 가난한 이들과 궁핍한 이들을 무력하게 만드는 알고리즘에 관한 세 가지 이야기를 추적한다. 유뱅크스는 국가가 사용하는 때로는 복잡하고 때로는 단순한 구조의 불투명한 알고리즘들이 사회적으로 취약한 사람들을 옴짝달싹하지 못하게 옥죔으로써 사회적 불평등을 강화하는 과정을 보여준다. 한 정보 제공자는 가장 힘 있는 자들 이외에는 거의 모두가 불공평한 손해를 입을 수 있다고 경고하면서 다음과 같이 뜨끔한 말을 했다. "우리한테 무슨 일이 벌어지는지 잘 살펴야 합니다. 다음엔 당신 차례예요."13

예측 치안predictive policing과 관련한 이야기들은 디스토피아를 그린 공상과학의 영역을 벗어나 미국 및 기타 국가들의 법정 현실이 되었다. 그중 가장 악명 높은 사례는 시카고의 '전략적 체포 대상자 명단'14일 것이다. 경찰이 데이터 중심의 알고리즘을 이용하면서 엉뚱한 사람을 잘못 체포하거나 구금하는 사례들이 이미 있었고, 이런 사건을 통해 데이터 중심 알고리즘의 설계와 이용이 편향된 방식으로 이루어진다는 우려가 갈수록 커지고 있다. 의료 노동자와 공공보건 관리 들은 희롱이나 거부, 험담을 경험하기도 하고, 민족국가들은 막대한 사회 불안과 허위 정보에 시달린다.

점점 더 많은 사람들로부터 나온 세분화된 데이터를 기반으로 한 알고리즘 결정 시스템에서 비롯된 잠재적 위협은 여러 면에서 새롭다. 이 시스템 덕분에 각국 정부와 기업은 우리의 일상적 활동을 일찍이 없었던 거대한 규모로 파악할 수 있게 되었다. 이전에는 작은 집단, 종종 가장 소수자나 반체제인사를 대상으로 하던 기술을 이제는 전체 인구에 사용할 수 있게 된 것이다. 이런 기술은 전례 없이 상세한 정보로 이루어져 개인 사이의 대화 내용이나 뉴스와 정보의 출처에 영향을 주기도 하고 심지어 사람들 사이의 관계를 알고리즘으로 조정하기도 한다.[15] 그렇기에 (영화와 오락, 뉴스 또는 연애 파트너를 추천해주는 알고리즘을 포함하여) 이런 시스템들이 남용되거나 잘못 설계된다면 피해가 막심할 수 있다. 가령 누구에게나 개방된 정보 플랫폼에서 데이터 중심의 알고리즘이 작동하는 환경에서는 국가가 아니라 바로 우리 이웃이 오정보를 생산하는 주체가 될 수 있다.

기계학습 시스템의 폭발적 성장에 대한 학계의 반응은 열광부터 경고에 이르기까지 천차만별인데, 이는 다양한 기술전문가, 사회과학자, 인문주의자 들이 이 문제에 관여하기 때문이다. 하지만 산업계와 학계의 관계가 점점 긴밀해지는 현실을 우려하는 시각도 있다. 자금 지원을 받는 산업 연구의 규모가 기존에 정부가 지원하던 규모에 필적할 정도로 커지면서 일종의 '붙잡아두기'가 이루어졌다. 그 과정에서 기술 기업들에 비판적인 연구는 자금 지원을 놓칠지도 모른다는 우려 때문에 적극적으로 거부당하거나 유인책의 부족으로 슬며시 외면당했다.[16]

이런 산학 복합체 바깥에서는 데이터를 기반으로 운영되는 기술 기업들에게 직접적인 혜택이나 자금 지원을 받지 않는 활동가, 학과, 교수진들이 우려를 표시하는 데에서 더 나아가 기술 기업들의 힘을 제한하기 위한 공개적인 활동을 벌이고 있다. 이를 위해 그들은 국가의 규제를 촉구하거나 일종의 '사적 주문', 즉 사람들로 하여금 사회에 해를 끼치는 기술 기업들을 위해서 일하지 않도록 권유하고 있다.[17] 기업들도 특히 지난 몇 년 동안 다양한 방식으로 대응했는데, 그중에는 오래된 방법도 있고 새로운 방법도 있다. 그중에서도 대정부 로비와 대중을 상대로 한 홍보 활동 같은 전통적인 대응책의 강도와 자금 규모가 증가했고, 심지어 더 교활해졌다.

이밖에도 알고리즘으로 인한 우려의 대응책으로는 '공정성'이라는 이름하에 실시하는 기술적 수정 사항과 더불어 'AI 윤리' 팀의 구성, 역할 정립 또는 책임자 갖추기 등이 있다. 두 가지 대응책 모두 미국 의회와 우려하는 이들 및 비판적인 이들로부터 복합적인 반응을 이끌어냈다. 아직은 어느 기업도 적극적으로 내부 과정을 극적으로 변화시키는 데 성공하지 못했다. 법학 교수 프랭크 파스콸레Frank Pasquale는 수많은 기업들이 투명성과 같은 진짜로 중요한 가치를 중시해야 한다고 경고했다. 2016년, 한 무리의 연구자들이 아래와 같이 "책임 있는 알고리즘을 위한 원칙"이라는 중요한 원칙을 발표했다.

자동화된 의사결정 알고리즘들이 현재 산업계와 정부에 걸쳐 사용되면서 역동적인 가격 결정에서부터 고용 활동, 나아가 형사 재판에까지 많은 과정들의 바탕이 되고 있다. … 이런 맥락에서 책임에는 알고리즘에 의한 의사결정을 보고하고 설명하고 근거를 제시하는 것뿐만 아니라, 부정적인 사회적 영향이나 잠재적 피해를 완화할 의무까지 포함된다.[18]

훨씬 더 많은 책임이 필요한데, 우리가 언급하는 대다수 작가들은 오늘날 아마도 이에 동의할 것이다. 우리는 계정 만들기를 강요할 게 아니라 책임을 질 수 있는 견고한 제도를 마련해야 한다. 알고리즘 시스템의 위험과 전망에 제약을 가하려면 집중적인 정치적 활동이 필요한데, 이런 활동은 데이터가 누구에게 권한을 주고 누구에게 권한을 주지 않는지에 영향을 미칠 수 있다. 그리고 이런 활동을 하려면 우리의 현실이 얼마나 우발적이고, 얼마나 굳건하지 않은지 명확히 이해해야 한다. 그런 시스템의 탄생 과정을 더 잘 이해할수록 우리는 이의를 제기하고 비판하며, 그 시스템을 더 공정하게 이용할 준비를 집단적으로 더 잘 갖추게 된다.[19]

현실이 된 데이터의 위협

이 장의 맨 처음에 나온 법칙인 크란츠버그의 기술에 관한 첫 번째 법칙은 기술역사가 크란츠버그의 이름에서 따왔다. 그는 1986년에 이렇게 썼다.

기술은 좋지도 나쁘지도 않으며, 그렇다고 중립적이지도 않다는 나의 첫 번째 법칙은 우리에게 끊임없이 다음과 같은 사실을 상기시킨다. 즉 역사가의 임무는 단기적 결과 대 장기적 결과, 유토피아적 희망 대 비루한 현실, 일어날

법했던 일 대 실제로 일어난 일, 다양한 '좋은 일들'과 있을 수도 있는 '나쁜 일들' 간의 상충된 지점들을 비교하는 것이다. 이 모두는 기술이 상이한 여러 가치와 제도, 전반적인 사회문화적 환경과 상이한 방식으로 어떻게 상호작용하는지를 살핌으로써 가능하다.[20]

오늘날 데이터와 관련하여 점증하는 경고의 목소리들은, 세계를 이해하고 일상적 활동을 촉진하기 위해 발전한 데이터 사용 기술에 대한 낙관적 목소리들과 경쟁하고 있다. 우리는 불과 2년 전만 해도 최상으로 여겨졌던 기능을 훌쩍 능가하는 음성문자인식 기술 및 자동화된 철자법 확인 기술을 당연하게 여긴다. 연구 분야에서는 '단백질 접힘protein folding'을 예측하거나 임상 이미지 데이터와 게놈 데이터로부터 질병을 알아내는 능력이 눈에 띄게 발전하고 있다. 자율주행 자동차와 개인화된 '정밀' 의학으로 대변되는 위대한 미래에 대한 약속이 기술 기업들의 마케팅 자료와 기술 관련 뉴스를 뒤덮고 있다. 그렇다고 해서 우리가 그 심오한 영향들을 인식하기 위해 과장된 마케팅 광고를 수용할 필요는 없다. 우리의 사회적·정치적·경제적 체제에 자리 잡은 기술들은 엄청난 영향력을 가지고 있지만 그중 대부분은 의도하지 않은 것이기 때문이다.

이런 발전은 여러 국가 기관은 물론이고 과학자부터 광고업자, 의사부터 변호사에 이르기까지 많은 전문직 종사자들한테 하나의 도전이다. 기계가 육체 노동자를 대체한다는 이야기는 산업혁명만큼이나 오래되었다. 그런데 지금 기계는 엘리트 화이트칼라 노동자에게도 빠르게 다가오고 있다. 가령 의사들은 머지 않아 기계가 진단 업무를 중점적으로 맡으리라는 것을 점점 더 현실로 받아들이고 있다. "어디에 문제가 생길 가능성이 제일 높은지 예측하기란 어렵다. 하지만 만약 오늘날 어떤 일이 판에

박힌 작업으로 여겨진다면 장래에 기계로 대체되기 쉽다. 방사선과 같은 임상 전문 분야들이 완전히 사라지지는 않겠지만, 분명 크게 달라질 것이다."[21] 전통적인 전문 직종도 위협받는 상황이므로 전 지구적 범위의 신규 노동자들은 시스템을 통해 작업을 수행할 수 있는 능력을 갖추어야 할 것이다.

　지난 10년 동안 우리는 기업과 정부가 개인의 권리와 정의를 갈수록 더 위협하는 상황을 목격해 왔다. 동시에 개인 생활이나 연구 분야에서 이루어진 엄청난 발전과 기술적 혜택의 전망도 목격했다. 현재 분명히 드러났듯이 권력, 특히 국가 권력과 기업 권력을 가진 이들은 강한 압박과 시민권 저항 없이는 데이터로 뒷받침되는 권력을 포기하지 않을 것이다. 우리는 크란츠버그의 문제 제기를 받아들여 기술의 장기적·단기적 결과들을 이해해야 할 뿐만 아니라, 우리의 선택이 작든 크든 권력을 재배열하는 방식을 이해해야 한다.

기술 결정론의 한계

　권력을 가진 세력들은 현재의 권력을 일구고 지배적으로 만든 역사적 과정을 조사하길 꺼린다. 복잡한 역사를 살펴보면 자신들이 가진 권력의 필연성과 합법성이 불안정해지기 때문이다.[22] 기술이 득세하게 된 결코 당연하지 않은 과정들을 살펴봄으로써 역사는 특정한 기술들의 성장 자체가 역사를 이끈다는, 이른바 '기술 결정론'을 위태롭게 만들 수 있다. 가령 많은 이해관계자들은 프라이버시에 관한 과거의 견해가 인터넷 시대에는 낡았다거나 인터넷 자체가 프라이버시의 쇠퇴를 초래한다고 주장하여 크게 주목받았다. 하지만 어느 주장도 진실은 아니다. 그래도 그런 이야기들은 인터넷을 둘러싼 논쟁에서는 항상 등장하는 유력한 역사적 관점, 즉 현재의 질서가 필연적이라고 보는 시각을 뒷받침한다.

역사는 더 인간적이고 더 나은 과거에 대한 향수에 빠져들 수도 있지만 꼭 그런 건 아니다. 현대의 알고리즘에 따른 의사결정의 참신성, 위험성 및 규모를 고려하지 않더라도 정량적 측정을 이용한 영혼 없는 관료 체제는 암울한 시기가 많은 역사를 갖고 있다. 미셸 푸코와 버나드 콘Bernard Cohn부터 재클린 워니몬트Jacqueline D. Wernimont, 마사 호즈Martha Hodes, 사이먼 브라운Simone Browne, 칼릴 지브란 무하마드Khalil Gibran Muhammad에 이르는 학자들이 밝혀냈듯이, 학생, 인종, 식민지인, 노예 상태의 사람들, 군인, 빈자, 정신질환자 및 수감자를 등급화하고 분류하는 등의 인간을 대상으로 한 정량화는 19세기 초부터 시작되었을 만큼 오랜 역사를 가지고 있다.[23] 세라 이고Sarah Igo, 에마뉘엘 디디에Emmanuel Didier, 댄 부크Dan Bouk, 에밀리 머천트Emily Merchant의 연구에 따르면, 설문조사와 인구조사는 단지 자료를 기록한 것이 아니다. 바로 그런 활동이 대중과 인구 집단을 구성해냈으며, 통합의 형태와 정부 활동 및 비활동의 유형들을 가능하게 만들었다. 데이터는 찾는 게 아니라 만들어지며, 데이터를 생산 및 분석하는 과정이 사람들을 공식적 조사 대상으로 삼는 일은 비일비재하다.[24]

SAT가 대입 지원자들을 점수로 분류하기 훨씬 전에 심리학자 찰스 스피어먼Charles Spearman은 지성을 수치로 표현하는 수학적 '일반 지능' 점수를 제시했다. 작가들과 아마존이 얼마나 많은 온라인 독자들이 글쓰기에 참여하는지를 알기 훨씬 전에, 19세기 기계공학자 프레더릭 테일러Frederick Taylor는 노동생산성을 정량화할 과학적 측정법을 도입했다. 위의 두 사례가 나오기 수십 년 전에 역사가 케이틀린 로젠탈Caitlin Rosenthal이 밝혀냈듯이, 정교한 방식의 회계와 부기가 플랜테이션 노예 노동의 핵심이었다.25 하지만 우리 사회는 엄밀한 정량적 연구가 사회, 의료, 정치 분야에서 우리 삶을 조직적으로 뒷받침할 수 있다는 지식의 혜택을 입고 있다. 일례로, 백신에 대한 우리의 신뢰는 약효를 판단하고 피해를 측정하는 표준화된 정량적 과정을 기반으로 하고 있다. 정량화된 측정을 바탕으로 책임성을 부가할 수 있고 실제로 그런 경우도 있지만, 그 결과가 매정하게 우리에게 등을 돌리기도 했다.

　수치적 책임성의 핵심 방법들은 대체로 중요한 정부 및 교육 기관들과 기업들에 편승한 전문가들의 판단에 저항하기 위한 도구로 등장했다. 과학사가 시어도어 포터Theodore Porter의 주장에 따르면, 비용편익 분석 같은 수치적 책임성의 표준화된 형태는 인간 '블랙박스들', 다시 말해 전통적 지위와 불투명한 형태의 판단을 토대로 하는 권위적인 전문가들의 힘에 맞서기 위해 생겨났다. 투명성 및 규칙에 따른 객관성을 약속하는 수치적 책임성은 대체로 전문가들을 불신하는 상황에서 중요하게 대두되었다.26 가령 1933년 '증권의 진실법Truth in Securities Act'은 회계와 보고의 일률적 표준을 통해 자본시장에 대한 신뢰를 높이기 위한 대책이었는데, 월스트리트와 회계사들의 강한 저항에 부딪혔다. 몇 년 후 은행에 대출 규정을 강제로 공개하게 하자 체계적으로 적용된 인종차별적 기준들이 만천하에 드러났고, 이로써 새로운 기준이 제정되었다. 한계가 무엇이든 간에 정량적 측정을 통해 주요 기관들에 관한 정보를 이용할 수 있도록 하는 조치는 19세기 이래로 국가 및 기업 권력, 특히 조직에서 전문가의 의사결정이 가지고 있는 불투명성에 제약을 가하는 위력적인 수단이 되었다. 그런 지식 덕분에 사람들은 전문가들에게 이의를 제기하고 공정성을 확보하고 의사결정을 투명하게 만들 수 있게 되었다.

하지만 대중이 권력을 가진 기관들을 견제하기 좋게 만드는 데 아주 유용한 메커니즘들은 줄곧 대중에게 초점이 맞추어졌다. 알고리즘에 의한 의사결정 시스템들은 권력을 가진 기관들을 우리에게 투명하게 만들기는 커녕 오히려 점점 더 그런 기관들 앞에 우리를 발가벗겼다.[27] 지난 40년 동안 기업, 대학 및 정부 들은 수치로 측정된 책임성을 개별 피고용자와 시민에게 점점 더 많이 부과했다. 그런 측정 방식 부과하기는 결코 필연적이지 않으며 사소하지도 않다.[28] 지난 40년 동안 수치적 책임성을 구체적인 상황에 맞춰 조정하고 적용하기 위한 기법들이 폭발적으로 늘어났다.

수십 년간의 노력 덕분에 수치화된 측정은 이제 공장에서부터 대학, 우버 운전사에서부터 수산업에 이르기까지 대부분의 직장에서 사용된다. 이는 피고용자의 작업 상태를 고용주가 알 수 있게 해주며 직원들의 거의 모든 행동에 대해 책임을 지우는 측정 시스템을 통해 이루어진다. 종종 비밀스럽고 독점적이며 결코 투명하지 않은 알고리즘은 그런 데이터를 처리하여 직원들을 평가하고 분류하며 승진과 해고를 결정하고 보상과 처벌을 내린다. 책임성 시스템은 제도적 시스템의 하위 단계에 위치하기 때문에 그 시스템이 가지고 있는 사회경제적·인종적 노선을 따른다. 이런 측정 시스템은 권력을 지닌 기관을 외부자에게 투명하게 공개하는 대신에, 피고용인과 시민을 권력을 지닌 기관들에게 투명하게 만들어준다. 이런 일은 보통 철저한 검토를 거치지 않은 알고리즘에 의한 의사결정과 등급 분류를 통해 이루어진다.

다음 장에서는 구글 검색과 우버 승차 공유가 나타나기 훨씬 이전에 살았던 한 벨기에 천문학자의 꿈에서부터 이야기를 시작할 것이다. 곧 알

게 되겠지만, 그는 체질량지수와 '사회물리학'을 발명한 사람으로, 현대
적 목표를 가지고 있었다. 바로 당대의 최신 기술을 이용하여 개인에 관
한 데이터를 수집하는 것이었다. 아울러 그런 기술을 이용하여 개인들을
북돋움으로써 사회 자체를 개선하는 것이었다.

숫자로 사회를
정의하다

왜 지금 우리는 숫자에 의지할까? 컴퓨터로 처리된 숫자가 어떻게
우리에게 약도 주고 병도 주게 된 걸까? 사람과 사물에 대한 데
이터의 수학적 분석은 어떻게 세계를 이해하고 통제하며 예측과
처방을 내리는 데 대단히 지배적인 수단이 되었을까? 계몽시대
끝 무렵에 수리통계학의 비판자들은 데이터가 대단히 인위적이라
는 점을 간파했다.

19세기 벨기에 천문학자 아돌프 케틀레는 플로렌스 나이팅게일에게 영감을 준 인물이다. 그는 입법 과정과 관련하여 새로운 전망을 제시한 예언자였다. 그의 전망은 증거에 기반한 것이었다. 그는 이렇게 조언했다. "이러저러한 법이 제정되면 무슨 일이 일어날지 당신이 예상하는 바를 적어 놓아라. x년 후에 당신의 예상대로 된 것과 그렇지 않은 것이 무엇인지 알아보라." 1891년에 쓴 글에서 나이팅게일은 당대의 입법 과정에 이러한 데이터가 반영되지 않는다며 이렇게 투덜댔다. "과거와 현재의 결과들을 살펴보지 않고 성급하게 법을 바꾸고 시행하는데, 그런 입법은 죄다 실험이고, 시소타기이고, 탁상공론이고, 두 배드민턴 채 사이를 오가는 셔틀콕일 뿐이다."[1] 나이팅게일의 설명에 의하면, "전 세계에서 가장 중요한 과학의 창시자"인 케틀레는 "모든 정치적·사회적 행정에 필수적인 과학 분야"를 세상에 내놓았다. 케틀레는 자신이 창시한 과학이 세상 모든 일에 관여하는 정부에 두드러진 영향을 미치는 것을 보지 못하고 세상을 떠났다.[2] 나이팅게일은 케틀레가 창시한 새로운 과학과 그 기능이 아직은 권력을 재편하지 못하지만, 그렇게 해야 한다고 확신했다.

이 세계에서는 그런 권력의 재조정이 일어나기 마련이다.

케틀레는 체질량지수를 통해 통계적 평균인의 개념을 제시했고, 무엇보다도 우리가 사회를 생각하는 방식을 근본적으로 변화시켰다. 한편 철학자 이언 해킹Ian Hacking의 삐딱한 시선으로 보자면, 케틀레는 "숫자를 좋아한 나머지 곧잘 성급한 결론을 내렸다."[3]

사회에 대한 새롭고 급진적인 사고방식을 가지고 있었지만 사실 케틀레는 급진적인 변화를 피하고 싶어했다. 당시는 프랑스 혁명과 아이티 혁명에서부터 나폴레옹 제국에 이르기까지 급진적인 변화가 이루어진 시대였다. 1830년에는 혁명 세력이 브뤼셀에 있는 그의 새 천문대를 점령해버렸다. 크게 낙담한 케틀레는 친구에게 보낸 편지에 편지에 이렇게 썼다. "우리 천문대가 요새로 바뀌어버렸네!"[4] 그는 폭력 혁명에 흥미가 없었다. 수학을 사회에 적용하겠다는 생각에 사로잡힌 케틀레는 비혁명적인 변화에 관한 새로운 과학을 창조해 내려고 했다. 그의 설명에 의하면, 사회적이든 정치적이든 '급격한 운동'은 쓸데없는 힘의 손실을 가져올 뿐이었다. "이 원리는 혁명 세력들에게도 이롭다"라고 그는 일갈했다. 사회는 개혁이 필요했지만, 혁명이 그 길은 아니었다. "갑작스런 운동이 일어나려면 어느 정도의 힘을 잃어야만 한다. 혁명 세력들한테 이 원리는 만약 그들이 더 유용한 방향으로 힘을 가하지 않는다면, 그리고 (그런 힘의) 일부를 잃는 데 동의하지 않는다면, 이득이 되지 않는다"고 그는 생각했다.[5]

케틀레는 사람들에 관한 과학을 기반으로 하는 새로운 과학적 정치를 통해 권력을 재조정해야 한다고 생각했다. 점진적으로. 건물을 점령하거나 혼란을 일으키는 일 없이.

관료주의와 예산 문제, 공사 과정에서 부딪힌 어려움 때문에 그의 천문대가 완공되기까지 오랜 시간이 걸렸다. 천체를 관측할 날을 기다리는 동안 케틀레는 별을 연구하는 최고의 기법들을 이용하여 사람들을 관찰했다.[6] 19세기 후반 천체와 지구에 관한 우수한 물리학과 천문학 모형들에 직접 영향을 받고, 아울러 19세기 초반 유럽의 정치적·군사적 권력에 대격변이 일어나는 상황에 실망한 케틀레는 새로운 '사회물리학'을 창조하고자 했다. 하지만 숫자는 1830년에 인간이나 권력관계를 이해하기에 명확한 방법은 아니었다. 나이팅게일이 몇 십 년 후에야 사회물리학을 강조한 것은 결코 우연이 아니다.

통계로 세상을 다스리다

우리는 어떻게 이 세상과 사람들의 삶을 이해하기 위해서는 숫자가 반드시 필요하다는 생각을 하게 되었을까? 예술가부터 인류학자, 소설가부터 정치 지도자까지 비판자들은 오랫동안 정량화를 반대했다. 1806년 한 독일인 논객은 이렇게 썼다. "이 어리석은 친구들은 크기, 인구, 국민소득 그리고 풀을 뜯는 말 못 하는 짐승들의 수를 알기만 하면 한 국가의 힘을 이해할 수 있다는 미친 생각을 퍼뜨린다."[7] 그의 주장에 따르면, '천박한' 통계학과 달리 국가의 진짜 통계와 진정한 지식은 역사에 관한 주의 깊은 설명과 지식에 달려 있었다. 이런 연구는 물질적인 부분을 뛰어넘어 각국의 도덕적, 정신적 기질을 파악하는 것이었다. 예를 들어, 17세기 후반부터 도덕적 교훈, 소식 전달 및 금전적 목적으로 사망률을 도표로 작성하는 사례가 점차 증가했지만, 그런 조악한 도표를 국정 운영의 중대한 질문에 무턱대고 적용하는 것은 혐오스러운 행동이었다. 숫자를 처리하는 자들은 '도표 통계학자'일 뿐 진정한 통계학자가 아니었다. 숫자에 기반한 설명은 "국가, 도덕 및 신성의 정신적 힘과 관계를 다루지 못하며" 그런 통계학자들은 "질quality은 전혀 못 보고 오직 양quantity만 본다"는 것이 당시 주류 학자들의 생각이었다.8

200년 후, 전직 공화당 연설문 작성자이자 『월스트리트 저널』의 칼럼니스트인 페기 누넌Peggy Noonan은 자신이 경험한 어처구니없는 상황에 대해 이렇게 개탄했다.

> 며칠 전에 한 공화당 지지자인 참전용사가 2012년 오바마 선거 캠프에서 나온 채용 공고를 내게 건네주었다. 읽어보니 마치 화성인들이 하는 정치 같았다. '분석 부서'가 선거운동의 '다학제 간 통계학자 팀'에서 일할 '예측 모델링 및 데이터 마이닝' 전문가들을 찾고 있다는데, 그 팀이 '예측 모형'을 이용하여 유권자의 행동을 예상한다나 어쩐다나.9

2016년 양당은 이런 기조로 가공할 데이터 작전을 실시했다.

숫자가 항상 권력을 이해하고 행사하는 확실한 수단의 역할을 했던 것은 아니다. 그렇다면 어떻게 그 자리를 차지한 걸까? 왜 지금 우리는 숫자에 의지할까? 컴퓨터로 처리된 숫자가 어떻게 우리에게 약도 주고 병도 주게 된 걸까? 사람과 사물에 대한 데이터의 수학적 분석은 어떻게 세계를 이해하고 통제하며 예측과 처방을 내리는 데 대단히 지배적인 수단이 되었을까? 계몽시대 끝 무렵에 수리통계학의 비판자들은 데이터가 대단히 인위적이라는 점을 간파했다.

여러 해 전에 리사 지털먼Lisa Gitelman이 언급했듯이, "미가공 데이터란 말은 형용모순이다." 데이터를 수집하는 모든 과정에서 무엇을 고를지, 어떻게 분류할지, 누구를 포함하고 누구를 배제할지 등은 인간의 선택을 통해 이루어지기 때문이다. 모든 데이터 수집에는 수집하는 측의 인지적 편향과 더불어 해당 정보를 분류하고 저장하고 처리하기 위해 저마다 매우 다른 인프라가 관여한다.[10] 1600년에도 1780년에도 2022년에도 데이터는 발견되는 게 아니라 만들어지는 것이었다.[11] 이런 데이터가 어떻게 힘을 갖게 되었을까? 데이터를 수집, 저장, 분석하는 구조는 어떻게 만들어졌을까? 데이터를 이용한 주장이 어떻게 대단한 설득력을 얻고, 심지어 법적으로 필요하게 되었을까?

18세기 유럽에서 지배자들의 주된 관심사는 전쟁, 세금, 가끔 생명 그리고 대체로 죽음이었다. 18세기 유럽에서는 잠깐의 평화로운 기간을 제외하면 줄곧 유혈 사태가 이어졌는데, 때로는 아메리카 대륙과 그 외 지역에서까지 잔혹한 충돌이 벌어졌다. 전쟁에는 돈이 들었고, 돈을 마련하려면 세금을 더 거둬야 했다. 세금을 더 거두려면 관료 조직이 커져야 했는데, 관료 조직은 데이터가 필요했다. 계몽시대 유럽의 신생국가들은 자국이 사람, 토지, 금속, 기업 등 어떤 자원을 얼마나 갖고 있는지 알아야 했다. 통계학statistics은 원래 국가state와 국가가 소유한 자원에 관한 지식이었으며, 정량적 탐구 방향이나 예측과 같은 통찰을 얻기 위해 추구하는 학문이 아니었다. 1780년에 회계장부가 폭발적으로 많아지자 이를 가리켜 이언 해킹은 "숫자의 눈사태avalache of numbers"[12]라고 인상적으로 표현했다.

이 새롭고 고도로 수치적인 통계학은 통치 질서와 사람을 이해하는 과거의 방식들을 위협했다. 새로 생겨난 통계학의 옹호자들은 정치철학의 고전들에 바탕을 두고 국가의 조직 체계를 정비하거나 고대 및 근대 국가들의 역사를 지침으로 삼기보다는 '토지와 국민들'에 대한 정량적 서술이야말로 통치의 지침이 되어야 한다고 강조했다. 개혁 성향의 관리들은 국민과 국가를 연구할 새로운 방법으로 무장하고서, 자신들의 방법이 국가의 성장과 안녕에 필요하다고 통치자들을 설득하려고 했다. 그들은 정책 제안의 수단으로서 자신들의 방법을 설명하고 해석하려 했다. 측정은 '중립적'이지 않았고 특정학 목표를 염두에 두고 계획되었으며, 정책, 특히 자원의 할당을 제안하는 수단으로 해석되었다. 18세기가 끝나갈 무렵, 신생국가 미국은 인구총조사를 국가의 기본법인 헌법에 공식적으로 포함시켰다. 지금과 마찬가지로 그 당시에도 숫자는 정치적이었다.

개인정보의 수집과 해석에 관한 역사는 정치, 군사, 식민 통치 및 산업 권력의 대폭적인 강화를 종종 수반한다. 중국, 잉카 지역 및 기타 지역에서 토지와 국민에 관한 정보를 수집했던 오랜 전통을 감안할 때, 이러한 관행은 후기 계몽 시기의 유럽 국가들에만 국한된 것은 아니었다. 하지만 정량화는 18세기부터 20세기까지 유럽과 이후 미국 및 전 세계 식민지들에서 전례가 없을 정도로 중요한 방법으로 자리 잡았다.[13]

통계는 원래 산업적·경제적·군사적 경쟁이 점점 치열해지는 시기에 국가를 위한 새로운 기술이었다. 맬서스의 후예로서 우리는 인구 과잉을 우려한다. 반대로 18세기 유럽 사상가들은 인구 부족을 우려했으며, 그 원인을 종종 경제적 저개발 탓으로 돌렸다. 군주들과 그 조언자들은 국가, 그리고 '인종'의 힘이란 인구의 크기와 활력으로 정량화된다고 여겼다.

17세기 잉글랜드에서 교구 주민들의 사망 원인을 정기적으로 기록한 문서들은 수치 데이터 수집의 초기 사례이다. 재클린 워니몬트Jacqueline Wernimont의 설명에 따르면, 사망을 수치로 나타낸 문서들은 "전염병과 집단 사망에 대한 기록이 회계장부처럼 깔끔하고 질서정연해 보이는 역설적으로 이상화된 세계를 낳았다."[14] 18세기부터 유럽인들은 방대한 데이터를 기록하고 조사하기 위한 새로운 수학적 도구들을 본격적으로 만들어내기 시작했다. 정부의 능력을 강화하고 정책에 활용하고 국민을 설득하기 위해서였다.

숫자의 축적이 가속화되자 인간 생활의 더 많은 측면들이 추상적인 수학 용어로 기록되었다. 처음부터 정부, 교회 및 민간 통계학자들은 일탈, 죽음, 범죄 및 질병에 관한 수치를 도표로 작성했다. 신구를 막론하고 기관들은 삶과 죽음의 과정에 대한 내용을 기록했으며, 지금처럼 그때도 법을 어긴 사람들에 대한 흔적을 남겼다. 1700년 이래로 통계를 기반으로 하는 사고가 부상한 것은 국가, 국민 그리고 대체로 일탈자로 여겨진 사람들에 관한 데이터 수집이 폭발적으로 증가한 덕분이었다.

이러한 데이터의 수집은 처음에는 대체로 사실을 알려주었을 뿐, 계산이나 수학적 작업은 드물었다. 1834년 런던통계학회Statistical Society of London가 결성되었을 때 학회의 인장에는 탈곡은 다른 사람들이 한다는 의미의 '알리스 엑스테렌둠aliis exterendum'이라는 글이 적혀 있었다. 통계학자들은 "단지 사실을 모아서 다른 사람들이" 해석하도록 했다.[15] 하지만 다른 사람들은 모든 숫자를 종합적으로 이해하고 그것을 바탕으로 주장을 펼칠 새로운 도구를 개발해냈다.[16] 18세기부터 금융업자, 과학자, 관료 들은 투자자를 설득하기 위해서든 자금을 지원하기 위해서든 정책에 영향을 미치기 위해서든 간에, 데이터를 이해하고 그것을 바탕으로 주장을 펼치기 위한 새로운 수학적·시각적 수단을 개발하기 시작했다.

벨기에의 천문학자 케틀레가 후대의 통계학자들에게 가장 큰 영향을 미쳤을지 모르지만, 데이터에 의한 분석의 새로운 형태를 사용하여 국정 운영과 경제를 탈바꿈시킬 방법들을 고안해낸 것은 '관방학파官房學派'라고 불린 독일 정치인, 영국 인구통계학자와 금융업자들이었다.[17] 정량적 의미의 어원에서 한참 동떨어진 '통계statistics'라는 용어는 한편으로는 사람들부터 기후까지 온갖 대상에 관한 수치적 데이터의 축적을 주로 가리키면서도, 다른 한편으로는 결론을 도출하고 데이터를 분석하는 강력하고 매력적이며 종종 오용되기도 하는 수학적 도구를 가리키기도 한다.[18]

데이터 분석이 1990년대 당신이 사는 지역 식료품점의 상품 마케팅에 '지장을 주었듯이', 인구, 생산 및 경작지에 대한 실증적 분석은 통치를 위한 지식을 획득하는 과거의 방식에 도전했다. 데이터 연구는 과학에서부터 작업 현장, 나아가 약국에 이르기까지 다양한 전문 분야들의 입지를 위협했다. 전원에 대한 멋진 묘사 대신에 동식물의 수를 세게 되었고, 가치에 대한 윤리적 논의보다 특정 정책의 효과를 정량적으로 모델링하는 시도가 일어났다. 죽음에 대한 끔찍한 현실보다 사망률 통계의 도표가 부각되었으며, 소비자의 잠재적 욕구에 대한 전문 지식보다 개개의 구매 행위의 수집과 분석이 중요해졌다. 개별 의사들이 약에 대해 실시한 임상 경험보다 효능과 안전성을 측정하기 위한 무작위적 실험이 중시되었다. 대학에 지원하는 한 학생의 성격을 판단하기보다 '객관적' 측정치를 제공할 표준화된 시험이 도입되었다.

현대적 의미에서 통계의 탄생은 데이터와 수학적 분석을 융합함으로써 권력에 기여하며 때로는 권력을 견제할 수 있다는 인식에서 비롯되었다. 우선 그 시조인 벨기에 천문학자 케틀레부터 살펴보자.

세계의 규칙성을 찾다

국가 또는 나라를 정량적으로 인식하게 되자 과학자들은 인간을 이전과 다른 방법으로 알려고 시도했다. 즉, 도덕적 인간이자 물리적 존재 및 사회적 존재로서 우리 자신을 이해하는 방법을 바꾸려고 했다. 정부와 기타 기관들은 사망, 범죄 및 자살에 관한 데이터를 간헐적으로 수집하기 시작했다. 그들 대다수는 이 데이터를 은밀히 간직했다. 심지어 국가 비밀로 간주하는 경우도 많았다. 케틀레는 이 수치들을 확보하여 세상에 공개하려고 했다. 그는 광범위한 유럽 과학자 인맥을 통해 공무원들로부터 수치를 얻어내서 자신의 학술지에 발표했다.[19] 인터넷 시대의 관점으로 보면 학술지 발간은 굉장히 더디게 진행된 것처럼 보이지만, 당시만 해도 그것은 데이터의 대중적 가용성과 순환 면에서 급진적인 변화였다.

또한 그는 이 모든 데이터를 분석하는 일에도 착수했다. 천문학자들의 데이터 분석 방법을 조정하고 단순화해 인구에 관한 데이터에서 규칙성을 찾아냈다. 몇 가지 규칙성이 한 세기 이상 알려져 있었는데, 그것들은 대체로 세계를 주관하는 신의 섭리에 대한 증거로 제시되었다. 역사가 케빈 도널리Kevin Donnelly가 강조한 것처럼, 케틀레는 인간의 의지와 무관한 사망률 같은 주제에서 벗어나 인간의 의지가 크게 작용하는 범죄 같은 '도덕적' 영역을 다루고자 했다. 범죄 및 인간의 신체적 특징에 관한 데이터에 접근할 수 있게 되자 케틀레는 또 다른 종류의 규칙성, 즉 평균을 중심으로 데이터를 분류할 수 있다는 사실을 알아차렸다.

그는 이런 규칙성을 알아차린 데 만족하지 않고 곧바로 그런 규칙성에 의미와 현실을 드러내주는 속성을 부여했다. 케틀레는 이렇게 설명했다. "동일한 범죄들이 동일한 순서로 매년 발생해서 범법자들이 동일한 처벌을 받는다는 이 놀라운 일관성은 법원 통계에서 단연 두드러지게 나타나는 사실이다."[20] 이런 통계 법칙들로 볼 때 인간의 자유의지는 의심스러워 보였다. 우리 각자가 자신의 운명을 통제하지 못한다는 뜻이기 때문이다.

평균인의 탄생

케틀레의 주장에 의하면, 만약 '도덕적 현상'이 많은 사람에게서 관찰된다면 그것은 물리적 현상을 닮게 된다. "개개인을 더 많이 관찰할수록 물리적인 것이든 도덕적인 것이든 간에 개인적 특이성은 더 많이 지워지며, 사회가 존재하고 유지됨에 따라 일반적 사실들만이 뚜렷이 남게 된다."[21] 그렇다면 다수의 개인을 어떻게 관찰할 것인가? 그때도 지금과 마찬가지로 마치 소설을 끄적이듯 영원한 인간의 조건을 표현할 수도 있었다. 하지만 케틀레는 그보다는 원래 방대한 천체 관찰 자료를 다루기 위해 사용하던 새로운 수학적 기술을 적용했다.

천문대를 건설하기 위해 노력하던 중에 케틀레는 파리에 갔다. 거기서 그는 많은 사람이 내놓은 다수의 천체 관찰 자료가 밤하늘의 별과 행성들의 위치에 관해 꽤 확실한 지식으로 변환되는 방법을 알게 되었다. 만약 여러 사람이 하늘의 특정한 별의 위치를 측정한다면, 관찰된 위치는 시기와 사람, 관측 기기에 따라 다를 것이다.

위대한 수학자 피에르 시몽 라플라스Pierre-Simon Laplace와 카를 가우스Carl Gauss가 밝혀낸 바에 따르면, 동일한 양에 대한 다수의 천체 관측 자료들은 이른바 종 곡선bell curve 또는 정규곡선normal curve 형태를 이루는 경향이 있다. 그리고 이 곡선의 중간에 위치한 수치가 천체의 위치를 가장 잘 나타낸다. 상이한 여러 관찰자들이 내놓은 많은 데이터를 다루기 위한 이 천문학 기술을 이용하여 케틀레는 새로운 시도를 했다.[22] 즉 이 추론 방법을 인간에 관한 데이터, 그중에서도 범죄 발생이나 자살률 또는 키와 같은 데이터에 적용한 것이다. 그 결과 굉장히 중요한 도약을 이루어냈다. 하지만 당시에는 과학으로서 완전하게 인정받지 못했다.

여러분과 내가 여러 날 밤에 걸쳐 특정한 별의 위치에 관한 관찰 결과들을 한 묶음 얻었다면 우리는 참값, 즉 별의 실제 위치를 확인하려고 할 것이다. 마찬가지로 만약 우리가 한 부대에 소속된 군인들의 키를 전부 측정했다면, 키의 평균을 쉽게 계산할 수 있다. 이 평균은 데이터를 추상화해 얻은 결과로서, 실제로 존재하는 대상을 측정한 값이 아니다. 따라서 별의 위치를 찾는 일과는 엄연히 다르다.

비록 엄밀성이 부족하지만, 케틀레의 천재성은 인간에 관한 평균을 마치 우리가 찾아내려고 하는 실제 존재하는 양처럼 다루었다는 점이다. 케틀레는 정확한 별의 위치를 나타내는 수치가 존재하듯이 인구의 평균 키 역시 실제로 존재하는 것처럼, 다시 말해 "객관적으로 인구의 특성을 알려주는"[23] 숫자인 것처럼 다루었다. 그는 이렇게 적었다. "숫자들의 변동"에도 불구하고 우리가 알기에 "개인의 키든 … 북극성의 적경赤經(천구에서 천체의 위치를 나타내는 좌표의 하나—옮긴이)이든, 우리가 알아내고자 하는 값의 수치는 실제로 존재한다."[24] 케틀레의 주장에 따르면 바로 그런 수치가 특정 인구의 "평균인homme moyen"이 가진 속성을 드러내준다.

케틀레의 평균인이란 개념은 지금 돌이켜보면 터무니없게 들릴지 모른다. 하지만 범죄율, GDP, IQ와 같이 전체 인구의 특징을 나타내는 측정치를 내놓는다는 발상은 우리 사회의 정책에서 핵심적인 부분이다. 비록 그중 다수가 실제로 존재하지 않는 추상적인 개념으로 이해되더라도, 민족이나 인종 집단의 선천적 지능 같은 것들은 종종 어떤 생물학적 실제성을 갖는다고 해석된다. 인간 특성에 관한 수치를 처리하는 이런 방식은 인간들의 차이점의 본질에 관한 전반적인 설명뿐 아니라 교육과 자원에 대한 접근에도 근본적으로 영향을 미쳤다. 우리는 이 책에서 케틀레가 '인종'의 특성을 객관적으로 나타냄으로써 개척한 개념적 공간에서 어떻게 다른 과학자들이 측정치들을 만들어냈는지 살펴볼 것이다.

'평균인'을 알아내려는 케틀레의 노력 덕분에 한 특정 사회, 19세기 표현으로 말하면 '인종race'의 가장 특징적인 속성을 밝혀내는 도구가 마련되었다. 철학자 해킹의 설명에 의하면, "한 인종의 특성은 신체적·도덕적 자질의 측정치들로 드러나는데, 그 결론이 바로 해당 인종의 평균인이다."[25] 인종을 이렇게 특징 짓는 방법은 '인종'들의 차이, 남성과 여성의 차이에 대한 비교 연구를 이해하고 아울러 개별 인간의 발달뿐만 아니라 시간에 따른 인간 집단의 차이를 이해하기 위한 발달 분석에 착수할 수 있는 길을 열었다. 이 모든 측면들은 '인간'에 관한 새로운 과학, 다시 말해 인간 본성을 과학적으로 이해하는 새로운 접근법의 핵심적인 부분이었다.

인간에 대한 새로운 과학

논문, 소책자, 소설, 외설적인 시. 이 모두는 18세기 유럽 계몽 시기 내내 인간성의 진정한 본질을 밝혀냈다고 주장했다. 토머스 홉스Thomas Hobbes와 오늘날의 많은 경제학자들이 주장하듯이, 인간은 순전히 이기적인 존재였을까? 그들은 연민이 없었을까? 근본적으로 개인주의적이거나 아니면 사회적인 존재였을까? 여러 가지 증거가 축적되었지만, 대다수는 일화에 불과해 보인다. 케틀레의 생각도 비슷했다. 그는 인간의 본성을 알아내는 문제에 관한 글에서 이렇게 말했다.

경험만이 선험적 추론이 해결할 수 없는 문제를 확실하게 풀 수 있다. … 인간이란 고립되고 구별되며 개인적 상태로서 존재한다는 관점을 고수하고 인간을 오직 종의 한 작은 부분으로만 간주하는 것이 대단히 중요하다. 이처럼 개별적 속성을 따로 떼어놓으면 우리는 집단에 거의 영향을 미치지 않는 우발적이고 개별적인 특이성을 전부 제거할 수 있는데, 그런 것들이 저절로 제거되고 나면 관찰자는 일반적인 결과를 알아낼 수 있다.[26]

케틀레가 보기에 인간 본성에 관한 지식은 인간의 상태를 성찰하는 탁상공론이나 하는 철학자나 개인 생활의 미묘한 면들을 포착해서 서술하는 세심하고 현실적인 소설에서 나오지 않는다. 그것은 진정한 인간 본성의 특징을 이루는 '일반적 결과들'을 추출해내는 수학적 과정의 결과물이며, 결코 이런저런 인간의 우발적 속성에서 나오는 것이 아니다.

정부는 출생과 사망 그리고 국가와 국민이 상호작용하는 순간과 같은 중대한 생활사를 기록하는 데 능한 편이다. 19세기 초반에도 지금과 마찬가지로 그런 상호작용에 종종 경찰과 의사와 교육자가 관여하여 그들이 범죄나 일탈이라고 여기는 문제들을 해결하려고 고심했다. 출생과 사망 데이터에서 장기간에 걸쳐 여러 가지 규칙성이 드러났다. 케틀레는 그런 규칙성이 범죄에 관한 데이터에서도 나타난다는 사실을 다음과 같이 강조했다.

동일한 범죄들이 동일한 순서로 매년 발생해서 범법자들이 동일한 처벌을 받는다는 이 놀라운 일관성은 법원 통계에서도 단연 두드러진다. 여러 글에서 나는 진심을 다해서 이 증거를 대중 앞에 분명히 제시했다. 한 해도 빠짐없이 나는 무서운 규칙성으로 인해 교도소, 지하 감옥 및 교수대 비용 등 우리가 치러야 할 비용이 있음을 거듭 밝혔다.[27]

심지어 도덕적 행동 분야에서도 수학적 규칙성이 곧 드러났다. 당대 최고의 과학적 사고를 한껏 받아들인 케틀레는 범죄의 정확한 직접적 원인에 대한 의견 제시를 삼갔다. 대신 자신의 전형적인 방식대로 수학적 규칙성의 증거를 개별 인간들을 넘어선 존재의 증거, 즉 인간 집단을 총체적으로 드러내는 진실이라고 여겼다. 그는 다음과 같이 논란이 될 만한 주장을 펼쳤다. "사회 자체에는 그 사회에서 벌어지는 모든 범죄의 싹이 들어 있으며, 동시에 그런 싹이 자라나는 데 필요한 토양이 마련되어 있다. 사회적 상황이 이런 범죄들을 어느 정도 예비하며, 범죄자는 그것을 실행하는 수단일 뿐이다." 범죄의 증가 규모와 속도를 이해하려면 단지 개인이 아니라 사회 구조를 이해해야 한다. "그렇기에 어느 사회든 저마다의 사회적 상황에 따라 각종 범죄의 발생 건수와 순위가 정해지며, 이것들은 단지 사회 구성의 필연적 결과일 뿐이다."[28] 여기서 케틀레는 물리학의 인과관계 개념을 사회에 적용했다.

실제로 그는 자신의 업적이 도덕적 현상까지도 데이터를 통해 관찰해보면 천체 현상과 닮았음을 밝혀낸 것이라고 말했다. "개개인을 더 많이 관찰할수록 물리적인 것이든 도덕적인 것이든 개인적 특이성은 더 많이 지워지며, 사회가 존재하고 유지됨에 따라 일반적 사실들만이 뚜렷하게 남게 된다."[29] 인간 사회를 이해한다는 것은 이 일반적 사실들을 이해한다는 뜻이며, 그것은 해당 사회와 사람들에 관해 많은 데이터를 축적함으로써 가능해졌다.

케틀레는 상이한 사회들의 특성을 밝혀내는 도덕 법칙을 발견하는 것은 희망을 꺼뜨리는 것이 아니라 개선의 가능성을 보여주는 것이라고 주장했다. 또한 사회의 구성으로부터 범죄가 발생한다는 것은 "인류를 개선할 가능성을 보여주어 제도와 습관과 정보의 양 그리고 일반적으로 생

존 양식에 영향을 주는 모든 요소를 수정함으로써 … 오히려 위안을 가져다준다"라고 말했다.[30]

통계 법칙으로 인간을 해석하다

이언 해킹에 따르면, 케틀레는 우리가 세계를 이해하는 방식을 극적으로 변화시켰다. 그의 연구 덕분에 "대규모 규칙성을 단지 서술할 뿐이었던 통계 법칙들"은 "근본적인 진리와 원인을 다루는 사회와 자연의 법칙들"[31]로 변모했다. 케틀레가 보기에 평균을 알아낸다는 것은 우리가 구성하고 있는 집단에 대해 단순하게 서술하는 것이 아니라 그보다 더 실제적인 어떤 것이었다. 평균은 각 개인 너머에 존재하는 무언가를, 집단 자체에 관한 무언가를, 어떻게 각각의 개별 구성원이 행동하는지에 관한 무언가를 포착해냈다.

케틀레는 (종종 정규곡선 형태를 취하는) 사회 현상에 대한 연구와 (정규곡선 형태를 취하는) 인간에 의한 관찰 결과 간의 차이에 관한 연구를 연결했다. 정규곡선은 근본적인 인간의 가변성을 드러냈으며, 놀랍게도 전체 집단 규모에서 인간의 근본적인 법칙적 행동을 보여주었다. 각각의 자살은 개인적 선택의 결과일지 모르지만, 한 해에 발생하는 모든 자살은 인식 가능한 패턴을 따른다. 국가 통계를 정규곡선을 통해서 보면 전체의 특성을 알려주는 명백한 속성이 드러났다. 케틀레를 포함해 당시의 여러 다른 사상가들 덕분에 사회란 단지 개인들의 집합 이상의 것이라고 보는 사고방식이 가능해졌다. 반면에 영국 수상 마거릿 대처는 개인의 의지와 책임을 옹호하면서 1987년에 이렇게 일갈했다. "개인으로서의 남성과 여성이 존재하지 않으며 … 사회 같은 것은 존재하지 않는다."[32] 하지만 케틀레와 그의 후계자들은 수치적 법칙들이 사회를 규정한다는 점을 거듭해서 보여주었다. 그는 이것을 가리켜 '사회물리학social physics'이라고 불렀다.

케틀레는 평균인과 사회의 속성들에 초점을 맞춤으로써 다른 과학 분야들도 복잡한 전체에 초점을 맞추도록 영감을 주었다. 설령 우리가 모든 구성 부분을 일일이 이해하지는 못하더라도 전체적으로는 이해할 수 있기 때문이다. 역사가 시어도어 포터Theodore M. Porter의 주장에 의하면, 케틀레는 "구성원인 개인들이 너무 많거나 행동을 자세히 이해하기엔 너무 난해한 경우라도, 한 집단 전체에 대해서는 통계 법칙이 잘 통할 수 있는지를"[33] 밝혀냈다. 관찰 데이터를 다루기 위한 초기 수학의 주요 원천인 물리학은 1800년대 중반에 사회과학 분야들의 전례를 따라서, 자연계를 이해하는 데 적합한 법칙으로서 통계 법칙을 수용했다. 그리고 다시 물리학에서 나온 모형과 통계적 절차가 사회과학 분야로 흘러들어 갔다.

개인적 차이에 관한 과학

케틀레 방식의 사회물리학은 단지 서술하지만은 않는다. 대신에 지시를 통해 산업화와 식민지화를 경험한 근대 사회들에 필요한 개선 사항이 무엇인지를 강력한 도덕적 언어로 알려주었다. '인류의 벗들'은 필요한 점진적 개량을 추구하기 위해 더디게 나타나는 통계적 변화를 연구해야만 했다.[34] 혁명과 혼란은 필요하지 않다. 시어도어 포터는 사회물리학은 "점진적 자유주의의 정신으로 사회질서에 바치는 찬가로 인식되어야"[35]만 한다고 주장했다. 만약 종 곡선의 가운데 영역을 정상이라고 본다면 그 주변은 분명 병적인 영역이었다. 인구를 이해하는 일은 사회적 상황에 의해 어김없이 초래된 일탈적이거나 병적인 개인들을 돌보고 개선하기 위한 시도에 반드시 필요한 과정이었다. 포터는 이렇게 설명한다. "케틀레가 제시한 평균이라는 이상적 측정치란 거기서 벗어난 모든 것은 결함으로, 즉 오차의 소산으로 간주되어야함을 의미한다."[36] 그리고 이 오차는 과학을 통해 알아낼 수 있었다.

『우연을 길들이다 The Taming of Chance』라는 인상적인 저서에서 이언 해킹은 이렇게 주장한다. "평균인은 인구에 관한 새로운 종류의 정보와 더불어 인구를 통제하는 방법에 관한 새로운 개념을 제시했다."[37] 케틀레의 후계자들은 국민과 인종의 특징을 파악하려는 그의 노력에 동참하여 케틀레의 주장을 훨씬 더 발전시켰다. 케틀레는 통계를 통해서 인류를 향상하려고 했다. 그의 노력은 '객관적' 측정을 통해 인간의 새로운 특징을 파악함으로써 얻을 수 있는 힘과 사회적인 면에서 '인종의 평균적 자질들'을 개선할 필요성을 보여주었다. 그의 사상을 계승한 이들은 그러한 노력을 더욱 발전시켰고, 진보적 향상을 위해 노력한 케틀레의 주장과 분명 다르지만 어쨌든 그의 주장에서 크게 영향을 받은 새로운 과학적 인종차별을 만들어냈다. 핵심 인물은 찰스 다윈의 사촌인 프랜시스 골턴 경 Sir Francis Galton이었다. 그는 케틀레의 연구를 새로운 "개인적 차이의 과학"[38]으로 바꾸어버렸다.

인간 향상의 새로운 과학을 위하여

1891년 2월 케틀레의 옹호자인 영국인 플로렌스 나이팅게일이 골턴에게 편지 한 통을 보냈다. 긴 목록의 긴급한 정책 관련 질문들이 담긴 편지였다. 개혁가들과 그 반대자들은 명확한 증거도 없이 오랫동안 정책들을 놓고서 토론했다. 그녀는 통계학이 아래와 같은 긴급한 사안들에 답을 알려주고 힘을 실어주길 요청했다.

> 법적 처벌의 결과, 즉 징역살이를 하게 되는 범죄를 줄이거나 늘리는 효과들.
> ...
> 교육이 범죄에 무슨 효과가 있습니까?

인도에 관해서는 이렇게 물었다.

> 그곳 사람들은 더 부유해지고 있습니까, 더 가난해지고 있습니까? 먹는 것과 입는 것은 더 나아지고 있습니까, 더 나빠지고 있습니까? 그들의 신체 능력은 퇴보하고 있습니까, 아닙니까?[39]

우리가 데이터와 통계 분석을 이용하여 이런 질문에 답해야 한다는 생각은 오늘날에는 진부하게 여겨진다. 우리는 그런 형태의 지식이 통치와 권력의 명백한 도구임을 이해하고 있다. 하지만 당시 사람들한테는 그렇지 않았다. 나이팅게일은 골턴에게 이렇게 부탁했다. "통계를 적용할 다른 위대한 분야들을 알려주세요. 그리고 통계를 이용해 더 정확하고 능숙하게 우리 국민의 삶을 위해 입법과 행정을 펼칠 방법을 알려줄 분야들도 알려주세요."[40] 앞으로 좀 더 자세히 살펴보겠지만, 골턴은 목표가 더 높았다. 무려 전 지구의 다양한 인종들의 지적·신체적 자질을 관리하는 것이 그의 목표였다.

Chapter 3

사회적 문제에 대한 과학적 해답

사회적 문제에는 과학적 답이 필요했다. 사회적 문제는 그것이 무엇이든 모든 문제 중에서 가장 어려운 부류에 속한다. 다시 말해, 사회적 문제는 물리학적인 것이 아니라 생물학적이고 의학적이고 통계학적이다. 그걸 해결하려면 어떤 물리학 또는 생물학 문제보다 훨씬 더 많은 조사가 필요하다.

1915년 케임브리지대학교를 졸업한 한 젊은이가 고국 인도로 돌아가는 배에 올랐다. 그는 당대의 가장 역동적이고 흥미로운 정기간행물로, 데이터를 통해 현재를 이해하고 더 나은 미래를 만들어가기 위한 과학에 초점을 맞춘 학술지 『바이오메트리카Biometrika』의 발행 호를 모두 가지고 있었다. 『바이오메트리카』는 인종과 유전 문제를 포함하여 생물학적·사회적 문제에 대한 새로운 데이터 접근법을 다루며 케틀러의 꿈을 크게 발전시킨 학술지였다. 프라산타 찬드라 마할라노비스Prasanta Chandra Mahalanobis라는 이름의 이 졸업생은 이 학술지를 통해 당시의 식민지 인도 및 장래의 독립국가 인도의 사회적·경제적 발전을 이끌고 자국을 통계적 방법으로 더 잘 이해할 수 있는 기술을 적용할 수 있다고 생각했다. 인도에 통계학을 제도적으로 도입한 위대한 업적을 이룬 마할라노비스는 그런 방법들이 가지고 있는 오만한 속성을 누그러뜨리면서 그 방법들을 변화시켰다. 마할라노비스가 가져온 새로운 과학은 데이터, 다윈주의 그리고 대영제국에 대한 확신의 위기가 교차하는 지점에서 등장했다. 영국의 힘, 그리고 퇴폐와 쇠락에 대한 크나큰 두려움의 한가운데에서 이 과학들을 바탕으로 수리통계학이 태동했다.

도덕적 두려움에서 새로운 과학이 창조될 수 있다. 19세기 후반에 영국의 엘리트들은 자신들의 제국의 퇴보를 크게 우려하고 있었다. 1858년 플로렌스 나이팅게일은 이렇게 썼다. "영국 인종 혼자서 제국의 온전함을 지탱해야 하는 때가 다가온 듯하다."[1] 엘리트의 출생률 감소, '제한적 인구', 알코올 중독 그리고 해외에서의 실패 사례 모두가 제국의 위기를 가리키고 있었다. 이런 상황에서 새로운 과학인 우생학과 이를 뒷받침하는 통계는 사회를 진단할 뿐만 아니라 영국을 다시 위대하게 만드는 방법을 보여주었다.

위기 속에서 탄생한 우생학

신사이자 학자인 프랜시스 골턴이 빅토리아 시대 영국의 동료 남성들을 조사해 보니, 그들은 자질이 부족했다. 골턴은 「유전적 재능과 특성 Hereditary Talent and Character」이라는 논문에서 "우리는 더 유능한 지휘관, 정치인, 사상가, 발명가 그리고 예술가를 원한다"라고 쓴 다음 이렇게 덧붙였다. "우리 인종의 천성적 자질은 반원시적 시기의 자질보다 더 낫지 않다." 비록 "우리가 태어난 조건들이 과거보다 훨씬 더 복잡하지만 말이다." 현대 문명은 너무 과도했다. "오늘날 가장 뛰어난 이들도 자신의 능력에 비해 지나치게 무거운 지적인 짐을 지고서는 비틀거리고 멈춰 서 있는 듯하다."[2] 천재가 필요했지만 공급이 달렸다. 교육만으로는 이 문제를 해결할 수 없는데, 당대의 복잡성을 맞닥뜨릴 재능 있는 남성과 여성이 충분하지 않고, 태어난 천재들이 충분하지 않기 때문이었다. 영국은 더 많은 천재가 필요했고, 특별한 재능을 지닌 사람이 더 많이 필요했다. 골턴은 그런 사람들을 길러내야 한다고 생각했다.

당대에 악명 높은 걸출한 인물이자 골턴의 사촌인 찰스 다윈의 저술이 앞으로 나아갈 길을 제시했다.[3] 『종의 기원』에서 다윈은 쇼 비둘기나 혈통 좋은 개와 같이 가축을 인위적으로 육종한 사례를 근거로 자연선택설을 내놓았다. 인간 육종가들이 원하는 특징을 선별하듯이, 동물의 어떤 특징은 특정한 환경에서 오랜 시간에 걸쳐 선택된다. 골턴은 인류가 인류라는 종에 영향을 미치는 스스로의 힘을 과소평가했다고 생각하며 이렇게 설명했다. "동물에 비해서 인간의 힘은 엄청나게 크다. 미래 세대의 신체 구조는 육종가의 의지에 따라 통제되면 찰흙처럼 유연해질 것이다." 신체적 자질뿐만 아니라 마음도 바꿀 수 있다고 여기며 다음과 같이 덧붙였다. "내가 아는 한 정신적 자질도 마찬가지로 통제 가능함을 어느 때보다도 더 확실하게 보여주는 것이 나의 바람이다."[4]

골턴은 곧이어 인간, 특히 인종의 자질을 향상하기 위한 의식적 노력을 나타내는 '우생학'이라는 용어를 새로 만들었다. 우생학은 금세 유럽 전역과 미국, 나머지 세계의 많은 좌우익 정치 프로그램의 중심 주제가 되었다. 철저한 인종차별주의자였던 골턴이 가장 중시한 것은 계급이었다. 그의 제안은 영국 밖에서 우생학 프로그램이라고 하면 금세 연상되는 강제불임과 인종청소에 비하면 장난 수준이었다.

자, 그렇다면, 마음 가는 대로 이런 유토피아를, 원한다면 라퓨타를 상상해 보자. 거기서는 청년뿐 아니라 여성에 대한 능력 검사 시스템이 잘 개발되어 있어 심신의 모든 중요한 자질을 아우르며, 국가의 뛰어난 충복으로 자라날 아이들을 낳아줄 결혼에 매년 상당한 금액이 할당될 것이다.[5]

당대의 많은 철학자, 경제학자와 달리 골턴은 근본적으로 반평등주의 자였다.[6] 그는 다음과 같이 썼다. "나는 태생적 평등에 반대한다. 사람들이 종종 말하는 위선을 나는 참지 못하는데 … 아기들이 꽤 비슷하게 태어나며, 소년 간이나 성인 남성 간의 차이를 만드는 유일한 요인이 꾸준한 성실성과 도덕적 노력이라고 주장하는 위선 말이다."[7] 골턴의 주장에 따르면, 모든 사람이 평등하게 태어나지는 않으며 모든 시장 참여자가 비슷한 정신적 능력을 갖고 있지도 않다. 진보적인 정치 사상과 진보적인 경제학은 그가 보기엔 틀린 주장이었다.

우리는 우생학과 과학적 인종차별주의라고 하면 나치나 극우를 떠올린다. 하지만 1900년 무렵에는 상황이 달랐다. 2차 세계대전 이전까지 보수주의자뿐만 아니라 진보주의자도 과학이 인류를 향상해서 인간을 개선할 수 있다고 보았다. 그런 관점을 가진 한 주창자는 우생학에 대한 믿음이야말로 "우리 종의 미래에 대한 폭넓은 전망과 이타적 관심의 완벽한 지표"[8]라고 밝히기도 했다. 통계적 과학은 심한 편견을 가지고 있는 과거의 과학을 증거 기반의 인간 향상을 위한 새로운 과학으로 대체할 것이라고 여겼다. 즉, 인간의 태생적 위계에 관한 논의는 설명 단계를 벗어나 거뜬히 처방 단계로 나아가리라고 생각했다.[9]

종을 개선하기 위해 골턴은 재능 있고 우월한 자손들을 탐구해야 했다. 양육은 우월함의 이유가 아니었다. 뛰어난 남성과 여성의 개인정보를 이용하여 골턴은 가족 내에서 재능인과 천재의 밀도를 조사하기 시작했다. 1869년에 발표된 그의 오랜 연구 성과인 『유전적 천재 Hereditary Genius』라는 저서에서 골턴은 뛰어난 가족들을 연구했고, 역사적으로 중요한 국가들을 다른 국가들과 비교했다. 수많은 사례가 있었지만 그의 접근법은 직관과 일화에 의존했다. 그는 현대인은 전부 고대 그리스인보다 열등하며 비유럽인(골턴은 이를 "인종들races"이라고 불렀다)은 유럽인보다 열등하다고 일반화했다.

그의 저서에 나오는 접근법은 대체로 일화 중심이긴 했지만, 골턴은 케틀레의 정규곡선을 이용하여 사람과 인종의 등급을 매긴다는 새로운 개념을 도출했다. 케틀레는 집단 전체의 자질을 이해하기 위해 정규곡선을 이용했다. 골턴도 똑같은 곡선을 이용하여 한 집단 내의 변이를 이해하려고 했다. 케틀레라면 영국인의 평균 신장을 알아내려 했겠지만, 골턴은 신장의 극단값extreme을 이해하려 했다. 그의 연구 대상은 재능이지 키가 아니었지만, 똑같은 도구를 신장과 재능 모두에 적용했다. 프랑스 사회학자 알랭 데로지에르Alain Desrosières의 설명에 의하면, 골턴은 정규곡선을 "오차의 법칙law of errors이라기보다는 개인들을 분류할 수 있게 해주는 편차의 법칙law of deviation"10으로 사용했다. 천문학자들은 오차를 제거해야 할 요소로 보았지만, 골턴은 그런 오차를 이용하여 개인에게 등급을 매기고 분류해야 한다고 보았다. 그런 의미에서 백분위 점수로 표시되는 성적표를 받는 학생들은 전부 골턴이 창조해낸 세계에 사는 셈이다.

그렇지만 뛰어난 가족들을 대상으로 하는 우월성 조사에는 중대한 문제점이 하나 있었다. 극단적으로 키 큰 사람들은 자녀도 키가 크지만, 평균적으로 그런 아이들은 부모만큼 크진 않고 인구의 평균 키로 되돌아간다. 인간과 동물의 특성을 광범위하게 관찰한 연구에서도 비슷한 현상이 나타난다. 이것은 (인간 또는 인간 이외의 동물을 모두 포함하여) 동물의 육종가에게 골치 아픈 문제였다. 우월한 존재가 되리라 짐작되는 인간을 길러내려는 시도에 제약을 가하기 때문이다. 이 문제를 어떻게 이해해야 할까? 답은 케틀레가 열정적으로 정규곡선을 적용했던 방식을 골턴이 새롭게 작업한 것에서 찾을 수 있다.

왜 키가 큰 부모의 자녀들이 부모만큼 크지 않을까? 그리고 더 일반적으로 볼 때 왜 한 인간 집단의 특성들이 시간이 흐르면서 거의 일정하게 유지될까? 골턴은 이 두 현상 모두를 자칭 '회귀regression'라는 개념을 통해 설명했다. 수학적으로 이 개념은 "이상적인 평균의 자녀 유형이 부모 유형에서 벗어나서 대략 평균적인 선조 유형으로 '되돌아가는' 경향"[11]을 의미한다. 통계 조사를 통해 그는 자손들이 평균으로 되돌아가는 정도와 부모가 평균에서 벗어난 정도 사이의 강력한 수학적 관계를 발견했다. 그는 그 관계가 선형적임을 보여주었을 뿐만 아니라, (오늘날 골턴 덕분에 붙은 명칭인) 선형회귀linear regression를 데이터에 적용하여, $y = mx + b$와 같은 단순한 선형방정식의 계수들을 찾아냈다.

골턴은 세대 간의 측면들을 모형화하기 위해 '되돌아가기'에 관한 그의 첫 연구에서는 부모의 키를 x값으로, 자녀의 키를 y값으로만 취급했다. 자손들의 회귀 현상을 단방향의 생물학적 과정을 살폈기 때문이었다. 하지만 곧 그는 자신이 연구하는 회귀 과정이 생물학적 구속에서 벗어나 방대한 데이터 배열에도 사용될 수 있음을 알아차렸다. '되돌아가기'의 과정을 조사하면서 골턴은 자신도 모르게 훨씬 더 넓은 개념, 즉 통계적 회귀 개념과 마주쳤던 셈이다.

데이터의 상관관계

골턴은 데이터를 모형화하고 데이터로부터 예측하는 강력한 새로운 접근법을 도입하는 데서 훨씬 더 나아갔다. 케틀레는 사회를 연구했다. 골턴은 한 분포 내의 개인들을 연구했다. 그는 개인과 인종을 파악하고 등급을 매길 더 나은 기법을 원했다. 골턴은 부모와 자녀의 키와 같은 두 가지 특성 사이의 관계를 연구하여 '상호-관계co-relation', 현재의 용어로는 '상관관계correlation'라는 개념을 도입했다.

여러 국가의 정부가 통계치를 점점 더 많이 내놓았지만, 골턴의 가장 큰 관심사였던 충분한 데이터 축적에는 미치지 못했다. 무엇보다 인구 중 대규모 선별 집단의 '주요 신체 특징들'을 자세히 조사한 통계가 부족했다. 가령 다음과 같은 자질이다. "시력, 색상 식별 능력, 눈의 판별력, 청력, 들을 수 있는 가장 높은 음, 숨쉬기 능력, 당기고 쥐는 힘, 타격의 빠르기, 양팔 거리, 키와 앉은키 그리고 몸무게."[12] 이런 데이터를 수집하기가 너무나 어려웠기 때문에 골턴은 직접 1884년 사우스켄싱턴에서 열린 국제건강박람회에서 인체측정연구소Anthropometric Laboratory를 세우고, 9,337명의 사람들을 일곱 가지 방식으로 측정했다. 그의 설명에 따르면, "정기 측정"은 가족 구성원들의 발육 상황을 추적하는 데 유용할 뿐만 아니라 "국가 전체 및 국가 내 여러 지역들의 효율성을 알아내는" 데 도움이 되었다. 그런 기록 "덕분에 우리는 학교별, 직업별, 주거지별, 인종별로 비교할 수 있다."[13] 이렇게 생성된 데이터는 20세기에 들어와서도 연구에 활발하게 이용되었다. 심리 역사가 쿠르트 단치거Kurt Danziger의 설명에 의하면, 골턴의 인체 측정은 "개인의 성취를 타고난 생물학적 요소들의 발현이라고 정의하면서 사회적 영향의 가능성을 아예 차단했다."[14]

골턴의 방식 덕분에 인간들의 차이를 이해하는 완전히 새로운 접근법이 나올 수 있었다. 케틀레 이후로 데이터 분석이 정량화할 수 있는 인간 행동과 특성들의 공통성과 범위를 밝혀낼 수 있었다. 그리고 골턴 이후로 그런 범위 안에서 개인들의 위치와 등급을 매겨 상위 5퍼센트, 하위 10퍼센트라고 표현할 수 있게 되었다. 다수의 인간을 관찰한 골턴의 연구에 영감을 받아서 정신적 능력에 대한 검사가 등장했는데, 이는 측정된 인간 능력의 범위 내에서 각 개인의 위치를 정하기 위한 노력의 일환이었다. 그 후로 다수의 '실험 대상자'를 통계적 방법으로 검사하는 온갖 분야가 등장했다. 골턴과 그 지적 계승자들의 연구로 인해 "심리적 지식에 대한 주장이 옳은지 알아낼 새로운 방법이 가능해졌다"라고 역사가 단치거는 설명한다. "개인에 대한 흥미롭고 유용한 내용을 알아내려고 개인을 대상으로 집중적인 실험이나 임상 연구를 할 필요가 없었다. 개인의 성과를 다른 사람들과 비교하여 전체 개인의 성과 내에서 어떤 위치인지를 정해주기만 하면 되었다."[15] 한 접근법이 큰 사업이 되는 데에는 시간이 많이 걸리지 않았다. 골턴 같은 몇몇 선구자들의 시대에는 충분한 규모로 데이터를 얻기 위해서는 많은 노력이 필요했지만, 제1차 세계대전 이후 미국에서는 그런 조사에 대한 사회적 요청이 금세 크게 증가했다.[16]

무엇보다도 골턴은 어떤 집단에 대한 연구가 어떻게 개인을 인식하고 목표로 삼을 수 있는지를 밝혀냈다. 오늘날 다양한 사람들에 관한 많은 데이터 덕분에 과학자, 영업자, 군대 및 스파이 등은 모든 개인들을 더 잘 알고, 목표로 삼을 수 있다. 우리는 그런 세계에 살고 있다. 다른 인터넷 사용자들과 비교하여 우리의 개성을 정량화하는 세계, 그 정량화된 차이를 이용하여 광고 알고리즘을 통해 우리의 주의를 끌려고 경쟁하는 세계에 우리는 살고 있다.

우생학의 기반이 된 수리통계학

지칠 줄 모르는 골턴이었지만 자신의 새로운 통계적 접근법을 직접 제도화하지는 않았다. 또한 수학적 기법을 엄밀하게 만들지도 않았다. 골턴의 발상과 재정적 지원을 바탕으로 이 두 가지를 해낸 사람은 그의 지적 계승자인 칼 피어슨Karl Pearson이었다. 퀘이커교도의 자손이자 자유사상가, 수학자, 사회주의자, 페미니스트 및 우생학자였던 피어슨은 (전기 작가인 시어도어 포터의 표현에 따르면) "원대한 전망, 즉 효과적인 우생학의 기반이 될 통계적 생물학을 창시하고, 부수적으로는 인간 지식의 거의 전 분야에 적용할 수 있는 수리통계학을 발전시킨다는 전망"을 품었다.[17] 뛰어난 수리통계학은 케틀레가 꿈꾼 전 범위의 현상, 즉 사회개혁의 전체 스펙트럼에 확대 적용될 수 있을 터였다.[18] 그가 여러 분야로 개척 활동을 벌인 덕분에 우생학 및 사회정치적 시책에 대한 거만한 새로운 통계적 접근법이 제도화되었는데, 이때 골턴 그리고 무엇보다도 드레이퍼스 회사Worshipful Company of Drapers와 같은 후원자들의 도움이 컸다.

이 모든 일을 해내기 위해 피어슨은 데이터와 데이터를 처리할 인력, 그리고 새로운 수학이 필요했다.[19] 그가 한 권위 있는 강연에서 언급했듯이, "그 일은 본질적으로 여러 해에 걸친 협동 조사의 결과이며, 광범위한 데이터를 생성하고 분석하는 협력자 집단이 있었기에 가능했다."[20] 피어슨은 자신의 꿈을 실현하기 위해 핵심 연구진과 함께 수십 년 동안 각고의 노력을 기울였다. 한 세대의 위대한 통계학자들이 그의 밑에서 함께 일하면서 우리 모두가 데이터를 이용하는 방식을 바꾸었다. 피어슨은 여러 개의 연구소를 운영했는데, 별도로 운영된 생체측정 연구소들과 우생학 연구소들은 프로젝트도 연구 방법도 직원도 자금 지원도 저마다 달랐다.[21] 특히 두 여성 조수 앨리스 리Alice Lee와 에셀 엘더턴Ethel Elderton의 도움으로 그는 광범위한 통계 조사 대상에 대한 다양한 데이터를 수집했고, 이를 바탕으로 주로 자신이 설립하고 운영한 학술지에 결과를 발표했다.

데이터 수집은 힘든 일이었다. 1903년 흑사병 매장지 하나가 런던에서 발굴되었다. 그러자 일주일도 안 돼서 "(피어슨의) 연구원들 중 한 명인 S. M. 제이콥 씨가 유별난 열정으로 두개골 및 몸통 해골 전부를" 피어슨의 연구에 사용할 수 있게 해달라고 "간청했다."[22] 그래도 대부분의 사례는 평범한 편이었다. 신체적·정신적 능력의 유전에 관한 골턴의 연구를 확장하기 위해 피어슨과 그의 연구팀은 교장과 교사가 읽는 잡지에 형제자매들에 대해 여러 가지 관찰 결과를 기록하고 지적 수준에 등급을 매겨달라고 요청하는 글을 실었다. 연구팀은 6,000건의 설문지를 발송하여 다양한 학교들로부터 약 4,000건을 되돌려받았다. "절대적 분류 및 도표 작성은 엄청나게 힘든 일이었다"라고 피어슨은 말했다. 그러면서 비범한 여성들로 이루어진 연구팀에 감사를 전했다. "과학박사 앨리스 리 양, 석사 매리 르웬즈Marie Lewenz 양, E. 페린E. Perrin 양, 매리 비턴Mary beeton 양, 마거릿 노트컷Margaret Notcutt 양" 그리고 이에 앞서 "주된 계산 작업은 앨리스 리 박사가 맡았다"라고 언급했다.[23]

데이터 처리는 새로운 기계의 도움을 받았는데도 힘들고 비용이 많이 들었다. 골턴이 유전학연구소를 지원했으며, 1903년에는 드레이퍼스회사가 피어슨의 생체측정연구소에 500파운드의 자금을 지원했는데, 덕분에 피어슨은 앨리스 리에게 급여를 줄 수 있었다. 리는 그와 함께 합동 연구를 진행했을 뿐만 아니라 자원봉사자로서 그를 위해 광범위한 계산 작업을 수행했다. "그녀는 데이터 축약, 상관계수 계산, 막대그래프 작성 … 그리고 (가설 검정의 한 방법인 카이제곱chi-square 검정 등) 새로운 종류의 통계치 계산"뿐만 아니라 남성 및 여성 계산원들을 감독하는 일까지 맡았다.[24] 한 방문자의 말에 따르면, 연구실의 작업이 기계로 하는 계산을 중심으로 이루어졌기에, "계산의 세부사항을 숙달하는 데 집착"한 나머지 새로운 수리통계학을 제대로 활용하지 못할 우려가 있었다.[25] 이런 작업을 통해 인쇄된 도표들의 모음집이 많이 작성되었다. 오늘날에는 그 진가를 알아차리기 어렵지만, 그런 도표들은 수리통계학의 발전에서 계산 인프라로서 핵심 역할을 했다.

여성 동료들은 지겨운 계산에 전념할 때가 자주 있었지만, 피어슨은 그들의 일을 수준 높은 작업이라고 여겼고 종종 함께 연구 결과를 발표하기도 했다. 가령 그는 이렇게 주장했다. "엘더턴 양은 더 이상 직원이 아니라 프랜시스 골턴 학자Francis Galton Scholar가 되었다. 그녀는 창조적인 작업을 꽤 잘 해낼 능력이 있다" 통계학에 이바지한 공로 외에도 그들은 지역의 사회복지 분야에서도 지도자가 될 수 있었다. "우생학 연구소에서 훈련받은 사람들이 정신적 결함이 있는 사람이나 병약한 아이들을 돌보는 등 공공 또는 지역 서비스 분야의 일을 맡는 것은 매우 바람직하다. 그러므로 우리는 실용적인 우생학 연구를 위한 교육 기관으로 발전해 나갈 것이다."[26] 이 여성들 중 가장 두드러진 인물인 플로렌스 나이팅게일 데이비드Florence Nightingale David는 캘리포니아대학교 교수를 포함해 통계학 분야에서 걸출한 학자의 길로 나아갔다.

우생학적 통계가 밝혀낸 진실

데이터로 했던 이 모든 작업을 통해 무엇이 증명되었을까? 지능은 유전이 되는 것이었고, 영국인들은 지능 게임에서 지고 있었다. 다시 말해 "우리는 한 국가로서 100년 전부터 50년 전만큼 뛰어난 지능을 길러내지 못하고 있다. 국가 내에서 정신적으로 더 뛰어난 이들은 예전과 같은 비율로 자식을 낳지 않고 있으며, 능력이 부족하고 활기가 덜한 이들이 더 나은 이들보다 자식을 더 많이 낳는다." 이것은 사회개혁에서 중대한 의미가 있었는데, 왜냐하면 문제는 학교가 아니라 후손 번식이었기 때문이다. "더 폭넓고 철저하게 교육을 시킨다고 해도 지능 면에서의 유전적 약점을 유전적 강점으로 끌어올리지 못할 것이다." 유일한 "치료법"은 "공동체 내에서 좋은 후손과 나쁜 후손의 상대적 번식력을 바꾸는 것이다."[27]

피어슨은 통계학이 산업적, 인종적 갈등이 존재하는 현대 사회에 필요한 새로운 우생학적 사회주의의 핵심이 되어야 한다고 생각했다. 하지만 우월한 인종을 위한 우생학적 계획을 목표로 정했다고 해도 인종차별주의와 계급차별주의 신념 체계가 옳다는 것을 데이터로 밝혀내기란 만만한 일이 아니었다. 피어슨과 동료 연구자 앨리스 리는 두개골 조사를 통해 두개골 크기와 지능 간에 신뢰할 만한 상관관계를 오히려 부정하게 되었으며, 아울러 두개골이 여성의 선천적으로 낮은 지능의 증거라는 당시의 인식을 부정하게 되었다.[28]

우생학적 통계는 쓰라린 진실을 알려주었다. 낙심한 피어슨은 이렇게 말했다. "우리는 요즘 국가들의 고군분투에서 국가의 뼈대로 여기는 심리적 특성들은 가정과 학교와 대학에서 만들어지는 것이 아니라 뼈에서 길러진다는 사실을 알아차리지 못했다. 또한 지난 40년 동안 국가의 지적 계급들이 … 우리 제국의 점점 더 커지는 과업을 맡아주고, 더더욱 거세지는 국가 간 투쟁의 최전선에서 싸워줄 남성들을 적절한 비율로 공급하지 못했다."[29] 당대의 긴급한 정치적 사안들에는 뛰어난 우생학적 지식이 필요했다.

이민의 온갖 문제점이야말로 국가적 우생학의 합리적 가르침을 얻는 데에 근본적으로 중요한 요소이다. 우월한 사람을 번식시키기 위한 법률을 제정하

려고 노력해봤자 무슨 소용이 있겠는가? 만약 언제라도 열등한 인종의 이민

자들이 쏟아져 들어와 인간성이 향상된 고급 문명한테서 잽싸게 이득을 챙겨

버린다면 말이다. 우생학자가 보기엔 무분별한 이민의 허용은 모든 진정한 발

전을 명백히 파괴한다.[30]

골턴과 마찬가지로 피어슨 역시 "국가들의 투쟁"은 너무도 중요한 사안이기 때문에 잘못된 우생학에 의존할 수는 없다고 주장했다. 이 투쟁에는 더 나은 우생학이 필요했다.

과학의 시각으로 사회를 해석하라

사회과학과 생물학은 수학 및 데이터 생성을 기반으로 변모할 필요가 있었다. "이전 생물학자들의 허술한 정성적 또는 서술적 추론은 이제 정확한 수리통계적 논리에 자리를 내주어야만 한다. 훈련받은 생물학자도 오늘날의 물리학자들처럼 사실을 발견하여 도표화할 수 있겠지만, 그것은 훈련받은 수학자가 사실들을 바탕으로 추론해야 하는 일이다. 하지만 미래에는 위대한 생물학자가 오늘날의 위대한 물리학자, 교육으로 양성된 수학자와 비슷해질 것이다."[31] 두말할 것도 없이 당시의 많은 생물학자들은 생각이 달랐다. 피어슨은 소규모의 실험실 연구보다 대규모 데이터 수집과 분석을 찬양했다.

생물학에서 참인 것은 정치에서는 더 명백히 참이었다. 피어슨은 사람들이 사회적 문제에 섣불리 의견을 내는 것에 발끈하며 이렇게 질타했다. "정치인이든 기차역 운용자든, 천체물리학이나 세포학에 관한 질문이라

면 의견을 내기에 주저할 사람들이 사회적 문제라면 누구나 뭐라도 결정적인 답을 내놓을 준비가 되어 있다." 하지만 사회적 문제는 천문학 문제보다 훨씬 어려웠다. "사회적 문제에는 과학적 답이 필요했다. 사회적 문제는 그것이 무엇이든 모든 문제 중에서 가장 어려운 부류에 속한다. 다시 말해, 사회적 문제는 물리학적인 것이 아니라 생물학적이고 의학적이고 통계학적이다. 그걸 해결하려면 어떤 물리학 또는 생물학 문제보다 훨씬 더 많은 조사가 필요하다."[32] 피어슨의 연구실들은 이 새로운 과학적 노선에 따라 정치적·사회적 질서를 정립할 모형들을 내놓았다.[33]

상관관계가 아닌 인과관계

우리가 줄곧 배웠듯이, 상관관계는 인과관계를 의미하지 않는다. 그리고 바로 그 이유로 골턴의 지적 계승자에게 상관관계는 매우 흥미로운 개념이었다. 칼 피어슨은 "인과관계보다 더 넓은 범주, 즉 상관관계가 존재하며, 인과관계는 상관관계의 일부일 뿐"임을 깨달았다고 말했다. 이 개념 덕분에 더 많은 학문 분야가 수학적 학문이 될 수 있었다. "상관관계라는 새로운 개념은 심리학, 인류학, 의학 및 사회학의 많은 연구 주제를 수학적으로 취급하도록 만들어버렸다."[34] 상관관계는 특히 분명한 인과관계가 없는 데이터 집합을 살펴볼 때 매력적이었다. 진화를 연구할때, 상관관계는 그 이유에 대한 지식 없이도 진화 과정을 이해하는 데 도움을 주었다. 피어슨은 낮은 지능 및 낮은 도덕성은 번식력과 강한 상관관계가 있다고 믿었다. 가령 상관관계는 한 국가가 쇠락하지 않으려면 따라야 할 출산 정책을 이해하는 데 핵심적이었다. 피어슨은 인생 후반에 이렇게 선언했다. 상관관계는 "정성적 문제로 파악하여 수학적 방법들이 적용될 수 있는 분야들을 엄청나게 확대했을 뿐만 아니라, 동시에 과학에 대한, 그리고 심지어 삶 자체에 대한 우리의 철학을 변화시켰다."[35]

앞으로 자세히 살펴보겠지만, 20세기의 대다수 통계들은 인과관계에 중점을 두고 있다. 하지만 현재 우리가 겪고 있는 데이터 혁명의 많은 부분은 상업, 첩보 및 과학 분야에서 상관관계가 가장 중요한 도구로 새롭게 등장한 것과 관련이 있다. 사회 현상에서 상관관계를 찾든 전문지식을 주장하든, 피어슨의 정신이 데이터 과학을 장악하고 있는 것이다.

데이터가 만들어낸 인종차별주의

현재의 시각에서 볼 때 앞에서 살펴본 인물들은 대체로 후진적인 인종주의자나 계급주의자처럼 보인다. 실제로 그랬다. 하지만 그들은 완고한 전통주의자나 보수주의자가 아니었다. 그 반대였다. 그들의 과학은 자신들이 생각하는 진보주의의 핵심이었으며, 사회적 차이를 연구하는 방식은 물론이고 당시 최고의 지식을 기반으로 국가적 통합을 이루기 위한 방법의 핵심이었다. 이와 같은 새로운 과학은 궁극적으로 사회질서를 크게 바꾸지는 못하더라도 사회질서의 개념적 토대를 뒤흔들어놓을 수 있다. 기존 질서를 붕괴시키는 급진적인 기술적 변화가 오히려 종종 기존의 불평등을 어떻게 강화하는지 밝히는 것이 이 책의 주제이다.

우생학자들이 좋아하는 정책은 그들의 기대만큼 빠르게 채택되지 않았기에, 일부 역사가들은 그런 흐름의 중요성을 인정하지 않았다. 하지만 역사가 로버트 나이Robert Nye는 이렇게 설명한다. "영국에서 벌어진 우생학 논의가 장기적으로 중요했던 이유는 이런 논의가 협소한 계급 전망을 사회 전체의 관심을 대변한다고 주장하는 생체의학적 개념들의 집합으로 변화시켰기 때문이며, 그런 개념들은 교육받은 영국인 세대에게 거부할 수 없는 관점이 되었다."[36] 우생학적 개념들은 교육받은 계층 중 다수에게 기본 개념이 되었다. 영국에서는 계급에 관한 우려가 가장 두드러졌고, 미국에서는 인종이 가장 중요하게 대두되었다. 그리고 인종청소라는 참상을 낳은 나치 독일의 정책으로도 이어졌다.

새로운 생체측정 프로그램

"현대 문명이 과학적 기반에 의해 다른 모든 문명과 구별된다면, 이 문명이 내놓는 문제점들은 과학적 방법으로 해결되어야만 합니다"라고 브라젠드라 나트 실Brajendra Nath Seal은 설명했다. 미국 역사학자이자 흑인 인권 운동가 W. E. B. 듀 보이스W. E. B. Du Bois도 1911년 제1차 세계인종회의에서 현대세계의 긴급한 인종 문제들을 해결하기 위해 인간성에 대한 새로운 학문이 필요하다고 주장했다. 이는 아리스토텔레스나 마키아벨리의 오래된 인문학적 또는 철학적 방법이 아니라 새로운 생체측정 과학이 필요하다는 의미였다. 그는 또한 분열된 미국, 완고한 대영제국 및 나머지 세계에서 "인종과 국민의 구성요소와 구조, 그들의 기원 및 발달 그리고 이것들을 관장하는 힘에 관한 과학적 연구는 타당한 진보적 기반에서 인종 간의 다툼과 갈등을 해결하는 방법을 가르쳐줄 것입니다"라고 말했다.[37]

실은 한 우생학 프로그램을 받아들이면서 이렇게 말했다. "인종의 출현과 발전 및 쇠락을 가져오고 관장했던 유전적 조건과 이유에 대한 연구와 생물학적·심리학적·사회학적 힘의 작용에 관한 연구를 해야만 합니다. 그래야만 자연의 체계와 절차에 대한 지적인 적응 과정을 의식적으로 선택함으로써 장래에 일어날 인간의 진화를 이끌고 통제할 수 있습니다."[38] 그렇지만 실은 인간을 인종으로 구분하는 통상적 방식을 신뢰하지 않았고, 그 대신 생체측정을 통해 데이터를 바탕으로 인간을 적절하게 구분해야 한다고 촉구했다. 실은 골턴과 피어슨의 접근법에 기울어 있었다. 그는 "특성과 변이를 연구할 때 생체측정 방법을 도입해야" 한다고 역설했지만 평균은 불신했다. 왜냐하면 "한 특성에서 변이들의 범위 또한 그 특성 자체만큼이나 중요한 지표이기 때문"이었다.[39]

몇 년 후 실은 프라산타 마할라노비스에게 이렇게 말했다. "칼 피어슨이 영국에서 했던 것과 비슷한 일을 인도에서 해야 합니다." 마할라노비스는 연구소를 세우고 생체측정 조사를 수행함으로써 이를 실천했다. 그는 생체측정 프로그램을 인도에 가져왔고, 피어슨의 방법들을 발전시키고 개량했으며, 인도에서 수리통계학의 토대를 마련했다.[40]

생체측정 데이터의 획득과 그것을 점점 더 엄밀하게 조사하는 연구에 매진한 마할라노비스는 인도가 독립한 이후에 영국인이 내놓은 매우 문제적인 식민지 데이터를 강력한 형태의 민족주의적 지식으로 변환했다. 때가 되자 그는 식민지 데이터를 식민지에서 벗어난 새로운 인도에 보탬이 되도록 만들었다.[41]

마할라노비스는 실의 열망에 부응하여 다양한 인종과 카스트 계급으로 이루어진 인구 집단들을 구별하는 기법들을 마련했다. 오늘날 그는 통계학에서 사용되는 거리 측정 기법으로 가장 잘 알려져 있다. 그가 처음 개발해낸 '카스트 거리'는 인종 차이를 과학적으로 연구하는 피어슨의 접근법에 대한 대안 중 하나였다. 당대의 다수 인종차별 이론가들과 달리, 실과 마할라노비스는 시간의 흐름에 따른, 느리지만 진정한 변화를 강조했다. 1952년 이루어진 영국계 벵골인에 대한 연구에서 마할라노비스는 극적이지만 확연한 변화를 간파해냈다. 카스트는 그가 주장했던 일시적 실재성을 지니긴 했지만, '카스트 통합caste-synthesis'이 잘 진행되고 있었다. "해당 구역 내의 카스트 간 혼합이 미세하게나마 느리지만 꾸준히 진행되었으며, 힌두교 사회는 진화를 통해 고대의 전통적인 베다 시대의 사회와 동일하지 않게 되었을 뿐만 아니라 여러 면에서 고대 사회와는 심지어 반대로 나아갔다."[42] 데이터를 분석해보니 실제로 카스트 계급과 다양한 종파로부터 진정한 생물학적 통일성을 지닌 새로운 인도 국가가 만들어져 있었다.

카스트를 정량적으로 연구하는 그의 접근법에는 대규모 사회집단들 간의 상관관계를 검사하는 새로운 강력한 도구들이 도움이 되었다. 그의 주장에 의하면, 자신의 새로운 실증적 기법들이 이 느린 통일성뿐만 아니라 인도의 카스트와 부족의 다양성까지도 밝혀냈다. 방대한 데이터 분석을 통해 마할라노비스와 동료 연구자들은 데이터를 이용하여 우타르프라데시주의 카스트와 종족들을 분류하는 작업에 착수했다.

이런 분석에는 인간 계산팀만이 아니라 영국 케임브리지대학에 설치된 '멀록 머신Mallock Machine'(1933년 영국에서 개발된 전기식 아날로그 컴퓨터—옮긴이)도 사용되었다.[43] 그들은 실증적 접근법을 이용하여 수많은 집단의 상관관계를 계산하는 데 집중했는데, 새로운 계산 장치들을 사용했다는 점에서 마할라노비스와 그의 연구팀은 오늘날의 데이터과학 이전에 이미 데이터과학을 수행한 셈이다. 그들은 브라만, 장인匠人 및 종족들 사이의 분명한 차이를 발견했다. 마할라노비스의 방법은 위력적이었지만, 그는 곧 그 수치적 차이에 내재된 한계를 인식하고는 이렇게 말했다. "더 발전하려면 종족과 카스트의 사회적·문화적 역사를 고려할 필요가 있다. 즉, 알려진 민속학적 증거가 필요하다."[44] 그런 전문가의 지식에 기대지 않으면 데이터 중심의 과학은 큰 곤경(정말로 현 시대의 곤경)을 겪게 될 것이다. 알고리즘이 얼마나 위력적이든 데이터가 얼마나 광범위하든, 만약 이 데이터 분석을 더 넓은 형태의 (과학적이든 인문학적이든) 지식 안에서 이뤄내지 못한다면 이른바 그 지식은 기껏해야 불완전하고, 최악의 경우에는 위험할 것이다.

인종과 계급 간 차이의 원인

미국 사회학자이자 대표단에 속한 듀 보이스는 인도의 지성인 브라젠드라 나트 실이 국가들의 화합을 전망한 1911년 제1차 세계인종회의를 논평하며 의미심장한 내용을 언급했다. 그는 한 저명한 연사의 말을 인용하기 전에 자신의 공책에 이렇게 적었다. "역사는 다음과 같은 진리들을 알려준다. 만약 우리가 아프리카의 어떤 인종의 사고와 유럽 인종의 사고 간에 굉장히 큰 차이를 알아낸다면, 그 원인을 민족적 자질의 차이가 아니라 외적 조건에서 찾아야 한다. 그것은 인종의 정신적 차이가 아니라 교육의 차이, 한 동일 인종의 다양한 계층 간에 어느 정도 드러나거나 그 인종의 역사상 상이한 시기들에 드러나는 것과 똑같은 차이다."[45] 인종과 계층의 차이를 당연시해서는 안 되며, 현재 드러나는 지능의 차이를 기존의 차이들 탓이라고 여겨서는 안 된다는 것이다.

4

개인 차이의 과학

정책 문제를 과학 전문가에게 맡기는 행위는 당연한 조치가 아니었다. 하지만 과학 전문가에게 맡김으로써 정책 문제는 당파적 감정이나 철학적 논쟁의 바깥에 있다고 알려진 과학적 문제로 치환된다. 역사가 알랭 데로지에르(Alain Desrosieres)의 표현에 의하면, "정치적 문제"가 "논쟁의 중재가 가능한 측정 수단으로" 변환되는 것이다.

나치가 인종차별적 과학을 바탕으로 국가를 세우기 수십 년 전에 한 미국인 보험회사 직원이 '아리안 인종'의 선천적 우월성을 증명하는 데이터를 갖고 있다고 주장했다. 1896년 독일계 미국 이민자 프레데리크 호프만 Frederick Hoffman이 전미경제학회American Economic Association의 지원을 받아 19세기 후반 흑인 미국인들의 열악한 실상에 관한 책을 발간했다. 호프만이 보기에 그 데이터는 인종뿐만 아니라 성별의 평등까지 강조한 존 스튜어트 밀 같은 진보적 인물들의 잘난 체하는 평등주의를 짓뭉갰다. 호프만에 따르면 데이터는 분명 밀의 주장과 상반되는 사실을 뒷받침하고 있었다. 그는 정부와 기업 정책은 불평등의 과학에 관심을 가져야 하며 이는 유럽 식민지에서든 미국 남부 지역에서든 마찬가지라고 주장했다.

그는 이렇게 썼다. "이 나라에서 흑인 유색인종의 역사를 담은 모든 데이터를 철저히 분석해야만 이른바 '흑인 문제'의 진정한 본질을 이해할 수 있으며, 지금 이 나라가 마주한 어려움을 해결하는 데 과거 경험의 결과들을 안전하게 적용할 수 있다."[1] 300페이지 뒤에서 호프만은 그 데이터가 보여준 내용에 대해 이렇게 말했다. "세계 각지에서 모든 시대와 모든 사람 사이에서 관찰되는 사실, 즉 한 종에 대한 다른 종의 우월성 그리고 전체적으로 아리안족의 우월성을 통해 우리가 알아낸 것은 삶의 조건이 아니라 인종과 유전에 관한 것이었다."[2] 호프만은 대상을 미국 흑인으로만 제한하지 않았다. 그는 데이터가 결론적으로 보여주는 바에 따르면, 전 세계의 식민지 사람들은 미국 흑인처럼 사망률이 높았고 생활수준이 낮았는데, 이는 환경적 또는 사회적 조건 때문이 아니라 그들의 선천적인 열등함 때문이라고 주장했다.

19세기 후반에 과거의 오래된 인종차별주의는 인류학, 사회학, 통계학이라는 새로운 분야를 토대로 하는 학문에서 새로운 합법성을 찾았다. 이 인종차별적 학문들은 미국 흑인의 권리를 박탈하는 폭넓은 법률인 짐 크로 법Jim Crow Laws과 관행이 탄생하는 구실이 되었다. 오늘날의 이른바 '인종 현실주의자들'은 과학 영역에 편견과 체계적 불평등을 끼워 넣는 이 관습을 여전히 유지하고 있다.

호프만은 프루덴셜보험사가 사업상의 어려움을 타개하기 위해 고용한 사람이었다.[3] 프루덴셜보험사는 보험회사가 흑인에게 보험료를 더 많이 청구하는 것을 금지하는 반차별 법들, 즉 미국 헌법 수정조항 제14조의 평등한 보호 규정을 따르는 법들에 대항하기 위해 그를 고용했기 때문이다. 그는 단지 흑인이 보험에 가입할 수 없는 존재임을 고용주들에게 알려주기 위한 취지의 연구를 통해 대단한 찬사를 받았다. 그의 주장에 의하면, 그 데이터는 흑인이 다윈의 진화론이 주장하는 생존 투쟁에서 실패했다는 증거였다. 폭넓은 출처의 데이터를 바탕으로 호프만은 흑인과 백인 간의 사망률 차이를 근거로 인종 간의 위계를 과학적 사실이라고 내세웠고, 아울러 인종 간 결합의 위험성을 경고했다.

비판자들, 특히 유색인 학자들이 호프만의 추론을 무너뜨렸다. 호프만의 연구를 가차 없이 비판한 사회학자로 나중에 전미유색인지위향상협회 NAACP를 공동으로 설립한 W. E. B. 듀 보이스는 호프만의 데이터 선별 방식을 낱낱이 밝히고, 일반적 결론을 도출하기에는 데이터에 한계가 있음을 강조했다. 그리고 무엇보다도 인종에 관한 그런 식의 주장들이 모든 인종의 노동계층과 최근 이민자들에게 얼마나 많이 적용되었는지 알려주었다. 그 데이터는 흑인과 백인 간의 본질적 차이를 증명하기는커녕, 둘 사이의 사회경제적 차이의 지표를 제공했을 뿐이다. 듀 보이스의 지적에 따르면, 호프만은 "통계적 방법의 많은 오류를 결코 피하지 못했다. 결국 그 방법이란 논리를 셈하기에 적용한 데 지나지 않는데, 아무리 셈을 많이 한들 올바른 추론의 엄격한 규칙들에서 벗어난 것을 정당화할 수는 없다." 또한 '인종의 특성들'과 '삶의 조건들'에 관해 듀 보이스는 이렇게 언급했다. "적어도 한 세기 동안 정지 상태로 있던 인종적 특성들이 1880년부터 1890년까지 10년 동안 처음으로 결정적인 활동을 하게 된 것을 증명하는 일이 … 그의 책임으로 남을 듯하다."[4] 하지만 듀 보이스는 흑인의 전반적 열등함을 부정하면서도 모든 인종은 저마다 선천적으로 '퇴화한 이들'의 비율이 정해져 있다는 우생학적 견해를 인정했다.[5]

듀 보이스의 통계 분석은 옳았지만 대체로 무시되었다. 사실 호프만의 주장은 터무니없었지만 권력을 가진 이해관계자들은 그의 주장을 믿을 만한 강한 동기가 있었다. 알고리즘에 의한 의사결정을 검사하고 분석하는 방법은 1900년에든 2022년에든 진실을 밝히는 데 매우 유용하지만, 힘을 실어줄 세력이나 대중적 인기가 없으면 효과가 없을 때가 많다. 옳다는 것만으로는 충분하지 않았는데, 듀 보이스의 경우가 그랬다.

역사가 조지 프레드릭슨George Fredrickson의 표현에 따르면, 호프만의 통계 분석은 "19세기 후반에 등장한 인종 문제에 관해 가장 영향력 있는 논의"였다. 고용주의 바람대로 호프만의 연구는 20세기 초반에 아프리카계 미국인들의 보험 가입을 거부하는 조치를 정당화했다. 그 연구는 비슷한 다른 연구와 더불어 차별과 권리 박탈을 위해 만들어낸 온갖 수단을 과학적이라고 미화했다.[6]

호프만의 데이터는 사회경제적 불평등을 해소하기는커녕 강화하는 데 일조했다. 한 계층 전체의 생명보험 가입을 집단적으로 거부하는 행위는 세대에 걸쳐 체계적으로 빈곤을 심화하는 효과를 낳았다. 불평등의 이유를 해소하기보다 불평등을 본질적인 것으로 여기고 정상적이라고 받아들이게 만든 것이다. 새로운 통계적 접근법들은 흑인에 대한 관점을 급진적으로 바꾸었다. 20세기 초에 역사가 칼릴 지브란 무하마드는 이렇게 설명했다. "흑인은 범죄 통계를 통해 재규정되었다." 그의 주장에 따르면, "인종적 범죄화"를 통해 흑인은 "백인과 대척점에 있는 더 견고한 인종적 범주"로 인식되었는데, 특히 이탈리아인과 폴란드인처럼 사회적으로 무시되던 이민자 집단들에 대한 부정적 인식이 줄어들면서 이러한 현상은 더욱 두드러졌다.[7]

통계는 단지 세계를 표현하는 것이 아니다. 우리가 세계를 범주화하고 인식하는 방식을 변화시킨다. 남들과 우리 자신을 범주화하는 방식을 변화시킨다. 그리하여 세계를 뒤바꾼다. 앞으로 알게 되겠지만, 현재의 데이터과학이 그렇게 하고 있다. 그것도 엄청난 속도로.

호프만은 생물학을 통해 불평등을 자연스러운 현상이라고 밝힘으로써 그것을 현실로 만들려고 시도했다. 그는 위대한 통계학자가 아니었다. 20세기가 막 시작할 무렵, 그보다 뛰어난 통계학자들이 인간의 차이를 이해하고 그 이유를 설명해줄 새로운 방법들을 제시했다. 하지만 그들 역시 듀 보이스가 호프만에게서 찾아냈던 오류에 빠지기 쉬웠다.

가난의 원인을 분석하다

막대한 영향력에도 불구하고 호프만의 주장은 통계적으로 설득력이 약했다. 정책에 대한 주장을 펼 때 그는 골턴과 피어슨이 예측하고 처방하는 데 사용했던 새롭고 강력한 도구들을 이용하지 않았다. 훌륭한 수학자이자 칼 피어슨의 동료 겸 잠시 피고용인이기도 했던 우드니 율Udny Yule 이 새로운 도구들을 인간의 차이에 관한 연구를 넘어서 당대의 중대한 사회적 문제들에 적용했다. 당시의 사회적 우려에 발맞추어 율은 빈곤의 증가와 감소의 원인을 알아내는 데 최신 기법인 다중변수multiple variables 를 이용한 회귀 기법을 적용했다.

무엇이 빈곤을 일으킬까? 19세기가 끝나갈 무렵 영국에서 어떤 정책이 빈곤의 증가와 감소를 가져오는지를 놓고 활발한 토론이 이루어졌다. 직접적 지원이 빈곤을 부추겼을까? 일찍이 1834년에 영국 의회는 빈민구제법Poor Laws을 시행했다. 의도적으로 열악한 노동 환경을 만들어놓은 구빈원救貧院에 일할 능력이 있는 사람들을 강제로 보내서 영국인들이 가난하길 '원하지' 않게 만드는 법이었다. '원외 구제out-relief', 즉 구빈원 밖에서 생존을 위한 자금을 직접 제공하는 구제 조치는 일할 능력이 있는 모든 성인 및 그들의 가족에게 금지되었고, 구빈원에서 일하는 사람들에 대한 '원내 구제in-relief'가 선호되었다. 하지만 그런 형태의 구제가 빈곤에 어떤 영향을 미쳤을까? 지금과 마찬가지로 당시 빈민구제법을 옹호했던 이들이 주장했듯이, 엄격한 방식이 가난을 줄였을까? 오랫동안 도덕적이라고 여겨진 이들의 주장을 뒷받침할 데이터와 과학이 있었을까?

19세기 후반, 영국의 통계학자들은 데이터를 이용해 이와 같은 질문에 답하려고 했다. 당시에는 그런 시도가 얼마나 이상하게 보였을지 간과하면 안 된다. 오늘날 우리는 정책 입안자들이 데이터에 따르기를 (혹은 적어도 그런 척하기를) 기대한다. 일부 비판자들이 백신과 기후변화에 관한 과학적 합의를 뒷받침하는 데이터에 의문을 표하지만, 일반적으로 우리는 민주적 의사결정 과정의 중대한 기술적 측면을 데이터와 그것을 분석할 수단으로 갖춘 전문가들에게 맡긴다. 우리는 집단적으로 그들에게 그런 권력을 넘겨준다.

정책 문제를 과학 전문가에게 맡기는 행위는 당연한 조치가 아니었다. 하지만 과학 전문가에게 맡김으로써 정책 문제는 당파적 감정이나 철학적 논쟁의 바깥에 있다고 알려진 과학적 문제로 치환된다. 역사가 알랭 데로지에르의 표현에 의하면, "정치적 문제"가 "논쟁의 중재가 가능해지는 측정 수단으로"8 변환되는 것이다. 앞에서 보았듯이, 호프만은 인종차별(그리고 특정 인종의 배제)에 관한 과학적 근거를 제공하고자 했다.

1890년대에 영국의 빈곤 논쟁에서 양 진영은 모두 통계를 이용하기 시작했다. 찰스 부스Charles Booth 같은 개혁가들은 주요 정책 문제에 대한 과학적 접근법을 옹호했다. 그것이 전통적인 정치적 분열이나 도덕적 관점에 물들지 않은 접근법이었다. "과학이 생활의 법칙들을 새롭게 제시해야 한다"라고 그는 썼다. 종교가 아니라 과학적 접근법이야말로 "정부의 문제에 대한 진정한 해법을 찾을 때까지 우리를 인도할"9 것이었다. 부스는 빈곤선poverty line(생계 유지에 필요한 최저 소득 수준—옮긴이)의 전망을 최초로 자세히 설명하면서, 가족을 최소한으로나마 부양할 수 있는 사람과 그럴 수 없는 사람을 구분했다. 1894년 부스는 사회를 설명하는 기념비적 저서로 데이터와 도표로 가득 찬 『잉글랜드와 웨일스의 노인 빈곤자The Aged Poor in England and Wales』를 출간했다. 부스의 접근법은 발로 뛰는 방식이었다. 그의 계획은 런던 전부를 조사하는 것이었고,

그러기 위해서 조사팀의 도움을 받아 수집한 세밀한 '지역 지식'을 이용했다.

　그 데이터를 바탕으로 부스는 정치적으로 의미심장한 일련의 주장들로 책을 마무리했다. 특히 '원내 구조'를 통해 너무 관대한 정책을 펼치면 빈곤이 더 심해진다는 엄격한 방식을 부정하면서 "원외에서 주는 구제의 비율은 전체적인 빈곤의 비율과 아무런 일반적 관련성이 없다"[10]라고 말했다. 부스의 통계 절차들은 곧 우드니 율에게 지속적으로 공격받았다.

　율은 골턴과 피어슨이 생물학을 위해 개발한 기법들을 정책 문제에 적용했다. 그는 회귀 기법을 유전 연구를 위한 도구에서 인과관계를 찾기 위해 데이터에 선을 맞추는 수단으로 바꾸었다.[11] 회귀 기법을 이용한 모든 심리학자, 모든 정치학자, 모든 경제학자는 율의 방식에 따라 데이터 분석의 새로운 기법들을 사회적 세계에 관한 정책 관련 주장들을 제시하는 데 적용했다. 새 전문가들은 데이터보다 더 많은 것, 다시 말해 표현과 예측 및 처방을 위한 강력한 분석 기법을 필요로 했다.

　1899년 율은 「잉글랜드에서 구호 대상자 비율의 변화 원인에 대한 조사An Investigation into the Causes of Changes in Pauperism in England」라는 논문을 발표했다. 여기서 그는 공공 지원과 빈곤 사이의 관계를 탐구했다. 율이 내놓은 답은 부스의 답과 반대였다. 율은 데이터로 볼 때 자금 지원은 빈곤의 증가를 가져온다고 주장했고, 빈곤의 변화 원인들을 밝혀내려고 했다. 이 접근법 덕분에 데이터 회귀를 하나의 예측으로서 해석하는 것에서 벗어나 처방으로서 해석할 수 있게 되었다. 즉, 해석을 통해 원인을 알게 되자, 정책 처방을 제시할 수 있게 된 것이다.

　하지만 무엇이 어떤 것의 원인인지를 우리는 어떻게 알 수 있을까? 율의 멘토인 칼 피어슨이 보기에 인과관계는 낡은 개념이었다. 피어슨은 무언가의 원인을 알아내는 것은 불가능하다고 생각했다. 대신에 그는 인과적 지식에 대한 우리의 갈망을 대체할 상관관계의 위력을 찬양했다.

절대적 독립성부터 완전한 의존성에 이르기까지 모든 관계를 아우르는 것은 두 사건 간의 상관관계라는 개념이다. 이것은 오래된 인과관계 개념을 대체할 더 넓은 범주의 개념이다. 우주의 모든 현상은 딱 한 번 일어나며, 똑같은 사건은 반복되지 않는다. 개별 현상은 구분될 수 있을 뿐이며, 우리의 문제는 우리가 '원인'이라고 부르는, 비슷하지만 절대적으로 똑같지는 않은 것들의 집단이나 부류가 우리가 '결과'라고 부르는, 비슷하지만 절대적으로 똑같지는 않은 것들의 또 다른 집단이나 부류를 얼마만큼 수반하거나 뒤따라 발생하느냐에 달려 있다.[12]

처음에는 피어슨의 노선을 따랐지만 결국 율은 인간 지식을 제약하는 이런 방법을 극복하고자 했다. 그리고 인과관계에 대한 갈망을 추구하는 쪽으로 더 강력하게 밀고 나아가 정책과 관련된 데이터를 바탕으로 사고하기 위한 새로운 수학과 새로운 기술을 창조하는 데 나섰다.

율은 이 문제가 큰 철학적 위험성과 관련되어 있음을 인식하고는 다음과 같이 말했다. "경제 현상에 관한 인과관계를 조사하는 일은 … 그릇된 결론을 내놓을 우려가 크다." 사회적·경제적 영역은 그 복잡성으로 인해 물리학에서처럼 상당한 규모로 단순화하는 것이 허용되지 않았다. 그의 설명에 의하면, 통계학자는 "자신을 실험 대상으로 삼을" 수 없었기에, "일상의 경험에 관한 데이터를 인정하고, 기껏해야 전체 현상들 간의 관계를 논의할 수 있을 뿐이다." 물리학자와 달리 통계학자는 "해당 사안을 한 번에 한 변수의 결과로 국한할" 수 없다. 이런 면에서 "통계학자들의 문제는 물리학자들의 문제보다 훨씬 더 복잡하다."[13]

통계학은 사회의 복잡성을 조사하고 빈곤 증가와 같은 사회적 병폐의 원인을 밝혀내기 위한 새 도구가 필요했다. 서로 다른 장소와 시기에 사회적 현상과 그 원인을 어떻게 측정할 수 있을까?

이 질문에 답하기 위해 우선 율은 골턴과 피어슨의 도구를 이용했다. 골턴과 피어슨은 주로 생물학적 데이터에 대하여 자신들의 도구를 사용했다. 즉 여러 세대의 동물들 사이의 관계 및 대표적으로 인간을 포함하여 임의의 주어진 동물의 신체 부위들 사이의 관계를 대상으로 삼았다. 율은 특히 회귀 기법들을 가져와서 사회경제적 현상에 적용했다. 마침내 율은 관찰 데이터가 배경지식과 결합될 때 인과관계를 추론하고 체계적인 정책 결정에 사용될 수 있다고 주장했다.

훌륭한 학문이라면 경제적 변화의 복잡성(이 사안의 경우 "구호 대상자 비율의 변화를 초래한다고 여겨지는 다양한 원인들"[14])에 대처할 필요가 있었다. 율에 따르면 가능한 원인들은 아래와 같다.

1. 법 시행의 방법이나 엄격성의 변화

2. 교역, 임금, 가격 및 고용의 변동 등의 경제적 조건

3. 인구밀도, 혼잡도 또는 한 특정 지역의 산업 특성의 변화와 같은 전반적인 사회적 특성

4. 범죄, 불법, 교육 또는 특정한 원인에 의한 사망률 등의 통계로 드러난 도덕적 특성의 변화

5. 인구의 연령 분포의 변화[15]

첫 번째 범주가 특히 관심거리라고 율은 말했다. 왜냐하면 그 변화는

"책임을 맡은 당국의 직접적 행위에 의해 비교적 빠르게 결과가 나타나기" 때문이다. 하지만 그런 원인들을 어떻게 조사할 수 있을까?

상관관계에서 인과관계로

피어슨과 골턴의 도구를 이용하여 율이 조사해보니, 원외 구제와 구호 대상자 비율은 사실 강한 상관관계가 있다는 결과가 나왔다. 이에 대해 율은 다음과 같이 말했다. "전체 구호 대상자 비율은 원외 구제의 비율과 양의 상관관계가 있다. 즉, 전자의 평균치가 높을수록 후자의 평균치가 높다. 여기에 사용된 방법은 의심의 여지가 없는 듯하다."16

부스는 여러 사례들의 분석을 통해 그 반대라고 주장했다. 율은 부스가 전체 상황 대신에 일부 사례들로 인해 혼동을 일으켰다며 다음과 같이 비판했다. "너무나 안타깝게도 부스 씨 같은 위치의 통계학자가 특정한 경우들을 바탕으로 일반적 결론을 내리는 근본적인 실수를 저지르는 사례를 아주 많이 내놓았다."17

그렇긴 해도 율은 유념해야 할 논점 하나를 처음부터 강조했다. 그의 주장은 "원외 구제의 낮은 평균 비율이 빈곤의 평균 비율이 낮은 것의 원인이라고 할 수 없으며 그 반대의 경우도 마찬가지라는 것"이었다. 그는 이렇게 설명했다. "분명히 밝히는데, 원외 구제가 한 구빈구救貧區 연합(원래 빈민 구제법을 시행하기 위한 여러 교구의 연합체—옮긴이)의 구호 대상자 비율을 결정하고, 다른 구빈구 연합의 구호 대상자 비율이 원외 구제를 결정한다는 뜻이 아니다. 따라서 평균적으로 어떤 것이 어떤 것의 원인이라고 말할 수는 없다. 내 말은 원외 구제와 구호 대상자 비율은 하나의 동일한 구빈구 연합에서 상호적으로 반응한다는 뜻이다."[18]

율이 보기에 상관관계만으로는 이를 설명하기에 부족했다. 어떻게 하면 상관관계를 통해 정책의 방향을 잡을 수 있을까? 그리고 상관관계로부터 잘못된 추론을 하는 데 내재된 위험을 어떻게 극복할 수 있을까?

표준적인 회귀 공식은 다음과 같을 것이다.

구호 대상자 비율의 변화 $=$ A $+$ B $\times$ (원외 구제의 비율 변화)

여기서 A와 B는 상수.

이 식의 문제는 무엇일까? "구호 대상자 비율의 변화가 원외 구제의 비율 변화와 연관되는 까닭은 전자가 후자에 직접 작용하기 때문이거나 아니면 둘 다가 어떤 사회적·경제적 변화와 공통으로 연관되기 때문일지 모른다."[19] 달리 말해서 둘이 상관관계를 보이는 까닭은 하나의 공통의 원인이 둘을 함께 움직이기 때문일지 모른다.

율은 이 난처한 상황을 타개하려고 자신의 회귀 공식에 다른 특징들을 집어넣었다.

구호 대상자 비율의 변화 =

a $+$ b $\times$ (원외 구제의 비율 변화)

　$+$ c $\times$ (연령 분포의 변화)

　$+$ d $\times$ ⎤

　$+$ e $\times$ ⎬ (다른 경제적·사회적·도덕적 요인들의 변화)

　$+$ f $\times$ ⎦

이것으로 율은 원인들을 분리해 내려 했다. 다시 말해 연령 분포의 변화가 공통의 원인이 아님을 보여주려고 한 것이다.[20] 역사가 스티븐 스티글러Stephen Stigler는 이렇게 썼다. "그는 자신이 찾아내려고 했던 관계를 밝혀내는 동시에 자신이 확보한 다른 변수들에 잠재된 영향력 있는 변화들을 고려하기 위한 하나의 장치로서 이 회귀 공식을 사용했다."[21] 그리고 가능한 다른 숨겨진 원인을 모두 찾아냈다고 믿을 때까지 방법론적인 연구를 계속 진행하면서 다음과 같이 말했다. "원외 구제 비율의 변화와 밀접한 상관관계가 있는 다른 어떤 수치가 이렇게 관찰된 연관성을 설명할 수 있다는 것이 밝혀지지 않는 한, 정책 변화가 빈곤율의 변화에 직접적인 영향을 미쳤다고 간주할 수밖에 없다."[22]

이런 계산을 수행하려면 실질적인 계산이 필요했는데, 율은 브룬스비가Brunsviga 기계식 계산기를 이용했다. 그는 이렇게 말했다. "계산하는 데 기계의 도움을 받지 못했다면 현재 작업에 제대로 착수할 수 없었을 것이다."[23] 율이 내놓은 논문의 결론은 이렇다. "총 구호 대상자 비율의 변화는 언제나 원외 구제 비율의 변화와 뚜렷한 상관관계를 보이지만, 인구 변화나 상이한 구빈구 연합들의 노령 인구 비율의 변화와는 별로 상관관계가 없다." 정책과 관련해서는 이렇게 언급했다. "구호 대상자의 비율 변화와 원외 구제 비율 변화 사이에 관찰된 상관관계의 많은 부분을 정책 변화가 구호 대상자 비율 변화에 직접적 영향을 미쳤기 때문이라고 보는 것은 불가능한 듯하다."[24] 그런데도 율은 상관관계와 인과관계의 혼동 위험성에 대한 우려를 제대로 극복하지는 못했다. 많은 학문 분야도 그의 편이 아니었다. 그도 다음과 같이 언급했다. "경제 현상에 관한 인과관계를 조사하는 일은 … 그릇된 결론을 내놓을 우려가 크다."[25] 타당한 말이다. 율을 날카롭게 비판했던 경제학자 아서 피구Arthur Pigou는 이렇게 언급했다.

한 정책 노선이 다른 노선보다 더 나은 경제적 효과를 낳는다는 귀납적 주
장을 증명하려는 통계적 추론에 따라 이 나라의 다양한 구빈구 연합들은 예전
부터 지금까지 다양한 정책 노선을 추구하고 제시해왔다.[26]

피구의 주장에 따르면, 이런 형태의 통계적 추론에 대한 "근본적인 반
대 입장은, 가장 중요하게 작용하는 영향력은 정량적으로 측정될 수 없으
므로 아무리 정교한 통계 기계라도 계산할 수 없는 종류라는 것이다."[27]

원외 구제와 빈곤 간의 상관관계를 설명해줄 기본적 원인을 상정하기
란 어렵지 않다. 현장에서 얻은 지식을 바탕으로 1909년 율의 적수였던
피구는 "더 나은 행정"이 빈곤과 원외 구제 증가를 함께 뒷받침했다는
견해를 내놓으며 이렇게 말했다. "이런 상황을 볼 때, 원외 구제 비율과
구호 대상자 비율 사이에서 나타나는 상관관계는 직접적인 인과적 연관
성 때문이 아니라 두 가지 모두 일반적인 행정의 특성에서 비롯되었다고
보는 견해가 가장 자연스럽다고 할 수 있을 것이다."[28]

하지만 이 피구는 러다이트(기계 파괴자, 여기서는 율의 방식을 부정하는
사람—옮긴이)가 아니라 상관관계로부터 추론하는 것의 위험성을 주의 깊
게 성찰하는 사람이었다. 두 사람의 차이는 다음 쪽의 도표에서 알 수 있
다. 율은 첫 번째가 옳다고 주장한 반면, 그의 적수였던 피구는 한 가지
대안적 원인을 내놓았다.

한 세기 남짓 지나서 율에 대한 비판에 가담한 통계학자 데이비드 프리
드먼David Freedman은 통계 모형보다는 다음 발언에서처럼 "발로 뛰어서"
얻은 지식을 찬양했다. "통계 기법이 훌륭한 설계, 적절한 데이터 그리고
다양한 환경에서 현실에 대한 예측을 테스트하는 것을 대체할 수 있는
적절한 수단이 되긴 어렵다."[29]

원외 구제 비율과 구호 대상자 비율 증가를 설명해줄 대안적인 원인.
David Freedman, "From Association to Causation: Some Remarks on the History of Statistics," Statistical Science 14, no. 3 (August 1, 1999), 248-89.

기술적 역량에도 불구하고 율의 접근법은 수학을 이용하여 상관관계와 인과관계를 구분할 방법을 내놓지 못했다. 이후 그의 여러 추종자와 달리 율은 그 점을 이해했다. 자기 논문의 제목에 "원인"이라는 단어를 넣긴 했지만, 다음과 같은 내용의 주석에서 그의 인식론적 도피를 엿볼 수 있다. "엄밀히 말해서 '… 때문에'는 '…과 연관되어'로 읽어야 한다."[30]

율의 연구는 구빈법에 관한 논쟁에서 직접적인 실용적 효과는 별로 없었지만 그의 기법만큼은 여러 학문 분야가 과학적 위상을 추구함에 따라 중심적 역할을 맡게 되었다. 처음에는 경제학이, 그다음엔 심리학이, 그다음엔 정치학이 전문성을 자부하기에 필수적인 기본 기법으로서 다수의 회귀 공식을 갖추었다. 율의 분석은 당시의 정책에 영향을 미치진 않았지만, 그런 종류의 분석이 여러 세대 동안 우리 현실 생활의 기본 구조가 되었다. 논리와 증거의 측면에서 가지고 있는 문제점에도 불구하고 회귀 기법은 사회과학과 정치학에서 주된 도구가 되었으며, 어떤 것이 과학적 분석에 의한 것인지를 알려주는 필수적인 신호 역할을 종종 하고 있다.

통계 작업의 위험성

이 19세기의 논쟁은 빈곤에 관한 근본적인 논의였다. 번영과 마찬가지로 빈곤은 직접 측정할 수 없다. 따라서 그것을 정량화하려는 이는 누구든 더 쉽게 측정할 수 있는 무언가를 선택해야 한다. 즉, 가난을 대신해서 나타내줄 대용물이 필요하다. 과학자들은 늘 그런 선택을 해야만 한다. 필요하긴 하지만 그런 선택은 중립적이지 않으며, 언제나 문젯거리가 되곤 한다. 이러한 통계 방법 설계상의 선택은 지식을 확보하게 해주지만 중대한 해석의 오류를 낳을 수 있다.

영국의 논쟁으로 돌아가 보면, 빈곤에 대한 핵심 대용물은 구호 대상자의 비율이었다. 빈곤과 달리 구호 대상자의 비율은 행정적 범주에 속한다. 사람들의 자질이라기보다는 정부가 사람들을 분류하는 방식이기 때문이다. 행정적 범주는 당국이 대규모로 관리할 수 있도록 규정된 정의를 이용하여 사람들을 분류하는 방식은 물론이고 분석에 쓰일 데이터세트를 제공한다. 행정적 범주는 사회를 분석하는 데 필요한 구속력 있는 관례이긴 하지만, 자연의 진리가 아니라 단지 그렇게 정해졌을 뿐이다. 프랑스 역사가 데로지에르에 따르면, 구호 대상자와 같은 개념은 "다양한 양상으로 변동하는 행정적 과정의 결과를 구체화함으로써 사회적 규범에 의해 존재한다." 구체화라는 용어는 개념이 본질적이라는 생각을 뻔지르르하게 드러내준다. 말 그대로 실제의 것에 관한 추상으로부터 어떤 현상이 생겨난다는 뜻이다. 위험한 실수이긴 하지만, 사회적·정치적·경제적 문제에 관해 생각할 때 통계적 작업을 이용하는 경우에 늘 뒤따르는 위험이다. 데로지에르는 이렇게 적었다. "과정과 실제 현상과의 이러한 괴리 때문에 율의 결론은 매우 조심해서 해석해야 한다."[31]

구체화는 어떤 관례가 우리에게 유용한지를 작위적으로 주장할 수 있다는 근본적인 문제점을 안고 있다. 구체화의 위험이 지능과 인종과의 관계에 대한 연구만큼 해로운 효과를 일으킨 분야는 아마 없을 것이다.

지능 검사의 탄생

통계학자 프라산타 마할라노비스는 맡은 일이 많았는데, 그중엔 초·중·고등학교 및 대학의 관리에 관한 분석이 있었다. 당시와 지금의 전 세계 행정가들처럼 그는 교육 기관 입학 과정의 일부인 지능 검사에 관심을 두었다. 다른 지능 검사자들처럼 그는 원래 학업 성취에 바탕을 둔 검사(IQ 검사)와 실제 학업 성취 간의 상관관계를 가정했는데, 실제로 그 둘이 서로 상관관계가 높음을 알아냈다. 최초로 벵골어 지능 검사를 창시한 마할라노비스는 동시대의 많은 이들이 아무렇게나 했던 짓을 하지 않으려고 조심했다. 인도의 카스트와 종족을 수십 년간 연구했는데도 그는 카스트들 간에 IQ 차이, 특히 선천적 지능의 변이들이 사회적·정치적 지위의 차이를 설명하고 정당화해 준다는 주장을 거창하게 천명하지 않았다. 그는 지능 검사를 통해서 지능의 본질에 대하여 어떤 주장도 펴지 않았다. 지능을 이용하여 선천적 위계질서를 정당화하지도 않았다. 시브랑 세틀러Shivrang Setler란 학자가 알려주었듯이, 그는 검사를 실용적 수단으로서만 취급했다.[32]

많은 동시대인들은 조심성이 훨씬 덜했다. 그들은 지능 검사와 학업 성취도 사이의 상관관계를 인정하고서 지능이 학업 성취의 원인이라고 여겼다. 그들은 개연성 있는 메커니즘도 없는 현상의 대용물만을 가지고 그것이 확실하다고 주장했다. 설상가상으로 그들은 이민 반대 조치에서부터 강제 불임에 이르는 우생학 프로그램들에 과학적 정당성을 요청하고 부여했다.

1904년 한 영국인 심리학자가 놀라운 결과를 발표했다. 증기기관, 전보 및 철도로 대표되는 시대에도 라틴어와 그리스어 능력이 지도자의 훌륭한 자격증이 된다는 내용이었다. 그는 라틴어와 그리스어 능력이 자신이 만들어낸 '일반 지능General Intelligence'이란 개념과 가장 큰 상관관계를 갖는다며 이렇게 주장했다.

> 그리스어 문장론의 높은 점수가 남성이 군대를 지휘하거나 지역 행정을 펼치는 능력에 대한 검사 지표가 아니라고 비효과적으로 계속 주장하는 대신에, 결국 우리는 일반 지능을 측정하는 다양한 수단들의 정확성을 실제로 결정하게 될 것이며, 그다음에 마찬가지로 확실히 객관적인 방식으로 다른 특성들과 비교하여 이 일반 지능의 정확한 상대적 중요성을 확인하게 될 것이다.[33]

실험심리학의 놀라운 사례를 통해 저자인 찰스 스피어먼Charles Spearman은 일정 범위에 대한 인지 능력과 감각 능력이 서로 강한 상관관계가 있음을 밝혀냈다. 이어서 그는 그런 능력들 전부가 기본적 형태의 일반 지능, 이른바 g로 이해할 수 있다고 추론했다.

스피어먼은 고전에 뛰어난 사람은 고전 학습 때문이 아니라 고전을 학습하는 데 필요한 우월한 능력이 다른 형태의 우월한 능력들과 가장 상관관계가 크기 때문에 지능이 높다고 주장했다. 고전의 우월함이야말로 선천적 지능, 즉 g의 높은 수준을 가장 잘 알려주는 지표라는 말이다.

스피어먼은 g를 산출하기 위해 다수의 측정된 적성들을 등급을 매길

활동	일반 지능과의 상관관계	공통 요인 대 특수 요인의 비율
고전	0.99	99 대 1
상식	0.98	96 대 4
음정 구별	0.94	89 대 11
프랑스어	0.92	84 대 16
영리함	0.9	81 대 19
영어	0.9	81 대 19
수학	0.86	74 대 19
비교양인의 음정 구별	0.72	52 대 48
음악	0.7	49 대 51
빛 구별	0.57	32 대 68
무게 구별	0.44	19 대 81

수 있는 단일 값으로 축약해냈다. 이 작업에는 새로운 수학이 이용되었다. 그는 많은 변수를 택해서 그것들의 변화와 상관관계를 결정하는 근간 또는 '잠재된' 요인들을 알아내는 방법을 밝혀냈다. 요인 분석이라는 이 과정은 현대 통계학의 중심적 기법이다. 이 기법은 인간의 특성들에 등급을 매기는 데 뛰어나다. 왜냐하면 개개인의 많은 측면을 풍부하게 수용한 다음에 그것을 하나의 기본적인 요인을 활용하여 측정한 값으로 변환할 수 있기 때문이다. 이런 기법들은 지금 우리가 사용하는 알고리즘에서도 중심적 역할을 한다.

스피어먼과 그의 많은 추종자들은 한 가지 결정적인 단계로 더 나아갔다. 그들은 능력들 간의 상관관계로부터 추상화해낸 개념인 이 잠재적 요인을 실제적인 것으로 변환했다. 그것을 '구체화'한 것이다. 다시 말해, 그런 상관관계를 인간이 지닌 실제의 것, 즉 일반 지능으로 변환했다. 그리고 이 지능이 대체로 유전된다고 믿었다.

우생학 연구를 할 때 골턴은 최상의 사람들은 선천적 능력이 뛰어나다고 가정했지만, 그 능력을 직접 측정할 방법이 없었다.* 대신 그는 평판이 선천적 능력을 측정할 좋은 대용물이라고 확고하게 주장했다. 하지만 분명 더 낳은 절차가 필요했다. 스피어먼은 임의의 개인에 대한 지능을 측정한 다음, 결정적으로 가장 지적인(또는 최상인) 등급부터 가장 덜 지적인 등급까지 위계적 서열에 따라 사람들을 평가할 방법들을 내놓았다. 이런 방법은 이전에는 찾아볼 수 없는 것들이었다. 한 역사가는 설명하기를, "개인 차이의 과학은 프랜시스 골턴이 발명했고, 칼 피어슨이 체계화했으며, 찰스 스피어먼이 심리학에 적용했다."[34]

지능을 확인하는 이 기법들을 이용하여 스피어먼은 마침내 심리학을 진정한 과학으로 도약시켰다. 1923년 그는 이렇게 설명했다. "오랫동안 찾지 못했던 심리학의 진정한 과학적 토대가 마침내 마련되어서, 앞으로는 굳건한 토대를 갖춘 다른 과학, 심지어 물리학과도 나란히 정당한 위상에 서 있기를 우리는 감히 희망해보아야 한다."[35]

스피어먼은 이민 규제로 악명 높은 1924년 미국 이민법(존슨리드법 Johnson-Reed Act)을 논하면서 이렇게 설명했다.

거의 모든 연구자가 강조한 일반적인 결론은, '지능'은 독일인이 남유럽인에 비해 평균적으로 뚜렷한 우위에 있다는 것이다. 이 결과는 최근에 이민자 수용에 매우 엄격한 미국 법률이 제정되는 데 대단히 중요한 역할을 할 듯하다.[36]

---

* "선천적 능력이란, 한 사람으로 하여금 평판에 이르는 행동을 수행하도록 이끌고 자격을 주는 지능과 성품의 자질을 의미한다. 그리고 다음과 같은 것들을 의미하진 않는다. 열정 없는 역량, 역량 없는 열정, 그 둘의 조합, 매우 고된 노동을 많이 하는 데 적합한 능력 … 즉 그냥 놔두면 내재적 충동에 이끌려 우월함으로 이어지는 길을 오르게 되며 정상에 도달하는 힘을 갖게 하지만 방해를 받거나 왜곡되면 방해가 극복될 때까지 조바심 내며 애쓰다가 다시 노동 친화적 본능을 마음껏 따라가게 되는 본성." Francis Galton, Hereditary Genius: An Inquiry into Its Laws and Consequences (London: Macmillan, 1869), 37, 38)

그러면서도 스피어먼은 조심스럽게 교육을 둘러싼 사회적 조건의 차이를 다음과 같이 언급했다.

> 밝혀진 다수의 증거에 따르면, 인종들은 어쨌든 g의 면에서 서로 다르다. …
> 인종 간의 차이가 비록 정말로 존재하긴 하지만, 동일 인종에 속한 개인들 사
> 이에 존재하는 차이와 비교했을 때는 명백히 매우 작다.[37]

스피어먼에게서 영감을 받은 이들은 그보다 훨씬 더 과감하게 결론을 내렸다. 이들은 조심성이 거의 없었기에 약간의 학문적 기만 행위가 인종차별주의의 과학을 방해하는 것도 허용하지 않았는데, 이 사실은 이후 스티븐 제이 굴드Stephen Jay Gould와 같은 수많은 저자들에 의해 밝혀졌다. 골턴의 추종자들은 스피어먼보다 우생학적으로 훨씬 더 과격했기에 그의 기법들을 열정적으로 받아들였다.[38]

칼 피어슨은 동료 우생학자들이 인간 특성의 유전에 대한 증거를 찾고자 하는 갈망 때문에 주의 깊은 연구를 하지 못할까 봐 우려했다. 그가 옳았다. 피어슨은 런던정경대학 동료인 스피어먼을 공격했는데, 일반 지능에 관한 가설을 증명하지 못했다는 이유 때문이었다.

> 검사를 시행하기 전에 심리학적 합의에 의해, 중복되지 않는 정신적 능력들
> 의 속성을 선택해야 하며, … 훈련된 계산원을 고용해야 하며, 만약 가능하다
> 면 전체 주제를 포괄하는 더 적절한 수학적 이론을 개발해야 한다. 그러고 나
> 면 전체 이론을 폐기하거나 아니면 그 이론을 더 열심히 개발할 가치가 있음
> 을 보여줄 가능성이 더 높아질지도 모른다. 현재 우리는 '증명되지 않았음'이
> 라는 판단을 그것도 확실하게 내놓을 수 있을 뿐이다.[39]

지능에 대한 이 같은 유감스러운 이야기가 지금 우리한테는 잘 와닿지 않을 것이다. 20세기의 첫 10년 동안에 IQ 검사의 확산과 더불어 '지능' 이 이해되는 방식에 극적인 변화가 일어났기 때문이다. 역사가 존 카슨 John Carson의 설명에 따르면, 지능은 느닷없이 "개인이나 집단의 전반적인 정신적 능력을 결정하는 차등적이고 정량화가 가능하며 단선적인 실체로 이해되게"[40] 되었다. 사람 및 인종은 한 선형 눈금을 따라 순위가 정해질 수 있으며, 편리한 검사를 통해 사람들이 그 눈금상 어디에 놓이는지 확인하여 사람들을 학교나 직장에 간단하게 배정할 수 있게 되었다. 지금도 사람들이 혹하는 논리다.

현재도 과학적 인종차별주의자들은 인간의 등급을 매기는 것에 관한 스피어먼의 접근법을 이용하면서도, 그가 고수하던 조심하는 자세를 갖추지 않는다. 놀랍게도 그들은 지금도 여전히 그렇게 하면서 과거의 주장을 계속 되살리는데, 이에 대해 현재의 통계학으로 엄밀하게 감시할 필요가 있다. 그들은 세대가 달라질 때마다 새로운 종 곡선을 내놓으며, 과학적 엄밀성이란 미명하에 현재의 불평등을 당연시한다.[41]

인간의 삶이 데이터가 되다

나이팅게일, 골턴, 케틀레는 사람들에 관한 체계적인 데이터 수집을 꿈꾸었는데, 정책 결정자들에게 지침을 주려는 목적에서였다. 피어슨은 데이터 수집과 분석 작업을 실시하기 위해 주로 여성으로 구성된 팀을 꾸렸다. 사람들을 안정적인 관료 활동의 대상으로 변환하려는 이 개혁가들의 꿈은 20세기 초반 이후부터 실현되어나갔다.[42] 20세기 전반에 인구에 대한 데이터 수집이 미국과 유럽 그리고 이 국가들의 식민지에서 극적으로 확대되었다. 출생증명서처럼 지금 우리가 당연하게 여기는 기록 양식들을 이용해 그때까지 전례 없던 방식으로 사람들을 데이터에 포함시켰다. 그렇게 되는 데에는 엄청나게 방대하고 중대하며 논쟁적인 작업이 뒤따랐는데, 이를 가리켜 역사가 완구이 무이가이Wangui Muigai는 "개인을 설명하는 방법 그리고 그런 정체성을 구축하고 문서화하는 데 드는 노동을 둘러싼 상호작용, 대결 및 논쟁"[43]이라고 묘사했다. '천박한 통계학'을 비판한 독일인들이 150년 전에 알아차렸듯이, 무언가를 수치적 범주나 단순한 범주 안에 넣으면 현실과 다양성을 평평하게 만들어버린다. 그리고 한 나라의 모든 주민에 대해 그렇게 하면, 그들을 분류할 뿐만 아니라 각 개인의 자기 정체성 인식 그리고 법적·의료적·교육적 당국들과 각 개인의 관계까지도 규정해 버린다. 미국에서 당국은 사회질서를 유지하기 위해 각각의 유아를 정확한 인종적·성적 범주에 따라 주의 깊게 규정하려고 했다. 무이가이의 설명에 의하면, 수정된 출생증명서 양식은 "누구를 백인으로 취급하고 누구를 흑인으로 취급할지를 출생 시부터 규정하여 단속하는 데 핵심 도구가 되었다."[44] 식민지 인도에서는 사람들을 행정 관련 및 카스트 범주에 따라 구분하는 데 관심이 지대했다. 출생증명서와 인구 조사와 더불어 지능과 성격 검사가 제1차 세계대전 후에 급증했다. 그 전부가 불공평한 과정이어서 많은 저항에 부딪히거나 자주 무시당했으며, 근사한 수리통계학보다는 문서 작업과 표준 정하기 같은 전통적 관료 작업을 통해 이루어질 때가 많았다. 마할라노비스는 식민지 말기 벵골의 치명적 기근에 대한 통계 연구를 실시하기 위해 본격적인 데이터 수집 작업을 준비하면서 이렇게 언급했다. "엄선된 훈련을 받은 직원들을 갖춘 효율적인 조직을 꾸려야 한다. 그러려면 시간이 걸린다. 그런 시간이 허용되지 않으면 결과가 쓸모없을 뿐만 아니라 해롭기까지 하다.”[45] 역사가 샌딥 메르티아$^{Sandeep\ Mertia}$에 따르면, 마할라노비스가 기울인 노력의 초점은 “인도의 방대하고 언어적·사회문화적으로 다양한 지리적 여건에서 … 제한된 자원과 인력이란 조건하에서 계산 작업의 규모와 표준화에 맞춰졌다.”[46]

미국에서는 1930년대부터 정부를 위해 연구하는 통계학자들이 대표성이 높은 표본 추출 기법을 도입하여, 모든 개인이나 농장을 일일이 기록하지 않고서도 국가 전반에 관한 새로운 주장을 내놓을 수 있게 되었다. 프랑스 사회학자 에마뉘엘 디디에가 주장하기로, “대표성 있는 설문조사의 등장은 (뉴딜 정책 시행 이후 20세기 중반 복지국가의 특징인) 정부에 의한 새로운 간섭주의의 탄생을 초래했고, 알려주었고, 확인시켰다.”[47] 독일 및 그 밖의 나라의 권위주의 정권들은 자국의 국민과 기업의 사정을 꾸준히 자꾸만 파헤쳐서 거대한 총체적 감시 체제를 키워나갔다.[48] 마오쩌둥 정권하의 중화인민공화국은 표본 추출을 부르주아식의 수학적 궤변이라며 거부하고서 공산주의식의 철저한 “정기적 보고와 인구 조사 방법”을 선호했다.[49] 이렇게 다양한 사례에서 알 수 있듯이, 데이터를 수집하고 분석하려는 방대한 노력 덕분에 국가, 인구 및 경제를 극적으로 새롭게 이해하고 현실에 적용하는 것이 가능해졌다.

이런 방대한 데이터 수집 노력과 더불어, 디지털 컴퓨터보다 한참 이전에 데이터의 자동적 처리를 뒷받침하는 인프라가 마련되었는데, 가장 두드러진 예가 홀러리스^{Hollerith} 천공카드 기계이다. 역사가 애덤 투즈$^{Adam\ Tooze}$의 주장에 의하면, 천공카드 기계 덕분에 “전 세계에 걸쳐 관료들은 전지전능이란 꿈에 사로잡혔다. 기계적으로 작동하는 장치를 통해 즉시 이용할 수 있는 하나의 데이터베이스에 온 국가의 데이터를 기록한다는 구상이 가능해졌다."[50] 전 세계 통계학의 초기 역사를 다룬 글에 이런 언급이 있다. "인구학적 데이터의 세밀한 통계 표현이 실현됨으로써 얼마나 큰 사회적 가치가 발생할지 아직은 제대로 이해할 수 없다." 이 내용이 나온 글의 저자들은 이렇게 설명했다. (천공카드 기계가 없다면) "우리는 우리가 알아내야 할 진리를 전부 밝혀내리라고 희망할 수 없다. 설령 우리의 결함투성이 이민법으로 인해 인종들이 이질적으로 혼합되면서 필연적으로 생겨나는 문제들에 성공적으로 대처하려고 하더라도 말이다."[51] 하지만 인간 존재의 특징을 그런 기계들이 아무리 평평하게 만든다 하더라도, 인간의 삶을 기계로 처리하는 통계로 변환한다는 것은, 계층화를 정당화하고 확대하기 위해서든 그것에 대항하기 위해서든 간에 상관없이 계층화를 공공연한 것으로 만들 수 있다.

과학적 인종차별주의의 오만

사회적·도덕적 영향력이 인간 정신에 미치는 효과를 고려하기를 회피하는 모든 천박한 방식들 중에서 가장 천박한 것은 행동과 특성의 다양성을 유전에 의한 선천적 차이 탓으로 돌리는 것이다.

— 존 스튜어트 밀[52]

통계의 역사는 대체로 사회적 위계가, 성별 차이든 인종 차이든 계층 차이든 간에, 사람들 간의 선천적 차이 때문이라는 길고 슬픈 이야기와 얽혀 있다. 우리는 번번이 그런 주장에 속아왔으며, 그런 주장은 게놈 시대가 된 오늘날에도 여전하다.[53] 선천적 차이에 따라 우리의 사회적 현실이 정해진다는 주장보다 더 신빙성이 떨어지는 과학적 주장은 별로 없다. 역사가 알려준 바에 따르면, 그런 주장에 사용된 데이터, 데이터가 이용된 방식, 데이터로부터 내린 추론에 대해 절대적으로 주의할 필요가 있다. 교훈은 단순하다. 통계와 통계적 추론을 내세우는 많은 사람들이 주장하는 정도에 비해 우리는 아는 내용에 대한 확신이 훨씬 덜하므로 우리를 일깨워줄 우리 나름의 듀 보이스가 필요하다는 것이다.

호프만이 인종을 통계적으로 취급한 방법을 비평한 하워드대학교의 수학자 켈리 밀러Kelly Miller는 호프만의 조악한 추론과 그릇된 데이터, 대안적 이유를 고려하지 못한 실수를 맹비난하며 이렇게 말했다. "다른 가설들이 만족스럽게 설명할 만한 사실을 호프만은 제대로 설명해내지 못한다. 저자는 관찰된 낙담스러운 사실들이 노예해방과 사회 재구성의 난폭한 대격변 때문에 일어났으며, 따라서 일시적으로만 지속되었을 뿐임을 고려하지 못했다."[54]

데이터와 새로운 기법들의 폭발적 증가에도 불구하고, 20세기가 시작될 무렵에는 아무도 서로 상반된 가설들을 가장 잘 검정할 방법을 몰랐다. 다음과 같은 긴급한 질문들에 대답하려면 새로운 형태의 과학이 창시되어야 했다. 어떤 비료가 보리의 성장을 북돋웠을까? 어떤 약이 가장 효과가 좋았을까? 그 과학은 역사에 '스튜던트Student'라고 알려진 어떤 이의 손으로 기네스 양조장에서 처음 창시되었다.

무엇을 위한
데이터인가?

제2차 세계대전의 여파로 이 모든 통계적 노력의 두 가지 상반된 유산은 서로 어긋난 방향으로 추진되었다. 첫 번째 유산은 20세기 후반에 과학을 한다는 것과 과학 자체의 의미를 근본적으로 뒤집었다. 두 번째 유산은 문제투성이인 현실 데이터의 일상적 사용과는 대개 거리가 먼, 네이만 방식의 난해한 수학의 엄밀성을 추구하는 전문적 통계학자에게 남겨졌다.

1886년 기네스 사의 주식 상장에 대한 시장의 반응은 실로 엄청났다. 들뜬 투자자들이 유명한 베어링스 은행의 문을 부수고 들이닥칠 정도였다. 에드워드 기네스Edward Guiness는 회사의 자기 지분의 65퍼센트를 팔아서 600만 파운드를 벌었고, 이로써 회사의 가치는 약 900만 파운드가 되었다. 오늘날의 달러로 환산하면 3,000억 달러가 훌쩍 넘는 금액이다. 투기적 어리석음이든 아니든 기네스 사는 느닷없이 당시의 최신 기술, 즉 통계를 이용하여 사업을 변모시켰다. 데이터과학이 사업 관행의 혁신을 약속하기 100년 전에 이미 기네스의 연구팀은 양조업을 위한 산업과학을 창시하고자 했다. 미국 실리콘밸리나 중국 경제특구 선전深圳 시의 부유한 회사들처럼 현금이 흘러넘쳤던 기네스는 재능 있는 과학자와 기술자를 고용하여 '양조가'라는 위엄 있는 직위를 부여했고, 새로운 전문 설비를 제작해주었다. 오늘날처럼 당시에도 새로운 과학적 재능은 구식의 전문 기술을 위협했으며, 종종 실제로도 그렇게 되었다. 구식 농업 지식과 전문가는 새로운 화학적·수학적 도구가 등장하며 자취를 감췄다.

홉, 보리 또는 다양한 거름들의 효과를 조사하면서 기네스 연구팀의 과학자들은 두 가지 중대한 난관에 봉착했다. 관찰 사례가 부족했고 그나마 관찰 사례들끼리도 차이가 상당히 컸다.[1] 그들은 어떤 차이가 중요한지, 어떤 차이가 유의미한지 가늠할 방법이 필요했다. 말하자면 유의성 검정 significance test이 필요했다. 연구팀 중 한 명인 윌리엄 고셋William Gosset은 수학에 끌리는 성향이 남달랐다. 바로 이 사람한테서 유의성 검정이 나왔다. 오직 더 좋은 그리고 수익성이 더 좋은 맥주에 대한 관심 때문이었다.

이번 장에서는 유의성 검정과 가설 검정을 발명하는 데 가장 크게 관여한 과학자 세 명을 살펴볼 것이다. 바로 윌리엄 고셋, 로널드 피셔Ronald Fisher, 예지 네이만Jerzy Neyman이다. 세 사람은 문제에 접근하는 관점이 각기 확연히 달랐다. 고셋은 최상의 맥주를 만들기 위한 양조 과정을 알아내려고 했다. 즉, 엔지니어 관점이었다. 피셔는 과학적 지식을 원했는데, 이는 과학자의 관점이었다. 마지막으로 네이만은 최상의 선택을 하고 싶었다. 이들은 각각 데이터를 이용하여 여러 가설들 중에서 결정하는 방법을 발전시켜 '수리통계학' 분야에 새로운 세례를 베풀었다. 하지만 세 사람은 결정을 하는 것이 무슨 의미인지, 그것이 어떤 결과를 내놓는지에 대해서는 입장이 완전히 달랐다.

고셋은 그 업계의 통계학자였고, 피셔는 신사 과학자였고, 네이만은 20세기 중반의 합리적 설계자였다. 고셋은 맛과 일관성, 유통기한을 최상으로 끌어올려 수익을 극대화할 목적으로 통계 기법들을 고안했다. 피셔는 세계가 실제로 어떻게 돌아가는지 과학적으로 알아내기 위한 통계 기법들을 고안했다. 네이만은 확보한 증거에 따라 가장 합리적인 방식으로 선택을 내리는 데 도움이 되는 길을 찾았다. 어쨌든 세 사람은 통계를 이용한 가설 검정을 통해서 과학적이라는 것이 무슨 의미인지 새롭게 규정했다.

맥주 제조를 위한 과학

1923년, 기네스 사의 한 핵심 직원이 과학적 실험을 하는 중요한 이유에 대해 이렇게 설명했다. "다양한 곡물 검사의 목적은 어떤 곡물이 농부한테 가장 큰 돈이 되는지 알아내는 것이다."[2] 실험은 훌륭했지만 비용이 많이 들었다. 오늘날에는 너무 많은 데이터 다루는 것이 큰 문제이자 걱정거리이지만, 반대로 당시에는 데이터가 너무 적어 더 많은 데이터를 얻기 위해 추가 실험을 하는 데 드는 높은 비용이 문제였다. 엔지니어 겸 실용적 수학자에서 양조가로 변신한 윌리엄 고셋이 내놓은 해답이 통계학과 실험을 결정적으로 변모시켰다. 골턴과 피어슨의 기법은 대규모 데이터 집합에 적합했다. 하지만 양조가 고셋은 다른 무언가가 필요하다고 주장하며 이렇게 말했다.

> 때로는 매우 적은 표본에서 나온 결과의 확실성을 판단할 필요가 있는데, 그런 표본들 자체는 변동성에 대한 유일한 지표일 뿐이다. 어느 정도 화학적이고 대체로 생물학적이며 농업적인 측면이 가장 큰 대규모 실험이 이런 부류에 속하는데, 이는 지금껏 통계적 연구의 범위에서 거의 벗어나 있었다.[3]

칼 피어슨이 다량의 생물학적 데이터에 초점을 맞춘 반면에, 고셋은 소량의 관찰된 데이터를 산업적으로 적용하는 데 관심이 있었다.[4] 사람들에 관한 많은 측정치를 수집하는 것은 높은 비용이 드는 산업적·농업적 실험보다 실시하기가 쉽고 저렴했다. 그래서 고셋은 소량의 데이터 집합을 바탕으로 추론의 신뢰를 평가할 기법을 고안하고 그 과정에서 비용을 최소화하고자 했다. 실험 방법은 비용을 최소화하면서 이익을 최대화해야 했다. 그는 피어슨에게 이런 내용의 편지를 보냈다. "우리가 했던 연구에서 목표로 잡은 확실성의 정도는 새로운 방법으로 인해 증가한 비용 및 각 실험의 비용과 대비해 실험의 결과를 따름으로써 얻게 될 금전상의 이익에 따라 결정됩니다."[5] 비용을 들이지 않고서는 유의성에 대해 어떤 보편적 판단도 할 수 없었다. 휴가 기간 동안 고셋은 자전거를 타고 가서 피어슨을 만나 "당시 이용되고 있던 거의 모든 방법을"[6] 배웠다.

고셋의 검사

당신이 맥주를 좋아하고, 맥주 양조로 돈을 벌고 싶어한다고 생각해 보자. 기네스 맥주를 만들기 때문에 여러분은 보리의 수확량을 높이고 싶어한다. 비료, 관개 시설, 보리 품종 등으로 갖가지 실험을 실시할 수는 있지만, 여러분이 한 실험이 효과가 있는지를 어떻게 확실히 알 수 있을까? 고셋은 실험을 평가하는 데 도움이 될 검사를 고안했다. 이것이 현재 '스튜던트 t-검정Student's t-test'이라고 알려진 검사다. 당신이 서로 이웃한 밭 열 곳을 가지고 있다고 생각해 보자. 두 종류의 보리를 한 종씩 밭 열 군데에 교대로 심는다. 각각의 밭에서 얻은 수확량을 측정하여 종류 1의 보리를 심은 각 밭의 수확량을 종류 2의 보리를 심은 각 밭의 수확량과 비교한다고 해보자. 얼마간의 차이는 늘 있을 것이다. 하지만 어떤 차이가 우연한 변이 때문이고, 어떤 차이가 품종 때문일까? 우리는 그 차이가 다른 어떤 특별한 원인이 아니라 (이 경우 보리 품종의 차이가 아니라) 정상적인 변동으로 인한 것일 가능성이 얼마나 되는지 판단해야 한다. 고셋의 검사에서는 수확량의 차이의 평균을 데이터 포인트data point(데이터를 구성하는 각각의 사실—옮긴이) 개수의 제곱근에 대한 표준편차로 나누어서 통계치를 계산한다. 그다음에 무작위적 변이로 현재의 데이터를 얻게 될 확률이 얼마일지를 도표상에서 살펴볼 수 있다. 이 데이터가 알려주는 수확량이 무작위적 변이로 인해서 생겼을 가능성이 지극히 낮으면, 보리의 어느 한 품종이 더 잘 자란다고 여길 충분한 근거가 있다. 나중에 알게 되겠지만, 이것이 바로 '귀무null' 즉, 두 종류의 보리가 대략 동일하게 자란다는 가설을 일단 정해놓고서, 그 반대로 어느 한 종류의 보리가 다른 종류보다 더 잘 자란다는 다른 가설을 검증하는 방법이다.

"가능성이 지극히 낮다"는 것이 어느 정도인지 아리송할 것이다. 10분의 1이면 그냥 무작위적 변이라는 충분한 증거일까? 20분의 1? 100분의 1? 1,000만 분의 1? 이것은 실험자의 결정에 달려 있다. 다시 말해 선택의 문제다. 과학이 정해주지 않는다. 어느 하나가 옳고 다른 하나는 그르다고 우리가 편안하게 믿을 수 있게 해주는 것이 무언지에 관한 결정이다.

고셋에게 그것은 회사를 위한 돈벌이에 관한 결정이었다. 그의 관심사는 기네스 사의 수익을 극대화하는 것이었고, 데이터로부터 얻는 확실성의 정도가 그 관심사에 도움이 되어야 했다. 그래서 고셋은 통계적 유의성의 제1 규칙을 내놓았다.

연구 끝에 고셋은 불확실한 조건하에서 결정을 내리는 것에 대하여 근본적으로 새로운 방법을 내놓았다. 결정적이지 않은 증거를 바탕으로 다른 행위들 대신에 어느 한 행위를 선택하기 위한 새로운 수학적 기법을 제시한 것이다. 그의 새로운 수학은 어떤 증거가 해당 선택을 뒷받침할 만큼 충분히 결정적인지 여부를 결정하는 데 유용하다. 고셋은 이를 가리켜, 사업상의 선택을 위한 적절한 지식이 무엇인가라는 질문에 대한 '금전적' 접근법이라고 불렀다.

고셋과 같은 응용과학자들을 고용하고 환대함으로써 기네스 사는 맥주 생산과 양조 과정의 모든 산업적·농업적 측면에 과학적 추론을 선구적으로 적용했다. 곡물 수확량의 변동은 품종 표준화로 인해 점점 더 줄어들었다. 양조의 지역적 특징들도 대체로 더욱 안정적인 표준화된 맥주에 자리를 내주었다. 적은 양의 표본으로 진행하는 실험들 내에서의 변이라는 문제를 해결하기 위해 고셋은 수학적 기법들을 찾아 나섰다. 목표는 과학적 지식 자체가 아니었다. 고셋과 그의 연구팀은 수학적 도구를 이용해 전체 양조 과정을 최적화하여 품질과 유통기간을 향상해 궁극적으로 수익을 증대하려고 했다.[7]

기네스 사의 직원이었던 고셋은 자신의 연구 결과를 익명으로 발표해야 했으며, 양조에 관한 사항을 전부 다른 주제로 대체해서 실었다. 그의 연구는 오늘날 '스튜던트'라는 이름으로 알려져 있다. 앞으로 살펴보겠지만, 통계와 데이터과학의 역사에는 연구와 혁신을 촉발한 데이터와 동기를 불분명하게 드러낸 저자들이 가득하다. 피어슨이 창간한 최고의 통계 및 우생학 학술지 『바이오메트리카』에 발표된 고셋의 연구는 처음에는 통계학회에서 그다지 주목받지 못했다. 당시의 통계학회는 사회와 자연을 수치적으로 기술하는 데 초점을 두고 있었고, 사회와 자연에 대한 가설을 살피는 데에는 관심이 적었다. 이윽고 고셋의 개념들은 (고셋의 연구를 극적으로 개선한) 피셔 그리고 뒤이어 네이만의 연구를 통해 자연과학과 사회과학의 방향을 뒤바꾸었다.

고셋처럼 피셔도 통계를 현실 문제에 적용하는 작업을 광범위하게 진행했다. 그는 특히 농업 생산성 문제에 관심이 컸다. 고셋과 달리 피셔는 과학적 지식 자체를 추구했다. 그는 작은 데이터 집합에 관한 고셋의 연구를 바탕으로 과학적 지식 자체에 대해 혁신적 개념을 내놓았다.

수리통계학의 발전을 이룬 위대한 인물들에 대해 언급하면서 통계학자 플로렌스 나이팅게일 데이비드는 고셋은 "질문을 던졌고, (에곤) 피어슨과 피셔는 그 질문을 통계 언어로 바꾸었고, 그다음에 네이만이 수학으로 해결했다"[8]라고 말했다.

진리를 위한 과학

1925년 로널드 피셔는 통계학의 유용성을 거침없이 부정하며 이렇게 말했다. "통계적 과정들의 전통적 메커니즘은 실용적 연구의 필요성에 전혀 부합하지 않는다. 참새를 쏘는 데 대포를 들이대는 격인데, 게다가 참새를 빗맞히기까지 한다." 대포는 작은 데이터 집합에 적합하지 않았다. "무한정 많은 표본에 대한 이론을 기반으로 하는 정교한 메커니즘은 단순한 실험 데이터를 다루는 데에는 적합하지 않다." 단순한 실험 데이터에는 고셋의 기법과 같은 새로운 기법이 필요했다. 더 나은 수학 그리고 과학적 실험 자체에 대한 더 나은 이해를 기반으로 하는 기법의 필요성에 대해 피셔는 이렇게 말했다. "그 자체로 장점이 있는 작은 표본 문제들을 체계적으로 공략해야만 실용적 데이터에 정확한 검사를 적용할 수 있을 듯하다."[9]

피셔가 개발한 가설 검정의 유형으로부터 수많은 'p값$_{p-value}$'이 나왔다. 20세기 중반부터 오늘날까지 과학적 검정의 지배적인 방법으로 사용되는 p값은 많은 형태의 의학적·약리적 처방의 효능을 인정하는 데 법적으로 필요한 개념이다. 피셔는 통계에 관한 새로운 수학적 기반을 마련하여 과학을 이해하는 이전의 방식을 대체했다.

피셔도 고셋과 마찬가지로 실용적인 농업 관련 목적으로 자신의 도구를 개발했는데, 이 과정은 특히 그가 로삼스테드실험연구소$_{Rothamsted}$

Experimental Station에서 근무하는 동안 이루어졌다.[10] 고셋이 1922년에 피셔를 만난 곳이기도 하다. 고셋처럼 피셔도 이전의 실험 프로그램을 뛰어넘는 새로운 수준의 정교한 수학을 실험에 적용했다.

로삼스테드에서 피셔는 여러 세대에 걸친 농업 실험을 통해 축적된 데이터를 얻었다. 그리고 연구소의 실험 설계를 재량껏 주도했다. 피셔의 딸이자 전기 작가는 이렇게 썼다. "로삼스테드에서의 활동, 직원들의 관심과 문제들, 차 한 잔 마시며 나누는 토론, 이 모두가 아버지의 천재성과 독창성을 크게 자극했다."[11] 농업 문제에 관한 새로운 수학적 접근법이 실린 일련의 논문들이 재빨리 발표되었다. 관찰된 변이들의 '유의성'에 사상 처음으로 초점을 맞춘 논문들이었다.[12] 표현이 좀 그렇지만, 그 문제들은 해결하기 난감한 경우가 종종 있었다. 한 논문은 이렇게 시작했다. "다양한 재배 작물들은 상이한 기후 및 토양 조건에 대한 적합성뿐만 아니라 상이한 거름들에 대한 반응도 천차만별이다." 근본적인 질문은 일화적인 증거를 벗어나서 "상이한 거름들의 상대적 가치에 관한 결정적 증거"[13]를 어떻게 얻느냐는 것이었다.

해답은 고셋이 선구적으로 개발한 검사 유형인 통계적 검정에서 나왔다. 피셔는 뛰어난 수학 실력과 농업 연구소에서 농업 관련 검사를 했던 경험을 바탕으로 고셋의 접근법을 개조해 과학적 실험 자체에 대한 새로운 방법을 고안해냈다.

1925년 피셔는 자신의 접근법을 『연구자를 위한 통계적 방법Statistical Methods for Research Workers』이라는 자신의 교재에 담았다. 실험에 관한 그의 접근법을 폭넓게 다루고 있는 이 책에서 피셔는 다음과 같이 말한다. "연구소 종사자들이 일상적으로 겪는 통계적 문제들은 여기에 제시된 방법들의 바탕이 된 순전히 수학적인 연구들의 자극제가 되었다."[14] 또한 이 책에서는 "합계 또는 평균치"에 관심을 둔 이전의 통계학에서 확실히 벗어나서 "곡물 수확량에서부터 인간의 지능에 이르기까지 임의의 가변적 현상에서 나타나는 변이의 원인에 대한 연구"를 다루고 있는데, 그런 연구에는 "변이의 실제 상태를 알려주는 검사와 측정"[15]이 필요했다.

실험의 효과를 알려면, 가설의 내용을 귀무 가설에 대비하여 검사해야 했다. 어떤 실험 결과가 가설에 부합하여 유의미하다는 것은 한 실험에서 나온 데이터가 귀무 가설로부터 얻어졌을 확률이 매우 낮다는 것, 즉 가설이 성립하지 않는 데이터를 얻을 확률이 가령 스무 번 중에 한 번꼴, 즉 5퍼센트로 아주 낮다는 것을 의미한다. 여기서 피셔는 보편적인 문턱 값을 부정하면서도 이렇게 주장했다. "실험자가 5퍼센트를 채택하는 것이 일반적이며 편리하다. 그 값이 유의성의 표준적인 수준인데, 즉 이 기준에 이르지 못하는 모든 결과를 무시해도 좋다는 의미이다."[16]

피셔의 엄격한 원칙은 데이터에 관해 생각할 때 판단을 어렵게 만드는 숱한 편향, 희망, 꿈을 물리치기 위해 고안되었다. 보이든 보이지 않든 간에, 조사를 위해 하나의 잠재적 원인을 구분해내려는 우리의 노력을 망칠지 모르는 모든 다양한 잠재적 원인들을 어떻게 제거할 수 있을까? 과학자들이 비교 대상을 종종 편향적으로 선택할 수도 있는 무의식적인 방법들을 피하고 아울러 해당 문제를 망칠지 모르는 수많은 다른 원인들을 배제하기 위해서 피셔는 실험을 설계할 때 무작위화randomization가 필요하다고 주장했다. 또한 검사에 무작위화를 도입함으로써 "유의성 검사를 할 때 방해가 되는 원인들을 제거하지 못해 실험이 망가지는 경우가 생기지 않도록 보장할 수 있다"라고 말했다. 그의 설명에 따르면, 무작위화는 "데이터를 방해하는 수많은 원인들을 실험자가 고려하고 평가해야 하는 염려를 없애준다."[17] 실험을 한 후에 데이터를 처리하는 과정에 내재된 위험성을 차단하기 위해 피셔는 데이터를 수집하기 전에 검사를 받게 될 데이터와 가설의 분석에 대한 계획을 미리 마련해 놓도록 요구했다. 가령 한 약품에 대한 임상시험을 할 때 우리는 어떤 환자가 그 약을 받고 어떤 환자가 위약(플라시보)을 받을지 무작위로 선별하는 절차를 사용하는 동시에 일반적으로 사전등록을 해두어야 한다.

피셔의 요구 사항 중 다수는 오늘날까지도 훌륭한 과학 연구의 핵심 요소로 통하지만, 실망스러운 것도 있다. 당시부터 지금까지 줄곧 그의 비판자들은 무작위화를 기껏해야 낭비적이고 비윤리적이며 최악의 경우 치명적이라고 매도했다. 하지만 제약 분야에서 무작위대조임상시험 randomized controlled trial, RCT이라는 황금 표준이 부정적인 부작용 및 효능 없는 약으로부터 소비자를 보호했다. 하지만 약품의 승인이 지연되고 치료의 효능 판단에 대한 근거를 좁히는 문제를 수반했다. 업계가 오랫동안 개탄해온 실험적 치료제의 시장 출시 지연은 1980년대와 1990년대에 HIV 감염에 대해 인식하고 이를 치료하기 위한 움직임이 결집되는 계기가 되었다.[18] 그보다 한참 전에 고셋은 피셔로 하여금 무작위화를 통한 임상시험의 비효율성을 인정하게 하려고 애썼지만 허사였다.[19]

자유, 우생학 그리고 인종의 개선

고셋은 맥주 재료를 검사하는 절차를 개선하고 싶었고, 피셔는 실험을 바탕으로 한 지식을 통해 자그마치 인간의 자유를 향상하는 길을 찾고자 했다. "하지만 인간 지성이 미리 규정된 독단적 데이터가 내놓는 결과만 이해하고, 직접적인 관찰로만 얻을 수 있는 명백한 진리에 접근하는 것이 거부당하는 한, 인간 지성의 해방은 불완전할 수밖에 없다."[20] 경험적 지식만이 독단을 극복할 수 있다는 것이 그의 생각이었다. 실험 절차가 옳은지 밝혀내는 것은 오랫동안 철학자들을 괴롭힌 문제였다. 어떻게 하면 개별적 경험들로부터 일반화를 이끌어낼 수 있을까? 파시즘이 유럽 전역으로 퍼지던 때에 쓴 글에서 피셔는 인간의 자유에는 실험이 필요하다고 주장하며 이렇게 말했다. "실험 설계의 기술과 실험 결과의 타당한 해석을 위한 기술이 완벽해질 수만 있다면, 그것은 완전한 지적 해방의 실현을 위한 주장의 핵심을 구성할 것이 분명하다."[21]

피셔가 보기에 과학은 수익 향상을 위한 기계적 활동이 아니었다. 그가 보기에 인간의 진보는 "단지 고효율의 산업 기계, 즉 부정적 미덕의 한 전형을 생산하는 문제가 아니라, 우리가 인간의 훌륭한 면이라고 여기는 뚜렷한 인간 특성들, 인간이 지닌 최상의 모든 것, 일부는 명백하고 또 일부는 무한히 미묘하기도 한 모든 상이한 자질들을 더욱 활성화하는 것과 연관된 문제"였다.[22] 그는 보편적 진보를 내다보기보다는 상이한 인종들 간의 충돌을 예상했다. 젊은 시절에 쓴 글에서 피셔는 이렇게 설명했다. "장래에 널리 퍼지고 결실이 많으며 성공을 거둘 인종들은 오늘날 지배적인 국가들에 속해 있다. 국가는 무엇보다도 국가를 구성하는 국민들의 충성심, 사업 및 협동 능력에 의해 지배적인 위치에 오른다."[23] 피셔는 인종들 간의 충돌이 커질 것이라고 보았지만, 인간의 진보를 산업적 측면에서 다루지 않았다. 피셔의 우생학은 잡탕, 즉 다윈과 니체와 영국국교회주의의 특이한 조합이었다. 인종 전쟁이 다가오고 있었지만, 그의 주장에 따르면 그것은 산업적인 인종 전쟁이 아니었다.

위대한 문명의 몰락을 예고하는 유령들이 피셔의 생물학적 연구에 출몰했다. 다른 우생학자들처럼 그도 출생률의 놀라운 역전 현상을 알아차렸다. 경제적으로 발전했으며 시장이 이끄는 문명을 이루고 자금과 문화면에서 가장 성공적인 나라들이 번식 면에서는 가장 덜 성공적이었다. 그의 주장에 의하면, 최상의 사회가 적절하게 번식하지 못해서 열등한 인간들한테 압도당할 판이었다. 로마에서부터 당시 영국에 이르기까지 문명화된 사회의 경제적 관계들은 바람직하지 않은 특징을 유전시켜 후손에게 나쁜 영향을 끼쳤다. 최상의 인간들이 차츰 줄어들면 필연적으로 그 문명은 고등한 문화를 잃게 되고, 결국 그 문명을 창조한 인종은 문명과 더불어 몰락하게 된다.

달리 말해서, 경제적 논리가 지배적이 되도록 허용한다는 것은 곧 최상의 인류 문명, 즉 과학을 포함해 가장 고등한 형태의 문화와 더불어 유전적으로 가장 우수한 사람들을 잃게 되는 것을 의미했다. 이런 우생학적 사고방식을 고려할 때, 당연히 피셔는 가설 검정을 경제적 효율성의 관점에서 내다본 통계학계의 경쟁자들에게 발끈할 수밖에 없었다. 그들은 독단주의를 막아줄 방호벽을 열등한 형태의 문화로 바꾸고 있는 셈이었다.

비용함수에 반대하며

앞서 보았듯이 고셋은 실험의 효과를 잠재적 이익의 관점에서 평가했다. 이런 실용적 관점에 따라 이후 등장한 개념들에 피셔는 경악을 금치 못했다. 피셔가 보기에 그것은 과학 탐구의 순수성을 천박한 산업적 동기로 더럽히는 짓이었다. 피셔는 금전적 가치가 지식의 경로를 결정할 수 없다고 주장하며 다음과 같이 말했다.

귀납적 추론을 할 때 우리는 그릇된 판단에 대한 비용함수cost function(대체로 기업이 비용 최소화를 위해 도입하는 함수-옮긴이)를 도입하지 않는다. 왜냐하면 과학 연구 분야에서 알려진 바에 따르면 나중의 시기보다 금년의 특정한 과학적 발전이 달성되든 실패하든 … 둘 다 지금으로선 예상할 수 없는 연구 프로그램 및 과학 지식의 이로운 적용에 중대한 결과를 초래하기 때문이다. 우리는 이 결과를 평가하려고 시도하지 않으며, 그런 결과가 어떠한 통화로도 평가될 수 있다고 가정하지 않는다.[24]

하지만 피셔의 가장 큰 경쟁자는 생각이 달랐다. 그가 보기에 통계학은 과학적 진리를 추구하기보다는 사업뿐만 아니라 과학에서도 선택에 초점을 맞추어야 했다.

의사결정을 위한 과학

폴란드 수학자 예지 네이만이 수십 년 동안 주장했듯이, 대다수 가설 검정의 문제점은 대부분의 사람이 그것이 진리를 알기 위한 검사라고 여기는 점이었다. 하지만 네이만은 그것이 선택하기 위한 검사라고 주장했다. "각각의 개별 가설이 참인지 거짓인지 알고 싶어하지 않으면서도 그 가설들을 통해 우리 행동을 다스리는 규칙을 찾을 수 있으며, 우리는 그 규칙을 바탕으로 오랜 경험 속에서 틀릴 확률을 낮출 수 있다고 확신한다."[25] 더 효율적인 검사가 필요할 뿐, 진리가 필요한 게 아니었다. "확률 이론에 바탕을 둔 검사는 그 자체로서 진리 및 해당 가설의 오류에 대하여 값진 증거를 제공할 수는 없다."

네이만과 그의 협력자이자 칼 피어슨의 아들인 에곤 피어슨Egon Pearson의 주장에 따르면, 피셔는 가설 검정의 부수적 위험성을 간파하지 못했다. 피셔는 틀린 가설을 인정할까 봐 걱정했다. 반면에 네이만과 피어슨은 우리가 참이라고 인정해야 하는 가설을 거부하는 경우를 우려해야 한다고 강조했다. 따라서 가설을 검증할 때 우리는 유형 1과 유형 2라고 명명된 두 유형의 오류 사이에서 균형을 잡아야 한다. 피셔는 늘 하나의 가설을 귀무 가설에 대비해서 검정해야 한다고 권고했다. 반면에 네이만과 피어슨은 경쟁하는 가설들 간의 비교가 필요하다는 입장이었다.

통계 검정에 관해 극적으로 다른 이 두 접근법은 어떻게 생겨났을까? 네이만은 지극히 난해한 수학과 지식에 관한 회의적 전망 그리고 실용적인 농업 관련 연구를 통합했다. 통계학은 네이만의 천직이 아니었다. 실험물리학 학생으로서 큰 실패를 맛본 후에 전시의 러시아에서 살았던 폴란드 학생인 네이만은 매우 추상적이고 이론적인 이유에서 수학을 재구성하는 일에 사로잡혔다. 당시에 수학은 모든 실용적 응용 분야, 심지어 이론물리학과도 거리가 멀어 보였다. 지금과 마찬가지로 그때도 추상적 개념이라는 미끄러운 빙벽을 오르는 순수 수학자들한테는 일자리가 별로 없었다. 얼마 지나지 않아 네이만은 생활비를 벌고 살 집을 마련하기 위해 대단히 실용적인 응용 통계 분야에서 일하게 되었다.

1920년대에 독립한 지 얼마 안 된 폴란드에서 실험적인 농업 연구를 진행하면서 네이만은 자신의 견해를 드러냈다. 과학사가 시어도라 드라이어Theodora Dryer의 표현에 따르면, 네이만은 "주권국가 폴란드를 현대적이고 번영하는 농업 민족국가로 키워내려는 역동적인 움직임"[26] 속에서 실험과 당대의 가장 정교한 이론수학을 이용해 연구했다. 피셔처럼 네이만과 그의 동료들도 스튜던트의 논문에서 농업 관련 실험들을 분석하는 데 사용할 강력한 도구들을 찾아냈다. 네이만의 접근법을 이해하기 위해서는 그가 합리적으로 경제적 번영을 이루려는 꿈을 가지고 연구를 진행했음을 기억해야 한다.

그는 어떻게 자신이 아끼는 매우 추상적인 수학을 구체적인 농업 관련 연구와 연결했을까? 네이만은 자신이 좋아하는 『과학의 문법Grammar of Science』을 활용했는데, 이는 영국 우생학자 겸 통계학자인 칼 피어슨이 쓴 책이었다.27 네이만은 이 책을 통해 과학이 "비타협적인 방식으로 온갖 권위들을" 공격한다는 피어슨의 견해를 받아들여 종교나 사회 또는 과학에 관한 것이든 가리지 말고 기존의 모든 독단을 내다 버리자고 말했다. 차르와 교회를 함께 전복하기 직전 시기의 러시아 젊은이들한테는 가슴 벅찬 과제였다. 그는 우리가 진정으로 무엇을 아는지 탐구하는 피어슨의 심오한 회의론을 받아들였다. 생의 후반기에 네이만은 이렇게 설명했다.

> 마키Mach에서 칼 피어슨의 『과학의 문법』을 통해 알게 된, 내가 좋아하는 발상 중 하나는 이렇다. 과학 이론은 자연현상에 대한 모형에 불과하며, 게다가 걸핏하면 부적절한 모형이 된다. 모형은 고안된 실체들에 관한 고안된 가정들의 집합이다. 만약 이 고안된 실체가 연구 대상인 현상을 적절히 표현한다고 여긴다면, 모형을 구성하는 가설들의 결과는 관찰 내용과 일치하리라고 예상할 수 있다. 만약 모든 적절한 시험에서 일치의 정도가 만족스러워 보이면, 우리는 그 모형이 적합한 모형이라고 여긴다.28

피어슨에게 지식이란 언제나 잠정적이었다. 그의 설명에 의하면, "지식의 부속물로서 믿음을 살펴보아야 한다. 믿음이 결정이 필요한 행동의 안내자 역할을 해야 하지만 그 확률은 지식만큼 압도적이지는 않다."29 우리가 할 수 있는 최선은 하나의 모형이 우리가 다루는 현상에 가장 잘 들어맞는다는 확신을 내세우는 것뿐이다. 우리에게 참된 원인이나 우리 주위에서 작용하고 있는 것들에 대한 진정한 통찰이란 존재하지 않는다. 네이만의 과제는 그가 숭배하는 매우 추상적인 수학이 모형을 평가하고 제작하는 데 얼마나 유용한지를 보여주는 것이었다.

젊은 학자는 늘 돈에 쪼들리기 마련이라, 네이만은 여러 응용 통계 관련 일자리를 전전하다가 자금 지원을 받아서 그의 오랜 영웅인 칼 피어슨과 함께 연구를 하러 영국으로 갔다. 피어슨이 새로운 추상적 수학에 대해 거의 알지 못한다는 사실은 네이만에게는 놀라운 일이었지만, 피어슨 덕분에 추상수학에 몰두할 수 있는 연구원 자리를 파리에서 얻을 수 있었다.

이 대목에서 고셋이 다시 끼어든다. 이번에도 그는 수학에 관심을 기울이는 통계학자들에게 영감을 주었다. 1926년 고셋은 아래 내용처럼 피어슨의 아들 에곤에게 가설 검정의 의미에 관해 일련의 질문을 던졌다.

> 만약 표본의 사건을 더 합리적인 확률, 가령 0.05의 확률로 설명해줄 대안적인 가설이 존재한다면, … 자네는 원래 가설이 참이 아니라는 쪽으로 더욱 기울어지게 될 것이네.[30]

이 편지에 영감을 받은 에곤 피어슨은 파리에 있는 네이만에게 편지를 썼고, 이를 계기로 네이만은 통계 분야의 연구로 되돌아왔다. 위의 글에는 네이만과 피어슨의 검정과 과학적 지식에 대한 개념을 바탕으로 만들어낸 급진적 대안의 "보석과도 같은 생각들"이 들어 있다.[31]

네이만은 진리 대신에 행위들의 한 집합을 추구하고 다른 집합을 추구하지 않는 이유들을 찾는 편을 옹호했다. 네이만은 이렇게 적었다. 과학적인 무언가를 "긍정한다고 해서 안다거나 심지어 믿는다는 뜻이 아니다." 오히려 "그것은 어떤 경험과 연역적 추론에 따라 이루어지는 의지의 행위이다. 마치 우리가 오랫동안 산다고 예상하면서도 정작 생명보험에

드는 것처럼 말이다."[32] 통계학자 에리히 L. 레만Erich L. Lehmann은 이 새로운 관점의 중요성을 이렇게 짚었다. "그것은 통계 이론의 목표가 최적의 절차를 체계적으로 찾아내는 것이라고 최초로 언급한 관점이었다. 이후 수십 년 동안 개발된 많은 이론들은 그 목적을 이루기 위한 것들이었다."[33]

네이만의 관점은 피셔와 정반대였다.[34] 피셔는 통계학의 새 도구들을 이용하여 어떻게 귀납적 지식을 얻을 수 있는지를 설명하려고 했다. 네이만은 그 도구들을 이용하여 귀납적 지식의 존재를 부정하고 대신에 증거를 바탕으로 결정을 내리는 쪽을 선호했다. 그에 의하면, 우리는 귀납적 지식을 얻지 못하고 대신에 증거를 바탕으로 "귀납적으로 행동"을 할 뿐이다.[35] 피셔와 네이만(그리고 동료인 피어슨)은 이후 30년 동안 이 문제에 관해 논쟁을 벌였다. 그들의 논쟁은 난해해 보일 때가 종종 있었지만, 인간의 지식과 행동의 문제들을 해결하는 데 수학이 적절한 역할을 하는지에 관한 다툼이었다.

피셔의 주장에 따르면 네이만은 지난 200년 동안 과학의 위대한 발전이 무엇 때문에 가능했는지를 오해했다. "17세기 이후 위대한 프랑스 수학자들이 이루어낸 서유럽의 수학적 사고는 지속적으로 발전해오다가, 이윽고 우리 시대에 자연과학과 상호교류하여 귀납적 추론의 올바른 사용에 관한 모형을 내놓는 결실을 맺었다. 과거에 유클리드가 연역적 논리를 통해 결실을 맺었듯이 말이다."[36] 하지만 과학에 대한 심각한 오해가 존재했다. 네이만과 그의 추종자 무리는 어떻게 지식이 우리를 자유롭게 할 수 있는지를 오해했고, 따라서 다름아닌 전체주의의 동맹 세력이 되고 말았다.

초창기의 자유로운 지적 분위기에서 자란 사람은 적절히 말해서 논증이 현실세계에서 타당한 추론을 내놓을 실증적 데이터에 적용될 수 없다는 주의에 따른 이념적 운동을 끔찍하게 여긴다. 하지만 분명한 사실은 서양에서 우리가 당연시하는 지적인 자유는 현재 지구상의 많은 곳에서 쉽사리 부정된다는 것이다. 따라서 우리가 과감하게 내리는 결론의 바탕이 되는 논리적 단계들의 타당성은 오늘날 매우 명확히 설명되거나 강하게 긍정될 수 없다.[37]

진리의 알고리즘

제2차 세계대전의 여파로 이 모든 통계적 노력의 두 가지 상반된 유산은 서로 어긋난 방향으로 추진되었다. 첫 번째 유산은 20세기 후반에 과학을 한다는 것과 과학 자체의 의미를 근본적으로 뒤집었다. 두 번째 유산은 문제투성이인 현실 데이터의 일상적 사용과는 대개 거리가 먼, 네이만 방식의 난해한 수학의 엄밀성을 추구하는 전문적 통계학자에게 남겨졌다.

실험 결과를 통계적으로 이해하고 데이터를 사용하여 경쟁 가설들 중에서 하나를 선택하기 위한 다툼이야말로 오늘날의 세계와 우리의 현실 이해 방식을 형성하는 데 지대한 영향을 끼쳤다. 가장 가시적인 영향은 '우연한' 사건에 관해 생각할 때 통계적 유의성이라는 개념이 보편화된 것이다. 구체적으로 말해, 만약 우리가 어떤 확률(널리 쓰이는 용어로 'p값')을 0.05라는 마법의 수 아래로 얻을 수 있다면, 그 결과가 참이라고 여길 수 있게 된 것이다.

분명히 말해, 그런 알고리즘적 접근법으로 진리를 정하는 방식은 피셔와 네이만, 피어슨까지 모두 다 질색했을 것이다.[38] 하지만 그런 반발심도 객관적 확실성과 합리적 의사결정의 필요성이 커지자 더 이상 지속될 수 없었다. 20세기 후반에는 한 귀무 가설하에서 발생할 가능성이 낮은 효과를 찾는 일이 논문 발표, 의약품 승인 그리고 더 대중적인 논의에서는 우연을 원인과 구별하는 기준이 되었다. 피셔가 실험 설계에 관한 극적으로 새로운 내용을 처음 발표했을 때만 해도 비판자들이 가득했다. 이윽고 쉽게 읽히는 교재 덕분에 가설 검정은 폭넓은 과학 분야에서 핵심을 차지했다.[39] 과학사가 크리스토퍼 필립스Christopher Philips는 이렇게 설명한다. "식품 과학자, 심리학자, 사회학자, 의사들도 … 통계 모형이 불가피하게 주관적이기 어려운 상황에서도 신뢰할 만한 인과관계라는 판단을 내리기 위한 이미 완성된 기법들을 제공한다고 여겼다."[40] 피셔 자신도 실험에 대한 편의적 접근법을 비난했지만, 0.05가 유의성 판단을 위한 훌륭한 문턱값이라는 그의 제안은 20세기 후반이 되자 신뢰할 만한 결과와 과학을 빙자한 쓰레기 결과를 구분하는 핵심적인 경계선이 되었다. 한편으로 그것은 객관성에 대해 잘못된 인식을 심어주었다.

차츰 온갖 분야에서 이 새로운 정량적 기법이 누가 전문가인지 그리고 한 분야의 전문성이 무슨 의미인지에 관한 과거의 시각을 무너뜨렸다. 특히 의약품의 효능에 대한 조사만큼 극적이고 유의미한 변화가 컸던 분야는 어디에도 없었다. 무작위화를 통한 임상시험은 효능 판단에 있어서 의사들의 권위를 무너뜨렸다.

1961년 미국의사협회American Medical Association는 현직 의사 외의 누군가가 치료의 유용성을 왈가왈부하는 것을 부정했다. "약품의 효능 및 사용 여부에 대한 최종 결정은 오직 다수의 의료 전문가들이 장기간에 걸쳐 해당 약품을 광범위하게 임상시험 함으로써만 가능"했다.[41] 의사와 약사들은 20세기 중반 내내 약품의 효능에 대한 통제권을 잃지 않으려고 저항했지만, 1962년 미국식품의약국FDA이 극적으로 새로운 권한을 얻으면서 그들의 주장은 기반을 크게 잃고 말았다. 시어도어 포터의 설명에 의하면, 규제기관들은 "의사의 전문지식으로는 제약회사들의 대담한 주장을 적절히 통제하기 어렵다고 여겼다. 대안은 주로 서면 정보에 바탕을 둔 더욱 중앙화된 의사결정 과정이었다."42 1962년에 키포버-해리스 수정안Kefauver-Harris Amendment이라는 법이 제정되면서 무작위대조임상시험은 약품의 효능을 측정하는 기준이 되었고, 아울러 약품 승인 및 부작용 판단의 황금 표준이 되었다. 이 법으로 인해 FDA는 시판 예정인 약품의 효능을 측정하고, 이미 출시된 약품을 사후적으로 감독하고, 아울러 이미 1938년부터 1962년 사이에 승인된 위험하거나 쓸모없는 약품들의 판매를 철회할 수 있게 되었다.

그런데 피셔와 네이만-피어슨 사이의 논쟁은 무슨 내용이었을까? 가설 검정을 작용할 때 철학적인 세부 사항을 신경 쓰는 경우는 거의 없었다. 난해한 철학적 논쟁들은 어떤 주제가 폭넓게 적용될 때는 슬그머니 자취를 감추는 편이다. 가설 검정도 마찬가지였다. "피셔의 유의성 검증 이론이… 네이만-피어슨 이론에서 나온 개념들과 합쳐져 '통계학' 그 자체라고 교육되기 시작했다. … 두말할 것도 없이 피셔든 네이만이나 피어슨이든 이 강요된 결혼에서 나온 자식을 좋게 보지 않았을 것이다."43

전쟁이 가져온 통계학의 발달

미국이 제2차 세계대전에 참전하면서 통계학이 전쟁 관련 연구에 폭발적으로 적용되었다. 그 중심지는 뉴욕주의 컬럼비아대학교, 뉴저지주의 프린스턴대학교 그리고 캘리포니아주의 버클리대학교였다. 미국 인구조사국의 W. 에드워즈 데밍W. Edwards Deming은 이렇게 적었다. "통계학자가 유일하게 쓸모 있는 경우는 예측을 통해서 작전의 근거를 제시하는 것이다."[44] 근접신관을 최상으로 설정하는 법에서부터 군수공장의 품질 관리,나아가 어뢰의 최적 각도에 이르기까지, 통계학자들이 거둔 전시의 성공적인 사례는 아주 많았다. 고도의 응용통계학이 실험 분석에 대한 새로운 접근법의 탄생을 촉진했는데, 대표적인 예가 순차분석sequential analysis이라는 검정 기법이다. 순차분석은 벨전화연구소의 품질관리 절차를 고셋이 찬양한 것과 같은 경제적 관점의 검정 기법과 통합했다.[45]

전쟁 전에 몇몇 통계학자들은 순수수학의 관행과 절차에 따라 자신들의 접근법을 재구성했고, 수리통계학을 데이터 중심의 응용통계학으로부터 지켜내야 한다고 촉구했다. 역설적이게도 전시에 응용통계학이 성공하자, 추상화를 지향하는 사조가 정당화되었다. 미국 해군연구청Office of Naval Research에서 1946년에 나온 한 문서에는 이렇게 설명되어 있다. "전시의 필요성으로 인해 컬럼비아대학교에서 순차분석이라는 새로운 연구를 낳은 기초 연구가 촉진되었다."[46] 컬럼비아대학교의 통계학자 해럴드 호텔링Harold Hotelling과 같은 핵심 인물들은 이 모든 성공을 지렛대 삼아 매우 이론적이고 고도로 수학적인 통계학에 대한 지지를 옹호했다. 뛰어난 수학자 겸 통계 프로젝트 관리자인 미나 리스Mina Rees가 정부 내에서 그런 학자들을 지원했다. 그들이 전시에 거둔 성공 이야기들은 이론이 그런 성공을 가능하게 만들었음을 알려주었다. 전쟁이 끝난 직후, 즉 과학계가 많은 정부 지원금을 더 이상 받기 어려워 보이던 때에, 해군연구청이 그 이야기를 이어나갔다. "수학의 그런 발전이 과학 발전의 기본이라는 점은 일반적으로 인정되었지만, 제2차 세계대전으로 확실하게 입증되었다."[47] 그러는 동안 지극히 이론적인 통계학 연구에는 군사 자금이 많이 유입되지 못했다.

그 결과, 매우 데이터 중심적인 전시의 연구가 강조되었다. 1940년대에 네이만은 이렇게 썼다. "제2차 세계대전 동안 대다수의 통계학자들은 직접적인 실용적 중요성을 지닌 국방 관련 문제들을 연구하고 있었다." 그는 "이론 연구로 되돌아가도록 자극하기 위해"[48] 대규모 심포지엄을 열었다. 호텔링은 응용 연구들이 어떻게 통계학자들을 유혹하고 타락시켰는지를 이렇게 설명했다. "통계학의 응용에 대한 요청이 매혹적으로 다가왔기에, 많은 젊은 학자들은 통계 이론 개발을 그만두었다."[49] 추상이 수학에서 대유행이었는데, 네이만의 방식으로 연구하는 통계학자들한테도 추상은 마찬가지로 매력적이었다.

버클리대학교에서 네이만의 경력은 수리통계학을 엄청나게 발전시켰을 뿐만 아니라 수리통계학을 하나의 학문 분야로 정의하는 데에도 큰 역할을 했다. 분명 이것은 전적으로 학문적인 활동은 아니었다. 네이만은 버클리대학교가 자신의 연구팀을 그저 수학과 안에 위치한 하나의 '연구실'이 아니라 온전한 하나의 학과로 인정해 주길 바랐다. 그러기 위해서 네이만은 수리통계학의 수학적 진실성을 확립하여 자신의 분야가 하나의 학문 분야로 인정받을 만큼 충분히 엄밀하고 지적이며 수학적임을 보여줘야 했다.

지금 돌이켜보면, 데이터와 우리 일상생활의 관계를 분석하는 데 수학적 엄밀성이 얼마나 중요한 기반이 되는지는 분명치 않다. 하지만 당시로선 전문 분야로서의 수리통계학은 순수수학과 연관된 엄밀성과 공리적 접근법을 표방했다. 해군연구청처럼 미국 국립과학재단National Science

Foundation, NSF도 이론적인 수리통계학이 전시 응용 연구의 성공을 가능하게 만들었다는 견해를 수용하고서, 이에 따라 통계학에 자금을 지원했다. 1951년 NSF의 자금 지원 이후로 통계학은 수학의 한 분야로 자리 잡았다. 전후의 활동이나 21세기에 보여준 경제적 영향 등으로부터 사람들이 결론 내릴지 모를 공학적 분야로서가 아니라, 또한 피셔가 좋아했을 법한 '자연과학'으로서가 아니라, 수학의 한 분야로 자리매김한 것이다. 그 결과 학문 분야의 생명수와도 같은 자금 지원을 받았기에, 충분한 수학성의 확립이 필요했다. 그 분야는 2004년에 통계학자 레오 브레이먼Leo Breiman이 "과도한 수학화"라고 비판한 노선으로 흘러갔다. 1962년이 되자 한때 위상수학자였다가 통계학자로 전향한 프린스턴대학교의 존 터키John Turkey는 "데이터 분석가는 수학적 논증과 수학적 결과를 증명이나 타당성의 증표로서라기보다 판단의 근거로 사용해야 한다"라고 주장했는데, 이는 수학이 통계학에 얼마나 깊이 스며들었는지 또는 수학을 왜곡했는지를 분명하게 알려주는 신호였다.[50] 앞으로 여러 장에서 알게 되겠지만, 다음과 같은 상상은 흥미롭긴 하지만 사실과는 다른 궁금증이다. 미국의 학문적 통계학이 제2차 세계대전부터 그 세기 말까지 대단히 수학적이지 않았더라면, 전기공학에서 패턴 발견이, 컴퓨터과학에서 기계학습이, 산업 분야에서 데이터과학이 탄생할 수 있었을까?

PART

진화하는 데이터

전쟁과 데이터

1980년대에 이르러 심지어 PC에서도 작동하는 컴퓨팅 자원 덕분에 계산통계학은 학문적·상업적으로 엄청나게 확대되었다. 첩보 활동에서와 마찬가지로, 수학적 엄밀성이나 확률의 적절한 해석을 둘러싼 철학적 논쟁은 학계에서와는 꽤 다른 특징을 지녔다.

1960년대 초반에 암호학자 주아니타 무디Juanita Moody는 자신이 소속된 기관인 미국 국가안보국National Security Agency, NSA이 강력한 데이터 분석 능력을 기밀사항이 아닌 분야에 활용할 수 없는 현실에 개탄했다. "나는 늘 안타까웠는데, 우리는 세간에서 상상하는 정도보다 훨씬 더 빠르게 성장하는 엄청난 계산 능력을 가지고 있고, 바깥에는 그 능력이 필요한 대형 제약업계가 있었다." NSA를 떠날 수 있게 되자 그녀는 이렇게 말했다. "나는 컴퓨터를 통한 데이터 처리로 제약업계를 돕는 일에 발 벗고 나설 것이다. 그게 문제란 걸 뻔히 알았지만, 우리가 하는 모든 일은 기밀사항이었다." 더 큰 문제는 그럴 필요가 없었다는 것이다. "기밀사항이 될 필요가 없었지만, 어쨌든 그랬다."[1] 1990년대와 2000년대에 빅데이터가 유행하기 수십 년 전에 이미 NSA는 데이터 수집, 알고리즘 및 분석 기법을 제도화해 놓았다.

어째서 그렇게 되었을까?

이 질문의 답을 알려면 1905년 고셋과 칼 피어슨이 만난 영국 버크셔주 이스트일슬리에서 북동쪽으로 약 100킬로미터 떨어진 곳으로 가야 한다. 그곳에는 제2차 세계대전 동안 가장 비밀스럽고 가장 의미심장한 장소 중 하나인 블레츨리 파크라는 저택이 있다.

블레츨리 파크의 비밀 프로젝트

통계학자 피셔와 네이만이 진리와 오류에 관해 갑론을박하고 있을 때, 전시 상황에서 통계학에 문외한인 한 무리의 학자들이 복잡한 계산 과정과 데이터를 결합하여 급진적인 미래를 창조하고 있었다. 이들은 영국의 옥스퍼드와 케임브리지 사이에 은밀히 자리한 블레츨리 파크의 공학자, 언어학자, 수학자들이었다. '리들리 선장의 사냥 모임Captain Ridley's Shooting Party'이라는 이름으로 위장한 과학자와 인문학자 들은 대체로 동창 모임을 통해 모집되었지만, 사실은 다량의 데이터 흐름을 대규모로 파악하는 특수한 계산 장치를 제작하는 선구자들이었다.[2]

많은 남성과 여성 학자들이 다양한 기계와 종이 테이프가 어수선하게 뒤섞여 있는 가운데서 일했는데, 그중 몇몇은 책상에 앉아서 수학 공식보다는 주로 글자를 휘갈겨 적었다. 글자를 휘갈겨 적는 이들 중 대부분은 다양한 학문적 배경과 체스나 십자말풀이 같은 게임에서 뛰어난 실력을 가진 이들이었을 뿐, 수리통계학 전문가는 아니었다. 그중 가장 유명한 앨런 튜링은 1939년 9월에 영국이 독일에 공식적으로 선전포고를 한 바로 다음 날에 기차를 타고 블레츨리 파크에 왔다. 그는 예전에 통계학 연구를 조금 했지만 주로 논리 연구로 잘 알려진 수학자였다.

튜링과 그의 동료들은 한 국가의 국민의 자질을 정량화하거나 과학적 가설을 조사하는 데 초점을 맞추기보다, 데이터와 (당시로선) 세계 최대규모의 계산력이 동원된 군사적 응용 과제를 연구했다.

그 과제는 통계와 데이터를 역사상 가장 공격적으로 다루는 일이었으며, 이는 데이터가 공학과 문제 해결에 의해 규정되는 새로운 실용적 존재로 부상하는 역사적 사건이었다.

블레츨리 파크의 연구자들은 수리통계학의 엄밀성에 관한 격렬한 논쟁 따위는 배운 적이 없었기에 제2차 세계대전 동안 사용된 '난공불락'의 독일 암호(에니그마 기계라고 알려진 암호)를 해독하는 나름의 통계적 방법들과 더불어 특수 목적의 계산 장치를 개발했다. 수학자이자 미 해군 대위로 나중에 NSA 연구원을 지낸 하워드 캠페인Howard Campaigne에 따르면, "독일인들은 에니그마가 해독될 수 있다는 사실을 잘 알고 있었지만, 그러려면 기계 장치로 가득 찬 건물 한 채가 필요할 거라고 결론 내렸다."[3] 사실 독일 암호를 해독하려면 암호 기계가 매일매일 비밀을 설정하는 규칙에 대응하는 천문학적인 개수의 가설들을 계산 장치를 통해 열거하는 작업이 필요했다. 매일 독일군이 사용하는 전형적인 언어에 관한 추측과 휴리스틱heuristic(경험을 통해 차츰 문제 해결로 나아가는 간편 추론 방법—옮긴이)을 바탕으로 초기 설정을 정해놓은 다음에 추가되는 데이터를 이용하여 각 가설의 확률을 새로 계산해야 했다. 새로운 학문적 통계학의 초석인 수학적 엄밀성은 요점이 아니었다. 국가의 생사가 걸린 작업을 맡은 튜링과 동료들은 오늘날 '베이즈Bayesian' 방법이라고 알려진 기법을 이용했다. 그들은 '봄브Bombe'라는 특수 목적의 전자적 계산 장치들을 이용하여 다양한 방법을 구사했다. 기계가 시끄럽게 빙글빙글 돌다가 '멈추면' 잠정적 해답이 나왔다.

튜링과 같은 천재들의 작업이긴 했지만, 정작 블레츨리에서 진행된 작업이 중요했던 까닭은 그것이 데이터 분석을 산업적인 것으로 만들었기 때문이다. 역사가 데이비드 케년David Kenyon은 이렇게 적었다. "1944년의 블레츨리 파크는 대중적으로 잘못 알려진 소박한 일부 집단의 비공식적인 조직이 아니었다." 1943년 이후 "그 과제는 개별 천재들을 위한 훌륭한 활동 무대를 제공하는 것이 아니라, 암호해독 대가들이 개발한 기법들을 확대하고 산업화하는 동시에 옥스퍼드나 케임브리지 수준의 교육을 받지 않은 이들도 그런 기법을 수많은 데이터 항목들에 빠르게 적용할 수 있는 시스템을 만들어내는 것이었다."4

블레츨리의 노력은 일부 역사가들이 현대적 의미에서 세계 최초의 '컴퓨터'라고 여기는 물건의 제작에서 절정을 이루었다. 바로 프로그래밍이 가능한 전자식 디지털 컴퓨터인 콜로서스Colossus다. 한 연구원이 했던 다음 말을 들어보면, 그 기계의 속성과 데이터의 양을 파악할 수 있다. "톱니바퀴 구멍들이 일종의 전자식 눈을 통과했다. 구멍들은 초당 5,000개씩 통과했으므로 문자가 초당 5,000개씩 기록되었다."5 세심한 주의가 요구되는 테이프에 주로 기록되는 이 데이터를 관리하는 데는 노동력, 주로 여성의 노동력이 필요했다.

블레츨리에서 이루어진 작업에는 분명 성별에 따른 위계가 존재했다. "콜로서스를 다루는 암호해독자는 전부 남성이었고 운용 요원은 전부 여성이었다." 여성들 중 대다수가 대학 교육을 받았는데도 말이다.6 군은 여성에겐 제식훈련을 시켰지만 남성 수학자들에겐 시키지 않았다. 과학사가 재닛 어베이트Janet Abbate에 따르면, 이러한 "콜로서스 운용자들에게 원한 요구사항은 상관들의 암묵적인 가정, 즉 여성의 노동은 본디 평범하며 대단한 에너지가 필요하지 않다는 가정을 보여준다."7 종이 테이프는 초속 약 12미터의 속력으로 콜로서스 속을 통과했다. 콜로서스의 운용사 중 한 명인 엘리너 아일랜드Eleanor Ireland는 이렇게 설명했다. "테이프를 알맞은 정도로 팽팽하게 유지하는 건 어려운 작업이었어요. … 테이프가 끊어질까 봐 안절부절이었죠."[8]

　전쟁은 시간 싸움이었다. 콜로서스 운용에 참여한 아일랜드 같은 여성들은 비밀 유지 서약을 했다. 그녀들은 거의 생애 끝까지 비밀을 지켰는데, 그때 즈음에야 영국 정부는 마침내 블레츨리 활동의 전모를 기밀에서 해제했다. 콜로서스 운용자였던 캐서린 코게이Catherine Caughey는 이렇게 회상했다. "저로서는 너무나 안타깝게도, 사랑하는 남편은 내가 전쟁에서 무슨 일을 했는지도 모른 채 1975년에 세상을 떠났어요."[9] 역사가 마 힉스 Mar Hicks의 설명에 따르면, 이처럼 철저하게 비밀이 지켜졌기에 정보과학의 역사는 암호해독 장치들과 여성팀 둘 다에게 눈길을 주지 않았는데, 이로써 "역설적이게도 미국 중심의 초기 전자식 컴퓨터의 이야기에서 영국의 공로는 완전히 무시되었다."[10]

미국의 암호해독법

　대서양 너머 미 해군과 육군은 공장 크기의 대규모 시설을 점점 더 많이 지었다. 마이크로필름에서부터 도표작성기tabulator라고 불린 IBM 천공카드 처리 기계에 이르기까지 신구의 온갖 기계들을 이용하여, 비밀리에 알아낸 추축국의 통신 내용을 처리하기 위한 시설이었다. 장기간의 비밀 유지에도 불구하고, 미국과 영국은 암호해독 면에서 차츰 긴밀한 관계를 일구어 나갔다. 1941년 미국 암호학자들이 블레츨리를 처음 방문했을 때만 해도 그들은 에니그마 해독 기계에 관해 자세히 듣지 못했고, 단지 작동 방식에 관해 일반적인 내용만 들었을 뿐이다.[11] 관계는 곧 뜨거워졌다.

1942년 미국 암호학자 솔로몬 컬백Solomon Kullback이 여러 달 방문했는데, 그의 말로는 자기가 블레츨리에 갔더니 영국은 "독일 시스템을 대상으로 그들이 실시한 작전의 세부 사항을 모조리" 알려주었다.[12] 튜링도 미국에 가서 암호해독 기계를 제작하는 공장을 방문했고, 뉴욕시의 벨연구소에도 들렀다. 튜링과 회사의 접근법은 곧 암호해독 작업 흐름에 통합되었고 기계들은 새로운 산업적 규모의 통계 분석을 수용하도록 개조되었다.

필립 로거웨이Philip Rogaway는 "암호학이 권력을 재조정한다"고 썼다. 데이터가 "누가 무엇을 그리고 무엇을 통해 할 수 있는지를 규정한다"는 것이다.[13] 제2차 세계대전이 그것을 입증했다. 암호해독은 연합군이 태평양과 유럽에서 더 나은 정보를 통해서 결정적 승리를 거두는 데 일조함으로써 세계 권력관계를 결정적으로 바꾸었다. 1942년 미 해군의 암호학자들이 일본 해군의 암호 통신을 해독하여, 태평양 미드웨이섬에 대한 공격의 시기와 방식을 예측할 수 있게 되었다. 진주만 공격으로 여전히 위축되어 있긴 했지만, 미 해군은 일본 함대를 기습공격함으로써 승리를 거머쥐며 약해진 해군을 재건할 수 있는 시간을 벌 수 있었다. 이듬해 4월 미 해군은 암호 분석을 통해 일본 해군 함대 사령관 야마모토 이소로쿠의 전선 시찰 계획을 알아냈다. 그리하여 실시된 미 해군의 이른바 '보복작전Operation Vengeance'으로 그는 전장에서 사망했다. 이로써 미군의 사기가 드높아졌고 일본 해군으로서는 '걸출한 해군 장교'[14]로 알려진 지도자를 잃었다.

1944년 연합군이 노르망디에 상륙했을 때, 블레츨리 파크의 분석가와 미국의 분석가 들은 프랑스와 북해 연안 저지대 국가들에 주둔해 있던 독일군의 상황을 유례 없이 뛰어난 수준으로 간파해냈다.[15] 대규모 데이터 처리가 권력관계를 극적으로 변화시킨 것이다. 전쟁 직후 그리고 나토

1943년 블레츨리 파크에서 콜러서스를 도로시 두(Dorothy Du, 왼쪽 인물)와 성명 미상의 해군 여성 부대원이 운용하는 모습. Janet Abbate, *Recording Gender: Women's Changing Participation in Computing* (MIT Press, 2012), p.15.

가 출범하기 전 몇 년 동안 미국과 영국은 제2차 세계대전에서부터 시작된 암호 동맹을 더욱 강화하고 전례가 없을 정도로 밀접하게 정보를 공유하며 암호해독을 위한 긴밀한 협조 체제를 이루었다. 곧이어 캐나다, 호주 및 뉴질랜드가 가세하여 첩보 동맹인 '파이브 아이즈'가 구성되었고, 영어 사용국들 사이에 맺어진 장기간의 공식 동맹은 지금까지 이어지고 있다.

전쟁에 사용된 것은 인간이나 자연에 관한 잠정적 진리를 찾는 데이터나 작은 실험 결과를 기록한 데이터가 아니었다. 그 대신에 절박한 동기, 즉 작전에 박차를 가하고 생명을 살릴 수 있는 해답을 즉시 내놓아야 할 필요성에서 나온 데이터였다. 산업적 규모의 데이터 분석에서만 나올 수 있는 해답이었다.

엄청나게 많은 상이한 가설들에 대해 컴퓨터화된 검색을 이용하는 영리한 휴리스틱 그리고 처음에 사전믿음[prior belief]을 설정한 다음에 확률을 역동적으로 갱신해나가는 방식은 피셔와 네이만 둘 다 질색하는 방식이었겠지만, 그것이야말로 기업의 데이터 마이닝과 인공지능을 탄생시킨 원동력이었다. 블레츨리에서 이루어진 데이터 분석의 핵심은 수학자들이 경멸하는 형태의 통계학이었지만, 그런 형태의 통계학이 전쟁 중에 도입되었고 이후 산업적 규모로 사용되었다. 그것이 바로 베이즈 방법이다.

베이즈 정리, 기적의 확률을 정의하다

피셔는 네이만과 피어슨이 단지 수학자일 뿐 과학자가 아니라고 불평했다. 그러자 네이만과 피어슨은 피셔가 단지 과학자일 뿐 수학자가 아니라고 반박했다. 하지만 수학을 둘러싼 그들의 논쟁에서 가장 큰 모욕은 '베이지안[Bayesian]'(베이즈의 방법을 따르는 사람)이라는 비난이었다. 하지만 베이즈 통계는 블레츨리 파크에서 매일 적군 정보의 암호해독에 관한 결정을 내릴 수 있는 훌륭하고 단순한 접근법임이 밝혀졌다.

베이즈 방법의 기본 개념은 다음과 같다. 가령 코로나19 팬데믹 도중의 한 대학을 살펴보자. 우선 학생 전원이 각자 '완벽한' 검사를 받았고, 양성 사례와 음성 사례가 전부 밝혀졌다고 가정해 보자. 하지만 학생들한테 결과를 알리기 전에 시스템의 명백한 오류로 기록이 손상되고 말았다. 그래서 유일하게 남은 통계로만 보면, 학생들 중에서 1퍼센트가 질병에 걸렸다고 나온다. 대학 측은 모든 학생에게 신속하지만 정확성이 떨어지는 검사를 받게 한다. 이 검사에서는 코로나19에 걸린 사람이 양성 판정을 받을 확률이 99퍼센트이고 건강한 사람이 음성 판정을 받을 확률이

99퍼센트이다. 양성 판정을 받은 학생은 전부 한 기숙사에 격리된다. 여러분이 기숙사에서 한 학생을 만났을 때 그 학생이 코로나19에 걸렸을 확률은 얼마인가? 만약 여러분이 베이지안이라면 답은 단순하게 얻어진다.

　현실적으로 '베이지안'이란 단지 베이즈 규칙을 이용한다는 의미이며, 베이즈 규칙이란 우리가 아는 것을 우리가 알고 싶은 것과 연결하는 명확한 수식이다. 그런 수식이 뭐가 논란거리란 말일까? 왜 '베이즈'는 혐오 대상일까? 베이즈 통계는 수식을 사용하는 것만이 아니라 아니라 종종 '주관적 학파subjective school'라고 조롱받는 확률 해석도 가리킨다. 베이즈 해석에서 어떤 일이 발생할 확률은 그것이 발생하리라는 믿음의 정도이다. 그것이 '주관적'인 까닭은 그런 믿음을 갖는 '주체'인 인간이 개입하기 때문이다.

　이와 반대로 최근까지 대다수의 수리통계학자들은 확률이란 특정 실험을 무한히 반복적으로 실시한다고 가정했을 때 어떤 사건이 발생할 객관적 빈도의 표현이라고 해석하는 쪽을 좋아했다. 가령 공정한 주사위 하나를 던지면 전체 던지기 횟수 중 6분의 1의 확률로 5의 눈이 나올 것이다. 수학과 과학은 객관성의 전형이었다. 정말이지 주관성이야말로 피셔와 네이만이 각자 나름의 방식으로 개탄해 마지않은 사고방식이었다. 이 모두는 대단히 중요한 문제인데, 왜냐하면 데이터의 가장 강력한 효과 중 하나는 객관적 진실을 이끌어내는 수사학적 도구의 역할을 하는 것이기 때문이다. 하지만 베이즈에 관한 철학적 논의(해석의 문제)는 '베이즈 규칙'이라고 알려진 공식(산수의 문제)과는 매우 다르다.

　코로나19의 진단 사례로 되돌아가보자. 처음 질문은 이것이었다. "어떤 이가 실제로 감염되었다는 사실이 주어졌을 때, 그 사람이 코로나 검사에서 양성 반응이 나올 확률은 얼마일까?" 하지만 우리가 정말로 알고 싶은 것은 위의 질문에서 다음과 같이 앞뒤가 바뀐 내용이다. "어떤 이가 양성 진단을 받았다는 사실이 주어졌을 때, 그 사람이 실제로 감염되었을 확률은 얼마일까?"[16] 말장난 같아 보이지만, 사실 사소해 보이는 이런 질문의 변화로 인해 무엇이 참인지 그리고 어떻게 우리가 결정을 내리는지에 관한 설명이 달라진다.

베이즈 방법의 흥미로운 점은 다양한 확률들을 계산하기만 하면 믿음에 관한 결정을 내릴 수 있다는 것이다. 별도의 확률을 각각 주의 깊게 도표화하기만 하면 된다는 뜻이다. 그렇다면 어려울 게 뭐란 말인가? 문제는 "100명 가운데 1명이 병에 걸렸다는 것이 알려져 있다"라는 진술에서 나온다. 생명은 그런 알려진 양을 좀체 내놓지 않는다. (위에서 가상으로 제시한 사례는 단지 완벽한 검사와 명백한 시스템의 오류가 존재할 수 있다고 상정한 결과일 뿐이다.) 이 확률을 계산하려면 우리는 어떤 이가 검사 결과와 무관하게 그 병에 걸려 있을 전체 확률을 알거나 추산할 수 있어야만 한다!

이 문제는 18세기에 목사 겸 학자인 토머스 베이즈Thomas Bayes가 사망한 후 발간된 논문 중 그 규칙을 처음으로 설명하는 대목에서 이미 등장했다. 이 논문에는 데이터와 가설의 확률은 두 항의 곱이라는 중요한 통찰이 담겨 있는데, 여기서 두 항이란 가설이 주어졌을 때 데이터의 확률 그리고 가설 자체의 확률을 의미한다. 앞서 언급했던 어려운 양이란 바로 후자이다. 이를 가리켜 종종 '사전' 베이즈 확률이라고 한다. 이것은 괴상한 개념이 아닐 수 없는데, 왜냐하면 실험 데이터에 '선행'하고 독립적인 데다가 원리적으로 실험을 실시하기 이전에 계산될 수 있기 때문이다. 실험과 관찰 데이터 없이도 어떤 가설이 참일 가능성이 있는지를 안다는 게 도대체 무슨 뜻일까?

베이즈가 원래 논문에서 언급하진 않았지만, 역사가 스티븐 스티글러는 이렇게 주장한다. 베이즈가 이런 개념을 내놓은 까닭은 그리스도의 부활 가능성에 관한 스코틀랜드 철학자 데이비드 흄의 논증을 반박하기 위해서였다고 하는데, 베이즈 규칙이 사용된 이 사례는 오늘날까지도 계속 활용되고 있다.[17] 의심 많기로 유명했던 흄은 기적에 대한 보고가 존재할 때 부활이 실제로 존재할 확률을 계산하고자 했다. 이 사안에 대해 베이즈 규칙은 수학적으로 이렇게 말한다. 기적이 보고되었을 때 그 기적이 참일 확률은 기적이 참일 때 그것이 보고될 확률 곱하기 기적이 존재할 사전확률을 (실제로 참인지 아닌지와 무관하게) 기적이 보고될 확률로 나눈 값이다. 결과는 같지만 조금 더 쉽게 해석할 수 있는 질문은 '확률은 얼마인가?'이다. 정답은 다음과 같다.

$$\frac{P(\text{기적이 보고되었을 때 기적이 참})}{P(\text{기적이 보고되었을 때 기적이 거짓})}$$

$$= \frac{P(\text{기적이 참일 때 기적이 보고됨}) \times P(\text{기적이 참})}{P(\text{기적이 없었을 때 기적이 보고됨}) \times P(\text{기적이 없음})}$$

여기서 문제점이 명백히 드러난다. 비록 실제로 기적이 일어났을 때 어떤 이가 그걸 보고할 확률에 대해 우리가 합치된 의견을 갖더라도, 기적이 일어나는 사전확률, 즉 P(기적이 참)에 대해서는 의견이 천차만별일 수 있다.[18] 그리고 이 사전확률의 수치에 대한 일치된 의견이 없다면, 기적이 실제로 일어났든 아니든 간에 설령 보고되었을 가능성에 동의하더라도 우리는 기적이 보고되었을 때 기적이 일어났을 확률에 대해 일치된 의견을 낼 수가 없다. 중요한 수치가 너무나도 주관적인 값에 의존한다는 이 속성이야말로 수리통계학자들이 오랫동안 베이즈 정리에 반대한 가장 큰 이유였다. 예를 들어 우리는 (흄의 사례인) 신의 존재에 관한 사전확률이나 (네이만이 고찰한 사례인) 경쟁하는 두 가설의 사전확률을 알아야 한다.

이런 심각한 문제점에도 불구하고 베이즈 분석은 (산업적 규모에서) 블레츨리 파크의 앨런 튜링과 암호해독자들의 노력에 핵심적인 역할을 했다. 블레츨리 파크에서 사용했던 개념에 대해 설명한 논문에서 튜링은 이렇게 말했다. "확률을 암호해독에 적용하는 거의 모든 사례는 인자 원리 factor principle, 즉 베이즈 정리에 의존한다."[19] 그들은 베이즈 규칙에 따른 이런 유형의 의사결정을 제2차 세계대전 동안 디지털 계산의 여명기에 성공적으로 구현했다.[20] 부활 사례와 비슷하게 감염 학생의 사례는 아래 식과 같을 것이다.

$$\frac{\text{P(양성 판정을 받았을 때 실제로 감염)}}{\text{P(양성 판정을 받았을 때 사실은 건강함)}}$$

$$= \frac{\text{P(실제로 감염되었을 때 양성 판정 받음)} \times \text{P(감염)}}{\text{P(실제로 건강할 때 양성 판정 받음)} \times \text{P(건강함)}}$$

$$= \quad 0.01 \times 0.99 / (0.99 \times 0.01)$$

$$= \quad 1 \text{ (즉 반반의 확률)}.$$

이것은 학생들이 기숙사에서 나와야 하는지를 결정할 때 유용한 정보가 된다.

특정한 사전확률 대신에 블레츨리의 암호해독자들은 독일어 알파벳 사용의 빈도와 같은 휴리스틱과 추측에 기대야 했다. 왜 암호해독자들은 위에서 소개한 것과 같은 방식의 계산을 기꺼이 따랐을까? 그런 계산을 따른 이유 중 하나는 큰 데이터세트라는 한계 내에서, 어느 한 가설이 참일 가능성이 경쟁 가설들이 참일 가능성을 훌쩍 뛰어넘기에 의사결정은 미지의 사전확률들에 별로 의존할 필요가 없기 때문이었다. NSA 논문 한 편도 이렇게 밝혔다. "우리 컴퓨터 프로그램의 유용성에 악영향을 끼칠 수 있는 사전확률을 (독창적인 것이든 아닌 것이든 간에) 암호해독자가 할당하지 않을 수 있다."[21] 당시로선 컴퓨터 계산을 이용한 암호해독에서 뛰어난 혁신이었던 것이 요즘엔 데이터가 이끄는 통계 처리의 상식이 되었다. 큰 인기를 누리게 되면서 베이즈 접근법은 이제 부끄러움의 대상이 아니라 통계적 정교함의 상징이 되었다![22]

이 기법은 수십 년 동안 비밀로 남아 있었지만, 컴퓨터 계산에 의한 새 접근법과 태도는 첩보 세계 바깥으로 차츰 퍼져나갔다. 튜링의 연구는 몇몇 공동 연구자와 협력자한테만 공유되었지만, 그 접근법은 유럽과 미국 양쪽 모두에 큰 영향을 끼쳤다. 1942년 튜링은 독일 U보트가 대서양을 휘젓고 다니던 중에도 장기간 동안 위험한 여정에 나섰다. 벨연구소에 가서 클로드 섀넌Claude Shannon, 존 터키 및 미국 응용계산통계학 분야에서 장래에 촉망받게 될 인재들과 관련 주제를 논의하기 위해서였다. 튜링의 가까운 공동 연구자인 I. J. 굿I. J. Good과 도널드 미치Donald Michie는 그 후 50년 동안 계산통계학과 '기계 지능machine intelligence'이라는 새 분야의 지도자가 되었다. 전후 수십 년 동안 굿은 통계학에 베이즈 기법을 더 일반적으로 사용해야 한다고 가장 꾸준하고 설득력 있게 설파한 인물들 중 한 명이었다. 그는 버지니아공과대학교에서 경력의 대부분을 보내면서 지금도 비밀에 부쳐진 직책을 맡아 미국국가안보국NSA 및 영국의 정부통신본부GCHQ와 계속 긴밀히 협력했는데, 그러는 내내 베이즈 규칙을 전파했다. 자신이 쏟아낸 수많은 훌륭한 논문과 책에서 굿은 베이즈 추론을 이용할 때 가장 잘 파악되는 흥미로운 통계 문제들을 상세히 설명했는데, 그러면서 종종 그 방법을 앨런 튜링이 처음 제안했다는 아리송한 말을 덧붙였다.[23] 이와 같은 발전에 따라 NSA와 GCHQ는 수리통계학의 많은 프로젝트를 실행했는데, 관련 내용들은 대체로 아직도 비밀로 남아 있다.

더 크고, 더 빠른 컴퓨터를 위한 투자

줄곧 승승장구한 이 흐름은 1980년대 이전에는 첩보 세계 바깥에서는 하위문화로 존재했지만, 1980년대에 이르러 심지어 PC에서도 작동하는 컴퓨팅 자원 덕분에 계산통계학은 학문적·상업적으로 엄청나게 확대되었다. 첩보 활동에서와 마찬가지로, 수학적 엄밀성이나 확률의 적절한 해석을 둘러싼 철학적 논쟁은 학계에서와는 꽤 다른 특징을 지녔다.

수학이 중요했다. 하지만 데이터에 관한 공학도 중요했다. 분명 데이터 분석에는 튜링 같은 천재 수학자들이 필요했다. 하지만 마찬가지로 공학자와 운용자들도 필요했다. 1948년 '블랙 프라이데이'라고 불린 어느 암울한 날에, 미국과 동맹국들의 암호해독이 통하지 않는 소련 암호들이 갑자기 많아졌다. 그래서 1952년에 설립된 NSA의 계산 수요는 훨씬 더 많은 저장 데이터를 처리하는 쪽으로 전환되었다. 1955년이 되자 2,000군데 이상의 정보수집 장소에서 매달 데이터 처리가 필요한 감청 통신 내용 문서 37톤과 더불어 3,000만 단어의 텔레타이프 통신이 쏟아져 나왔다.[24] NSA는 산수를 빠르게 실행하는 능력보다 훨씬 더 많은 다량의 데이터를 처리하는 능력이 필요했다. 이 데이터 처리 수요는 굉장히 컸기에 당대의 기술 수준을 훌쩍 뛰어넘었다. 역사가 콜린 버크Colin Burke에 따르면, 1950년대 중반에 "NSA는 미국 역사상 최대의 기술 관련 도박을 감행했다. 수천만 달러를 컴퓨터 회사들에 쏟아부어" 소련 암호 체계를 무너뜨리기 위해서였다.[25]

튜링상을 받은 최초의 여성인 IBM 과학자 프랜시스 앨런Frances Allen은 NSA가 기계에 요구했던 바를 이렇게 설명했다. "NSA가 전 세계에 갖고 있던 정보수집 장소, 다시 말해 대체로 소련 정보를 수집하는 곳들에서 모은 정보를 입력받은 다음에, 암호화된 것이든 공개된 것이든 다량의 데이터를 이용해 암호를 해독하는 처리 기계."[26] 큰 데이터는 큰 기계를 의미했다. "이 기계에 부착된 (트랙터) 테이프 시스템에는 방대한 양의 정보가 담겼는데, 그 정보는 테이프 시스템에서 흘러나가 스트레치 하비스트 Stretch Harvest 메모리를 거치고, 이어서 암호해독 유닛인 하비스트 유닛을 거친 다음에, 결과가 무엇이든 쉬지 않고 답을 출력해냈다."[27] 그녀는 나중에 이렇게 설명했다. "그것은 거대한 카트리지 시스템으로서, 테이프들은 주소를 갖고 있었고 자동 프로그래밍을 통해서 테이프를 움직여 판독기로 가져간 다음에 테이프가 판독기를 빠져나갈 때 정보를 읽어냈다."[28] 그 기계는 이 데이터 흐름상에서 실시간으로 작동하는 거대한 패턴 인식 장치였기에, 그런 목적에 최적화된 프로그래밍 언어가 필요했다.[29]

"다량의 데이터 처리 그리고 비수치적 논리 과정은 물론이고 상당한 유연성과 다양성에" 초점을 맞추었기에, NSA의 요구 사항은 물리학자보다는 큰 기업에 더 가까웠다.[30] 상당한 액수의 연방 자금이 점점 더 빨라지는 계산 기계들의 탄생을 촉진한 것처럼, 암호화 기술에 대한 상당한 액수의 연방 자금은 더 큰 저장 메커니즘에 관한 연구를 집중적으로 지원했다. 그 두 가지가 합쳐져서 큰 마찰이 있긴 했지만, 1950년대 중반에 IBM이 성능을 비약적으로 향상하려는 시도에 자금이 제공되었다.

암호학자들이 가장 초기의 컴퓨터를 만들었더라도, NSA 선구자의 말에 의하면, 그들의 이름은 '분석가'나 '정보 처리자', 심지어 '데이터라이저datalyzer(데이터 분석가)'였을지도 모른다.[31] 미국의 핵무기 관련 국립 연구소들의 지원하에 컴퓨터 개발은 핵폭발을 시뮬레이션하는 데 필요한 처리 속력 향상에 상당히 집중했다. 그 과정에서 필요한 것은 대규모의 데이터 분석이 아니라 엄청나게 많은 양의 곱셈이었다.*

NSA는 IBM과 총기 제작사 레밍턴Remington에 자금을 지원했는데, 나중에는 컨트롤 데이터 코퍼레이션Control Data Corporation, CDC 사와 슈퍼컴퓨터 설계자 시모어 크레이Seymour Cray에게 상당한 자금을 지원했다. 계산을 더 빠르게 수행할 수 있고 (어쩌면 훨씬 더 중요하게) 실시간 병렬 처리를 통해 더 많은 데이터를 다룰 수 있는 컴퓨터를 만들기 위해서였다.[32] 1970년대 이후로 NSA는 슈퍼컴퓨터의 향후 설계에 대한 통제 권한을 많이 잃었지만, 여전히 그런 기계의 (유일하진 않더라도) 주요 고객으로 남아 있다.

암호가 아닌 통신을 위한 데이터

NSA 내부의 집단들은 블레츨리 파크의 인물들처럼 데이터를 통계 측면에서 접근했다. 과학적 문제라기보다는 엔지니어링 문제라고 여겼다.†

그들에게는 이전과 다른 컴퓨터가 필요했다. 다른 수학도 필요했는데,

---

* 미국 원자력위원회(Atomic Energy Commission)의 "컴퓨터 요구 사항은 고속 곱셈을 강조했던 반면에, NSA가 강조했던 요구 사항은 다량의 데이터 처리 그리고 비수치적 논리 과정들에 큰 유연성과 다양성이었다." Samuel S. Snyder, "Computer Advances Pioneered by Cryptologic Organizations," Annals of the History of Computing 2, no 1 (1980): 66.)

블레츨리 파크의 노선과 일치하는 수학이 필요했다. NSA 수학은 지금도 일급 기밀 상태이긴 하지만, 비밀이 해제된 소수의 작업들에 의하면, 그 기관은 그냥 계산통계를 추구한 것만이 아니라 실시간으로 입력되는 데이터상에서의 대규모 계산통계를 추구했다. NSA는 굉장한 수준의 뛰어난 수학 실력을 지닌 인재들과 더불어, 점점 더 증가하는 데이터량 및 데이터 처리를 위해 맞춤형으로 제작된 컴퓨터를 갖추었다. 하지만 학계의 통계학자들과 달리 그런 인재들은 수학자로서 자신을 내세우려고 일할 필요가 없었다. 핵심은 효율성이었다. 대규모 컴퓨터 계산의 비용이야말로 기밀 해제된 NSA 논문들에서 중요한 내용이다. 비록 흥미진진한 정보들이 삭제된 채 나온 논문이긴 하지만 말이다. 한 메시지의 적절한 해독에 관한 다수의 가설 판단하기를 주제로 한 베이즈 관점의 논문을 예로 들자면, 해당 분석에 필요한 평가 기법이 너무 비싸다며 이렇게 주장한다. "이것은 가설을 실제 검사하는 것과 거의 맞먹는 비용이 들 것이다. 따라서 통신보안의 관점에서 볼 때, 위의 표현은 실질적으로 유용하지 않다."[33] 통신보안 관점은 학계에서 요구되는 순수성이 필요치 않으며, 통계적 엄밀성과 방대한 데이터 요건들 사이의 균형이 필요하다. 또 다른 논문에서는 이렇게 언급한다. "암호 분석을 할 때 우리는 수백만 번 이상

---

† "요즘 우리는 차츰 일종의 공장이 되어 가는 처지에 있다. 어떤 이들은 데이터를 보지 못하면 그다지 즐겁지가 않다. 내 생각에는, 가장 큰 발전 중 하나는 대상 국가들이 텔레타이프 장치를 사용하기 시작했고 데이터를 전기적으로 보내기 시작했다는 것이다. 한때 우리는 천공카드가 2킬로미터쯤이나 되고, 모든 데이터를 천공카드에 담는 핵심 운용자들로 가득 찬 건물이 통째로 필요하리라고 여겼다. 하지만 다행스럽게도 대상 국가들(target countries)이 우리의 주요한 천공카드 운용자가 되기 시작하면서, 우리는 이 데이터를 전기적으로 보낼 수 있게 되었다. 현재 우리는 건물에 직접 들어와서 자동으로 처리되는 어떤 [원 자료에서 삭제된 내용]을 전기회로로 매일 처리하고 있다. … 이 데이터 대부분은 특정인에게 보이지 않는다. 어떤 경우 결과는 1분도 채 안 돼서 나오는데, 사람한테 전혀 보이지 않는다. 그렇다고 많은 분석 작업이 데이터 준비에 들어가지 않는다는 뜻은 아니다." Joseph Eachus et al., "Growing Up with Computers at NSA (Top Secret Umbra)," NSA Technical Journal Special Issue (1972): 14.)

연속되는 실험을 자주 실행하는데, 각 실험마다 하나의 베이즈 인자가 계산된다." 실제로 NSA의 저널에 실린 논문들은 사전확률 없이 베이즈 기법을 사용하는 것과 관련하여 통계학자와 철학자가 제기하는 우려를 대놓고 거부한다.[34] 임무가 맡겨졌을 경우, 우리가 피셔와 네이만에게서 보았던 것과 같은 철학적·통계학적 가치와는 다른 가치들이 중시된다. 베이즈 분석은 대규모 데이터 분석에서 너무나도 위력적이었다.[35]

자동으로 수집된 일상적인 기업 거래 데이터를 바탕으로 한 대규모 알고리즘 모형들이 1990년대부터 언론과 광고를 뒤엎기 이전에 NSA는 이미 실시간으로 생성된 다량의 어수선한 데이터에 초점을 맞춘 계산통계 기계학습 모형을 내부적으로 개발했다. 장래의 기계학습처럼 그 모형은 통계를 대규모로 하지만 선별적으로 활용했으며, 현대의 데이터 분석과 마찬가지로 NSA는 (목적이 다르긴 하지만) 실용적인 데이터베이스의 요구 사항을 만족시키려고 애썼다.

이 모든 작업은 대단히 비밀리에 이루어지긴 했지만, 데이터를 컴퓨터 연산으로 다루는 태도 및 저장 기술의 혁신은 비밀이 아닌 세계로 차츰 흘러 들어갔다. 가장 유명한 사례가 바로 두 명의 NSA 과학자 이름을 딴 일종의 통계적 거리 개념인 쿨백-라이블러 발산Kullback-Leibler divergence이다.

과학계도 뒤따라 나섰다. 1950년 미국 해군연구청의 미나 리스는 "대단한 관심을 받은" 초기의 기계들은 "소량의 정보를 받아서 그 정보에 대해 매우 빠르게 광범위한 작업을 실시하여, 그 답으로서 작은 양의 정보를 내놓는" 것이라고 말했다. 이제는 관심사가 "다량의 데이터를 받아들여서 매우 단순한 작업을 실행하고, 가능한 한 매우 많은 개수의 결과들을 출력하는 기계의 사용을 더 많이 연구하는 데 놓여 있는 듯하다."[36] 고에너지 물리학에서 나온 실험 데이터는 금세 저장 및 처리 능력 모두에서 어려움에 부딪혔다.[37] 첩보 활동에서와 마찬가지로 과학에서도 분석되고 저장되어야 할 데이터 양이 처리 능력, 메모리 및 저장 용량을 훌쩍 뛰어 넘었다. 2009년 『사이언스』에 실린 한 기사는 이렇게 말했다. "지난 40여 년 동안 무어의 법칙이 실리콘칩상의 트랜지스터를 더 작게 만들고 프로세서를 더 빠르게 만들었다. 동시에 저장용 디스크의 기술이 향상되긴 했지만, 더 빠른 컴퓨터에서 생성된 엄청나게 많아지는 과학 데이터를 감당할 수는 없다."[38]

아마도 2차 세계대전 이후 이런 지적 동향이 AT&T의 벨연구소만큼 번창한 곳은 어디에도 없을 것이다. 그곳에서 데이터는 암호가 아니라 더 일반적인 통신, 바로 미국 전역과 해외로의 전화 통화에 관한 것이었다.

데이터, 비즈니스가 되다

우리(NSA)는 벨연구소와 아주 가까운 사이였다.

가령 벨연구소는 우리와 아주 기꺼이 함께 일하고자 했다.

- 1942년 블레츨리 파크에서 근무했으며

이후에 NSA의 수석 과학자를 지낸

솔로몬 컬백(1907-1994년)의 1982년 인터뷰 중에서

블레츨리와 NSA처럼 벨연구소도 데이터 계산의 초창기 사례다. 벨연구소의 데이터는 사람과 그들의 통신에 초점을 맞추었다. 그것이 인터넷의 생명선이 되기 수십 년 전에 말이다.

요즘으로 치면 구글 연구소에 해당하는 AT&T의 벨연구소는 사람에 대

한 데이터와 정보를 직접 다루었다. 정보가 허용하는 독점 권한 내에서 모든 데이터, 모든 연구자 및 모든 연산력을 이용할 수 있었다. 학계와 긴밀한 유대관계를 맺고 있으면서도, 벨연구소의 연구자들은 학계의 케케묵은 전통과 자신들의 차이점을 강조했다.

1962년의 한 선언에서 프린스턴대학교 출신 벨연구소 수학자 존 터키는 자신이 '데이터 분석'이라고 명명한 새로운 접근법을 요청했다. 수학적 증명을 통한 확인보다는 발견에 더욱 치중한 분석이었다. 터키의 주장에 따르면 과학적 활동으로서의 데이터 분석은 일종의 예술, 일종의 판단이지 논리적으로 폐쇄된 분야가 아니었다. 따라서 그는 모눈종이에서부터 컴퓨터 그래픽에 이르기까지 발견을 가능하게 해줄 새로운 도구의 발명을 촉구했다.

스파이들이 대규모 데이터 저장의 선두주자로 나섰다. 제2차 세계대전 직후 미국 첩보계 내에서 그 필요성이 명백해졌기 때문이다. 산업계도 곧 뒤따르기 시작했다. 1960년대의 항공 예약 시스템의 데이터를 필두로, 산업계는 급격히 빠른 속도로 고객에 관한 데이터를 축적하기 시작했다. 20년 후 회사들은 일상적 거래 데이터를 수집했다. 특정 장소에서의 신용카드 구매 내역, 항공 여행, 자동차 렌털 그리고 이후에는 도서관에서의 체크아웃 기록까지도 포함되었다. 수십 년 동안 비즈니스 목적의 컴퓨터 개발이 이루어지면서, 컴퓨터는 데이터, 특히 주로 고객에 관한 데이터를 수익으로 변환하는 새로운 길을 찾아 나선 IBM과 같은 여러 회사들에 도입되었다. 1970년대 중반이 되자 자유주의자와 정부 관리, 고객 안전의 대변인 들이 상황을 알아차렸다. 록펠러 재단의 수장은 이렇게 언급했다. "우리가 요즘 깨닫고 있듯이, 조직화된 지식은 그것을 통달하려고 애쓰는 사람들의 수중에 엄청난 권력을 쥐어준다."[39]

전쟁 중에 데이터와 그것의 힘 그리고 이후 산업계에서 데이터를 이용한 계산의 유행을 목격했는데도, 1940년대에 학계와 수학자들 간의 새로운 디지털 컴퓨터에 대한 희망은 그것을 데이터 처리기가 아니라 논리기계로 다루는 면에 초점을 맞추었다. 통계학자들이 추상적인 수학에 끌렸던 것과 마찬가지로, 1950년부터 폭발적으로 성장한 지능 기계의 초창기 옹호자들은 사람과 사물에 관한 데이터가 아니라 논리와 수학에 초점을 맞추었다.

인간 지능의
원리를 찾아서

왜 과학자가 데이터에 반대하는 걸까? 전시 과학 활동의 어떤 측면이 비밀스러운 데이터 집중적 국가를 낳았다면, 다른 한 측면은 컴퓨터가 모방하는 인간 지능은 데이터로부터 추론하기를 통해서가 아니라 오로지 컴퓨터에 프로그래밍된 규칙에 깊이 내재된 기호적 추론을 통해서만 가능하다는 발상을 널리 퍼뜨렸다.

벨연구소의 과학자 클로드 섀넌은 1952년에 은사에게 이런 편지를 보냈다. "나의 간절한 꿈은 언젠가 기계를 하나 만드는 겁니다. 진짜로 생각하고 배우고 인간과 소통하며 굉장히 정교한 방식으로 주변 환경을 다루는 기계를 말입니다."[1] 제2차 세계대전 이후로 엔지니어, 수학자, 사회학자, 신경과학자 들은 모두 다음과 같은 추측을 해보았다. 이전에는 전적으로 인간 지능의 영역이라고 여겼던 과제들을 기계가 수행할 수 있을까? 핵심 질문은 누구의 지능이냐는 것이다. 수학자? 언어학자? 계산원? 전문 제빵사? 제2차 세계대전 이후 여러 해가 지나서 나온 가장 전형적인 답은 연구자와 같은 사람들이 우선시하는 유형의 지능이었다. 즉, 정리를 증명하고 체스를 두고 관료체제를 효과적으로 다루는 지능이었다.

데이터 분석이 이 프로젝트에서 중심적 역할을 했으리라고 생각할 수 있다. 하지만 아니었다. 오늘날에는 인공지능이란 주로 거대한 데이터 집합에 대한 기계학습을 의미한다. 하지만 당시에는 그렇지 않았다.[2]

튜링, 생각하는 기계를 설계하다

1950년 앨런 튜링은 기념비적인 논문 한 편을 발표했다. 일반적으로 지능이 필요하다고 생각되는 다양한 활동을 기계가 수행할 수 있다는 주장을 옹호하는 내용이었다. 그는 컴퓨터는 독창적일 수 없다는 주장을 반박했다. 컴퓨터는 상황에 맞게 적응하지 못하고 단지 규칙을 따를 수만 있으며 세계의 경험으로부터 배울 수가 없다는 주장을 반박한 것이다. 논리에 대한 연구 결과로 유명한 사람이었지만, 튜링은 논리가 인간 지능의 정점이라고 과도하게 찬양하지는 않았다. 그의 관점은 훨씬 더 보편적이어서 다양한 범위에서 창의적이고 지적이며 심지어 정서적인 활동까지도 포함했다.

블레츨리에서 활동하기 전에 앨런 튜링은 수학과 논리학의 역사에서 중대한 결과 하나를 발표했다. 디지털 컴퓨터가 탄생하기 여러 해 전에 그는 어떠한 논리 연산이라도 거의 다 실행할 수 있는 추상적인 보편 기계(이른바 '튜링 머신Turing machine')에 대한 개념을 소개했다. 전쟁 동안 블레츨리에 있는 그와 동료들은 다량의 데이터로부터 잠정적인 결론을 도출하는 것에는 누구보다도 뛰어났다. 그들은 저녁 시간이면 지적으로 행동하는 기계의 가능성을 살피면서 시간을 보냈다. 전후에 튜링은 논리와 데이터를 함께 이용하여 분명히 지적 행동을 할 수 있는 다양한 기계를 구상했다.[3]

「계산 기계와 지능Computing Machinery and Intelligence」이라는 논문에서 튜링은 한 실내용 게임을 이용하여 인공지능의 가능성을 판단하는 절차를 고안했다. 구체적으로 말하면, 숨어 있는 사람에게 질문을 던져 그 사람이 남자인지 여자인지를 알아맞히는 게임을 바탕으로 기계가 지능적 사고를 하는지를 판단하기 위한 연산적 접근법, 즉 모방 게임imitation game을 내놓았다. "질문을 하는 사람에게 이 게임의 목적은 숨은 두 사람 A와 B 중에서 누가 남자이고 누가 여자인지를 알아내는 것"이었다. 튜링은 남자 A를 기계로 바꾸자고 제안한다.

> 이제 우리는 이런 질문을 던진다. "이 게임에서 기계가 A의 역할을 맡으면 어떤 일이 생길까?" 이런 게임이 진행된다면, 질문을 하는 사람은 남자와 여자 사이에서 게임을 진행할 때만큼이나 자주 틀릴까? 이런 질문은 이제 우리의 원래 질문, 즉 "기계가 생각할 수 있을까?"라는 질문으로 대체된다.
>
> 인간이 생각하듯이 기계가 생각하는지 물어보아서 기계가 생각하는지 여부를 판단하는 대신에 튜링은 기계의 행동을 살펴보라고 한다. 기계는 인간과는 다른 방식으로 작동하며, 따라서 의미 있게 생각하지 못하는 존재라고 여길 수 없다는 반대가 있지만, "만약 만족스러운 수준으로 모방 게임을 할 수 있는 기계를 제작할 수 있다면, 우리는 그런 반대에 신경 쓸 필요가 없다."

논문에서 튜링은 기계 지능에 대해 폭넓게 고찰했다. 유명한 논리학자였지만 그는 경험과 데이터에 중심적인 역할을 부여했으며, 수학이나 체스와 같은 게임의 형식적 추론을 고려하지 않았다. 아래 글에서처럼 심지어 그는 보통 기계적이라고 여겨지지 않는 행동도 포함했다.

> 친절함, 지략, 아름다움, 친밀함, 추진력, 유머 감각, 옳고 그름의 구분, 실수하기, 사랑에 빠지기, 딸기와 크림을 즐기기, 누군가가 그것과 사랑에 빠지게 만들기, 경험에서 배우기, 단어를 적절하게 사용하기, 자기 자신에 대해 생각하기, 인간처럼 다양한 행동을 하기, 정말로 새로운 것을 하기.

기계가 이 모든 것을 하리라고 믿지 않는 우리의 태도는, 그의 주장에 의하면, "특수한 목적을 위해서만" 만들어진 제한적이고 볼품없는 기계들에 대한 우리의 경험 때문이었다. 이 제한된 경험으로부터 우리는 기계가 앞에서 말한 행동을 일체 할 수 없다고 잘못 결론 내렸다. 그의 주장에 따르면, 기존의 컴퓨터가 가지고 있는 진정한 제약은 컴퓨터 메모리였다. 다시 말해, "대다수 기계들의 저장 용량은 아주 작았다."[4] 큰 메모리를 갖춘 컴퓨터라면 온갖 행동을 하게 만들 수 있을 것이다. "기계가 다양한 행동을 할 수 없다는 비판은 그것이 큰 저장 용량을 가질 수 없다는 말일 뿐"이었다.[5] 그리고 이 모든 결과를 위한 가장 근본적인 것은 기계가 스스로를 수정해나가는 능력이라고 주장하며 다음과 같이 말했다. "분명히 기계는 자기 자신을 주제로 삼을 수 있다. 기계를 이용하여 프로그램을 스스로 작성할 수 있을지도 모르며, 또한 자신의 구조에 적용된 변경 사항의 효과를 예측할 수 있을지도 모른다. 자신의 행동 결과를 관찰하여, 어떤 목적을 더 효과적으로 달성하도록 자신의 프로그램을 수정할 수 있을 것이다. 유토피아적인 꿈이 아니라 가까운 미래에 생길 법한 일이다."[6] 영국 법원에 의해 화학적 거세를 당한 후 자살이라는 비극적 최후를 맞는 바람에 튜링은 이 야심 찬 전망을 직접 목격하지 못하게 되었다.

지적인 기계를 전망한 튜링은 큰 메모리 저장소 내의 데이터를 이용하여 학습하는 기능을 스스로 프로그래밍하는 컴퓨터에 접합했다. 이것은 벅찬 일이었다. 인류학자 루시 서치먼Lucy Suchman의 주장에 따르면, 인공지능 개발을 위한 노력은 "인간에 대한 가정들을 강력하게 밝혀내는"[7] 역할을 한다. 튜링은 인간과 동물계에서 도출해낸 지능에 관한 야심 찬 전망을 제시했다. 논리와 사랑과 독창성과 재능과 웃음까지 겸비한 지능을 말이다. 이후 오랫동안 다양한 형태의 기계 지능을 연구한 많은 이들은 자신들의 시야를 상당히 좁혔다. 기계 장치가 인간 지능을 모방하게 하는 일은 인간이 기계처럼 행동할 수 있는 분야에서 우선 실현되었다. 가령 알고리즘에 의한 생산 규칙이나 단순한 규칙 기반의 게임 하기와 같은 분야였다. 그러면서 이 사안에서 지능의 개념 자체가 튜링이 제시했던 광범위성을 많이 잃고 말았다. 이와 더불어 지능적 행동의 창조에서 중심적 역할을 했던 데이터와 경험도 그 위치를 잃었다. 어떻게 그리고 왜 그렇게 되었을까?

제2차 세계대전 이후 등장한 새로운 컴퓨터들은 수치계산, 정보처리 및 논리 규칙에 따른 기호의 조작을 한데 결합했다. 원자폭탄 제작자들은 계산을 찬양했고, 산업계와 암호해독자들은 데이터 처리를 찬양했다. 그리고 다른 이들은 논리에 초점을 맞추었다. 전후 기계 지능의 한 핵심 분파는 인간 지능의 가장 큰 특징은 논리적이고 기호적인 사고이며, 감각 경험(데이터)으로부터 작업하거나 다량의 계산을 수행하는 것과 같은 낮은 수준의 능력이 아니라고 주장했다. 1950년대 중반에 논리 진영의 최고 열성 당원이었던 젊은 수학자 존 매카시John McCarthy가 데이터 중심의 연구자들이 너무 큰 세력을 휘두른다고 우려했다. 그는 데이터 사용이 지적 행동을 창조하지 못할 것이라며 이렇게 말했다. "감각 데이터와 운동 행동 사이의 관계에 시행착오 방법들을 직접 적용한다고 해서 매우 복잡한 행동이 나오는 일은 결코 없을 것이다." 복잡한 행동은 오로지 감각 데이터를 추상화함으로써 등장한다고 본 것이다.[8] 그러기 위해서는 기계 지능이 다시 올바른 길로 가도록 만들 무언가가 필요했다.

잠깐! 여기서 의아해하는 독자들이 있을 것이다. 왜 과학자가 데이터에 반대하는 걸까? 전시 과학 활동의 어떤 측면이 비밀스러운 데이터 집중적 국가를 낳았다면, 다른 한 측면은 컴퓨터가 모방하는 인간 지능은 데이터로부터 추론하기를 통해서가 아니라 오로지 컴퓨터에 프로그래밍된 규칙에 깊이 내재된 기호적 추론을 통해서만 가능하다는 발상을 널리 퍼뜨렸다.

데이터에 반대하다

다량의 데이터에 바탕을 둔 응용통계학은 제2차 세계대전의 전투에서 중심적인 역할을 했다. 역설적이게도 전후에 많은 과학자의 감성과 지성은 사회과학을 추상적인 순수수학과 비슷한 분야로 만들겠다는 쪽이지, 데이터를 사용하여 사회를 이해하겠다는 쪽이 아니었다. 과학사가 알마 스타인가트Alma Steingart는 이렇게 설명한다. "전후에 사회과학의 수학화에서 드러난 특징은 측정과 정량화가 아니라 공리화였다."[9] 위대한 프랑스 인류학자 클로드 레비스트로스는 1954년에 사회과학의 최첨단을 고찰하면서, 인간을 연구하는 이들이 정량화에서 벗어나야 한다고 주장했다. 데이터 축적을 제쳐두고서 추상적이고 수학적이며 논리적인 접근을 할 필요가 있다고 본 것이다. 인간에 대한 새로운 수학에 관해 그는 이렇게 썼다. "새로운 수학의 관심 분야는 방대한 데이터 축적으로 드러나는 미세한 변이에 관한 것이 아니다." 사실 인간에 대한 연구는 "마치 수치의 바다에서 표류하는 사회과학이 절망적으로 매달려왔던 뗏목과 같은 '큰 수들'에서 단호히 벗어나야 했다."[10] 레비스트로스는 사회과학은 "관습적이며 대체로 시대에 뒤떨어졌다고 간주되는 … 정량적 방법을 그냥 빌려왔을 뿐이다"라고 불평했다. 새로운 "정성적 수학"은 "엄밀한 처리를 위해 더 이상 측정에 의존할 필요가 없음을" 보여주었다.[11]

앞에서 우리는 통계학이 데이터 수집에 초점을 두는 태도에서 벗어나서 수학적 모형 만들기로 옮겨간 과정을 살펴보았다. 마찬가지로 제2차 세계대전 이후 사회학, 경제학, 정치학 같은 학문도 실증적 데이터로부터 일반적 결론을 도출하는 것을 우선시하는 관점에서 벗어나, 더욱 일반적이고 단순하며 추상적인 이론을 추구하는 쪽으로 옮겨갔다. 제2차 세계대전 이후로 (인간의 의사결정, 경제 및 지능에 관한) 수학적·논리적 이론들이 소중하게 취급되고 찬양되었다. 데이터 축적은 그 중요성에도 불구하고 일반화된 이론, 특히 추상적인 수학 용어로 표현된 이론에 비하면 뒤떨어진 것으로 취급되었다.

인간의 사고는 정량적인 것으로 취급되기엔 너무나도 중요했다. 여러 분야에 걸쳐 연구자들은 인간은 데이터가 아니라 정책을 통해 이성적인 가설을 만들어내는 존재라는 발상을 옹호했다. 이러한 논쟁은 또한 과학의 가장 큰 특징이 무엇인지, 그리고 인간의 가장 큰 특징은 무엇인지에 대한 문제로 이어졌다. 진정한 과학이 무엇인지를 놓고 급진적으로 다른 견해들이 쏟아져나왔고, 인간이 무엇인지를 놓고서도 마찬가지였다.

규칙 기반 또는 기호 기반의 인공지능이 이 반통계적anti-statistical 바다에서 헤엄쳤다. 언어나 사고를 이해하는 데에는 방대한 데이터 축적이 요구되지 않았다. 사실은 그런 데이터는 어쩌면 방해가 될 터였다. 인간 지능을 이해하고 모방하는 데에는 추상화와 '도식'이 필요했다. 공리와 규칙도 필요했다. 데이터 중심의 알고리즘은 필요하지 않았다.

앞으로 살펴보겠지만, 어쨌거나 계산통계학과 데이터가 사라지는 않았다. 하지만 데이터를 통한 추론은 처음 몇십 년 동안 이른바 AI의 목표가 결코 아니었다. 이 반통계적 경향은 거의 반세기 동안 AI 연구의 특징이었다. 1984년에 나온 AI에 관한 한 정의에 따르면, 그 분야는 "의학과 같은 과목에 대한 인간의 지식 대부분은 수학적이거나 정량적이지 않으므로, 문제를 해결하는 기호적이고 비알고리즘적인 방법들을 다루었다." 그 방법들은 "수학적이거나 데이터 처리 절차"라기보다 "정량적인 추론 기법"과 "이론적인 법칙과 정의"에 관한 것이었다.[12] 달리 말해 데이터가 아니라 규칙이 관건이었다.

인공지능의 탄생

기호적 접근법을 열렬하게 옹호한 수학자 존 매카시는 종종 '인공지능'이라는 용어를 처음 만든 사람으로 통한다. 자신도 이 사실을 인정했다. "인공지능이란 용어를 제가 처음 만들었죠. 인간 수준의 지능을 달성한다는 장기적인 목표하에 한 여름 세미나에 자금을 지원받으려고 할 때였어요." 이 '여름 세미나'의 정식 명칭은 '인공지능에 대한 다트머스 여름 연구 프로젝트'였으며, 록펠러 재단이 자금을 지원했다. 당시 다트머스대학교 수학과 조교수였던 매카시가 록펠러 재단으로부터 자금 지원을 받는 데 도움을 준 이는 은사 클로드 섀넌이었다. 인공지능이라는 용어의 도입과 관련하여 매카시는 이렇게 설명했다. "섀넌 교수님은 인공지능이 너무 번지르르한 용어일 뿐이어서 부정적인 어감을 줄지 모른다고 여겼어요." 하지만 매카시는 '자동자automata 연구'라는 기존 분야와 겹치기 싫었기에 새로운 분야를 선언하겠다는 입장이었다. "그래서 저는 더 이상 가짜 깃발을 흔들지 않기로 결심했어요."[13] 그의 야심은 엄청났다. 1955년에 내놓은 제안은 이랬다. "학습의 모든 측면이나 지능의 모든 특징은 기계 시뮬레이션할 수 있도록 원리적으로 정확하게 기술될 수 있다."[14] 매카시는 다트머스 워크숍이라고 알려진 1956년 모임에서 자신이 원했던 유형의 공리公理 선호형 수학자들보다 두뇌 모형 연구자brain modeler를 더 많이 만났다.15 그 모임에서는 디지털 컴퓨터가 지능적이라고 생각되는 과제를 수행할 수 있도록 다양하고 종종 서로 상충하는 노력들이 다 함께 논의되었다. 하지만 인공지능에 관한 역사가 조니 펜Jonnie Penn이 주장하기로, 그 워크숍에 심리학 전문가들이 없었다는 것은 지능에 대한 논의가 "인문학 바깥에서 활약하는 전문가 집단이 제시한 내용으로 이루어졌다"16는 의미였다. 각 참가자는 그 프로젝트의 뿌리를 저마다 다르게 보았다. 매카시는 이렇게 회상했다. "그곳에 있던 사람들 모두 자신이 이전부터 갖고 있던 생각을 꽤 완고하게 고수했기 때문에 제가 아는 한 진정한 생각의 교류는 전혀 없었어요."17

튜링의 1950년 논문처럼, 인공지능에 관한 1955년 여름 세미나에서 나온 제안도 돌이켜보면 굉장한 선견지명이었던 것 같다. 매카시, 섀넌 및 다른 동료 연구자들이 연구해보자고 제안했던 다음의 일곱 가지 문제는 컴퓨터과학과 인공지능 분야의 주요 기둥이 되었다.

1. 자동화된 컴퓨터 (프로그래밍 언어)

2. 어떻게 컴퓨터가 언어를 사용하도록 프로그래밍할 수 있는가 (자연언어 처리)

3. 신경망 (신경망과 딥러닝)

4. 계산의 크기에 관한 이론 (계산 복잡성)

5. 자기 개선 (기계학습)

6. 추상화 (특징 추출)

7. 무작위성과 창조성 (확률적 학습stochastic learning 등의 몬테카를로 방법)

1955년에 '인공지능'이라는 용어는 한 가지 방법에 온전히 매진하는 것이라기보다 어떤 상태에 대한 갈망의 의미했다. 이런 넓은 의미의 인공지능은 기계 지능을 창조하려는 시도로서 인간 지능의 구성 요소들을 발견하는 일과 더불어 인간이 시도하기 어려운 일을 단순히 컴퓨터한테 시킨다는 덜 철학적인 노력이 모두 포함되어 있었다.

이런 갈망에 따라 진행된 연구들 중에서 극소수만이 오늘날의 인공지능, 즉 데이터로부터 스스로 학습하는 인공지능을 개발하기 위한 노력에 활용되었다. 컴퓨터과학자들에게도 데이터로부터 학습하기는 오랫동안 강조되지 않았다.

인공지능의 첫 반세기 대부분은 기계 속에 부호화된 지식을 논리와 결합하는 데 초점이 맞춰졌다. 일상적 활동에서 수집된 데이터는 초점이 아니었으며, 중요성 면에서 논리에 밀려났다. 인공지능과 기계학습이 동의어로 사용되기 시작한 것은 고작 5년 전쯤부터다. 단언하건대, 꼭 그래야 하는 건 아니었다. 인공지능 역사의 초창기 몇십 년 동안에는 데이터로부터 학습을 한다는 것은 비과학적인 잘못된 접근법이며, 지식을 '프로그램해서' 컴퓨터에 넣길 꺼렸던 이들이나 사용하는 방법처럼 보였다. 데이터 이전에 이 분야를 지배했던 것은 규칙이었다.

열정은 흘러넘쳤지만 다트머스 워크숍의 참석자 대다수는 구체적인 결과를 거의 내놓지 못했다. 그런데 한 집단은 달랐다. 허버트 사이먼Herbert Simon이 이끄는 랜드연구소The RAND Corporation 소속의 한 팀은 자동정리 증명기automated theorem prover란 형태로 결과물을 내놓았다. 이 알고리즘은 기본적인 산술적·논리적 정리들을 증명해낼 수 있었다. 하지만 수학은 그들에겐 시범 사례일 뿐이었다. 역사가 헌터 헤이크Hunter Heyck가 강조했듯이, 그 연구팀은 컴퓨팅이나 수학에서 출발했다기보다는 큰 관료 조직을 이해하는 방법 및 집단 내의 문제 해결을 둘러싼 심리학 연구로부터 시작했다.[18] 사이먼과 공동 연구자 앨런 뉴얼Allen Newell이 보기에 인간의 뇌와 컴퓨터는 동일한 종류의 문제 해결 시스템을 갖고 있었다.

> 우리의 입장은 한 문제 해결 행위를 기술하는 적절한 방법은 프로그램의 관점에서 나온다는 것이다. 즉 유기체가 다양한 환경적 상황에서 자신이 수행할 수 있는 어떤 기본적인 정보처리를 통해 무엇을 할 것인지에 관한 명세서에서 나온다. … 디지털 컴퓨터가 등장하게 된 까닭도 인간이 문제를 해결할 때 실행하는 것과 동일한 정보처리 과정을 적절한 프로그래밍을 통해 실행하도록 만들 수 있기 때문이다. 따라서 앞으로 보게 되겠지만, 이 프로그램들은 정보처리 수준에서 인간과 기계의 문제 해결 과정을 모두 설명하고 있다.[19]

초기 인공지능 개발에서 처음의 주요한 성공 사례를 많이 내놓긴 했지만, 사이먼과 뉴엘이 진행한 연구의 핵심은 실제로 인간 조직을 대상으로 하는 것이었다. 둘의 관심사는 조니 펜이 "20세기 초반 초합리화된 조직의 영국식 기호적 논리와 미국식 관리적 논리의 합성물"[20]이라고 묘사한 인간문제해결human problem-solving 이론이었다. 인공지능이라는 명칭을 도입하기 이전에 두 사람은 자신들의 연구가 인간과 기계로 구성된 '정보처리 시스템'에 대한 연구라는 입장을 밝혔는데, 그 연구는 당시 인간의 사고에 관한 최상의 지식을 활용했다.

사이먼과 동료 연구자들은 생각하는 동물로서 인간의 속성에 관한 논쟁을 심도 있게 나누었다. 사이먼은 나중에 인간 합리성의 한계에 관한 연구로 노벨경제학상을 받았다. 그는 전후의 지식인 집단과 더불어 인간이 긍정적·부정적 자극에 동물적으로 반응하는 존재라는 개념에 반박했다. 다른 사람들처럼 그도 자극에 거의 자동으로 반응하는 인간이라는 행동주의적 관점을 거부했으며, 그런 경험을 통해 얻은 사실들의 축적이 학습의 관건이라는 발상도 거부했다. 자연언어를 말하는 것이나 고급 수학을 연구하는 것과 같은 위대한 인간의 능력이 고작 경험으로부터 출현할 수는 없으며, 훨씬 더 많은 것이 필요하다고 여겼다. 데이터만 강조하는 태도는 인간의 자율성과 지능을 오해한 처사라는 것이 그들의 생각이다. 인지과학이 발전하는 데 중심 역할을 했던 이 세대 지식인들은 감각적이든 아니든 데이터 분석보다 추상화와 창조성을 강조했다. 역사가 제이미 코언-콜Jamie Cohen-Cole은 이렇게 설명한다. "학습은 세계에 관한 사실을 획득하는 과정이라기보다는 창조적으로 활용할 수 있는 개념적 도구로 기량을 발전시키거나 숙련도를 끌어올리는 일이었다."[21] 개념적 측면을 강조하는 이 관점이야말로 사이먼과 뉴얼의 논리이론가Logic Theorist 프로그램의 핵심이다. 이것은 논리적 과정들을 꾸역꾸역 해낼 뿐만 아니라 인간처럼 '휴리스틱'을 활용하여 목적 달성을 위한 수단을 점점 더 빠르게 찾아냈다. 수학자가 어떻게 문제를 해결하는지를 연구한 포여 죄르지Pólya György와 같은 학자들은 수학 문제를 풀기 위해 휴리스틱을 사용하는 데 관여하는 독창성을 강조했다.[22] 따라서 수학은 기나긴 나눗셈을 엄청나게 많이 한다거나 다량의 데이터를 정리하는 것과 같은 허드렛일이 아니라 창조적 활동이었다. 좌파든 우파든 수학자들이 보기에 수학은 인간에 대한 전체주의적 전망에 맞서는 방어벽이었다.[23] (관료 조직에서의 삶도 마찬가지다. 이러한 관점으로 보면 그 일도 허드렛일이 아니라 창조성이 필요한 자리일 수 있다. 따라서 직원들에게 그들의 일이 허드렛일이라고 말해서는 안 된다.)

지능이란 무엇인가?

조직 논리는 존 매카시의 연구 분야가 아니었다. 논리와 상식, 특히 논리와 상식을 결합하여 일상적 목적을 달성할 수 있는 프로그램을 만드는 것이 그의 목적이었다. 매카시의 논리 프로그램은 혹독한 비판을 받았다. 런던의 테딩턴에서 1958년에 열린 "사고 과정의 기계화"란 주제의 회의에서 컴퓨터과학자 올리버 셀프리지Oliver Selfridge는 연역 논리에 초점을 둔 태도를 "크게 터무니없는 짓"이라고 조롱하면서 "연역 논리의 개념은 신성한 목적을 위해 끌어와 신성불가침의 결과를 내놓은 것"일 뿐이라고 비아냥댔다. 논리와 일상적 추론 사이의 간극을 설명하기 위해 놀랍게도 그는 여성의 일에 대한 여성혐오적 발언까지 내놓았다. "대다수 여성은 추론 같은 것을 하지 않고도 완벽하게 잘 삽니다. 연역 논리를 전혀 사용하지 않고서도 좋은 남자를 만나 결혼하고 아이를 낳아 잘 기릅니다." 회의에 참석했던 한 비판자는 이런 유감천만인 사고 노선을 계속 고수하며 여성이 논리적 연역이 아니라 피드백 메커니즘을 통해 어떻게 학습하는지를 강조했다. "만약 어떤 여성이 끔찍한 방식으로 아기를 떨어뜨리면 아이를 다시 안을 수 없게 되거나 아이가 악을 쓰며 우는 소리를 듣게 될 겁니다. 그래서 조잡한 기술을 통해 정확하게 제어하는 방법을 매우 빠르게 배웁니다. 그리고 직접적인 피드백이 뒤따릅니다! 배우자를 얻으려 하거나 적절한 반응을 얻지 못하는 행동을 했을 때는 재빨리 태도를 바꿉니다."[24] 여성의 지식에 대한 언급은 상당한 논란을 불러일으켰고, 나중에 페미니즘에 입각한 AI 비판을 초래했다.[25] 셀프리지 등의 연구자들은 남성과 여성은 물론이고 평범한 사람들의 지식과 지능에 관심이 있었던 반면에, 매카시와 그의 논리적 전통의 계승자는 공리를 중시하는 수학의 고차원적 지식에 대한 관심을 목표로 삼았다. 암묵적으로 그 영역은 매카시와 그의 동료 연구자들 같은 남성의 몫이었다.

그렇다면 대규모 데이터 집합을 사용하는 계산은 어떻게 되었을까? 이런 계산이 사라지진 않았지만, 당시 사용되는 의미로서의 인공지능은 결코 아니었다. 1961년 관련 문헌에 대한 기념비적인 검토서에 나온 어떤 통계적 방법들을 기술한 후, 마빈 민스키Marvin Minsky는 이렇게 주장했다. "나로서는 그런 '점진적인' 또는 '통계적인' 학습 방안이 우리 모형에서 중심 역할을 해야 한다고는 확신하지 않는다." 그는 그런 기법들은 "우리 프로그램의 구성요소로서 분명 계속해서 등장하겠지만 초기설정default"의 역할만 하게 될 것이라고 인정했다. 진정한 지능은 다른 데 있었다. "더 지능적일수록, 확정적인 무언가로부터의 경험을 통해 배울 수 있어야 한다. 즉, 어떤 가설을 거부하거나 수락한다든지 또는 목적을 바꾼다든지 할 수 있어야 한다"는 것이 그의 생각이었다.26

그렇기는 해도 매카시 및 그와 성향이 비슷한 과학자들은 훨씬 더 넓은 범위의 잠재적인 인간 지식을 모방하고 추론하는 수학적·관리적 양식에 특권을 부여했다. 그들의 접근 방식의 핵심은 "형식적인 기호 표현들로 작동하는 프로그래밍된 명령어들이었다. … 1950년대 중반부터 1980년대 중반까지 그것이 AI 연구의 (유일하진 않지만) 지배적인 접근법이었다."27 AI에 대한 이런 전망은 지식의 위계질서에 바탕을 두었고, 많은 것들이 지능의 일부로 고려될 수 있었다. AI의 창립 인물들은 인간 행동의 어떤 부부분을 기계로 모방할 수 있는지와 더불어 그러기 위해서 어떤 부분들을 쉽게 다룰 수 있는지에 관해 범위를 대폭 좁혔다. 역사가 존 에이거John Agar는 이렇게 주장했다. 20세기 중반의 "컴퓨터를 이용한 계산"은 "기존의 실질적인 계산 관행이 있는 곳에서만 이루어졌다." 기존 방식

의 셈하기와 분류하기 및 조직화하기가 존재했던 사업에서만 실행되었다는 뜻이다.[28]

논리적 과제를 수행하도록 프로그래밍할 만큼 충분히 표준화된 기계를 만드는 것은 만만한 일이 아니었다. 1950년대의 계산에서 중심적이었던 것은 사람들이 특정 기계의 특성에 의존하지 않고 프로그램을 작성할 수 있는 프로그래밍 언어, 컴파일러 및 도구를 만드는 것이었다. 가장 성공적인 사례가 바로 그레이스 호퍼Grace Hopper가 최초의 컴파일러를 제작한 것이었고, 그 성과 덕분에 현역 과학자들은 기계에 프로그래밍을 할 수 있었고 논리 연산과 데이터 처리를 실행할 수 있었다.[29] 컴퓨터 역사가 스테파니 딕Stephanie Dick이 사이먼과 뉴얼의 사례를 들어 지적하듯이, 두 사람이 문제 해결 기계를 실제로 실행할 때 "프로그래머들은 컴퓨터의 행동유도성affordance(특정 행동을 하도록 유도하거나 특정 행동을 쉽게 하도록 만드는 성질-옮긴이)을 수용해야 했으며, 그럼으로써 인간의 행동을 시뮬레이션하는 데 전념하려던 태도를 어느 정도 버려야 했다."[30] 이후에 우리는 제약을 지닌 실제 컴퓨터에서 AI를 구현하기라는 도전과제가 어떻게 데이터과학의 발전과 특수성에서 중심을 차지했는지를 알아볼 것이다.

AI를 위한 자금 지원

기술 및 벤처 캐피털 회사들의 풍부한 자금이 포문을 열고 군사 및 민간 자금도 자금 지원에 가세한 데이터 혁명기 이전에는 자금 지원 문제가 AI를 오랫동안 괴롭혔다. 처음부터 민간 및 공공 자금 제공자들은 의문을 던졌다. 담당자들은 매카시가 록펠러 재단에 처음 접근했을 때만 해도 시큰둥하다가 명망 높은 클로드 섀넌이 가세하자 겨우 반응을 보였고, 그것도 고작 요청 금액의 절반만 내주는 정도였다. 미국에서 1970년 대에 이루어진 자금 지원의 대부분은 미국 국방부에 소속된 다양한 조직이 시행했다. 랜드연구소에서 일하던 사이먼과 뉴얼은 미 공군 및 해군 연구청에서 받은 자금 지원에 크게 의존했다. 방위고등연구계획국Defence Advanced Research Projects Agency, DARPA도 매카시는 물론이고 다트머스 인물들과 긴밀히 협력하던 다른 연구자들에게 수십 년간 자금을 지원했다. (DARPA는 오늘날까지도 발전된 AI 연구에 지속적으로 자금을 지원한 매우 두드러진 사례로서 자율주행차 개발 과정에서 오랫동안 중심 역할을 해왔다.) 미국에서 AI는 시종일관 국가안보 상황의 산물이었으며, (때로는 어떤 용도와도 동떨어져 있는) 군 및 민간 산업에 잠재적 용도를 지닌 기술에 대한 분산된 투자 전략의 일환이었다. 이런 자금 지원 덕분에 대학과 방위 관련 기관에 작은 연구 공동체가 생겨났는데, 이들은 대체로 어떤 형태의 지능이 추구할 가치가 있는지에 관해 좁은 시야를 지닌 기호적 AIsymbolic AI(기호와 규칙을 이용하여 인간의 추론 과정을 구현하는 AI. 그 반대로 데이터를 통한 학습을 중시하는 방식이 비기호적 AInon-symbolic AI이다–옮긴이) 연구 중심으로 뭉쳤다.

이런 자금 지원은 과도한 약속과 냉철한 비판이 거듭되면서 증가했다 축소되기를 반복했다. 1969년 맨스필드 개정법Mansfield Amendment은 군의 자금 지원은 이전보다 더욱 직접적으로 군사용 잠재력이 있는 분야를 대상으로 해야 한다고 규정하면서, 정부의 퍼주기 관행에 의문을 제기했다. 1973년 영국인 응용수학자 제임스 라이트힐James Lighthill은 AI 연구 현황에 관해 매우 비판적인 보고서를 내놓았다. 기호적 AI의 성공 사례를 설명하면서 라이트힐은 거침없이 이렇게 말했다. "이 추상적인 놀이터에서의 문제 해결은 독창적이고 흥미로운 프로그램을 많이 내놓았다." 이 성공은 "특정한 문제 영역에서 상당한 양의 인간 지식을" 통합한 성과를 기반으로 하고 있다. 심리학자들에게는 흥미롭겠지만, "이런 프로그램들의 성능은 언제나 실망스러웠다."[31] 보고서의 중요성이 자주 과장되긴 하지만, 매우 일반적인 형태의 인공지능 문제 해결에 대한 열정의 쇠퇴를 잘 포착한 보고서이다.

BBC는 라이트힐의 보고서가 발표된 후에 토론 방송을 내보냈는데, 거기서 매카시와 미치(블레츨리 파크에서 튜링의 동료 연구자)가 튜링이 꿈꾸었던 신생 분야의 옹호자로 참여했다. 영국에서의 자금 지원이 줄어들었고, 미국에서도 자금 지원을 제대로 받지 못한 연구자들의 분노가 늘어났다. AI 창시자들이 약속을 어겼다는 불평의 목소리가 커졌기 때문이다.

대신에 인간 지능의 특수한 형태들을 모방하려는 시도가 등장했다.

전문가의 지식을 모방하다

1970년대 중반 인공지능 연구는 인간 지능을 일반적으로 모방하려는 시도에서 벗어나 전문가 지식을 모방하려는 시도로 옮겨갔다.[32] 코드만 바뀐 것이 아니었다. 누가 지능을 갖는지 그리고 그 지능이 무엇처럼 보일지에 대한 개념 자체가 달라졌다. 일반화된 능력에서 멀어져, 좁지만 깊은 전문가 영역으로 바뀐 것이다. 이제 과학자들은 박학다식한 천재를 모방하려고 시도하기보다 특수한 전문가를 모방하려고 했다. 초점은 여전히 규칙을 만드는 것이었다. 하지만 지능에 관한 일반적 규칙 대신에 위대한 전문가들의 구체적인 규칙이 관심 대상이었다. 가령 스탠퍼드대학교의 주요 연구자 세 명이 결론 내리기로, 인간문제해결 시스템의 행동은 "인간문제해결 시스템이 전문가인 영역을 제외하고는 빈약하고 얄팍했다."[33] 1971년 마빈 민스키와 시모어 패퍼트Seymour Papert는 이렇게 주장했다. "어떤 사람이 매우 지적인 까닭은 지식을 조직화하는 지식의 특수한 국소적 특징들 때문이며, 스스로 적용한 지식의 효과들을 제외하고는 어린이와 별로 다르지 않은 '사고'의 포괄적 특징 때문이 아닐지 모른다."[34]

인간에 관한 사고가 이처럼 극적으로 달라지면서, 기계를 사용하여 무엇을 시도할지에 관한 생각도 극적으로 달라졌다. "지능을 이해하는 데 따르는 근본적 문제는 몇 가지 강력한 기법을 찾아내는 것이 아니라 다량의 지식을 효과적으로 사용하고 상호작용할 수 있는 방식으로 표현하는 법에 관한 질문이다."[35] 당시의 도전과제는 특수한 전문지식을 컴퓨터 속에 집어넣는 '전문가 시스템'을 만드는 것이었다.

주목할 만한 성공 사례로서 유기화학 구조에 관한 과학자들의 판단을 체계화하려는 시도를 들 수 있다. 전문가 시스템DENDRAL이 그런 예인데, 이는 컴퓨터과학자 에드워드 파이겐바움Edward Feigenbaum, 브루스 뷰캐넌Bruce Buchanan, 생물학자 조슈아 레더버그Joshua Lederberg의 공동 연구로 제작되었다.[36] 이런 노력 중에서 최고의 영광은 MYCIN에서 실현되었다. 이것은 의사가 항생제를 적절하게 처방하도록 박테리아 확인 과정을 자동화하는 시스템이다.[37]

지식 습득의 규칙을 찾아라

안타깝게도 이 전문가 시스템을 제작하는 것은 매우 노동집약적인 과정이라는 사실이 드러났다. 약품이나 산업 생산의 불확실하고 복잡한 세계와 컴퓨터에 필요한 협소한 규칙들 사이의 간극은 굉장히 컸다. 알고 보니, 그런 세계에서 방향을 찾는 임상 지식을 지닌 전문가들은 컴퓨터의 규칙들과 같은 의식적인 의사결정 규칙들을 갖고 있지 않았다. 전문가의 규칙들을 알아내기는 어렵고 비용이 매우 많이 들었으며, 설령 알아냈더라도 그 규칙들은 결코 단순하거나 간결하지 않은 경우가 많았다.

그래서 1970년대 초에 많은 AI 연구자들은 인간의 전문지식을 '지식 기반'의 체계적인 추론 규칙으로 전환하는 데 따르는 어려움을 극복하기 위해 고군분투했다. 인공지능 연구자들은 이 근본적인 어려움을 가리키는 "지식 획득 병목knowledge acquisition bottleneck"이라는 신조어까지 만들어냈다.[38] 아무리 훌륭한 전문가들이 감각적 지각을 바탕으로 행동이나 판단을 잘 한다고 하더라고, 예술 감정가에서부터 물리학자에 이르기까지 모두가 자신의 전문지식을 설명하는 데 애를 먹었다. 그런 지식을 컴퓨터에 필요한 명시적으로 기술된 규칙에 적용하는 데는 더더욱 서툴렀다. 간단한 요리법을 이해하는 데에도 배경 정보가 얼마나 많이 필요한지 생각해 보라. 가령 '고기를 볶는다'는 짧은 문장에는 고기를 냄비에 올려놓고 열을 가해 갈색으로 만든다는 뜻이 함축되어 있다. 호주 연구자 존 로스 퀸란John Ross Quinlan에 의하면, 자신의 규칙을 설명하려는 전문가는 "한 주제의 포괄적인 로드맵을 작성하는 것과 같이 자신이 보통 하지 않는 과제를 실행하라는 요청을 받게 된다."[39] 『엑스퍼트 시스템스Expert Systems』라는 학술지가 1985년에 나눈 인터뷰에서 "전문가 시스템의 저명한 대변인 중 한 명"으로 소개된 도널드 미치는 "최근에 … 경고의 목소리를" 냈다. 전문지식을 이해하는 데 성공하려면 그 속성 자체를 다른 관점으로 파악해야 한다고 주의를 준 것이다. "책을 읽는다고 전문적인 지식을 숙달할 수는 없다. 그런 지식은 교사가 내주는 예제와 시행착오를 통해 얻어진다. 바로 그런 식으로 인간은 숙련 기술을 습득한다." 미치는 인간의 지식 습득에 관해 근본적으로 다른 개념이 필요하다고 언급했다.

> 사람들은 이걸 인정하기를 매우 꺼린다. 그런 껄끄러움은 우리가 선호하는 자신에 대한 철학적 자아상을 알려준다. 하지만 교사나 숙련자가 누군가를 훈련시킬 때 실제로 무슨 일이 생기는지에 관해서는 알려주지 않는다. 예제로부터 규칙들을 도출해내서 그것을 자신의 직관적 능력의 긴밀한 일부로 만든다는 점을 알려주지 않는다.[40]

초기의 AI는 일반적인 문제 해결을 모방하는 데 치중했다. 그러다가 전문가 시스템은 매우 전문적인 행동을 모방하려고 했다. 이후에 전문가 시스템은 인간의 지식을 다르게 바라보는 관점으로 만들어졌다. 즉, 인간의 지식은 종종 몸에 익은 상태이기에, 규칙에 집어넣기에는 매우 어렵다는 관점이었다. 전문가의 능숙한 판단을 예측하는 정량적 방법을 알아내는 것이야말로 데이터 중심의 인공지능을 제작하는 데 핵심임이 드러났다. 하지만 그걸 잘해낸다는 것은 규칙의 종말을 의미했다. 전문적 행위에 관한 데이터로부터 기호적 규칙 도출하기를 알고리즘화하려고 시도한 1990년대의 연구자들은 기계학습의 여러 형태를 제작했는데, 예측하기에는 성공했지만 그들이 원하던 간결한 규칙을 얻는 데는 실패했다. 앞으로 살펴보겠지만, 단순한 규칙들은 예측 성공에 이르는 길이 아님이 이후에 밝혀졌다.

전문가 시스템은 학계와 산업계에 이용되어 성공을 거두긴 했지만, 매우 특화되어 있었고 낯선 상황에서 인간 사고 능력의 특징인 회복탄력성이 부족했다.[41] 일침을 가한 비판자들 중 한 명은 이렇게 짚었다.

전반적으로 말해서 전문가 시스템은 실용적으로 적용될 수 있는 가능성이 향상되었다. 하지만 이를 위해 인공지능 연구의 전통적인 목표는 상당히 축소되었고, 폭넓은 영역에 걸쳐 적용될 수 있는 자기조직화의 통합적 원리와 똑똑하고 특화된 프로그래밍 사이의 구분을 흐리게 만들어버렸다. 이로써 바라마지않던 실용적 유용성에도 불구하고, 더 심오한 인공지능 기술들의 향후 개발의 중요성이 전적으로 논란거리가 되고 말았다.[42]

전문가 시스템 연구계에는 큰 당혹감을 주었겠지만, 이렇게 주장한 잭 슈워츠Jack Schwartz가 DARPA 내의 정보시스템기술원Information Systems Technology Office, ISTO의 수장으로 임명되었다. 그곳은 이전에 (IPTO라는 이름으로) AI 개발자들에게 풍부한 자금을 지원해 주던 부서였다.

다시 데이터로

1959년 철의 장막의 양측에서 온 학자들이 영국의 국립물리연구소 National Physical Laboratory에 와서 기계 지능과 '자동화 프로그래밍'에 대한 의제를 내놓았다. 거기서 나온 논문들을 놓고서 치열한 공방이 벌어졌는데, 한 논평가가 존 매카시의 논문이 "덜 구워진 발상의 저널에 속한다고"[43] 꼬집은 것이 그 시작이었다. 식견 있는 논리적 기계라는 갈망의 한가운데서, 전직 교사이며 이후 튜링의 동료였던 영국 수학자 맥스 뉴먼 Max Newman이 임금 결정과 도서관 정보 조직화 같은 자칭 "더욱 복잡한 사무 처리"를 기계화한다는 재미없어 보이는 주제에 대해 강연했다.

스스로 밝힐 수는 없었지만, 뉴먼은 블레츨리 파크에서 배운 교훈을 뉴먼리Newmanry라는 작전에 적용했다.[44] 전쟁 동안 뉴먼은 엄청난 양의 암호문에 대한 대규모 통계 분석을 통해서 독일 암호를 해독하는 기법을 고안했다. 게다가 뉴먼은 그런 분석을 실시하기 위해, 영국의 인공지능과 통계 분야에서 향후에 권위자가 될 이들과 더불어 콜로서스라는 혁신적인 특수 컴퓨터를 제작하는 데에도 도움을 주었다. 그는 전후에 맨체스터대학교에서 컴퓨터 연구소를 세워 튜링과 통계학자 잭 굿Jack Good 같은 블레츨리 파크 동료들을 설득해 그곳에서 진행되는 활동에 참여시켰다. 통계학자들이 블레츨리 파크와 NSA의 수학적 교훈을 생물학적·의학적 사례들에 이용했듯이, 뉴먼은 암호해독의 교훈을 대규모 데이터 집합을 대상으로 일반화했다. 그는 이렇게 썼다. "분명히 다량의 데이터 처리에는 패턴 인식 그리고 패턴의 유사성 여부에 대한 판단이 관여한다."[45] 뉴먼은 큰 데이터 집합에서 패턴을 찾는 것을 학습의 중심에 두었다. 그리고 그 과제를 달성하기 위한 방대한 데이터 저장고의 필요성을 언급했다.

> 디지털 컴퓨터를 효율적인 학습 기계가 되도록 프로그래밍할 수 없다는 주장을 뒷받침할 타당한 이유는 없는 듯하다. 디지털 컴퓨터는 기호들 사이의 상호관련성과 확률에 관한 다량의 정보를 처음에 주입받게 되거나, 아니면 사람이 하듯이 최대한 폭넓은 상황과 많은 문제에 대한 학습 기계로 활동하면서 상호관련성을 익혀야 할 것이다. 그러려면 저장 용량이 엄청나야 할 것이다.[46]

미국과 영국의 AI 학계는 튜링과 뉴먼 같은 블레츨리 파크 인사들에게 매우 소중했던, 데이터로부터 학습하기라는 발상을 무시했다. 하지만 전시에 활동했거나 제조업 및 상업에 종사한 많은 이들은 그렇지 않았다.

데이터에 관한 연구는 지능 연구계의 '울타리 너머'에 계속 머물렀는데, 거기서는 패턴 인식이 이미지 데이터에서 대상을 식별하기 위한 목적으로 대체로 군에서 자금 지원을 해준 응용계산통계학 분야의 하나로서 개발되고 있었다. 라이트힐 보고서가 AI를 세분화하던 무렵, 미국의 비영리 연구소 SRI 인터내셔널SRI International의 전기 기술자 리처드 더다Richard Duda와 피터 하트Peter Hart가 쓴 책 『패턴 구분과 장면 분석Pattern Classification and Scene Analysis』이 출간되었다. 이 책은 학생과 연구자 들에게 지도 학습Supervised Learning과 비지도 학습Unsupervised Learning을 포함하여 기계학습의 근본 개념들을 소개했다.[47] 없어지기는커녕 좁지만 궁극적으로 더 강력한 형태의 AI는 산업계, 특히 강한 군산 유대관계를 지닌 분야에서 번성했다.

데이터는 1950년대부터 폭발했는데, 그런 데이터를 이해하려는 노력도 마찬가지였다. 당시 이런 노력을 'AI'라고 여기는 사람은 별로 없었다. 하지만 AI에 대한 데이터 중심 접근법이야말로 좋든 나쁘든 우리의 현재를 가능하게 만들었다.

빅데이터의 시대

2012년의 뜨거운 IT 유행어 빅데이터가 성공할 수 있었던 까닭은 비용효율적 접근법이 등장하여 다량의 데이터의 용량, 속도 및 가변성을 길들였기 때문이다.

– 에드 덤빌, "빅데이터란 무엇인가?" 2012년

1953년 여름 뉴욕시에서 LA로 향하는 비행기에 IBM의 영업 담당자 R. 블레어 스미스R. Blair Smith가 타고 있었다. 그의 옆자리에는 허름한 차림의 한 남자가 앉아 있었다. "흰 셔츠는 분명 이삼일 전에 갈아입은 거였습니다. 얼굴엔 면도도 좀 해야 했고요." 단정치 못한 이 옆자리 승객은 알고 보니 아메리칸항공 대표인 C. R. 스미스C. R. Smith였다. 두 스미스는 이런저런 이야기를 나누었다. 아메리칸항공의 전체 네트워크에 걸쳐 예약 데이터를 관리하기가 너무 어렵다고 한 스미스가 터놓자, 다른 스미스는 데이터 처리용 IBM의 새로운 디지털 장치를 소개했다. IBM 영업 담당자는 개별 비행에 대한 "이용 가능성을 기록하는 것보다 훨씬 더 많은 일을 할 가능성을 지닌 컴퓨터"에 대해 설명했다. 그것은 승객들에 관한 세세한 데이터를 저장할 수 있었다. "승객의 이름과 여행 일정, 원한다면 전화번호도 기록할 수 있습니다. 금방 스미스 대표가 관심을 보였습니다. 아, 정말이지, 그분은 진짜 사업가더군요."[1] IBM은 군대와 NSA를 위해 일하면서 방대한 센서 망에 의해 수집된 실시간 데이터를 다룰 새로운 장치를 개발하는 데 깊숙이 관여했고, 그런 최첨단 기술을 상업적 용도로 전환할 기회를 엿보고 있었는데, 이론적으로 볼 때 아주 수지맞는 일이었다.[2] IBM이 바라던 바는 자사의 새로운 하드웨어 및 소프트웨어의 연구개발에 대형 고객사들이 돈을 대주는 것이었다. 군대와 정보기관들이 지금껏 해왔듯이 말이다. IBM은 잠재적인 적 항공기들에 대한 대규모 실시간 데이터를 다루기 위해 고안된 기능들을 잠재적 고객들에 대한 대규모 실시간 데이터를 다루는 기술로 이전하고자 했다.

두 스미스의 대화를 계기로 개발된 아메리칸항공의 SABRE 시스템의 설명서에는 '데이터 수집과 비행기 좌석 채우기'라는 부제가 달렸다.[3] 10년의 개발 기간 끝에 제작된 이 예약 시스템은 데이터 제작 및 의사결정의 분산화된 네트워크들의 실시간 처리와 관련된 벅찬 문제들을 해결한 초창기 상업적 솔루션이었다. SABRE[Semi-Automatic Business Research Environment](반자동비즈니스연구환경) 시스템은 SAGE[Semi-Automatic Ground Environment](반자동지상환경)라는 네트워크화된 방공 시스템을 개발하려고 미국 정부가 엄청난 자금을 투입했지만 결국 실패한 사업에서 얻은 교훈을 바탕으로 제작되었다. 학계[MIT]와 업계[IBM], 군이 지원하는 싱크탱크인 랜드연구소 그리고 그 무렵 새로 독립적으로 활동하게 된 공군이 합작해 제작한 SAGE는 자동화된 기록 저장, 고품질 디스플레이 및 실시간 네트워킹이 관건인 시스템이었다.

제2차 세계대전 이후 40년이 지나자 시민과 소비자에 관해 수집된 데이터의 규모가 엄청나게 증가했다. 수많은 기관이 그런 데이터를 수집했기 때문이다. 1940년대 말 즈음만 해도 신호 정보를 담당하는 군대 산하조직 및 이들한테서 일감을 받는 기업들이 데이터열을 컴퓨터를 통해 처리할 수 있었을 뿐이다. 10년 후에는 초기의 디지털 컴퓨터 유니백[UNIVAC]이 미국의 인구조사에 큰 도움을 주었으며, 민간 기업들은 이전에는 천공카드와 수작업으로만 가능했던 일을 대규모로 처리할 수 있는 능력을 미 해군의 암호해독가들과 갓 설립된 NSA에 가져다주었다. 시간이 흘러 1977년이 되자 미국 프라이버시 보호위원회U.S. Privacy Protection Commission 가 다음과 같은 진지한 의견을 밝혔다. "기관과 개인 간의 관계들의 다양 성과 밀도의 변화로 거의 모든 사람들의 개인적인 기록이 저장되며, 이는 모든 이의 삶에 영향을 미친다. 개인대출을 신청하는 기업 중역에서부터 전국적으로 사용되는 신용카드의 발급을 신청하는 학교 교사에 이르기까 지 그리고 지역 은행에서 수표 보증 혜택을 얻길 바라는 설비노동자에서 부터 신혼집의 가구를 사기 위해 재정 지원을 얻으려는 신혼부부에 이르 기까지 예외는 없다."4 데이터의 축적 및 개인을 평가하는 데이터의 역할 에 대한 질문들은 좁은 의미의 프라이버시 문제보다 훨씬 더 영향력이 컸다. 데이터를 바탕으로 한 의사결정 과정 그리고 유사시의 구제책에 대 한 접근성에 관하여 근본적인 질문이 제기되었다. 데이터를 바탕으로 누 가 의사결정을 할 권력을 갖는가와 더불어 그 결정에 누가 의문을 던질 수 있는가라는 질문이었다.

1970년대 무렵에 데이터 수집이 폭발적으로 증가하면서, 이를 비판적 으로 바라본 이들은 데이터 수집이 프라이버시와 사회정의에 미치는 영 향에 관하여 핵심 질문들을 쏟아내기 시작했다. 앞으로 살펴보겠지만, 1980년대와 1990년대에는 이와 관련된 다양한 법적·정치적 질문은 주목 받지 못했다. 대신에 프라이버시를 둘러싼 많은 담론들은 민간 권력에 관 한 질문과 무관한 제한적인 분야에 국한되었으며, 민간 산업계보다는 정 부에 대한 두려움에 초점을 맞추었다. 데이터 사용이 확대되는 속도는 1990년대 중반부터 2000년대에 이르기까지 데이터 사용 확대의 잠재적 위험에 대한 광범위한 인식을 훨씬 앞섰다. 2010년부터 시작된 상업적 데이터의 사용에 관한 현재의 논의를 통해 현대 사회는 프라이버시와 사회 정의의 개념이 긴밀히 연결되어 있음을 다시금 깨닫게 되었다.

데이터 처리를 위한 기술들

1950년 8월, 미국 전역을 뒤흔든 한 추문 폭로 칼럼을 통해 다음 사실이 드러났다. 미 해군 장교 모임의 도움으로 아주 비밀스러운 프로젝트를 추진하는 회사가 설립되었다는 내용이었다. 곧이어 "사업을 추진했던 바로 그 해군 장교들이 그 회사의 부사장으로 고액 봉급을 받았다"는 소식이 전해졌다. 회사에서 "날로 먹는" 일자리를 얻기 전에 장교들은 NSA의 전신에서 근무하며 어떤 프로젝트를 진행했다. 그 프로젝트는 암호해독을 위한 최초의 범용 전자식 디지털 계산기를 제작하는 것으로, 이는 미네소타의 신생 회사인 ERA^{Engineering Research Associates}에서 제작되었다.[5] 얼마 후 이 회사는 그 기계의 민수용 버전을 판매하기 시작했는데, 다만 암호해독 목적을 드러내게 될 핵심 명령어 하나는 제외되었다. 부정부패의 가능성은 별도로 제쳐두고, 당시의 컴퓨터 개발 과정 대다수는 민간 업무와 군사용 업무가 긴밀히 결합된 형태로 이루어졌는데, 이는 냉전 시대 국가 주도 자본주의의 특징이었다.

처음엔 ERA와 함께, 그다음엔 IBM과 함께 대량의 데이터 저장이 가능한 새로운 디지털 컴퓨터 개발을 지원하면서, NSA는 산업계가 든든한 데이터 기반 솔루션을 개발하도록 권장하는 초창기 주요 회의들을 개최했다. 20세기 중반 기업 정보처리 분야에서 지배적인 기업이었던 IBM은 곧이어 디지털 컴퓨터 사업에 뛰어들었다. 지금 우리로서는 새로운 범용 전자식 컴퓨터를 천공카드 처리 장치와는 근본적으로 다른 장치라고 여기지만, 당시 IBM의 새로운 컴퓨터는 이전의 기계에서 했던 것과 비슷한 행정 업무를 처리했으며, 행정기관에서 이전에 다루었던 문제와 비슷한 문제들을 다루었다.

빅데이터는 거대한 인프라를 필요로 하며, 그런 인프라에는 자금 지원, 투자 및 유지관리가 수반되어야 했다. 일차적으로는 군대를 통해 미국 정부는 1950년대 말까지 컴퓨터 연구개발 비용의 절반 이상을 지원했으며, 정부 소속 연구자들도 그 개발 과정에 깊숙이 개입되어 있었다.[6] 핵분열과 암호해독을 시뮬레이션하기 위해 제작된 우수한 컴퓨터들은 곧장 민수용으로도 사용할 수 있게 되었다. SAGE 방공 시스템처럼 깜짝 놀랄 정도로 고가의 실패작도 후속 개발에 핵심적인 기술, 즉 가령 CRT 화면과 네트워킹 기술 개발로 자금이 흘러들게 하는 마중물이 되었다. NSA는 아마도 최초의 트랜지스터 컴퓨터를 보유했으며,[7] 데이터 저장과 처리에 대한 필요성 때문에 입력 데이터를 거의 실시간으로 분석할 수 있는 자동화된 천공 테이프 시스템과 같은 저장 매체를 개발하는 데 흔쾌히 자금을 지원했다. 일단 상업화되고 나자 이 기술들 덕분에 가령 천공카드에 데이터를 저장해 이전할 수 있게 되었으며, 결국에는 이전한 데이터에 대한 새로운 형태의 통계 분석, 그리고 새로운 형태의 데이터 수집도 가능해졌다.

이를 통해 디지털 컴퓨터는 계산의 속도를 높일 수 있었다. 또한 우리의 이야기에서 더 중요한 데이터의 수집과 처리와 저장의 규모까지도 확보했다. 처음에는 많은 작업이 이전에 이용 가능했던 정보를 디지털화하는 것이었지만, 곧 실시간에 가깝게 정보를 얻고 저장하는 용량이 증가하면서 항공사에서부터 복지 기관에 이르기까지 대형 관리 조직들의 운영과 데이터 수집 양상이 급격하게 변화했다. 그중 어느 것도 필연적이지는 않았다. 이런 변화들 중 다수가 지금 돌이켜보면 명백하고 예정된 길인 듯하지만, 당시로선 옹호자들과 영업자들이 새로운 역량을 키우고, 높았지만 늘 중시되지 않았던 기술적 비용에 투자하고, 제도적 논리의 변화에 동참하도록 조직을 밀어붙인 결과였다. 그런 변화들에는 어떤 작업과 지식이 중요한지 그리고 어떤 방식으로 변화되거나 혹은 변화되지 않아야 하는지라는 문제가 제기되었다. 그리고 군사주의와 자본주의가 일방적으로 컴퓨터 데이터 처리로의 전환을 가져온 것은 아니었다. 이런 방식의 데이터 처리 자체가 군대와 자본주의에서 컴퓨터가 중심적 역할을 하게 만듦으로써 군대와 자본주의의 속성 자체를 변화시키기도 했다.

NSA를 위해 개발된 기술의 원동력은 수십 년 동안 비밀에 묻혀 있었다. 하지만 때때로 군사용에서 상업적 용도로의 전환은 훨씬 더 공개적으로 이루어졌다. 초기 컴퓨터 회사들은 매우 고가에다 세심한 관리가 필요한 자사 기계의 잠재력을 적극 홍보했다. 1948년에 나온 유니백 홍보 브로셔에서는 다음과 같은 질문을 던졌다. "문제가 무엇입니까?" 그러고 나서 데이터 처리와 계산 능력을 언급했다. "상공업 분야의 지루한 기록 작성과 힘겨운 수치 작업입니까? 아니면 과학 분야의 복잡한 수학입니까?" 유니백은 "항공 교통 제어, 인구조사 도표 작업, 시장 조사 연구, 보험 기록, 항공역학 설계, 석유 탐사, 화학 문헌 검색, 경제 계획과 같은 다양한 용도"에 이용될 수 있었다. 데이터 수집은 표준화되고 있었고, 홍보의 중심 내용은 향후 비용이 낮아진다는 것이었다. "자동 작업은 모든 종류의 정보를 처리하는 데 있어서 경제성을 높이는 핵심 요소입니다." 큰 저장 능력을 제공함으로써 "광범위한 파일과 방대한 기록"을 저장할 수 있는데, 이것들은 "무한히 보관될 수 있지만 … 더 이상 필요하지 않을 땐 삭제도 가능"했다.[8] 유니백의 브로셔에서는 이런 기계를 가능하게 했던 정부의 아낌없는 지원과 방산 수요를 전혀 숨기지 않은 채 유니백이 '육군 병기 컴퓨터Army Ordnance Computer'(에니악ENIAC)과 같은 초창기 특수 기능 컴퓨터의 후속 제품이며, 인구총조사와 국립표준국Bureau of Standards을 지원한다는 점을 찬양했다.

다량의 데이터를 변환하고 저장하기라는 엄연한 현실은 곧 냉철한 인식과 맞부딪혔다. 데이터는 언제나 물질적이며, 그것을 안전하게 처리하기 위해서는 조밀한 인프라와 이를 실현하기 위한 대규모의 숨겨진 노동력에 의존한다는 인식이었다. 예를 들어 저장 테이프가 쉽게 접히는 문제는 dolf라는 전문용어를 사용해 문제 자체를 감췄는데, 이런 문제는 윤활제를 무턱대고 바른다거나 테이프 감개reel에 가하는 전력을 조정하는 등 인간의 노동력을 통해 해결되었다.[9] 역사가 재닛 어베이트 강조했듯이, 새로운 컴퓨팅 기술에 대한 홍보는 그런 기술을 작동하는 데 필요한 인간의 노동을 소홀히 했다. 어베이트의 주장에 의하면, 사람 스물다섯 명의 한 달치 작업을 에니악이 두 시간 만에 할 수 있다는 주장에서처럼 노동력 절약에 관한 수치에는, "프로그램을 준비하는 '여성의 노동'이나 기계를 유지보수하는 '남성'의 노동이 포함되지 않았다."[10]

'전자 두뇌'와 컴퓨터에 대한 온갖 논의에도 불구하고, '전자식 데이터 처리'는 예전 시스템을 대규모 디지털 시스템으로 변환하는 과정을 뜻하는 용어로 받아들여졌다. 업무와 과학과 행정상의 수많은 작업을 디지털 컴퓨터로 변환하는 것은 지금 돌이켜보면 당연한 일인 듯 보이지만, 당시에 각각의 변환은 목표로 삼은 분야가 정해져 있었다.[11] 새로운 데이터 처리 기술을 조직에 도입하는 전문가들은 피고용인과 경영진 양측의 저항을 피하는 데 각별히 주의해야 한다고 강조했다. 초기의 한 지침서에는 다음과 같은 조언이 담겼다. "어떠한 작업 시스템을 도입하면서 사람들의 습관을 바꾸려 할 때 엄청난 장애물과 부딪힌다. … 인간의 문제는 복잡성과 난이도 면에서 기술의 문제를 능가한다."[12] 『데이터 메이션Datamation』 같은 잡지의 광고에서는 조직들이 마주한 도전과제를 이렇게 강조했다. 1965년의 제록스 광고의 사례처럼, "진취적인 회사들이 EDP(전자식 데이터 처리)로 전환하려고 할 때, 차질 없도록 하는 것이 큰 문제이다. 아무리 세심하게 계획해도 데이터를 전환하면서 기록 소실, 지연 및 혼란으로 어려움에 봉착할 수 있다."[13] "강력한 데이터 카드가 주산의 전철을 밟게 될지" 여부를 물은 다음에, 컨트롤 데이터 코퍼레이션 사의 광고는 이 사안에 대해 이렇게 약속했다. "천공카드와 천공 테이프가 여러분과 여러분의 컴퓨터 사이에서 걸리적거리지 못하게 할 새로운 방법을 마련"하겠다고.[14] 하지만 결과는 예상보다 훨씬 덜 혁신적이었다. 1958년 『비즈니스위크』에 나온 보도에 의하면, 업계는 "굉장히 복잡한 전자식 컴퓨터를 거의 종교적 열정으로 도입했지만, 종종 그걸로 뭘 할지 잘 모르는 듯 보였다." 업계에서도 마찬가지로 "불평이 컸는데, 왜냐하면 초기의 결과들은 번지르르하게 내세웠던 장밋빛 꿈에 한참 못 미쳤기 때문이다." 그러면서도 그 기사는 이러한 기계로 전환하는 일이 "불가피"하다고 천명했다. 왜냐하면 "컴퓨터가 상공업 및 정부의 확장되는 거대 조직들을 위한 새로운 시스템에서 핵심 역할을 하기 때문"이었다.[15]

1960년대에 기업과 정부의 데이터베이스는 정말로 급성장하고 있었다. 전국에 걸쳐 배포된 설문지로 수집한 데이터를 중앙집권화 및 표준화하는 방법으로 이루어졌기에, 힘든 작업이 많이 뒤따랐다. 그 시기에 기후모형의 컴퓨터화에 관한 글에서 역사가 폴 에드워즈Paul Edwards는 이렇게 짚었다. "모든 인프라 프로젝트와 마찬가지로 이런 전환은 과학기술적 혁신뿐만 아니라 제도적 변화와도 관련된다.""16

신용평가야말로 딱 알맞은 사례이다. 사회학자 마르타 푼Martha Poon의 연구에 따르면, 신용평가는 개별 회사들이 자사 고객에게서 수집한 데이터를 대상으로 매우 구체적인 신용도 모형을 적용한 맞춤형 활동으로 시작되었다. 거래 데이터를 통해 신용 데이터를 만들어내는 일은 고되고 힘들었으며, 종종 가내수공업 형태로 집에서 일하는 여성들의 기나긴 천공카드 작업을 통해 처리되었다.17 사람들의 신용 기록이 컴퓨터화된 데 이어 신용도에 관한 새로운 통계 모형들이 등장했는데, 역사가 조시 로어Josh Lauer는 이에 대해 "컴퓨터의 도움을 받은 신용평가는 신용도의 개념과 언어 면에서 근본적인 전환을 촉진했는데, 그것이야말로 컴퓨터화된 기록보다 훨씬 더 큰 의미가 있었다. 신용평가 시스템은 대출자와 채무자 사이에서 인간적 접촉을 축소하거나 제거했을 뿐만 아니라, 신용도를 추상적인 통계적 위험성에 대한 하나의 함수로 새롭게 정의했다"라고 말했다.18 점점 더 증가하는 고객 평가 분야에서 고객에 대한 대규모 데이터 수집이 대규모 컴퓨터 계산과 만났다. 1980년대가 되자 컴퓨터 모형의 발전 덕분에 신용 산업은 고객의 정보를 상품화한 새로운 금융상품을 내놓을 수 있게 되었다.19 컴퓨터 자체가 그걸 가능하게 만들진 않았다. 대신에 컴퓨터의 능력이 진취적으로 활용되었고, 그런 제도의 변화하는 속성을 뒷받침할 수 있을 정도로 컴퓨터가 발달한 덕분이었다.

이런 신기술의 적용이 자동으로 일어나지는 않았다. 1960년대부터 1990년대까지의 업계 잡지들은 업계의 문제점들을 재정의하고 새로운 컴퓨터 시스템에 저장된 데이터를 사용한 해결책은 물론이고 회의적인 경영진을 설득하고 노동자 및 노동조합의 불만에 대응하기 위한 팁을 제공하는 홍보물들로 가득했다. 1965년 한 LA 텔레비전 방송국은 "컴퓨터는 위험한 것인가?"라는 토론 프로그램을 방영했다. 랜드연구소 출신의 여러 걸출한 인물들이 출연하여 자동화된 신용평가와 대학 입학 결정으로 인해 "좁은 기계적 효율성에 개인의 운명을 맡길 것인지에 대하여 토론했다." 『데이터메이션』의 편집자는 그렇지 않다고 여겨서 이렇게 언급했다. "의사결정 절차들의 모든 요소를 정량화하는 일을 인간은 하지 못하기 때문에 (지금으로서는) 일관적이고 유연하며 공정한 시스템이 불가능하다. 그런 시스템의 고안자들은 그걸 개선하려고 노력해야 마땅하다." 그 편집자는 다시 이렇게 적었다. "오늘날에는 감정과 변덕과 우연에 의해 결정되는 어떤 문제들을 합리적이고 체계적으로 처리할 수 있다고 우리는 믿는다. 또한 설령 최종 결정은 굉장히 비효율적인 감정에 맡겨질지라도, 어떤 결정에 영향을 미치는 요소들을 조직화하고 저울질하려고 시도하는 것이 가능하다고 (그리고 그것이 현명하다고) 우리는 여긴다."[20]

정보의 가치와 프라이버시의 부활

1964년 밴스 패커드Vance Packard는 『벌거벗은 사회The Naked Society』라는 책에서 "꽤 다른 유형의 전자식 감시와 통제가 거대한 메모리 기계의 발전으로 가능해졌다"고 썼다.[21] "지금까지 개인에 관한 정보는 대체로 사회적으로 유용하거나 경제적 또는 정치적으로 매력적인 목적에 이바지하기 위해 슈퍼컴퓨터에 입력되어 왔다. 하지만 계속 그럴 수 있을까? 이런 의문은 특히 사생활에 관한 파일들을 축적하고 있는 메모리 기계들에 대해 제기할 수 있을지 모른다."[22] 패커드만이 아니었다. 1976년 법학 교수인 스탠턴 휠러Stanton Wheeler는 이렇게 설명했다. "기록을 만드는 과정

그 자체가 문제로 간주되어야 하며, 우리는 어떤 조건하에서 한 개인의 사건들이 기록 대상이 되어야 하는지를 물어야 할 뿐만 아니라 그런 사건들을 기록 대상으로 삼는 것이 합법적인지 여부도 물어야 한다."[23] 기록하고 분석하는 능력은 종종 필요하지만, 그것이 정부와 업계의 수중에 있을 때에는 위험할 수도 있다. 데이터베이스를 구축하려는 이들은 프라이버시의 파괴가 인류에게 유익하다는 확신을 줄 방법을 고려해야 했다. 예언자 패커드는 데이터의 수집 및 분석의 발전을 한발 앞서 내다보았던 셈이다.

1971년이 되자 개인에 대한 데이터의 경제적 가치가 더욱 분명해졌다. 하버드대학교 법학 교수 아서 밀러Arthur Miller는 "새로운 정보 기술들이 새로운 사회적 바이러스인 '데이터 마니아'를 낳고 있는 듯하다"라고 적은 다음에 이렇게 덧붙였다. "우리는 정보를 경제적으로 바람직한 상품이자 힘의 원천으로 취급하는 사회에 산다는 것이 무슨 의미인지 깨달아야만 한다."[24]

워터게이트 사건 및 불법적인 국내 첩보 활동이 폭로된 이후 공화당 상원의원 배리 골드워터Barry Goldwater와 민주당 상원의원 샘 어빈Sam Ervin이 개인정보를 모든 미국 시민의 권리로 보장하기 위한 규제 방안을 모색했다. 두 사람이 내놓은 법안은 민간 기업뿐만 아니라 연방 및 주 정부에 의한 프라이버시 침해를 제한하는 내용이었다. 그 법안은 미국 시민이 아래와 같은 권리를 가져야 한다고 제안했다.

1. 어떠한 개인정보 시스템도 그 존재 여부가 비밀이어서는 안 된다.
2. 개인이 자신에 관한 정보가 기록되어 있는지 그리고 그 정보가 어떻게 사용될지를 알 수 있는 방법이 있어야 한다.
3. 개인이 자신에 관한 정보가 만약 틀린 것이라면 정정할 방법이 있어야

한다.

4. 접근이 이루어진 모든 사람 및 조직의 신원을 포함하여 시스템 내의 임의의 개인정보에 대한 모든 중요한 접근 기록이 남아 있어야 한다.

5. 개인이 특정한 목적으로 수집되는 자신에 관한 개인정보가 그의 동의 없이 다른 목적으로 이용되는 것을 막을 방법이 있어야 한다.

이런 규정에 따라 데이터베이스 제작자들은 개인에게 책임을 져야 했다. 시민들은 어떤 데이터가 수집되고 있는지 그리고 누가 그것을 무슨 목적에 이용하고 있는지 알아야 한다. 그리고 데이터의 수집과 이동을 막을 수 있어야 한다. 두 상원의원의 야심만만한 법안은 최종적으로는 연방정부의 기관들이 데이터를 수집하고 사용하는 것만을 규제하는 것으로 축소되었다.

1960년대에 국가 차원의 중앙화된 연방 데이터베이스 구축 계획은 프라이버시 침해에 대해 엄청난 두려움을 불러일으키며 결국 폐기되었다.[26] 하지만 겨우 몇 년 후에 더욱 무서운 위협이 뚜렷하게 등장했다. 골드워터와 그의 동맹 세력들은 수많은 소규모 데이터베이스의 폭발적 성장이 제기한 위험을 알아차렸다. "(우리는) 민간과 정부 분야에서 수많은 소규모의 개별적인 자동화 정보 시스템을 제작하고 있는데, 이것들은 현재의 집적화된 통신 구조의 패턴을 그대로 따라가고 있다."[27]

넷플릭스나 페이스북과 같은 플랫폼을 작동하는 알고리즘 기법들은 1970년대에는 유아기였지만, 개인정보로부터 통계적 추론을 도출하는 알고리즘 기법들의 잠재력과 위험성은 이미 명백해졌다. 하원의원 빅터 베이시Victor Veysey는 1974년에 개인 데이터의 합법적 사용과 개인 프라이버시 보호 사이에 균형이 필요하다는 점을 이렇게 설명했다. "이 국가의 문화를 지속적으로 주조해내는 사회경제적 경향을 해석하는 통계 데이터를 개발할 필요가 있지만, 가끔씩 데이터가 사용될 때 정당한 목적으로 수집되는 데이터와 부수적 목적으로 수집되는 데이터를 세밀하게 구분해야 한다." 그리고 신용평가와 생명보험에 의해 "실행되는 합법적 서비스를 엄격히 규제하지는 않아야 하지만, 적절한 통제 방법을 개발하여 개인의 사생활에 관한 정보가 무분별하게 거래되지 않도록 해야 한다"라고 덧붙였다.[28] 오늘날에는 무료로 제공되는 데이터 교환이라는 개념이 매우 익숙하지만, 예전에는 당연한 상황이 아니었다는 점을 우리의 학문, 법 및 규제 조치는 고려해야 한다.

게다가 1970년대 초반의 진보적 규제론자들은 기업과 정부의 프라이버시 침해가 종종 인종, 성적 선호 및 처벌을 동반한 도덕 관련 문제들을 중심으로 이루어진다는 사실을 알게 되었다. 프라이버시 침해는 모든 사람에게 평등하게 영향을 미치지 않았다. 데이터 축적으로 종종 중대하고도 차별적인 정보의 취사선택이 가능해졌다.

상원의원 샘 넌Sam Nunn이 제기한 질문에 대한 대답으로 학자 앨런 웨스틴Alan Westin은 어떠한 개인정보를 요구하지 않는 데에는 금융 비용이 수반된다는 사실을 분명하게 밝히며 이렇게 말했다.

만약 보험사들이 통계적 자료를 근거로 혼외정사나 동성애자를 보험료 산정 기준에서 제외해야 한다고 주장할 수 없게 만드는 데에 연간 2달러가 추가로 든다면, 내 생각에 그것은 미국 대중이 감내할 만한 비용이며, 실제로 부과될 때에도 대중이 수긍할 만하다. 즉, 상원의원으로서 나는 사람들이 내 성생활에 관해 묻지 않게 만들거나 내 성생활이 어떤지에 관해 이웃들을 조사하고 내 직장 동료들이 보고하게 만들지 않는 대가로 기꺼이 2달러를 낼 것이다. 많

은 미국인도 자신의 사생활이 조사되거나 기록되지 않도록 하는 데 기꺼이 1
년에 2달러를 지불할 것이다.[29]

그때도 지금처럼 정보의 자유로운 교환은 금융 비용을 낮추었다. 하지
만 사생활 공개에는 큰 비용이 들었다. 비정부 기관의 한 중요 연구는 그
점을 분명히 짚으며 이렇게 묻는다. "중앙 조직이나 데이터 은행에서의
정보 수집과 이용 가능성에서 얻는 이익과 비교하여 오늘날 프라이버시
의 가치가 매겨져야 한다. … 신용카드의 편리성만큼 값어치가 있으려면
개인정보의 가치는 얼마만큼이어야 하는가?"[30]

이에 대해 업계는 분명한 답을 가지고 있었다. 포괄적인 그 법안이 도
입된 후, 은행, 다이렉트 마케팅 업체, 잡지 발행사 등 업계의 불만이 곧
바로 과격하게 쏟아져나왔다. 그들은 거의 이구동성으로 프라이버시 권
리와 업계에 필요한 '정보의 자유' 사이에서 균형을 잡는다는 것은 곧 후
자를 우선시한다는 의미라고 주장하고 나섰다. 특히 업계에서 분노한 지
점은 사람들이 자신의 데이터 사용에 동의해야 한다는 요건이었다.

우리는 개인에게 사전에 동의 여부를 알리지 않으면 개인에 관한 정보 이전
을 금지하는 규제에 반대한다. … 현대의 기술은 신용공여기관들이 온라인 단
말장치 또는 전화 설문을 통해 신용정보에 접속하게 함으로써 고객에게 효율
적이고 신속하게 대응하도록 해준다. 만약 정보의 자유로운 흐름이 법에 의해
가로막힌다면, 그 결과로 발생하는 비효율성은 업계와 고객 모두에게 반드시
고비용으로 전가될 것이다.[31]

기업 및 이들과 동반자 관계인 싱크탱크들은 개인정보의 사용과 이전

에 관해 세부적인 기록을 남겨야 한다는 요건은 실용적이지 않으며 부담스럽다고 불평했다. 다른 많은 기업처럼 미국의 대형 유통업체 시어스 Sears도 불평에 가세했다. "또한 시어스한테 엄청난 비용이 드는 것은 접속이 실행된 모든 개인과 조직의 신원을 포함하여 한 시스템 내의 임의의 데이터에 대한 모든 접속 기록을 전부 정확히 관리해야 한다는 요건"이었다.[32]

프라이버시 법안에 대한 1970년대의 논쟁이 진행되던 중에 미국 상공회의소 관련 정치인들과 로비스트들은 시민의 자유에 초점을 둔 법안 내용을 바꾸어서, 야심 차게 제출된 골드워트-어빈 법안이 연방정부의 정보 수집 및 사용에만 초점을 맞추도록 범위를 축소했다. 1974년 제정된 프라이버시보호법Privacy Act은 정보를 통제할 개인의 이익과 해당 정보를 통제하고 사용할 연방 정부의 이익 사이의 불균형을 바로잡고자 했다. 이법은 민간 분야에서 데이터의 수집, 배포 및 사용에 대한 조항들을 삭제했고, 처음에 구상했던 엄격한 규제 조치를 시행하는 대신에 추가적인 조사를 지시했을 뿐이다. 다시 말해서, 연방 정부는 개인 데이터 보호의 일반적 원칙을 확인해주지 않았으며, 해당 데이터의 수집, 교환 및 판매에 관한 일반화된 설명도 전혀 내놓지 않았다. 대신에 신용정보에 관한 초기의 보호 조치에 따라서 미국인들은 오직 특정한 데이터 영역 내에서만, 가장 대표적으로는 학생들의 데이터(FERPA, 1974년 법 포함된 내용) 및 20년 후에 의료 환자들의 데이터(HIPAA, 1996년 법에 포함된 내용)와 같이 중요하지만 좁은 범위의 정보만 보호받았다. 베트남 전쟁 기간의 정부에 대한 의혹, 신용 기관에 대한 우려, 워터게이트 사건 그리고 미국 정보기관들에 관한 폭로 등으로 포괄적인 프라이버시 법을 만들자는 개혁의 추진력이 생겨났지만, 결국 흐지부지되고 말았다.[33]

이처럼 프라이버시 보호 조치가 실패하고 나자, 개인 데이터를 자유롭게 사용하고 심지어 남용하는 것을 자연스러운 일로 여기게 되었다. 즉, 우연이나 바뀔 수 있는 것으로 여기거나 우리의 정치적 과정과 선택에 따라 달라질 수 있다고 생각할 수 없게 되었다. 대체로 무제한적인 데이터 수집과 사용을 허용하는 이 규범은 사람들에 관한 미세한 데이터로 수익을 얻는 2000년대의 플랫폼은 물론이고 대규모 감시를 위한 업계용 데이터를 사용하는 정부를 위한 필수적인 조건을 마련해 주었다.

1977년 프라이버시보호 연구위원회The Privacy Protection Study Commission 는 연방 및 국가 기관들뿐만 아니라 기업 영역이 초래하는 위험을 의회가 다루지 못했다는 사실을 깨달았다. 프라이버시보호법(1974년)의 제정은 미국에서 중앙화된 정부 데이터베이스 구축을 의미하지 않았다. 그리고 우려한 대로 실제로 큰 부작용이 발생했다. 정부는 국민을 규제할 수 있는 하나의 큰 데이터베이스를 만들기보다 수백 개의 데이터베이스를 만들었다. 이것들은 통제하기 어렵고 규제와 단속을 제대로 받지 않았으며, 각각에 대한 규제 내용도 저마다 달랐다. 규모가 중요했는데, 왜냐하면 크지 않았다면 위험하지 않았을 데이터베이스가 워낙 커지는 바람에 프라이버시에 미치는 영향이 완전히 달라졌기 때문이다. 네트워킹이 증가하면서 이런 위험은 더욱 커졌는데, 왜냐하면 기록의 이전이 점점 더 매끄러워졌고, 기록들을 서로 연결하는 속도가 증가했으며, 개별 기록 및 기록들의 집합을 분석하는 기법들이 발전했기 때문이었다.

데이터 수집과 분석이 점점 더 빨라지긴 했지만, 이후 여러 해 동안은 별로 변화가 없었다. 프라이버시 옹호론자인 로버트 E. 스미스Robert. E. Smith는 1984년 미국 의회에서 증언을 하면서 도해를 하나 제시했다. 교육, 소매업, 의료 및 신용평가 분야에서 나온 민간 데이터베이스들이 복

잡하기 그지없는 주 및 연방 데이터베이스와 어떻게 엮여 있는지 보여주는 내용이었다.[34]

상업적 데이터와 정부 데이터를 결합하면 한 사람의 사생활과 관련하여 깜짝 놀랄 만한 부분들이 쉽사리 노출될 수 있었다. 스미스는 가구家口에 관한 상업적 데이터와 미국 국세청IRS 데이터의 결합이 지닌 잠재력을 다음과 같이 설명했다.

글릭먼 의원: … 지금 미국 국세청이 다양한 가구의 인구통계적 특징을 알려주는 컴퓨터화된 목록들을 업체에 빌려주고 있나요? 그런 식으로 만약 제가 영화관에 가거나 리옹 도르Lion D'or 호텔에 저녁 먹으러 가거나 주말에 라스베이거스에 가는지 알아내서, 충분한 세금을 내지 않는지 결정하려고 한다는 건가요?

로버트 스미스: 음, 꼭 그런 데이터는 아니지만 의원님께서 캐딜락과 포드 자동차를 갖고 있다는 건 알아낼 수 있죠.

글릭먼 의원: 하지만 가령 내 아메리칸익스프레스 계좌도 들여다볼 수 있나요?

로버트 스미스: 그걸 들여다보진 않습니다. 하지만 그런 계좌를 의원님이 갖고 있다는 사실은 고려될 수 있고, 그 계좌에 들어 있는 의원님의 총 잔고도 마찬가지입니다.[35]

다음 쪽에 나오는 도해를 통해 알 수 있듯이, 1980년대 중반에 수백 개의 데이터베이스가 합쳐져서 대다수 미국 주민의 정보가 포함된 '사실상의' 전국민 데이터베이스가 마련되었다.

이런 결합은 정부에 힘을 실어주었다. 1980년대 중반이 되자 미국 의

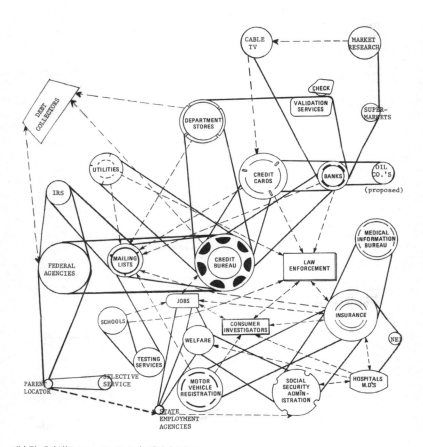

캐슬린 매카시(Kathleen McCarthy), 데이터 흐름도.
Privacy Journal, April 1984. Robert Ellis Smith Papers, Robert S. Cox Special Collections and University
Archives Research Center, UMass Amherst Libraries.

회의 기술영향평가국Office of Technology Assessment, OTA은 이렇게 보고했다.
"기술은 이제" 데이터의 수집과 프라이버시 사이의 "균형을 기관들에 이
로운 쪽으로 변화시켰다." 다수의 데이터베이스로부터 나온 데이터들의
결합이 프라이버시에 급진적인 영향을 미쳤다.

컴퓨터와 통신 능력이 향상되면서 연방 기관들이 개인정보를 사용하고 조작할 기회도 확대되었다. 가령 부정행위, 낭비 및 남용을 적발하는 한 방법으로서 상이한 데이터베이스들에 저장된 정보의 일치 여부를 확인하는 경우가 상당히 증가했다. … 마찬가지로 컴퓨터는 한 개인이 혜택, 서비스 또는 직장을 얻기 전에 개인정보의 정확도와 완전성을 확인하는 데 점점 더 많이 사용되고 있다. 이런 기술적 능력은 개인들이 자신의 이익을 보호하는 능력을 앞지른 듯 보인다.[36]

상이한 데이터베이스들에 저장된 기록들을 '일치시키는' 컴퓨터의 능력이 대두되면서 정보 불균형을 해소하는 방법에 사람들의 관심이 집중되었다. '프로젝트 매치Project Match'라는 1977년의 초기 사례에서는 복지 시스템을 속이는 사람들을 찾아냈다. 핵심적인 정책 사안은 검색 대상인 개인의 권리와 일반적인 전자식 검색이 장기적으로 사회에 미치는 영향을 고려할 때, 컴퓨터에 의한 정보 검색을 사용하는 것이 적절한지, 그리고 어떤 조건하에서 사용하는 것이 적절한지 여부이다. 어떤 부류의 사람들은 자신들이 그런 검색을 더 자주 당한다는 사실을 알게 되었다. "컴퓨터 검색은 본질적으로 집단 또는 부류에 대한 조사이다. 왜냐하면 특정 개인보다는 특정 범주에 속한 사람들에 대해 실시되기 때문이다. 이론적으로는 누구도 이런 컴퓨터 검색에서 자유롭지 않다. 하지만 현실적으로는 복지혜택의 수혜자와 연방 기관의 직원들이 가장 자주 대상자가 된다."[37]

데이터베이스 기술은 단순하게 여러 데이터베이스에서 사람들의 정보를 일치시키는 것보다 점점 더 많은 일을 할 수 있다. 프라이버시보호 연구위원회는 1977년에 이렇게 경고했다. "진정한 위험은 개인 자유의 점진적인 침해가 많은 소규모의 개별적인 기록 보관 시스템들이 자동화되고,

통합되고, 상호연결되면서 발생하는데, 이 세 가지 현상은 단독으로만 보자면 무해하고 이로우며 전적으로 정당하게 보일지 모른다."[38] 규모가 크지 않았다면 위험하지 않았을 데이터베이스가 워낙 커지는 바람에 프라이버시에 미치는 영향이 완전히 달라진 것이다. 네트워킹의 증가가 이런 위험을 강화했는데, 왜냐하면 기록의 이전이 점점 더 매끄러워졌고, 기록들을 서로 연결하는 속도가 증가했으며, 개별 기록과 기록들의 집합을 분석하는 기법들이 발전했기 때문이었다.

프라이버시와 정부 이익 사이의 균형은 차별적인 방향으로 기울어졌는데, 오늘날 우리는 이런 방향에 점점 더 익숙해지고 있다. 구체적으로 말해서, 정부에 책임을 요구하기 매우 어려운 사람들, 공정하고 민주적인 사회에서 컴퓨터 시스템이 데이터 분석에 관한 대중의 집단적 기대를 모두 충족해야 한다고 강하게 요구할 능력이 부족한 사람들에게 초점이 맞춰졌다.[39]

이처럼 앞날에 대한 우려가 증가하기 시작한 것은 인터넷 접속이 널리 사용되기 이전의 일이었다. 개인용 컴퓨터가 미국 전역 및 다른 나라의 가정과 직장에서 등장하기 시작할 때였다. 하지만 당시에는 어떤 규제 조치도 뒤따르지 않았다. 데이터베이스가 확장되고 더 보편적으로 사용되면서, 데이터의 일상적 수집과 교환은 기존의 짐작을 더욱 굳건하게 만들었다. 즉, 의료, 교육 및 신용 데이터라는 몇 가지 주요한 예외가 있긴 하지만, 비연방 정부와 기업의 개인 데이터 사용을 규제할 아무런 일반적 원칙이 존재하지 않는다는 짐작 말이다. 개인 데이터에 관한 일반적 보호 원칙이 없는 상황은 점점 더 자연스럽게 여겨지게 되었다. 프라이버시 보호의 부재는 정치적 선택으로 여겨지기보다는 데이터 자체와 데이터 수집의 속성이라고 잘못 이해되었다. 이런 잘못된 인식의 총체적 의미는 그

후 20년이 더 지나 2010년대에야 명백해졌다. 그제야 기업과 정부 양측이 벌일지 모를 개인 데이터 불법 거래의 위험이 소수의 활동가 집단의 우려 섞인 목소리에서 벗어나 언론과 뉴스피드의 1면에 등장하게 되었다.

1999년 선마이크로시스템스의 CEO 스콧 맥닐리^{Scott McNealy}는 이렇게 주장했다. "어쨌든 프라이버시란 없다. 그걸 넘어서라."* 2010년에는 마크 저커버그가 프라이버시는 더 이상 "사회적 규범"이 아니라고 주장했다.[40] 두 사람의 말은 모두 옳지 않다. 하지만 힘센 이익집단들은 많은 사람이 이런 믿음이 옳다고 여기도록 만들었다.

1973년, 오늘날 고객평가 거대 기업인 에퀴팩스^{Equifax}의 수장인 W. 리버지^{W. Lee Burge}가 이렇게 주장했다. "(개인 및 금융) 정보의 자유로운 흐름을 통해 우리 경제를 계속 살아 있게 만들고 번영하게 만든다는 확신이 있어야 미국 기업가들은 활동할 수 있고 실제로 활동하고 있다."[41] 데이터 수집과 교환을 옹호하는 주장은 혁신과 경제적 효율성을 인간적 가치보다 우선시한다. 2000년대에 주요 데이터 브로커 회사인 액시온^{Acxion}은 미국인의 개인정보를 파는 서비스에 대한 의회의 심문에 방어적으로 대응하면서, 데이터의 수집과 분석을 자유 자체를 지키는 일과 관련지으며 다음과 같이 주장했다. "많은 웹 응용 프로그램이 대중에게 무료로 제공되므로, 사상 유례가 없을 정도로 사람들의 생각이 일상적으로 표현되고 교환된다. 최근 우리는 어떻게 다양한 소셜미디어 사이트들이 시민들

---

* Stephen Manes, "Private Lives? Not Ours!," PC World, June 2000. 이 말의 구체적 맥락은 이랬다. 당시 CEO 스콧 맥닐리는 감시 자본주의나 기계학습을 말한 게 아니라, 경쟁 제품인 인텔 펜티엄 Ⅲ 칩의 설계와 비교하여 아마도 연산의 세부사항을 노출시킬 수 있는 어느 한 칩의 설계를 언급한 것이다. 그렇지만 지배적인 기술이 하드웨어 회사에서 정보 플랫폼으로 넘어가면서, 소비자 보호를 외면하는 대담성과 선동성은 이후 10년 동안 자주 반복되었다. Polly Sprenger, "Sun on Privacy: 'Get Over it,'" Wired, January 26, 1999, https://www.wired.com/1999/01/sun-on-privacy-get-over-it/.)

을 결집하게 만들고 북돋웠는지 목격했다. … 요즘 사람들에게는 정보야말로 곧장 자유로 가는 통로다."[42] 자유의 대가는 감시가 아니라 데이터가 추출된다는 것뿐이다. 공짜로 맥주를 얻는 것처럼 공짜로 자유를 얻는다는 뜻이다.

1970년대부터 현재까지 데이터의 자유로운 수집과 교환을 옹호하는 이들은 만약 우리가 집단적으로 개인정보를 더 굳건히 보호하기로 선택한다면 우리한테 생길 수밖에 없는 손해를 끊임없이 거론하고 있다. 그들의 주장에 따르면 프라이버시는 크나큰 금융 비용을 초래한다. 서비스와 제품이 더 비싸지며 혁신에 걸림돌이 생긴다는 것이다. 민주당과 공화당 집행부 양측에서 선호하는 강력한 정치적 주장들은 우리의 개인정보 사용과 그것이 프라이버시, 자율성 및 자유에 미치는 중요성에 대한 우리의 집단적 기대를 낮추고 축소한다.

장기간 이어진 자유시장의 관점을 바탕으로, 수십 년 동안 업계의 화법은 우리의 집단적 기대를 축소하려는 자신들의 의도를 정당화하기 위해 혁신 산업에 정부가 관여하지 않아야 한다고 강조했다. 비록 우리가 앞에서 강조했듯이 정부 투자가 컴퓨터 산업을 창조하고 육성했는데도 말이다. 이런 노선에 따라 미국은 개인정보 보호 문제가 언급될 때마다 그 문제를 가볍게 다루었다. 몇 년 전에 나온 한 보고서에서 (일례를 들어) 한 싱크탱크는 이렇게 설명한다.

데이터 경제에서 이것은 데이터 공유와 재사용을 제한하는 광범위한 데이터 보호 규칙들을 피해야 한다는 뜻이었다. 대신에 구체적인 영역들에 대한 맞춤형 규제를 갖추는 데 초점을 맞추어야 대다수 산업이 혁신을 위한 자유를 얻을 수 있다. 이런 정책이야말로 아마존과 이베이에서부터 구글과 페이스북까지 여러 기업들이 번영할 수 있게 한 핵심 규제 환경을 조성했으며, 유럽이 채택한 사전예방적이고 혁신을 제약하는 규칙들과는 확연히 다른 대안을 제공했다.[43]

이 이야기대로 데이터를 수집하고 구매하고 거래하고 추출해낼 기업의 자유 덕분에 미국은 오늘날 빅테크 최강자가 될 수 있었다. 정보 흐름에 대한 기업의 권리가 걸핏하면 제기되던 프라이버시에 대한 권리를 압도했고, 오늘날 우리가 견고한 형태의 알고리즘에 의한 규제와 책임을 피해야 한다는 명확한 윤리가 대두되었다. 그런 자유시장 관점의 이야기에서 빠진 것은 (대부분 방산 및 첩보 관련 자금인) 막대한 연방 자금이 마이크로전자공학을 가능하게 만들었고 인터넷이 개발되는 데 산파 역할을 했다는 사실이다. 마찬가지로 이런 이야기에서 빠진 내용은 몇몇 소수의 기업들이 얻을 경제적 효율성과 수익이 아닌 다른 영역에 대한 우리의 합법적이고 집단적인 기대이다.

1969년에 인터넷의 선구자 폴 배런Paul Baran은 이렇게 언급했다. "컴퓨터 제조사들이 프라이버시 관련 문제점들을 바로잡길 기대한다는 것은 자동차 제조사들이 외부의 독촉 없이 자체적으로 적절한 배기가스 제어 장치를 설계하기를 기대하는 것만큼이나 큰 실수일지 모른다."[44] 한 해 전에 그는 MIT의 청중 앞에서 이렇게 주장했다. "사람들에게 낙인을 찍고 사람들은 분리하는 역할을 할 수 있는 데이터를 다루는 이들은 장기적인 면에서 사회의 최고 이익을 지향해 자신들의 행동을 수정해야 합니다. 심지어 그런 수정이 개별 기관이나 기업의 최고 이익과 상충되더라도 말입니다. 이런 요구가 그렇게 큰일입니까?"[45]

약해진 프라이버시

1970년대에 프라이버시를 둘러싼 주장들은 자동화된 의사결정의 잠재적 피해 및 취약 집단이 받을 수 있는 불균형적인 충격에 명확히 초점이 맞춰졌다. 프라이버시는 원자화된 개인들의 자유에 관한 질문일 뿐만 아니라 특정 계급의 사람들에게 적용된 시민권의 문제이기도 했다. 주로 흑인 학생들한테서 수집된 서류들이 그 점을 잘 보여주었다. 1970년대의 비판자들은 데이터의 규모가 그 효과를 변화시킨다는 사실을 확인했다. 이후 많은 이들은 자신들의 행동을 합법화하려고 그런 효과들을 우리가 잘 이해하지 못하도록 방해했다. 1970년대에 프라이버시 옹호자들은 프라이버시라는 개념을 개인의 권리를 보호하는 것으로만 여기기보다는 사회적 집단 간의 피해가 균등하게 분포되지 못하고 정의를 추구하는 능력이 서로 달라진다는 점에 대한 우려를 포함한다는 사실을 강조했다.

20세기가 끝나갈 무렵 미국에서 프라이버시에 대한 폭넓은 논의는 상당히 축소되었다. 개인 및 개인의 권리에 대한 자유주의적 개념을 추구하는 폭넓은 운동을 이끌던 정치적 상상력이 크게 줄어들었기 때문이다. 하버드대학교의 철학자 로버트 노직Robert Nozick은 이렇게 외쳤다. "자신의 이익을 위해 약간의 희생을 감수하는 미덕을 지닌 사회적 실체는 없다. 오직 자신의 개별적 삶을 지닌 개별적인 사람들, 상이한 개별적인 사람들이 있을 뿐이다."[46] 경제학자와 정책 결정자 둘 다 사회는 의무가 없으며 오직 개인만이 의무를 진다는 밀턴 프리드먼Milton Friedman의 관점에 따라 이렇게 주장했다.[47] "사유재산에 기반한 이상적인 자유시장에서는 어떤 개인도 다른 개인에게 강요할 수 없으며, 모든 협력은 자발적이고, 그런 협력에 참여하는 모든 당사자는 이익이 없으면 시장에 참여할 필요가 없다. 개인들이 공유하는 가치와 책임 이외에는 어떠한 가치도 '사회적' 책임도 존재하지 않는다. 사회는 개인들 그리고 그 개인들이 자발적으로 구성하는 다양한 집단의 모임일 뿐이다."[48]

　이런 형태의 쇠약해진 사회경제적 사고는 20세기가 끝나가던 시기 내내 규제를 무력화했을 뿐만 아니라, 대량 데이터 시대에 프라이버시에 관해 명확하게 생각하는 것을 꽤 어렵게 만들었다. 정부와 민간 기관 양쪽의 강요를 문제시하던 이전의 태도는 법사회학자 조디 쇼트Jodi Short가 명명한, 정부 규제에 관한 '피해망상적 사고로' 바뀌었다. 국가의 강압이 가지고 있는 위험성에 관한 깊은 우려가 민간 권력에 대한 우려를 압도했다.[49] 이 자유주의적 세계에서 프라이버시는 지나치게 확장되는 정부 권력에 대응하는 개인의 시민적 자유라고 점점 더 좁은 범주로 취급되었다. 법학자 프리실라 리건Priscilla Regan은 1995년에 개인주의적 접근법의 한계를 이렇게 언급했다. "한 문제를 권리의 관점에서 정의하는 것은 많은 사안들, 즉 시민의 권리, 여성의 권리, 장애인의 권리에 대한 강력한 정치적 자원이었지만, 이 사안들은 어떤 혜택이나 지위에 대한 권리를 포함하고 있으며, 원자적 개인의 관점에서가 아니라 집단의 한 구성원으로서 개인의 관점에서 정의된다."[50]

　오스카 그랜디Oscar Grandy 같은 유명한 비판자들뿐만 아니라 활동가 단체들도 비판의 범위를 지나치게 축소하는 움직임을 강하게 질타했지만, 지적 경향과 경제적 이해관계는 정책 결정 집단은 물론이고 마땅히 항의에 나서야 할 활동가 집단에서도 개인정보 보호의 문제가 중요하게 취급되지 않도록 만들었다.[51] 프라이버시의 폭넓은 개념 정의를 둘러싼 비판과 전문적 지식의 축소는 결코 우발적인 결과가 아니었다. 앞서 언급했듯이, 미국 의회의 기술영향평가국이 1970년대부터 이 사안에 관해 많은 통찰을 내놓았는데, 뉴트 깅리치Newt Gingrich 하원의장이 1995년 이 기관을 폐쇄해버렸다. 클린턴 대통령이 재임하던 시기에 인터넷의 상업화가 본격화되던 바로 그 무렵, 방금 전에 논한 1970년대의 작업을 발전시켜온 한 정부 연구 기관은 이전에 필요했던 노동과 물자의 이동 없이 인터넷으로 개인들의 프로필을 쉽고 저렴하게 얻을 수 있게 될 것이라고 경고했다. 그 진단은 옳았다. 하지만 당시 언론학자 매슈 크레인Matthew Crain이 주장했듯이, 해결책들은 거의 전적으로 개인적 선택의 사안이자 개별 사용자에게 권한을 부여하는 조치라고 여겨졌다.[52] 그리하여 개인 프로필이 온라인에 마구 돌아다니고 컴퓨터에서 쿠키 수집 거부를 개인적으로 선택해야 하는 세상이 되고 말았다.[53]

1960년대의 정신을 인터넷에 불어넣으려고 했던 이들조차도 프라이버시에 대해 매우 개인주의적인 인식에 갇혀 있었다. 사실 정치적 옹호자들은 인터넷의 도래가 규모의 차이를 상당히 약화하리라고 여기며 인터넷을 찬양했다. 투자가 겸 기자인 에스더 다이슨Esther Dyson의 설명에 따르면, 인터넷이 하는 "근본적인 역할은 규모의 경제로 얻을 수 있는 이익을 극복하여 … 큰 기업이 지배하지 않도록 하는 것이다."[54] 이런 시각으로 보면 인터넷은 개인을 인간의 케케묵은 사회적 유대로부터 해방시킴으로써 프리드먼의 개인주의적 몽상을 더욱 참된 것으로 만드는 수단이었다. 이와 관련하여 역사가 프레드 터너는 이렇게 주장했다.

비록 그들이 실체 없는 개인 대 개인 간의 유토피아라는 전망을 상기시켰지만 … 케빈 켈리Kevin Kelly, 에스더 다이슨, 존 페리 발로John Perry Barlow 같은 작가들은 많은 독자들에게서 하나의 언어를 빼앗아버렸다. 즉, 구체화가 모든 인간 생활을 형성하는 복잡한 방식들에 관해, 그런 생활이 의존하는 자연적·사회적 인프라에 관해. 디지털 기술과 생산의 네트워크 양식이 생활 및 생활의 필수 인프라에 미치는 영향에 관해 생각할 수 있게 해주는 언어를 빼앗아버렸다.[55]

정부의 침입에 대응하여 인터넷을 찬양하고 옹호하는 바로 그 과정에서 『와이어드』 같은 잡지에서 보여준 정치적 전망은 프라이버시를 개인적 권리로 좁게 개념화하는 경향을 더욱 강화했다. 그리고 여러 정치적 사안에서 정부는 느리고 비효율적인 존재라는 불신 또한 커졌다.[56] 그 결과, 심지어 프라이버시에 관한 다수 활동가의 논의조차도 인터넷으로 인해 어느 정도 가능해진 데이터의 새로운 수집 및 분석이라는 위험성에 시민들이 제대로 대처하지 못하게 만들어버렸다.[57] 인터넷에 의한 감시를 널리 알리기 위해 많은 학자, 활동가 및 기술전문가 들이 노력한 것은 사실이다. 하지만 데이터 수집과 분석의 규모가 폭발하던 당시에 정치적·사회적·법적 상상력이 그처럼 협소했던 까닭에 무슨 일이 일어났는지 이해하고 방대한 데이터를 바탕으로 자동화된 의사결정에 대한 정치적, 사회적 대응이 우리의 집단적 열망에 부합하는지 생각해볼 수 있는 철학적, 법적 논의가 제대로 이루어질 수 없었다.[58]

2001년 9월 11일 공격이 있던 그 무렵 미국의 NSA와 이에 상응하는 영국의 GCHQ와 같은 정부 기관들은 이미 나치는 물론이고 이후 소련의 암호 수집 및 해독 능력을 훌쩍 넘어서 있었다. 자국민들을 포함하여 전 세계인의 전화와 인터넷 사용을 수집하고 분석할 수 있게 되었기 때문이다. 1990년대 후반 미국과 영국의 국가안보 법률가, 국방 관련 지식인 및 법 집행자 들은 인터넷과 휴대전화를 통한 통신량이 막대하게 팽창하는 상황을 감안하여 도청에 관한 법과 정의를 바꾸라고 요구했다. 하지만 시민권을 옹호하는 자유주의자들의 반대를 극복하고 그런 요구사항을 실현할 정치적 능력은 부족했다. 9.11의 직접적 여파로 반동적으로 치우친 미국 의회는 애국자법Patriot Act of 2001을 통과시켰다. 많은 조항 중에서 특히 내국인 감시 규정이 미묘하게 달라졌는데, 그 총체적인 의미는 이후 여러 해 동안 비밀에 싸여 있었다.

프라이버시 옹호론이 위축된 상황이었기에, 판사와 정책 결정자 모두 이 새로운 분석 기술에 대응하여 상상력을 발휘하기가 어려웠다. 9.11 후에 NSA를 규제하기로 되어 있던 법원들은 어떻게 규모가 데이터의 수집 및 분석의 효과를 극적으로 변화시켰는지에 관해서 놀라울 정도로 상상력이 부족한 모습을 보여주었다. 프라이버시에 대한 매우 개인주의적인 접근법이 지닌 한계점은 9.11 공격 이후 NSA의 전화 통화 '메타데이터' 수집 프로젝트가 드러나면서 금세 폭로되었다. 메타데이터는 전화번호뿐만 아니라 통화 내용까지도 의미했다. NSA 등의 국가 기관들은 메타데이터가 통화 내용과 동일한 헌법적 보호를 받아야 할 대상이 아니라고 오랫동안 주장해왔으며, 입법자들과 법원에 자신들의 주장에 동의해줄 것을 종용했다. 자세한 설명을 요구할 능력은 물론이고 NSA를 몰아붙일 권한도 있었지만, 법원들은 그 기관의 전문적 주장들에 이의를 제기할 역량이 부족했다. NSA는 전반적인 활동에 대한 방대한 공식적 설명을 비밀스러운 해외정보감시법원Foreign Intelligence Surveillance Court에 제공했다. 최근까지 그 법원 바깥으로 정보가 공개되지 않았기에, 정보의 불투명성이 매우 심했다. 법에 관한 전문 지식을 갖고 있었지만, 법원은 NSA에서 제공한 설명에 효과적으로 반박하기 위한 데이터 수집 관련 전문 지식이 충분치 않았다.

통신 '메타데이터'의 헌법적 보호 수준이 매우 낮다고 규정한 법원의 핵심적 결정들은 전화 통화가 이루어지는 순간에 개인의 헌법적 권리를 보장하는 수준이 매우 낮다는 일련의 주장을 바탕으로 하고 있다. 널리 퍼진 인식에 따르면, 전화를 거는 사람들은 자신이 누르는 전화번호를 전화 회사에 무료로 준다. 그들은 통화 내용이 비밀로 남기를 바라지만, 누르는 전화번호에 대해서는 "프라이버시에 관한 합법적인 기대"를 갖지 않는다. 이는 모든 통화에 동일하게 적용된다. 따라서 정부는 검색과 압수에 대한 일체의 질문 없이 각각의 통화에 대한 메타데이터를 획득할 수 있다. 프라이버시에 대한 합리적인 기대를 고려하지 않는 이런 관행은 개별 통화 수집에서부터 그런 통화들을 종합하고 분석하는 데까지 확장된다. 이런 분석에 따라 헌법적 보호 없이 이루어지는 데이터에 관한 작업은 전적으로 헌법적 보호를 받지 못하는 사실들을 내놓는다.

2000년대 중반 이후 비밀스러운 해외정보감시법원의 판결들은 이러한 데이터 종합 문제를 대수롭지 않게 취급했다. 미국 수정 헌법 제4조의 권리들은 개인적이다. 따라서 "개인이 메타데이터에서 프라이버시를 기대할 합리적인 이유가 없는 한, … 감시를 받게 될 통화를 하는 다수의 사람은 수정 헌법의 수색이나 압수가 벌어지는 사안과 무관하다."[59] 이후의 판결 내용은 추론을 더욱 발전시켰다. "달리 말해서, 한 개인이 수정 헌법상 권리를 갖지 않을 경우, 비슷한 상황에 놓인 개인들을 다수 합쳤다고 해서 수정 헌법상 권리가 무無에서 갑자기 생겨날 수는 없다."[60]

과연 모든 개인의 수정 헌법상 권리는 법원의 말대로 무에서 생기지 않는다. 그것은 현재의 분석 도구가 마련된 상황에서 데이터의 대량 수집으로 인해 가능해진, 합법적인 개인적 프라이버시 권리에 대한 도전에서 발생한다. 프린스턴대학교의 컴퓨터과학자 에드워드 펠턴Edward Felten은 중요한 법원 제출 문서에서 이렇게 언급했다. "정교한 연산 도구 덕분에 개인의 세부사항, 습관 및 행동 등을 포함하여 고유한 생활 패턴과 관계를 대규모 데이터 집합의 분석을 통해 알아낼 수 있다. 그 결과 이전에는 사적 정보를 노출시킬 잠재력이 적었던 사적인 데이터 조각들이 지금은 집합적으로 (우리로선 공유할 의도나 기대가 없는) 우리의 일상생활에 관한 민감한 내용을 드러낼지도 모른다."[61] 메타데이터를 분석하여 테러리스트들에게 공통적인 패턴을 발견할 수 있다는 전망은 그런 분석이 단지 집단 차원이 아니라 개인에게 잠재된 속성을 밝혀낼 수 있다는 가정에 확고하게 기대고 있다. NSA에 소속된 역사가들은 그 기관의 역량이 1950년대에 발전한 이유를 "메시지 트래픽의 외적 형태로부터 유용한 정보를 도출해내는 것과 더불어 혹은 그것과는 별도로 메시지 내용의 평문平文(암호화되기 전의 원문)을 읽어내는 데 성공했기 때문"이라고 설명한다. 나중에 메타데이터로 불리게 되는 것을 다루는 이런 능력은 "암호학 역사에서 결정적 사건으로 인정되었다."[62] 단지 집단에 관한 통계적 추론만이 아니라 훨씬 더 근본적이게도 특정 개인의 은밀하고 사적인 측면들을 드러내는 계산통계학의 힘은 그런 분석 도구의 사용을 제한하는 심각한 프라이버시 문제가 있음을 부각한다. 빅데이터 시기에 우리 자신에 관한 정보 제공에 대해 우리가 의식적이고 합리적으로 동의할 능력이 있다는 오래된 직관들 대부분은 아예 틀렸다. 감시 문제에 관한 최근의 법원 판결, 특히 미국 정부 대 존스 판결 그리고 카펜터 대 미국 정부 판결은 사법부가 이런 오래된 직관들 중 일부를 서서히 대체하고 있음을 보여준다. 현재 및 장래의 분석 도구들의 힘이 막강해지는 현실을 감안하여, 기관들은 데이터 종합의 시대에 개인의 데이터 제공 수락 문제를 재고하는 데 필요한 지식과 결정적 능력을 갖추어야 한다. 기계학습 플랫폼들의 위력과 위험성에 관해 우리의 인식론적·윤리적 직관이 부족한 현실을 감안할 때, 그런 능력은 더더욱 절실하다.[63] 다음 두 장에서는 이런 강력한 분석 도구들의 발전을 살펴볼 것이다.

데이터에서 가치를 생산하다

데이터 저장이란 물론 어려운 일이지만 통찰을 얻기 위해 데이터를 분석하는 것보다는 훨씬 수월했다. 데이터를 수집하는 데 제약이 미미했던 시기에 점점 더 늘어나는 기업 및 정부 데이터는 중대한 기술적 도전과제를 내놓았다. 누구도 어느 도구가 그런 데이터베이스로부터 의미와 가치를 생산할 수 있는지 알지 못했다. 데이터는 그것을 연구하고 그것에서 수익을 얻어낼 명확한 수단 없이 계속 수집되고 있었다.

데이터 분석 기술에 자금을 댄 이들은 차츰 초조해졌다. 그들은 수십 년 동안 수많은 제품을 구입했다. 가령 미국 인구조사국은 앞에서 언급한 홀러리스Hollerith 천공카드 기계부터 유니백까지 데이터를 다루는 기술을 일찍부터 도입했다. 1980년대가 되자 그곳의 직원들은 자신들이 자금을 댄 기술에 꽤 화가 나 있었다. "거의 30년 동안 인구조사국 직원들은 손글씨의 기계 인식이 기술적으로 코앞에 다가왔다는 주장을 들어왔다. 하지만 대다수의 주장들을 면밀히 검토해보면 그 코앞은 여전히 아주 멀리에 있었다."[64] 예산이 자꾸 빠듯해지고 아울러 인공지능 및 기계 번역 같은 연관 분야들에 대한 거창한 주장들이 자꾸만 의심스러워지자, DARPA 및 연관 기관들은 프로젝트를 평가하는 새로운 접근법을 만들어냈다. 단일한 측정치를 이용하여 모든 경쟁 업체들을 대상으로 데이터에 대한 성공 정도를 판단하는 접근법이었다. 나중에 이것은 공통과제프레임워크

Common Task Framework라고 불리게 되었다. 1980년대의 기술 발전 덕분에 손글씨를 자동으로 해독하는 일이 낙관적으로 보이게 되자, 미국 인구조사국과 미국 국립표준기술연구소National Institute of Standards and Technology, NIST는 경쟁의 자리를 마련했다. 오랫동안 약속해온 기술이 현재 어느 위치에 있는지 알아보고 발전을 격려하여 기업과 학계에 경쟁을 촉진하기 위한 자리였다.

인구조사국은 그 경쟁이 현실 데이터의 복잡성과 한참 동떨어진 '장난감' 데이터(연구 등의 목적으로 의도적으로 단순화한 데이터-옮긴이)를 다루길 원하지 않았다. 디지털화된 손글씨 표본 양식 덕분에 데이터를 이용할 수 있었는데, 그 양식에다 인구조사국 직원들과 학교 학생들은 경계가 확실하게 표시된 네모 칸 안에 숫자, 문자 및 단어의 열을 옮겨 적어 넣었다.

"강력한 (광학적 문자 인식) 프로그램을 가진 조직들이 받을 특정 검사가 이런 목적에 맞는 비용효율적 도구로 결정되었다. 이로써 매우 다양한 시스템, 알고리즘, 특징 및 데이터 처리를 통해 얻은 결과들을 비교할 수 있을 것이다."[65] 미국 전역과 서유럽에서 온 팀들이 이 시합에 참여했다. 대체로 이스트맨 코닥Eastman Kodak, 싱킹머신코퍼레이션Thinking Machines Corporation, IBM의 알메이든 연구소Almaden Labs와 다임러-벤츠의 AEG 출신의 연구소들이었다. 여기에다 미국 미시건대학교에서부터 스페인 발렌시아대학교, 이탈리아 볼로냐대학교에 이르는 소수의 참가자도 합세했다. 많은 기업은 주소나 수표를 읽기 위한 자사의 상업적 기술을 수정한 기술을 이 시합에 적용했다.

결과는 어떻게 되었을까? "전체 시스템의 약 절반이 검사에 나온 숫자의 95퍼센트 이상, 대문자의 90퍼센트 이상, 소문자의 80퍼센트 이상을 옳게 인식했다. 비교를 위해 말하자면, 인간은 검사용 숫자의 98.5퍼센트를 옳게 인식했다."[66] 다음 도표에서 볼 수 있듯이 NIST는 그 결과들을 공개했다.

시합에 참여한 시스템은 신경망에서부터 통계적 패턴 인식, 스피어먼의 주성분분석principal component analysis에서부터 최근접 이웃 알고리즘 nearest neighbors algorithm(1951년에 미국 공군의 지원하에 여러 통계학자가 개발

Entered System	Percentage Classification Error		
	Digits	Uppers	Lowers
AEG	3.43 ± 0.23	3.74 ± 0.82	12.74 ± 0.75
ASOL	8.91 ± 0.39	11.16 ± 1.05	21.25 ± 1.36
ATT_1	3.16 ± 0.29	6.55 ± 0.66	13.78 ± 0.90
ATT_2	3.67 ± 0.23	5.63 ± 0.63	14.06 ± 0.95
ATT_3	4.84 ± 0.24	6.83 ± 0.86	16.34 ± 1.11
ATT_4	4.10 ± 0.16	5.00 ± 0.79	14.28 ± 0.98
COMCOM	4.56 ± 0.91	16.94 ± 0.99	48.00 ± 1.87
ELSAGB_1	5.07 ± 0.32		
ELSAGB_2	3.38 ± 0.20		
ELSAGB_3	3.35 ± 0.21		
ERIM_1	3.88 ± 0.20	5.18 ± 0.67	13.79 ± 0.80
ERIM_2	3.92 ± 0.24		
GMD_1	8.73 ± 0.35	14.04 ± 1.00	22.54 ± 1.22
GMD_2	15.45 ± 0.64	24.57 ± 0.91	28.61 ± 1.25
GMD_3	8.13 ± 0.39	14.22 ± 1.09	20.85 ± 1.25
GMD_4	10.16 ± 0.35	15.85 ± 0.95	22.54 ± 1.22
GTESS_1	6.59 ± 0.18	8.01 ± 0.59	17.53 ± 0.75
GTESS_2	6.75 ± 0.30	8.14 ± 0.59	18.42 ± 1.09
HUGHES_1	4.84 ± 0.38	6.46 ± 0.52	15.39 ± 1.10
HUGHES_2	4.86 ± 0.35	6.73 ± 0.64	15.59 ± 1.08
IBM	3.49 ± 0.12	6.41 ± 0.80	15.42 ± 0.95
IFAX	17.07 ± 0.34	19.60 ± 1.26	
KAMAN_1	11.46 ± 0.41	15.03 ± 0.79	31.11 ± 1.15
KAMAN_2	13.38 ± 0.42	20.74 ± 0.88	35.11 ± 1.09
KAMAN_3	13.13 ± 0.45	19.78 ± 0.60	33.55 ± 1.37
KAMAN_4	20.72 ± 0.44	27.28 ± 1.30	46.25 ± 1.23
KAMAN_5	15.13 ± 0.41	33.95 ± 1.22	42.20 ± 0.96
KODAK_1	4.74 ± 0.37	6.92 ± 0.78	14.49 ± 0.77
KODAK_2	4.08 ± 0.26		
MIME	8.57 ± 0.34	10.07 ± 0.81	
NESTOR	4.53 ± 0.20	5.90 ± 0.68	15.39 ± 0.90
NIST_1	7.74 ± 0.31	13.85 ± 0.83	18.58 ± 1.12
NIST_2	9.19 ± 0.32	23.10 ± 0.88	31.20 ± 1.16
NIST_3	9.73 ± 0.29	16.93 ± 0.90	20.29 ± 0.99
NIST_4	4.97 ± 0.30	10.37 ± 1.28	20.01 ± 1.06
NYNEX	4.32 ± 0.22	4.91 ± 0.79	14.03 ± 0.96
OCRSYS	1.56 ± 0.19	5.73 ± 0.63	13.70 ± 0.93
REI	4.01 ± 0.26	11.74 ± 0.90	
RISO	10.55 ± 0.43	14.14 ± 0.88	21.72 ± 0.98
SYMBUS	4.71 ± 0.38	7.29 ± 1.07	
THINK_1	4.89 ± 0.24		
THINK_2	3.85 ± 0.33		
UBOL	4.35 ± 0.20	6.24 ± 0.66	15.48 ± 0.81
UMICH_1		5.11 ± 0.94	15.08 ± 0.92
UPENN	9.08 ± 0.37		
VALEN_1	17.95 ± 0.59	24.18 ± 1.00	31.60 ± 1.33
VALEN_2	15.75 ± 0.32		

미국 국립표준기술연구소에서 공개한 검사용 숫자의 인식 비율. R. Allen Wilkinson, Jon Geist, Stanley Janet, Patrick J. Grother, Christopher J. C. Burges, Robert Creecy, Bob Hammond, et al., The First Census Optical Character Recognition System Conference, NIST IR 4912, p. 9.

한 알고리즘)까지 다종다양했다. AT&T의 벨연구소는 네 가지 후보 분류 시스템을 제출했는데, 그중에는 신경망에 바탕을 둔 자사의 상업용 제품의 변형판도 들어 있었다. 벨연구소에서 출품한 알고리즘 개발에 기여한 연구자들 중에는 이자벨 귀용Isabelle Guyon과 얀 르쿤Yann LeCun 등 기계학습 분야에서 장래 유명해질 인물들이 많이 포함되어 있었다.

어떤 데이터를 올바르게 분류하는 과정을 최적화하는 것은 앞에서 논의한 인공지능이라는 거창한 꿈과는 한참 거리가 멀었다. 인구조사국과 NIST가 강조한 가치는 예측의 정확도와 효율성이었지 기호적 논리 과정의 명료성이나 합리성이 아니었다. 또한 인구조사국과 NIST는 대량의 현실 데이터를 처리하는 속도에도 관심이 있었다. 그런데 이러한 급진적인 가치 변화야말로 이후 기계학습과 인공지능의 폭발적 성장에 핵심적 역할을 했다. 현실 세계에 적용하기 위해 측정치들의 최적화에 가치를 둔 까닭에, 1980년대 후반부터 현재까지 기계학습, 데이터 마이닝 및 데이터과학의 혁혁한 발전이 뒤따랐다. 손글씨를 정확하게 인식하는 것과 같은 문제에서 잘 드러나듯이, 문제 해결의 초점은 명확한 수치적 측정치를 통해 최적화를 이루는 과정에 집중되었다. 그리고 문자 인식 사례에서 잘 드러나듯이, 인위적으로 깔끔하게 다듬은 데이터가 아니라 훨씬 더 큰 규모의 실시간 현실 데이터를 다룰 수 있는 견고한 알고리즘 시스템 제작이 중시되었다. 이해하거나 인위적으로 '지능'을 창조하는 것에서 정량적 성능을 극대화하는 것으로 목표를 바꾸자 경쟁적으로 연구 공동체를 조직화하는 과제가 촉진되었다. 그런 경쟁은 성능이라는 엔지니어링 목표를 둘러싼 연구 공동체를 조직하는 데에는 유용하지만, 1956년 다트머스 워크숍의 조직자들이 품은 고상한 목표와는 한참 먼 쪽으로 초점을 옮겨버렸다. 다음 장에서는 패턴 인식과 기계학습의 유행을 설명하는데, 이 현상은 지능을 향한 폭넓지만 모호한 갈망보다는 성공의 명확한 측정치를 최적화하기라는 가치에 훨씬 더 초점을 맞추었다는 점에서 논란거리가 많았다. 그다음 장은 데이터과학에 관한 내용으로서, 그러한 알고리즘들이 기업, 과학자 및 정부에 의해 수집된 현실 데이터를 다루는 데 필요한 산업적 규모로 작동하도록 변환되는 과정을 살펴본다. 그렇다면 이를 최적화 쪽으로 가치를 좁히는 것이라고 할 수 있을까? 이것이 오늘날 AI를 둘러싼 윤리적·정치적 난제의 핵심에 놓여 있는 질문이다.

데이터로 계산하기라는 과제로서 시작된 것이 마침내 수익성 있는 산업화된 데이터 열광으로 자라났는데, 이는 매카시 등의 초기 인공지능 선구자들의 관심사와는 한참 거리가 멀었다. 사실 그런 관심사와는 거의 정반대였다. 하지만 앞으로 알게 되겠지만, 그런 데이터 열광은 어떤 면에서 인공지능에 제2 또는 제3의 생명을 다시 불어넣었다. 즉, AI가 기호적인 규칙들을 만지작거리지 않고 데이터로부터 학습하기에 초점을 제대로 맞추게 해주었다.

9

스스로 학습하는 기계

대단히 역설적이게도 인공지능 분야에서 별로 인정받지 못하던 기계학습은 밀레니엄 시대에 와서는 엄청난 성공을 거두면서 AI의 구원자로까지 등극했다. 워낙 대단한 성공을 거둔 덕분에 2013년 이후로는 기계학습이 전통적 AI의 훨씬 더 야심 찬 목표를 대체했고, 기계학습과 인공지능은 이제 서로 바꿔 사용할 수 있는 용어가 되었다.

팻 랭글리는 실망을 금하지 못했다. 2011년 그가 평생의 대부분을 바친 학문 분야인 기계학습은 영향력, 자금 지원 및 규모 면에서 폭발적으로 성장했다. 하지만 성공에는 큰 대가가 따랐다. 그 분야는 "추론, 문제 해결 및 언어 이해와 같은 복잡한 과제들"을 이미 포기했고, 대신에 예측과 같은 단순한 과제에 치중했다. "다단계 추론, 휴리스틱에 따른 문제 해결, 언어 이해 또는 다른 복잡한 인지적 활동을 수행하는 정교한 시스템" 대신에, 기계학습 분야의 연구 대상은 쉬운 문제를 해결하려고 고안된 단순한 통계적 도구들에 한정되었다. 기계학습은 인간 지식을 모방하기라는 거창하고 고상한 과제에서 벗어나 수치적 예측과 분류하기로 연구 분야가 축소되었다.[1]

기계학습은 사반세기도 더 이전인 1948년에 그가 '패턴 인식'이라는 좁은 목표를 AI의 '기호적' 접근법과 구별하여 그 분야를 설명할 때만 해도 훨씬 더 야심만만해 보였다. "역사적으로 볼 때, 연구자들은 기계학습에서 두 가지 접근법을 택했다. 판별 분석Discriminant Analysis과 같은 수치적 방법은 지각적 영역에 꽤 유용했으며, 패턴 인식이라는 패러다임과 관련

213

되었다. 이와 대조적으로 인공지능 연구자들은 기호적 학습 방법에 집중해왔다."[2]

그 세월 동안 기계학습의 가치가 변했는데, 그 이유는 기계학습의 성공 여부를 판단하는 기준이 변했기 때문이다. 역설적이게도 극적으로 범위가 축소된 덕분에 기계학습 분야는 오늘날과 같은 엄청난 성공을 거둘 수 있었다. 1970년대와 1980년대의 비판자들은 디스토피아 소설가들이 상상하는 것들을 인공지능이 실현할 수 있을지에 대해 회의적인 반응을 보였다. 반대로 2020년대의 비판자들은 디스토피아 소설가들의 경고대로 인공지능이 인간 의사결정의 거의 모든 영역을 차지하게 될까 봐 우려했다. 제아무리 유능한 마케터도 상상할 수 없는 놀라운 리브랜딩rebranding을 거쳐 오늘날 '인공지능'이라는 용어는 예측을 위한 통계적 기법들 가운데서 협소한 개념 중 하나인 '딥러닝deep learning'과 거의 동의어가 되었다.

생물학 같은 일부 분야들은 연구 대상을 따라 이름이 지어졌다. 미적분 같은 분야는 방법론을 따라 이름이 지어졌다. 하지만 인공지능과 기계학습은 갈망을 따라 이름이 지어졌다. 목표에 도달하기 위해 사용되는 방법이 아니라 목표에 의해 정의된 분야인 셈이다. 1960년대부터 2000년대까지 기계학습 연구자들은 (저명한 과학계 지도자들의 조롱에도 아랑곳하지 않고) 필요하다면 뭐든지 여러 방법론을 가져다 썼다. 신경망, 전자공학에서 가져온 '패턴 인식' 방법은 물론이고 심지어 수리통계학도 끌어들였다. 이처럼 개별적인 방법론을 빌려온 사례들은 2010년대부터 현재까지 AI 르네상스를 만들어낸 원동력이 되었다.

인간의 신경망을 모방하다

1980년만 해도 예측 모형들이 AI를 장악하리라고 내다본 사람은 별로 없었다. 매우 경쟁적인 자금 조달 상황에서 일했기에, 기호적 AI 연구에 몰두한 이들은 데이터 중심적이고 통계적인 접근법을 비웃었다. 특히 이들은 인간 두뇌의 신경망을 연구해 AI를 지각을 통해 학습할 수 있는 기계를 위한 모형으로 삼으려는 노력을 폄하했다. 그런 신경망의 가장 유명한 사례인 퍼셉트론Perceptron은 인공적 뉴런이 '바라본' 대상들을 구별하는 법을 학습했다.

1950년대에 프랭크 로젠블랫Frank Rosenblatt이 고안한 퍼셉트론은 감각 입력을 규칙들의 엄격한 부호화 없이 인식하기 위한 노력의 산물이었다. 로젠블랫은 "필요한 정보를 인간 행위자가 개입하여 이해 및 부호화할 필요 없이 빛, 소리, 온도 등의 물리적 환경, 즉 '빛, 소리, 온도의 현상계'로부터 직접 받아들여 입력을 개념화할 수 있는 기계"를 만들려고 했다.[3] 그는 미군에서 상당한 자금을 지원받아 긴 논리적 과정을 거치지 않고서 물체를 인식하는 뇌와 비슷한 인공신경망을 제작했다.[4] 처음엔 특수한 하드웨어로 구현되었지만, 퍼셉트론은 이후 범용 목적의 디지털 컴퓨터상에서 실행될 수 있는 표준화된 알고리즘이 되었다. 1958년 『뉴욕타임스』는 "행동을 통해 배우는 새로운 해군 장치"라는 제목의 기사를 실었는데, 이 기사는 다음과 같은 놀라운 주장을 담고 있었다. "새로은 해군 장치가 기대하는 전자컴퓨터의 배아는 걷고 말하고 보고 쓰고 스스로를 복제할 수 있으며 심지어 자신의 존재를 의식할 수도 있을 것이다."[5]

그 프로그램은 기호적 인공지능의 잠재적 대안, 즉 인간 지능을 이해하고 모방하는 대안적 방법이었으며, 비판자들은 로젠블랫의 프로그램을 극렬하게 반대했다. 하지만 1960년대 후반이 되자 인공신경망은 막다른 골목에 다다랐다고 생각되었다. 단순한 신경망들도 선형적 경계를 사용하여 물체를 구별할 수 있을 뿐이다. 그게 무슨 의미가 있으며 왜 중요하단 말인가? 퍼셉트론은 이른바 '배타적 논리합Exclusive OR'과 같은 쉬운 논리함수들을 '학습'할 능력이 없었다. '배타적 논리합'은 비유하자면 결혼식 초대에 익숙한 '논리합OR'이다. 가져갈 선물로 맥주나 닭고기 또는 두부를 따로 고를 수는 있지만, 이웃들에게 훔치지 않는다면 그 셋 다 또는 심지어 둘을 함께 고를 수는 없는 상황과 마찬가지다. 만약 기호적 논리를 행할 수 있는 능력이 지능 시스템임을 알려주는 표시라면, 배타적 논리합을 다룰 수 없다는 것은 지능 시스템이 아니라는 것을 의미한다.

하지만 이런 한계는 생각만큼 치명적인 약점이 아니었다. 연구자들은 첫 번째 '뉴런' 층 위에 다른 층을 추가하면 비선형적 유형을 구분할 수 있다는 사실을 금세 알아차렸다. 따라서 신경망은 정말로 '배타적 논리합'과 같은 것들을 배울 수 있었다. 그러면 무엇이 문제였을까? 1960년대와 1970년대 초에는 다층 신경망을 효과적으로 또는 그 신경망의 성능이 체계적으로 향상되리라고 확신할 수 있을 정도로 '훈련'하려면 다량의 데이터에 어떤 알고리즘을 사용해야 하는지 아무도 알지 못했다. 1956년의 다트머스 워크숍에서 논리이론가 프로그램을 시연한 경제학자 겸 AI 선구자인 허버트 사이먼은 1983년에 이렇게 확언했다.

> 퍼셉트론 연구와 신경망 학습의 전체 노선은 … 아무것도 이루지 못했다. … 그 시스템은 … 사람들이 이미 알지 못했던 것을 전혀 배우지 못했다. 따라서 학습 시스템을 만들어야만 AI의 문제들이 해결된다는 발상에 대한 우리의 의심은 다시금 강해졌다.[6]

신경망은 일본과 그 외 몇 군데에서 헌신하는 소수의 연구자들을 제외하고는 완전히 끝난 것처럼 보였다. AI 연구계의 많은 이들은 미군의 후원과 학문적 지위를 얻기 위해 경쟁하지 않아도 된다며 기뻐했다. 신경망 연구는 달러를 얻기 위한 경쟁을 부추길 뿐만 아니라, 무엇이 지능을 이루는지에 대한 관점이 근본적으로 다르다는 사실 때문에 호감을 얻지 못했다. 사이먼 같은 반대자들이 보기에, 신경망이 명백히 실패했으니 주로 데이터로부터 학습하는 것을 중심으로 하는 학습 시스템을 제작하려는 모든 시도가 죄다 의심스러웠다. 하지만 인공지능이라는 텅 빈 회관에서 데이터로 훈련받는 시스템은 자취를 감추지도 자금 지원이 완전히 끊기지도 않았다. 오히려 그것은 오늘날 AI의 핵심으로 리브랜딩되고 있다.

패턴 인식에 기반한 학습

1960년대 초에 포드자동차회사에 새로 인수된 필코Philco의 엔지니어들은 미 육군과 계약했다. U-2기 같은 정찰기가 찍은 사진의 특징을 미군이 자동으로 인식하는 데 도움이 되는 기술적 수단을 제공한다는 계약이었다. 여기에 지원된 여러 기술 중에는 사진 대상들을 구분하는 데 도움이 되는 계산통계학을 사용하는 기술이 있었다. 바로 이처럼 미군과 정보기관들의 자금 지원을 받은 민간 및 학계 연구소들에서 데이터를 통한 예측에 초점을 맞춘 계산통계학이 많이 사용되었다. '패턴 인식'이라는 광범위한 범주 내에서 일하는 필코 엔지니어와 같은 연구자들은 대상들을 구분하고, 알려진 분포에 대한 매개변수를 평가하고, 이보다 더 어려운 일로서 기본 형태를 추정할 수 없을 때 확률 분포를 파악하는 어려운 과제를 시작할 기술을 추구했다.[7] 그들은 정부 연구실, 기업 연구실 그리고 코넬, USC 및 스탠퍼드와 같은 위대한 대학에서 일했으며, 대부분 미군에서 풍부한 지원을 받았다.[8] 하지만 어느 기업 연구소도 뉴저지에 있는 벨연구소처럼 빛나는 활약을 하지는 못했다.

1960년대와 1970년대 초에 그 분야를 살펴본 연구자들은 패턴 인식이 학문 분야라기보다는 공동의 목표 집합을 추구하는 비슷한 성향의 연구자 집단이라고 설명했다. 퍼셉트론이라는 신경망 개념이 아마도 그런 노력의 가장 유명한 사례일 것이다. 패턴 인식을 연구하는 이들 중 대부분은 신경망이 인간의 인식을 어떤 식으로 복제해낼지는 별로 신경 쓰지 않았다(지금도 신경 쓰지 않는다). 신경망은 예측을 위한 도구일 뿐, 두뇌를 이해하기 위한 수단이 아니었다. 이 분야의 종사자들에 따르면, 1960년대에 패턴 인식이 크게 발전한 까닭은 인간의 지각을 모방하려는 노력을 버렸기 때문이었다. "우리가 거둔 성공은 어떤 것이든 간에 … 지각-인식 perception-recognition 문제를 분류classification 문제로 효과적으로 변환한 결과였다."[9] 그리고 패턴 인식 연구자들은 인공지능의 기호적 측면을 별로 신경 쓰지 않았다.

이러한 연구실들에서는 데이터의 대량 축적에서 얻은 실용적 결과들에 초점을 맞추는 연구 태도가 우세했다. 그러한 방식으로 연구를 진행하는 동안 오늘날 데이터과학에서 핵심적 역할을 하는 주요 알고리즘들의 초기 형태가 등장하여 당대의 연산력 한계 내에서 작동하도록 알맞게 수정되었다. 이는 기호나 도식에 관한 이론 작업에 치중하기보다는 실제 데이터 집합을 사용하여, 제한된 하드웨어 내에서 알고리즘을 실행할 수단을 고안하는 데 더 치중했다는 뜻이다. 그러한 알고리즘들이 학술 논문에서 등장하긴 했지만, 주로 실험적이고 상업적인 시스템에서 구현되었다. 현실 데이터로 예측 시스템을 만들려면 때로는 조악한 엔지니어링이 필요했다. "컴퓨터 경제의 현실적인 고려 사안들 때문에 현실 상황에 대해 위에서 언급한 방법들을 전면적으로 적용하면 안 될 때가 종종 있다." 그런 상황들은 "전처리data preprocessing, 필터링 또는 전처리 필터링prefiltering, 특성 또는 측정치 추출, 또는 차원 축소" 등을 포함하여 "문제를 정돈된 해법에 잘 맞는 형태로 바꾸는 … 조금은 볼품없고 비체계적인 조작"을 필요로 했다.[10] 현실 데이터를 다루기 위한 기법들은 실제로 작동하는 패턴을 인식하는 데 필수적이었다. 알고리즘이 아무리 훌륭하더라도 '현실' 상황에서 얻은 대규모 데이터를 제한적인 디스크드라이브와 컴퓨터에서 처리할 수 없다면, 그것은 버리거나 수정해야 했다.

기계학습의 놀라운 성공

패턴 인식은 20세기 말에 기계학습을 위한 여러 성공적인 방법들 중 하나였을 뿐이다. 기계학습 자체는 하나의 방법이라기보다 갈망에 관한 세부적 설명에 가까웠다. 위에서 언급한 '현실적' 태도들은 대가가 따랐다. 1980년대 후반과 1990년대의 연구자들은 인간이 사고하는 방식을 컴퓨터로 시뮬레이션하거나 컴퓨터를 이용하여 인간의 인식을 이해하려는 목표를 버렸다. 무엇이 참인지 또는 아름다운지보다는 '무엇이 작동하는지'를 추구하게 되면서, 다종다양한 알고리즘을 시도해보고 온갖 방식으로 데이터를 이해하는 시도가 권장되었다. 기계학습 분야는 차츰 이러한 가치, 즉 순수과학보다는 실용적인 엔지니어링의 전통을 천천히 하지만 확실하게 받아들였다. 학계보다는 산업계의 방식을 더 따른 셈이었다. 이를 위해 기계학습 연구자들은 들쑥날쑥하긴 했지만 연산 시간을 점점 더 많이 늘렸는데, 적어도 자금 지원이 풍부한 연구실에서는 이런 접근법을 실행할 수 있었다.[11] 절충주의에 힘입어 기계학습은 많은 연구 분야에 걸친 다양한 알고리즘을 활용하게 되었다. 가령 패턴 인식, 신호처리, 데이터 군집화clustering뿐만 아니라 계산 처리에 초점을 맞춘 통계학 등의 분야가 이용되었다. 실제로 통계학자들은 걸핏하면 기계학습이 계속 쓸데없이 시간을 낭비한다며 불평했다. 1980년대 후반의 대다수 기계학습은 실용적인 전시의 통계학 전통으로 다시 돌아가서 어떤 구체적인 오차 또는 '손실함수loss function'를 최소화하는 데 치중했는데, 헝가리 수학자 아브라함 왈드Abraham Wald는 이것을 자신의 순차적 결정 이론의 핵심으로 삼아서 패턴 인식에도 이용했다.[12] 많은 기계학습 연구자들은 베이즈 통계학을 받아들였다. 학계의 수리통계학자들에게 오랫동안 외면당했지만 인공지능 연구 공동체에서 높이 샀던 그 분야가 기계학습에 전면적으로 도입된 것이다.

대단히 역설적이게도 인공지능 분야에서 별로 인정받지 못하던 기계학습은 밀레니엄 시대에 와서는 엄청난 성공을 거두면서 AI의 구원자로까지 등극했다. 워낙 대단한 성공을 거둔 덕분에 2013년 이후로는 기계학습이 전통적 AI의 훨씬 더 야심 찬 목표를 대체했고, 기계학습과 인공지능은 이제 서로 바꿔 사용할 수 있는 용어가 되었다.

인공지능에서 기계학습으로

존 매카시가 1955년에 내놓은 자금 지원 제안서는 "학습의 모든 측면

또는 지능의 다른 임의의 특징은 기계가 그것을 시뮬레이션할 수 있도록 원리상 정확히 기술될 수 있다는 가정"을 찬양했다.[13] 인공지능을 구현하는 데 따르는 문제점들은 실제로 레이더로 목표물 찾기나 탱크 식별과 같은 과제보다 훨씬 더 어려웠다. 제임스 라이트힐 경이 1973년에 내놓은 매우 비판적인 보고서는 이렇게 설명했다. "(인공지능) 분야에 1950년경 그리고 심지어 1960년경에 뛰어든 연구자들의 희망은 무려 1972년까지도 전혀 실현되지 않았다. 그 분야의 어느 분과도 당시 약속했던 중요한 결과물을 내놓지 못했다."[14] 원래 AI 연구에는 지능적 행동을 만들어내려는 시도와 인간 지능을 더 잘 이해하려는 시도가 모두 포함되어 있었다. 1987년이 되자 한 논평가는 이렇게 언급했다. "아무도 더 이상 인간 지능의 전 범위를 이야기하지 않는다. 대신에 우리는 특화된 하위 문제들로 후퇴했다."[15] 인공지능의 높은 목표들은 많은 영역에서 이미 버려졌다.

약속과 현실 사이의 이런 간극 때문에 두 번 이상의 'AI 겨울'이 닥쳤다. AI 겨울이라는 계절에 빗댄 은유는 풍부했던 정부 자금 지원이 고갈된 시기를 뜻한다. 1970년대와 1980년대 초반에는 두 번째의 호황과 불황 사이클이 닥쳤는데, 이번에는 전문가 시스템에 그런 사태가 발생했다. 전문가 시스템의 제작자들은 인간 전문가들로부터 정보를 수집하여 조직화하고 체계적인 절차를 만든 다음에 그 절차를 컴퓨터로 구현함으로써 가령 의료 진단과 같은 과제를 실행하고자 했다. 몇몇 분야에서 제한적으로 성공했고 많은 일상적 시스템에 조용히 통합되긴 했지만, 전문가 시스템이 불안정하다는 사실이 드러났고 1980년대가 끝나가면서 전문가 시스템 시장도 망했다.[16] 허버트 사이먼 같은 이 분야 유명인사들의 확신이 틀렸다는 게 드러났다.

인공지능의 연구 방향을 새롭게 정하려고 하던 이들이 보기에, 규칙에 기반한 인공지능이라는 전체 프로젝트는 인간 지식에 관한 오해를 바탕으로 하고 있었다. 인간 지식은 단순한 규칙들로 쉽게 설명해낼 수 없었다. 그것은 책에서 얻는 지식이 아니라 오히려 갈고 닦은 기술과 비슷했다. 하지만 이 오해에서 벗어남으로써 전문가들이 어떻게 판단하는지 이해하려고 애쓰지 않고서도 그들의 활동을 연구하는 것이 가능해졌다. 1993년의 한 기사는 이렇게 짚었다. "기계학습 알고리즘은 특정 분야의 지식에 관해 전문가에게 묻기보다 전문가의 과제들을 관찰하고서 전문가의 결정을 모방하는 규칙을 도출해낸다."[17] 인간이 어떻게 결정을 내리는지를 모방하려는 더 야심 찬 형태의 인공지능과 달리, 그런 알고리즘의 제작자는 그것이 결코 인간의 뇌와 같은 방식으로 작동하지 않는다고 여겼다. 이런 종류의 기계학습은 논리에 집중하거나 전문가들과 면담을 하기보다 데이터에 훨씬 더 초점을 맞춘다. 다시 말해 인간에 관한 데이터 그리고 인간에 의해 부분적으로 분류된 데이터에 초점을 맞추는 것이다. 그리고 이를 위해 기호적 인공지능 연구계가 대체로 꺼렸던 패턴 인식, 통계학 및 신경망이라는 도구를 사용했다. 이 작업의 대부분은 엔지니어링의 마음가짐, 두둑한 자금 및 고가의 컴퓨터 연산 시간을 가지고 있는 벨연구소와 IBM 같은 업계 연구실에서 일어났다.

소련의 데이터 산업

데이터가 이끄는 계산통계학은 영미권 바깥에서도 수리통계학과 기호적 AI에 반발하여 개발되었다. 프랑스에서는 장 폴 벤제크리Jean-Paul Benzécri가 '데이터 분석Analyse des Données' 학파를 결성했다. 컴퓨터를 사용하여 현상 탐구와 설명을 더욱 위력적으로 해내는 데 초점을 둔 통계학파였다. 그는 이렇게 썼다. "컴퓨터로 인한 '데이터 분석'의 발전은 통계학을 모조리 뒤엎지 않고서는 계속되지 않을 것이다."[18] 일본에서는 하야시 지키오林知己夫가 자칭 '데이터과학Deta no Kagaku'을 개발했다. 데이터과학은 수리통계학의 대안 중 하나였는데, 그는 이를 가리켜 "아무런 소용도 없으며 이해할 수 없는 것"[19]이라고 설명했다.

소련에서의 발전은 데이터와 데이터 분석의 최근 역사에서 아마 가장 중대한 결과일 것이다. 2006년 기계학습 전문가 블라디미르 바프닉Vladimir Vapnik이 수십 년 전 소련에서 벌어진 기계학습의 변환을 되돌아보았다. 바프닉을 비롯해 그와 비슷한 성향의 동료들은 지배적이던 통계적 접근법들을 거부하고서 '귀납의 예측 (판별) 모형'을 제작했다. 그런 접근법에서 "예측 모형은 사건에 대한 예측을 해당 사건을 지배하는 법칙에 대한 이해와 반드시 연관시키지 않는다. 그저 최상의 데이터를 설명해주는 함수를 찾을 뿐이다."[20] 바프닉은 1960년대와 1970년대에 소련 과학아카데미 과학제어연구소의 일원으로서 도구주의적 접근법과 고차원 데이터 집합을 옹호했다.[21] 반유대주의의 시선을 받은 데다 직장 상사가 연구를 방해하기도 했지만, 바프닉은 연구소에서 근무하며 다량의 데이터 집합을 대상으로 고도의 연산력을 사용하는 데 초점을 맞춘 연구에 활발히 참여할 수 있었다. 결국 바프닉은 미국으로 넘어가서 벨연구소에서 근무했다. 미국과 소련 두 곳 모두에서 패턴 인식과 제어 이론 연구자들은 자신들이 기호적 인공지능 및 고전적이고 학문적인 통계학과는 거리가 멀다고 여겼다.

이 모든 경향 덕분에 1990년대에 벨연구소는 자금과 명분 면에서 지지를 얻었다. 당시 벨연구소는 인상적인 면면을 갖춘 국제적 연구자들을 고용했는데, 새로운 방법과 기계학습의 여러 분야를 선도한 이들 중에는 얀 르쿤, 요슈아 벤지오Yoshua Bengio, 리처드 서턴Richard Sutton, 로버트 샤파이어Robert Schapire 등 장래의 권위자들이 포함되어 있었다. 바프닉과 가장 관련이 깊었던 기법인 이른바 서포트 벡터 머신Support Vector Machine, SVM이 주목할 만한 합동 연구를 이끌어냈는데, 이를 계기로 그는 프랑스 연구자 이자벨 귀용과 함께 연구를 시작했다. 컴퓨터과학의 다른 주요 발전 사례와 마찬가지로 바프닉은 고차원 데이터를 다루는 과제를 맡으면서 적절한 자금 지원 체계의 도움을 받았고 기호적 인공지능을 제작해야 한다는 부담도 없었다.[22] 중요한 곳이긴 했지만 벨연구소는 그런 극적인 가능성을 추구할 수 있는 유일한 장소는 아니었다. IBM에서 스탠퍼드 대학 교수 샤오창 리Xiaochang Li가 보여주었듯이 통계 지식, 엔지니어링의 마음가짐, 다량의 음성 데이터 집합 그리고 연산력의 사용 등이 결합되며 음성 인식에도 극적인 변화가 찾아왔다.[23] 이런 업계의 연구소들이 훨씬 더 큰 발전의 전조가 되었고 아울러 그런 발전을 가능하게 만들었다.

신경망으로 최상의 답을 찾다

신경망 연구에 대한 숱한 공격에도 불구하고, 일본에서부터 프랑스에 이르기까지 많은 연구자가 지속적으로 신경망을 연구했다. 예측하는 기계학습 시스템 제작과 더불어 동물 뇌에 관해 더 많이 알기 위한 목적에서였다. 기계학습과 AI 연구계의 많은 이들의 적대감에도 불구하고 벨연구소, 특히 캐나다 조직인 CIFAR이 연구를 계속 진행하는 데 필요한 자금을 지원하고, 신경망의 위력과 숫자 인식과 같은 비교적 최근에 거둔 성공에 대한 기억을 유지했다. 컴퓨터과학과 신경과학의 만남에서 일어난 복잡한 이야기는 어디에든 흘러넘치므로 여기에서는 핵심적인 발전 사항만을 다루고자 한다.[24] 매우 일반적인 수준에서 말하자면, 1980년대 중반이 되자 여러 연구자가 '역전파backpropagation'라는 과정을 통해 다층 신경망을 훈련하는 방법에 관해 비슷한 아이디어를 떠올렸다.[25] 신경망이 가령 핫도그의 이미지를 개라고 분류하는 것처럼 무언가를 잘못 분류할 때 발생한 오차를 이용하여 신경망의 변수값들을 변화시켜서 '신경들'이 오차를 더 적게 내놓고 더 정확한 결정을 내리도록 훈련시킨다. 이 알고리즘은 AI 연구계에서 신경망을 외면한 이유들 중 일부를 이론상 잠재울 수 있었다. 왜냐하면 이 '심층' 신경망은 1960년대의 단순한 신경망보다 훨씬 더 복잡한 것들을 구분할 수 있었기 때문이다. 병렬컴퓨터의 발전 덕분에 이 계산 작업은 훨씬 수월해졌다. 병렬컴퓨터에서는 소수의 매우 강력한 프로세서가 개별적으로 이용되기보다는 다수의 프로세서가 동일한 문제의 해결에 이용되었다.

마치 오래된 기호적 AI 연구자들의 반대가 충분하지 않기라도 했다는 듯이, 새로운 데이터 중심적 기계학습 진영의 많은 이들은 신경망이 낡고 낭비적이며 이전 시기로 후퇴한 것일 뿐만 아니라 더 훌륭하고 저렴한 알고리즘들에 의해 일찌감치 대체된 과거의 유물이라고 여겼다. 당대 최고의 알고리즘들과 달리 신경망은 어떤 중요한 수학적 속성이 결여되었기에 많은 AI 종사자에게 실망스럽게 다가왔다. 새로운 역전파 알고리즘은 느렸고 계산력을 많이 요구했으며 신경망이 최상의 답을 찾도록 훈련되었음을 보장해주지 않았다. 그런 보장은 수학적 최적화 분야의 핵심적 기준으로 초기 세대의 AI 연구자들 및 다수의 통계학 연구자들에게 중요했다. 심지어 새로운 신경망의 옹호자들조차도 왜 그것이 어떤 예측을 하는지 자세히 이해하거나 설명할 수 없었다. 그야말로 블랙박스였다. 분명 예측을 잘하긴 했지만, 인간이 일상적으로 이해할 수 있는 규칙을 이용하는 것이 아니라 막대한 연산 비용을 내고서 얻은 결과일 뿐이었다. 그 기법은 다수의 은행 수표를 읽어내는 것처럼 업계에서 초기에 성공을 거두긴 했지만 2010년대까지도 학문적 권위를 별로 얻지 못했다.

새로운 형태의 신경망이 성공을 거두긴 했지만, 신경망 연구자들이 대규모로 이탈하기 시작했다. 적어도 신경망의 진짜 신도들 눈에는 그렇게 보였다. 하지만 벨연구소에서는 (다수가 이탈한 신경망 연구자들과 가까운) 그런 흐름의 반대자들이 포진해 있었는데, 이들은 상이한 기계학습 알고리즘들 가운데서 승리자가 될 가능성이 높아 보였던 이른바 '커널kernel' 기계의 옹호자들이었다.[26] 바프닉이 주도한 커널 기계들은 강력한 예측 능력을 가지고 있으면서도 신경망에는 결여되어 있지만 수학적 성향의 연구자들이 좋아하는 중요한 수학적 속성을 갖고 있었다. 한 익명의 프랑스 연구자는 이렇게 말했다. "2010년까지만 해도 신경망을 연구한다는 게 유별나 보였어요." 다른 연구자들은 신경망 연구에 그다지 관심이 없었는데, 지금은 메타의 수석 AI 과학자인 얀 르쿤이 냉대를 받았던 다음과 같은 일화가 이런 사실을 잘 보여준다. "제 기억으로, 르쿤이 초빙 교수로 연구실에 와 있었는데, 점심 시간이 되면 우리는 서로 등을 떠밀었습니다. 아무도 그와 함께 식사하려고 하지 않았거든요."[27] 핵심 인물들도 비록 임시였지만 그 분야를 떠났다. 분명 성공을 거두었는데도, 가령 르쿤과 레옹 보투Léon Bottou(벨 연구소에 취직한 프랑스 연구자)는 이미지 압축에 대한 더 나은 대안을 마련하는 방향으로 관심을 돌렸다.

하지만 역설적이게도 대단히 도구주의적인 예측 알고리즘들의 성공 사례들이 폭발적으로 등장하며 신경망의 길을 터주었다. 인터넷에서 나온 데이터와 연산력이 폭발적으로 증가하면서 알고리즘 시스템을 평가하는 방법이 달라졌기 때문이다. 1990년대가 되자 인기를 끌고 있던 한 문헌에서 통계학자 레오 브레이먼Leo Breiman은 이렇게 주장했다. "동일한 데이터를 사용하여 구성된 여러 가지 예측 모형을 결합하면 검증 오차를 극적으로 줄일 수 있다." 하지만 이러한 예측 성공에는 큰 대가가 따랐는데, 즉 그 모형들은 자꾸만 인간이 이해할 수 없는 것이 되어가고 있었다.28 이 놀라운 예측 기법들은 인간이 이해할 수 있도록 규칙 등을 변환해주지 않았다. 하지만 신경망은 원래부터 불가해했던 반면에, 다른 많은 기계학습 알고리즘의 근본적인 미덕은 해석 가능하다는 것이었다. 이 새로운 앙상블 모형ensemble model과 신경망에서 얻는 예측 이득이 막대하리라고 널리 여겨지긴 했지만, 상이한 분야들의 점점 더 많은 연구자들은 이러한 예측이 대단히 불투명하다는 인상을 받았다. 벨연구소 연구자들은 앙상블 모형을 선호하여 많은 연구 결과물을 내놓았고, 여러 알고리즘 예측 경연대회에 참가하여 우승을 차지했다. 가장 대표적인 우승 사례가 2009년에 받은 넷플릭스상이다. 기계학습 연구자들은 차츰 한 종류의 예측 모형만을 사용하는 방식을 버리고 서로 다른 다양한 예측 모형들을 결합하는 쪽을 선호했다. 앙상블 모형이 이처럼 극적인 성공을 거두면서, 해석보다 예측의 가치가 더 중요해졌다. 예측 능력은 다른 어떤 장점보다 기계학습에서 훨씬 더 중심적인 요소가 되었다. 해석의 필요성, 인간이 이해할 수 있는 규칙의 필요성은 자꾸만 줄어들었다.

이런 상황에서 신경망 연구가 다시 부활하게 되는데, 특히 대규모 다층 신경망은 요즘에 '딥러닝'이란 이름으로 리브랜딩되었다. 1980년대만 해도 신경망은 그 불가해성으로 인해 의심스러운 정도까지는 아니더라도 분명 문젯거리였다. 하지만 앙상블 모형들이 상업, 첩보 및 과학에 딱 알

맞게 사용되면서 2012년 즈음 신경망은 부활할 수 있었다.[29]

2012년에 스탠퍼드대학교 교수 페이페이 리Fei-Fei Li 교수와 그녀의 연구팀이 모은 대규모 이미지 데이터세트인[30] 이미지넷ImageNet에 올라온 대상이 무엇인지를 알아맞히는 연례 경연대회에서 신경망 하나가 다른 모든 경쟁자들을 전부 압도했다. 다음 해에 주요 경쟁자들은 죄다 다른 부류의 알고리즘을 내다 버리고 자기들 버전의 신경망 개발에 몰두했다.[31] AI 연구계에서 오랫동안 외면당했던 신경망 지지자들은 자신들이 옳았다고 느꼈다. 지난 수십 년 동안 그들의 접근법에 쏟아졌던 조롱이 갑자기 잘못된 것으로 여겨졌고, 기자와 학자 모두 지난날 부당하게 배척당했던 신경망의 영웅적인 복귀를 이야기하기 시작했다.

경쟁의 모든 과정은 아마존의 크라우드소싱 웹사이트인 메커니컬 터크Mechanical Turk에서 보이지 않는 방대한 양의 작업을 통해 이루어졌다. 2015년에 출시된 메커니컬 터크에서는 누구든 다수의 원격 작업자를 고용하여 과제를 맡길 수 있는데, 컴퓨터가 자동으로 할 수 없는 과제를 주로 맡긴다. 2012년 당시에 이미지를 분류하는 작업은 아마존 메커니컬 터크가 분배했던 작업량 중 최대 작업량을 기록한 것이었고, 2010년까지 약 2만 5,000명의 작업자가 했던 이미지 분류 작업에는 막대한 비용이 들었다.[32] 크라우드소싱 형태로 일한 작업자들은 1,400만 개의 이미지를 2만 1,000가지 범주로 분류했다. 분류하고 옳고 그름을 판단하는 그들의 작업은 알고리즘 모형이 막대한 데이터세트를 바탕으로 예측을 할 수 있는 '정답ground truth'을 제공했다.[33]

오랫동안 외면받는 신세를 거친 후 막대한 연산력과 방대한 데이터세트 활용을 통해 신경망은 다른 접근법보다 뛰어난 성능을 갖추게 되었다. 2012년 이 신경망의 성공은 종종 극적인 변화로 묘사되지만, 역사적 과정을 차분히 살펴보면 다른 이야기가 나온다. '딥러닝'의 일종으로서 신경망이 여러 면에서 인정받을 수 있었던 까닭은, 다른 모형들이 짧은 시간에 계산되는 단순한 알고리즘에서 너무 멀어졌기 때문이었다. 신경망의 한 가지 단점은 연산 시간과 용량이 너무 많이 들어서 학습을 시키는 데 비용이 지나치게 많이 든다는 것이었다. 2010년이 되자 경쟁하는 모든 모형이 연산력 면에서 엇비슷하게 비용이 높아졌으며, 하나의 컴퓨터 또는 병렬로 작동하는 다수의 컴퓨터로 매우 오랜 시간 동안 학습해야 했다. 집중적인 연산 작업을 실시하는 데는 돈이 많이 필요했다. 두 번째 단점은, 신경망은 예측하기에는 (비록 처음에는 느리지만) 능할지 몰라도 그런 예측 내용에 대한 이유를 거의 내놓지 않는다는 점이었다. 하지만 이런 단점은 경쟁하는 다른 접근법들도 마찬가지였다. 2012년에 경쟁자들은 알고리즘들의 지극히 복잡한 결합체로 하나의 앙상블을 구성하여 예측을 내놓았다. 그것은 거의 신경망만큼이나 복잡했다. 신경망과 마찬가지로 거대 앙상블 모형, 복잡한 커널 공간 및 기타 다른 접근법들은 인간의 해석 가능성보다 예측 능력을 더 우위에 두었다.

거의 전적으로 예측에 초점을 맞춘 알고리즘 시스템에 대한 철학적·수학적 반대가 (산업계와 군사 부문 그리고 이보다 조금 약한 정도지만 학계에서) 더 이상 중요해지지 않게 된 후에야 딥러닝이 등장했다. 딥러닝은 최상의 예측 모형, 따라서 만약 목표가 예측이라면 가장 성공적인 접근법을 내놓았다고 널리 인정받았다. 이러한 예측 성공과 더불어 알고리즘 시스템에 대한 기대치가 줄어들면서 통계학자와 컴퓨터과학자의 눈에 신경망의 단점은 쉽게 무시할 만한 것이 되었다. 신경망을 훈련하기 위한 새로운 기법들을 이용하더라도, 그러려면 엄청나게 많은 데이터, 막대한 연산력 그리고 그런 대규모 훈련에 전기를 공급하기 위한 두둑한 자금까지 필요했다.

사람들이 기계학습 모형에서 기대하는 바가 결정적으로 달라졌으며, 그래픽처리장치graphics processing unit, GPU라고 하는 새로운 하드웨어가 신경망 훈련을 더 쉽고 더 빠르게 만들었다.34 무엇보다도 지극히 큰 모형을 훈련하는 데 필요한 현금이 구글 및 GPU 제조사 엔비디아 같은 회사들을 통해 연구자들에게 흘러 들어왔다. 그 후 몇 년이 지나면서 모형들은 더 커졌고, 점점 더 많은 데이터세트로 학습을 받았는데, 여기에는 막대한 자금과 함께 엄청난 양의 이산화탄소 배출이 뒤따랐다.35

기계학습을 예측, 대규모 데이터세트 및 거대한 컴퓨터 중심으로 재정의하는 움직임은 이미 신경망이 두각을 나타낼 때부터 진행 중이었다. 기계학습, 특히 신경망을 이용한 기계학습은 기업 컨설턴트와 마케터에 의해 AI로 리브랜딩되었다. (때때로 연구자들은 이것을 불편해했다.) 이런 종류의 연구에 따르는 규모와 비용은 기계학습 분야의 학계는 물론이고 심지어 스타트업의 연구 양상까지도 극적으로 변화시켰다. 소수의 회사만이 최첨단 알고리즘 모형 제작에 필요한 데이터와 돈, 연산력을 가졌고, 연구자들은 그런 회사들을 위해 일하진 않더라도 점점 더 그런 회사들에 의존하게 되었다. AI 나우연구소AI Now Institute의 설립자 겸 전직 구글 직원인 메러디스 휘태커는 이렇게 설명한다. "AI를 개발하고 연구하길 원했던 대학 연구실과 스타트업은 빅테크 기업들이 운영하는 고가의 클라우드컴퓨팅 환경과 대량의 데이터를 필사적으로 이용해야 하는 현실을 깨달았다. 이런 역학 관계는 2012년 이후로 점점 더 강화되었다."36 그녀가 알아차린 대로, 기계학습을 위한 도구들은 점점 더 이용하기 쉬워졌지만, 극도로 풍부한 자원을 가진 소수의 기업에 전적으로 의존해야 할 때가 종종 있다(가령 컬럼비아대학교는 교과 과정에 구글의 제품인 코랩Colab을 사용한다. 그 덕분에 우리는 폭넓은 기계학습과 통계 기법을 가르칠 수 있지만 학생들은 어쩔 수 없이 구글 도구를 사용하는 데 익숙해질 수밖에 없다).

기계학습의 알고리즘

2015년 『사이언스』는 마이클 조던Michael Jordan과 톰 미첼Tom Mitchell이라는 두 주요 연구자가 인공지능의 상황을 소개한 기사를 실었다. 규칙들의 엄격한 코딩보다는 데이터로부터 배우는 학습 모형이 AI 개발을 주도한다는 내용이었다. "많은 AI 시스템 개발자들은 다양한 적용 사례에서 모든 가능한 입력에 대하여 원하는 반응이 나오도록 일일이 프로그래밍하는 것보다는 원하는 입력-출력의 예시를 보여줌으로써 시스템을 훈련하게 하는 것이 훨씬 더 쉽다는 것을 인식하고 있다."[37] 이런 알고리즘의 능력 및 적용 가능성은 실행시킬 과제의 범위를 좁힘으로써 얻은 것이었다. 기계학습 시스템은 우리에게 중요한 것을 수치적으로 표현할 수 있다는 점에서 훌륭하다. 두 저자는 이렇게 설명한다. "기계학습 알고리즘이란 넓은 범위의 후보 프로그램들 중에서 학습 경험을 쌓아가면서 성능 측정치를 최적화하는 프로그램을 찾아내는 것이라고 볼 수 있다."[38] 달리 말해, 기계학습 알고리즘은 가령 개와 고양이의 구별 같은 어떤 과제를 해결하기 위한 다수의 후보 프로그램을 내놓은 다음에, 미리 지정한 측정치(가령 거짓 양성 판단을 가장 적게 내놓는 정확도)에 따라 과제 해결을 가장 잘 수행하는 하나의 프로그램을 찾는다. 팻 랭글리는 이렇게 투덜댔다. "기계학습은 처음엔 풍부한 관계 구조relational structure로 제시되는 지식을 사용하고 습득하는 것에 초점을 맞추었지만, 지금 많은 연구자들은 통계에만 관심을 두는 것 같다."[39]

무엇을 얻고 무엇을 잃은 걸까? 예측이 우선시되었는데, 구체적으로는 예측되는 대상의 기본 처리 과정들을 모형화하기보다 예측이 더 우선시되었다. 아울러 그것은 그런 예측을 할 때 알고리즘의 처리 과정들을 인간이 해석하고 이해할 수 있는지에 관한 우려보다 더 우선시되었다. 신경망이 오랫동안 외면당한 데에는 불투명하다는 이유도 있었다. 하지만 대다수의 다른 알고리즘도 비슷하게 불투명해지고 근본적인 목표가 예측으로 바뀌는 바람에, 신경망의 단점은 더 이상 예전처럼 중요하지 않게 되었다.[40] 기계학습에서의 이 같은 극적인 변화로 인해 기업 부문에서 기계학습이 폭발적으로 발전하게 되었고 자금도 유입되었다. 자금의 유입을 알 수 있는 간접적인 지표로는 조회수, 온라인 구매 건수, SNS상에서 보낸 시간, 사용자의 '참여engagement' 등이 있다.

넷플릭스상

2006년에 넷플릭스는 다음과 같이 발표했다. "우리는 백만 달러의 향방이 정말로 궁금합니다." 자사의 추천 알고리즘을 극적으로 개선할 수만 있다면 누구에게든 거금을 주겠다는 말이었다.

우리는 답을 찾는 경연 대회를 열기로 생각했습니다. 경연 방법은 정말로 "간단합니다." 우리가 여러분에게 방대한 익명의 평점 데이터를 제공하고, 아울러 동일한 훈련 데이터세트(넷플릭스의 알고리즘)로 할 수 있는 성능보다 10퍼센트 높은 예측 정확도를 제시하면 됩니다. … 만약 여러분이 우리가 제공하는 검증 데이터세트의 정확도를 크게 능가하는 시스템을 개발한다면, 여러분은 거금과 더불어 뽐낼 권리를 얻게 될 것입니다.

경연 참가자들은 자신의 알고리즘을 공개해야 했다.

하지만 (조건이 하나 있는 걸 여러분도 아시겠죠?) 여러분의 방법을 우리와 공유하고 여러분이 어떻게 그걸 해냈는지, 그 방법이 어떻게 작동하는지를 세상에 설명해야만 한다는 조건입니다.[41]

넷플릭스는 상당량의 데이터세트를 이용하게 해주었다. 대략 7년 동안 익명의 사용자 48만 189명이 매긴 1만 7,700건의 영화에 대한 평점으로서, 총 1억 48만 507개의 평점 데이터였다. 그렇게 큰 데이터세트가 큰 인터넷 회사들의 수익을 높여주었지만, 연구자들은 좀처럼 그런 데이터세트에 접근하지 못했다. 벨연구소의 크리스 볼린스키Chris Volinsky의 설명에 따르면, 넷플릭스는 "훌륭한 일을 해냈는데, 그런 종류의 모형을 개발하면서 데이터에 굶주린 연구계가 있다는 사실을 알아차렸기 때문이다."[42] 기계학습은 매우 큰 데이터세트를 이용하여 다른 시스템과 차별화된 (더욱 강력한) 성능을 보였다. 하지만 당시에는 드물었다.

2009년 벨코어 프래그머틱 카오스BellKor's Pragmatic Chaos 팀이 우수한 영화 추천 시스템을 제작한 공로로 상금 백만 달러를 탔다. 벨코어 팀은 강력한 경쟁자인 앙상블The Ensemble 팀보다 10분 일찍 제출하여 우승을 거머쥐었다(넷플릭스의 규칙은 우승 기준에 부합하는 시스템을 가장 먼저 제출한 팀이 우승하는 것이었다–옮긴이). 우승팀의 이름은 이 경연에 참가한 또 다른 네 팀의 이름을 합쳐서 지은 것이었다.

이런 사회적 결속은 우승한 알고리즘에도 반영되었다. 즉, 네 팀 모두의 노력이 합쳐져서 하나의 거대한 예측 앙상블 모형이 제작되었는데, 이것은 기계학습의 온갖 분야에서 나온 모형들이 한데 합쳐진 결과였다. 이해 가능성이나 설명 가능성이라는 제약 없이, 단일한 성능 측정치 덕분에 이메일과 게시판을 통해 특이한 사회적 조율 과정이 가능했다. 경쟁적으로 공동체가 이루어내는 과제, 이른바 '공통과제프레임워크common task framework'가 실행되었던 것이다. 데이터과학자 데이비드 도노호David Donoho가 보기에 하나의 공통 과제를 극대화하려는 경쟁적 노력이야말로 지난 20년간 대규모 데이터세트를 대상으로 한 기계학습이 혁명적 성공을 거둘 수 있었던 "비밀스러운 원천"이다. 공통 과제 덕분에 "실증적 성능의 최적화를 이루는 데 전적으로 집중할 수 있었고 … 이로써 다수의 연구자들이 임의의 주어진 공통 과제 문제를 놓고서 경쟁할 수 있게 되었으며, 효율적이고 감정에 휘둘리지 않는 방식으로 우승자를 판단할 수 있다."[43] 이어서 도노호의 주장에 따르면, 공통과제프레임워크는 "현실 사례에 곧장 적용된다. 경연대회에서 우승하는 과정에서 예측 규칙이 필연적으로 검증되었기에, 곧 현실 세계에 사용될 준비를 기본적으로 마친 상태이다."[44]

실제로 기계학습을 현실에 사용하려면 하나의 정량화된 값을 알고리즘적으로 극대화할 필요가 종종 있다. 산업계에서는 그런 정량적 목표를 가리켜 '핵심성과지표key performance indicator'라고 한다. 이는 사업 목표 또는 조회수, 사용자가 게시물이나 영상에 쓴 시간 또는 더 일반적으로 '참여'와 같은 제품 목표(이상적으로는 둘 다)와 상관관계를 갖는 수치적 측정치를 뜻한다.

넷플릭스 경연대회가 끝나자 MIT 교수 마이클 슈라지Michael Schrage는 이렇게 설명했다. "수상작 모형의 위대한 점은 미인대회의 영역에서 벗어나 성과 지향의 영역으로 연구 방향을 바꾼 것이다." 그런 찬양은 당연히 어떤 측정치의 우월성을 믿기에 나온 말이다. "중요한 것은 나온 결과이다."[45] 어떤 것이 중요하다거나 중요하지 않다는 말은 가치에 관한 진술이다. 기계학습의 주창자들은 아름다움과 같은 복잡한 현상을 가치 있게 여기기보다, 정량화된 측정치로 제시될 수 있는 현상을 대체로 가치 있게 여겼다. 이 책의 초반부에서 우리는 독일인들이 새로 등장한 '천박한'(정량적) 통계학자들에게 벌컥 짜증을 내던 장면을 살펴보았는데, 그들은 땅이나 사람에 대한 지식을 나타내는 숫자들을 혼동했고 그 가치를 오해했다. 2000년 무렵에 이르러 기계학습은 수치를 중시하는 통계학자가 절대시할 만한 수준에 올라 있었는데, 범위가 제한적이었기 때문에 성능이 강력했다. 이 시대 AI의 윤리적·정치적 우려는 AI를 측정치의 최적화 수단으로 리브랜딩하기라는 사안을 둘러싸고 제기된다.

넷플릭스 경연대회에서 잘 드러났듯이, 기계학습 접근법은 1990년대와 2000년대에 와서 학문적 중심지들과 업계 연구실을 훌쩍 넘어서 사용되었다. 상업, 산업, 의료, 치안 및 군사 목적의 적용 사례들은 놀랍고 흥미진진하고 논란적이기도 하면서 동시에 때로는 차별적이기도 했다. 산업적 규모의 기계학습을 옹호하고 이를 사업 활동과 정부 활동에 적용하는 이들은 2010년대에 이르러 '데이터과학자'로 불리게 되었다. 그들은 과학자에서부터 기자에 이르기까지 누구나 기계학습을 활용할 수 있게 해주는 도구를 만들어냈으며, 동시에 그들은 광범위한 다른 여러 기술들을 활용하여 기계학습의 규모를 확장하여 우리의 통신, 과학, 언론 및 정치를 중개하는 인프라에서 기계학습이 중심적인 역할을 하도록 만들었다.

Chapter

10

진화하는 데이터과학

달라진 분야는 '데이터과학'이라 불릴 텐데 … 데이터과학의 기술적 영역들은 분석 모형이 데이터로부터 배울 수 있는 정도에 따라 판단될 것이다. — 벨연구소 통계학자 윌리엄 클레블랜드, "데이터과학: 통계학 분야의 기술적 영역을 확장하기 위한 행동 계획"(2001년)

페이스북에서 우리는 연구과학자를 포함해 여러 직위들을 수행하는 느낌이었는데, 기업 분석가 역할은 여러분이 우리 팀에서 하게 될지 모르는 온갖 다양한 일에 딱 맞지 않았다. '데이터과학자'는 파이선으로 다단계 처리 파이프라인을 작성하거나, 가설 검증 방안을 설계하거나, 데이터 샘플에 대해 회귀분석을 R로 실행하거나, 알고리즘을 하둡Hadoop으로 설계하고 구현하거나, 우리의 분석 결과들을 조직의 구성원들에게 간단명료하게 설명하는 등의 일을 할지 모른다. 이 모든 일을 담아내려고 우리는 '데이터과학자'와 같은 직위를 만들어냈다. — 제프 해머바커, "정보 플랫폼과 데이터과학자의 등장"(2009년)

"내 세대의 최고 인물들이 광기로 몰락하는 모습을 나는 보았네"라고 시인 앨런 긴즈버그Allen Ginsberg는 썼다. 긴즈버그는 다음과 같이 고상한 갈망과 냉전 시대 미국 현실 사이의 간극을 노래했다. "괴짜 힙스터들이 밤의 기계 속에서 반짝이는 발전기와의 오래된 천상적 연결을 갈망했고". 긴즈버그는 점점 더 군사화되어가는 대학에서 학생들이 경험하는 간극도 노래했다. "그들은 반짝이는 차가운 눈빛으로 대학 곁을 지나가며, 전쟁 학자들 틈에서 아칸소와 블레이크-빛 비극을 환영으로 보았네."1 2011년 전직 페이스북 데이터팀 팀장 제프 해머바커Jeff Hammerbacher는 긴즈버그 풍으로 이렇게 한탄했다. "내 세대 최고의 인물들은 어떻게 하면 사람들이 광고를 클릭하게 만들지 생각하고 있다. 한심하기 그지없다."2 최적화할 모든 대상 중에서도 특히 이 세대는 사람들의 관심을 조작하기를 선택했다. 이번 장에서는 '데이터과학'의 진화를 추적하고 있다. 이 용어는 사람들이 광고를 클릭하게 만드는 회사들에서 처음 본격적으로 사용되기 시작했는데, 그 역사는 냉전 시대까지 거슬러 올라간다.

해머바커는 DJ 파틸Dhanurjay Patil과 공동으로 '데이터과학자'라는 신조어를 만든 사람으로 통한다. 이 용어는 스타트업에서부터 『포춘』 선정 500대 기업에 이르기까지 업계의 새로운 중요 직책을 설명해 준다. 우리는 지금까지 이 세계를 다양한 정량적 접근법으로 연구하는 이들을 살펴보았는데, 데이터과학자는 그들과 다르게 무슨 일을 할까? '데이터과학'은 정확히 무엇일까? 자세하게 살펴보겠지만, '데이터과학'의 정의는 다양하다. 산업적 데이터과학은 디지털 제품과 서비스를 생산하는 데 필요한 소프트웨어 엔지니어링 및 구체적인 데이터 작업과 결합된 기계학습과 통계학을 의미하게 되었다. 학문 연구에서는 이 용어의 적용 범위가 광범위한데, 통계학을 넘어서 데이터로 세계를 이해하는 데 필요한 '기술적' 역량을 포함하며, '데이터 잡역'의 혼란스러움에서부터 데이터를 통해 결과를 전달하는 미묘한 차이까지 두루 아우른다. 추상적으로 '오래된 천상적 연결을 갈망'하기보다, 이 용어는 난잡한 데이터로 데이터 분석 작업을 할 때부터 시작하여 그런 작업의 실용적 복잡성을 가리킨다. 데이터과학자 조엘 그루스Joel Grus는 긴즈버그와는 다른 냉전 시대의 또 한 명의 작가에 빗대어 '데이터과학자'라면 업계에 필요한 매우 다양한 데이터 과제에 통달했으리라는 세간의 기대를 이렇게 풍자했다.

데이터과학자라면 회귀를 실행하고, SQL 쿼리query를 작성하고, 웹사이트에서 정보를 긁어모으고, 실험을 설계하고, 행렬을 분해하고, 데이터 프레임을 사용하고, 딥러닝을 이해하는 척하고, d3 갤러리D3 Gallery 라이브러리에서 훔쳐오고, 프로그래밍 언어 R과 파이선의 장단점을 비교 논의하고, 프로그래밍 모형인 맵리듀스Mapreduce로 생각하고, 사전믿음을 갱신하고, 게시판을 제작하고, 너저분한 데이터를 정리하고, 가설을 검증하고, 기업가와 대화를 나누고, 셸Shell 스크립트를 작성하고, 화이트보드에다 코딩을 하고, p값을 조작

하고, 모형에다 기계학습을 시킬 수 있어야만 한다. 개별 작업은 엔지니어가

맡는다.[*]

이 분야가 업계와 학계에서 두각을 드러내면서 관련 일자리 기회와 자금 마련 기회 그리고 새로운 학과와 학위까지 늘어나자, 고용주들과 행정가들은 상황을 더욱 정확하게 정의하고자 했다. '데이터과학'을 확실하게 정의하려고 하면, 인터넷과 함께 진화해온 온라인 댓글창에서 설전이 벌어지곤 한다. 여기에서는 '데이터과학'의 한 가지 정의를 고집하기보다 그 용어를 둘러싼 논쟁의 개요를 살펴보자. 지난 10년 동안 프리젠테이션에서, 밈을 통해서, 게시글의 댓글에서 이 분야 종사자들은 통계학, 기계학습 또는 이전의 '데이터 마이닝'과 비교할 때, '데이터과학'이라는 용어가 정말로 어떤 의미인지를 놓고 옥신각신해 왔다. 그 논쟁은 근본적으로 누가 권한을 갖는지, 누가 데이터를 다룰 권력을 재조정할 역량을 얻는지에 관한 문제이다. 아울러 결국 누가 기업과 학계, 그리고 정부로부터 자금 지원을 얻느냐는 문제이기도 하다.

명확히 말해서, 그 분야 종사자들의 흥분과 자금 유입에는 마땅한 이유가 있었다. 여러 업계에서 볼 때 데이터를 통해 세상을 이해한다는 것은 혁명적인 변화였다. 알맞은 제품과 콘텐츠를 민간 사용자에게 추천하는 능력 덕분에 이른바 '롱테일long-tail' 비즈니스 모형(대량 생산, 대량 판매보

---

[*] 그루스, 「데이터과학으로 가는 길」. 그루스의 글은 로버트 하인라인의 다음 구절에 빗대어 쓴 것이다. "인간은 기저귀를 갈고, 침략을 계획하고, 수퇘지를 도살하고, 배를 조종하고, 건물을 설계하고, 시를 짓고, 자금관리를 잘하고, 벽을 세우고, 빠진 뼈를 끼워 맞추고, 죽어가는 이를 위로하고, 지시를 받들고, 지시를 내리고, 협력하고, 혼자 행동하고, 방정식을 풀고, 새로운 문제를 분석하고, 거름을 뿌리고, 컴퓨터를 프로그래밍하고, 맛있는 음식을 요리하고, 효율적으로 싸우고, 용맹하게 죽을 수 있어야만 한다. 개별 작업은 곤충이 맡는다." 로버트 A. 하인라인의 소설, 『사랑하기에 충분한 시간: 라자루스 롱의 삶 Time Enough for Love: The Lives of Lazarus Long』(New York: Putnam, 1973)

다는 다양한 소비자의 취향을 만족시키는 제품이나 서비스를 제공하고자 하는 비즈니스 모형—옮긴이)이 가능해졌다.[3] 마찬가지로 상업적 소프트웨어에서도 음성 인식이 여러 번의 비약적 도약을 통해 향상된 덕분에 우리는 '통화'를 하는 게 아니라 말을 '걸' 수 있는 역할을 하는 휴대폰에 익숙해졌다. 금융 분야의 경우, 가장 수익성이 높은 단일 펀드인 르네상스 테크놀로지스Renaissance Technologies의 메달리언 펀드Medallion Fund는 통계 분석과 더불어 데이터를 수집하고 모형을 학습시키고 거래를 실행하는 데 필요한 소프트웨어 엔지니어링에 크게 관심을 기울이면서 거래한다.[4] 생물학과 의료 분야에서는 1990년대 인간 게놈 서열이 완전히 이해되면서 인간의 복잡한 질병들을 이해하는 방식을 데이터를 통해 변화시킬 수 있음이 금세 알려졌다. 생물학자 셜리 틸먼Shirley Tilghman은 『네이처』에 실린 한 기사의 첫 문장에서 "생물학은 지적이고 실험적인 변화의 한가운데에 있다"라고 선언했다. 이어서 틸먼은 이렇게 밝혔다. "본질적으로 생물학 분야는 대체로 데이터가 빈약한 학문에서 벗어나 데이터가 풍요로운 학문이 되어가고 있다." 인간이 추구하는 다양한 분야에서 분명한 사실은 "신기술 덕분에 완전히 새로운 질문이 나올 수 있게 되었고, 그런 질문들에는 … 새로운 분석 도구의 집합이 필요"하다는 것이었다.[5]

데이터과학의 속성

2011년, 수학자에서 데이터 권위자로 변신한 캐시 오닐과 통계학자 코스머 샬리지Cosma Shalizi가 당시 가장 '섹시한' 직업인 데이터과학자의 속성을 놓고서 인터넷상에서 논쟁을 벌였다. 오닐은 데이터과학이 통계학을 사용할 수 있는 지점에 이르는 것이 관건이라고 주장하며 이렇게 말했다.

> 달리 말해서, 일단 우리가 무언가를 통계학의 질문으로 바꿀 수 있다면 만사형통이다. 그렇기는 해도, 세상만사 어느 것도 실제로 통계학 수업에 나오는 것처럼 표준적이지는 않다. 통계학 수업에 나오는 것과 비슷한 질문을 받을 확률은 0이다.

데이터과학자는 다루는 데이터가 그다지 표준화되어 있지 않은데도 요청받는 업무의 범위가 훨씬 넓었고, 따라서 남다른 능력이 필요했다.

> 덧붙이자면, 데이터과학자를 정의하는 구체적인 도구 집합에 익숙한 것이 관건이 아니다. 오히려 그런 도구에 관해 장인(이자 영업자)가 되는 것이 관건이다.
>
> 비유하자면, 찜 요리를 안다고 해서 내가 셰프는 아니다.[6]

샬리지는 다음과 같이 이의를 제기했다.

> 하지만 내가 놀란 점은 그녀(케이시 오닐)가 훌륭한 '데이터과학자'가 갖춰야 한다고 주장하는 재능이 훌륭한 통계학자가 갖춘 재능의 부분집합이라는 것이다. 기껏해야 그런 재능은 계산에 능통한 통계학자가 가지고 있는 재능의 부분집합일 뿐이다.[7]

산업적 데이터과학과 학계의 통계학 및 기계학습 간의 핵심적 차이는 종종 대규모 인프라에서 생기는 문제투성이의 현실 세계 데이터를 다루는 역량을 찬양하고 그걸 우선시하는지 여부다. '다룬다'는 것은 표준적인 알고리즘들이 사용할 수 있는 형태로 데이터를 바꾸는 재능을 의미한다. 하지만 때로는 매우 큰 데이터 세트를 충분한 용량을 가진 분산된 데이터베이스에 저장하여 처리하는 것을 의미하기도 한다. 그리고 이러한 학문 분야와 달리 데이터과학은 종종 기업이든 정부 기관이든 근본적으로 조직의 사업적 요구를 지향한다고 알려져 있다.

많은 학계 통계학자들과 기계학습 연구자들은 이런 장인적 요소들을 지식 규모 면에서 수준 낮고 배우기 훨씬 쉽다고 얕잡아보았다. 덜 이론적인 주제라고 해서 숙달하기 쉬운 것은 아니지만, 그 이유 때문만은 아니다. 오닐이 지적했듯이, 찜 요리에 대한 지식이 셰프를 만들어내진 않는다.

자신감에 가득 찬 데이터과학은 학계와 산업계의 방향을 재설정할 수 있는 가장 중요한 학문으로서의 위상을 갖게 되었을 뿐만 아니라 지식과 권력을 재조정할 후보 학문으로서 이미 오늘날 우리 삶의 대부분을 지배하는 제도 속에 자리 잡고 있다.

데이터과학의 뿌리에는 옹이가 많다. 거기에는 정교한 수학뿐만 아니라 많은 공학 기술도 포함된다. 대학의 강의실과도 관련되지만, 영업 부서와 정치인들의 전쟁 상황실도 관련된다. 불순하게 혼합된 데이터과학의 속성은 우리가 추적하고 있는 핵심적인 이야기를 전해준다. 즉, 점점 더 자동화되어가는 의사결정 모형들이 그런 처리를 가능하게 해주는 대규모 인프라와 합쳐진다는 내용이다. 데이터과학은 현실 데이터를 다루는 통계학, 기계학습 그리고 크고 작은 기업들 내에서 데이터의 분석적 처리 등이 합쳐지면서 생겨났다. 데이터과학의 등장을 이해하려면 '과도

한 수학화'를 경고하는 계산통계학자들의 세계와 산업계 내부의 발전 상황 사이를 오가야 한다. 다음 장에서는 자신들이 현실에서 경험한 바에 근거해 학문 분야들이 데이터를 가까이 해야 한다고 촉구한 통계학의 이단아들에 대해 살펴볼 것이다.

데이터 분석을 위한 도구들

1974년, 프린스턴대학과 벨연구소를 오가며 연구했던 수학자 존 터키는 미국 국가안보국NSA으로부터 '탐색적 데이터 분석Exploratory Data Analysis'에 관해 강연해달라는 부탁을 받았다. 이를 수락하면서 터키는 그 기관에 "대형 슬라이드 프레젠테이션에 필요한 스크린 두 개와 프로젝터 두 개"[8]를 제공해달라고 요청했다. 2차 세계대전 중에 암호해독에 관여한 후 오랫동안 NSA의 과학 자문을 맡았던 터키는 1940년대 이후로 온갖 통계 기법과 그래픽 기법을 사용하여 크든 작든 데이터를 탐색하기 위한 새로운 도구들을 제작해 왔다. 처음에는 데이터 탐색을 위한 문서 도구에 초점을 맞추어, 데이터를 도표화하고 분석하는 컴퓨터로 나아가는 움직임의 선봉에 섰다. 25년 전에 NSA의 컬백Kullback이 터키를 "데이터 저장과 인출의 일반적 문제들에 관한 심포지엄"에 초대했는데, 그 심포지엄은 NSA가 그 문제를 살펴보아야 한다는 터키의 권고를 어느 정도 받아들이면서 마련된 자리였다.[9] 심포지엄의 목적은 데이터 저장과 인출 문제가 일반적으로 무엇인지, 특히 NSA에게 그것이 어떤 의미인지를 살펴보는 것이었다.[10]

지금도 기밀 상태인 터키의 작업보다 덜 중요한 것은 그가 NSA 내에서 그리고 비밀리에 운영되지 않은 조직들 내에서 권장했던 통계와 데이터에 관한 태도였다. 터키는 수십 년 동안 전시의 대규모 데이터세트에 관한 실용적인 통계 연구들을 훨씬 더 일반적인 용도의 도구 세트 및 태도로 변환했다. 연구 경력 내내 그는 인구조사에서부터 미사일까지 다양한 연구를 진행했다. 그가 발명을 권장했던 도구들 및 그가 적극 지지했던 상자 그림과 같은 그래픽 기법들은 오늘날 데이터를 다루는 주된 방법이 되었고, 심지어 중학교 표준 시험에 나오기도 한다.

제2차 세계대전 동안에 필요했던 대규모 데이터 분석을 통해서 터키는 데이터에 대한 변화된 접근법을 실용적으로 기술했으며, 그것을 구현할 도구들을 제작하려고 했다. 1962년의 한 성명서에서 터키는 자신이 '데이터 분석'이라고 명명한 새로운 접근법의 필요성을 역설했다. 기존 정보를 확인하는 것뿐만 아니라 새로운 정보를 발견하는 데에도 사용되고 있는 '데이터 분석법'의 내용은 다음과 같다.

데이터 분석 그리고 이에 수반되는 통계학의 부분들은 수학의 특성보다는 과학의 특성을 가져야만 한다. 구체적으로 말하면 다음과 같은 특성들이다.
1. 데이터 분석은 보안보다 범위와 유용성을 추구해야 한다.
2. 데이터 분석은 부적절한 증거가 정답을 더 자주 가리키도록 종종 적당히 기꺼이 틀려야 한다.
3. 데이터 분석은 수학적 논거와 수학적 결과의 증명이나 타당성의 보증을 위한 근거가 아닌 판단을 위한 근거로 사용해야 한다.[11]

과학적 활동의 속성 면에서 터키는 데이터 분석을 논리적으로 완결된 분야가 아니라 일종의 예술로 보았다. 터키는 서로 다른 속성을 가진 두 종류의 학문적 통계학을 가다듬고 있었다. 하나는 통계적 사고의 수학적 힘을 확증적 목적뿐만 아니라 탐색적 목적에도 사용하는 접근법이었고, 다른 하나는 실험적 시도의 일환으로 생성된 데이터에 국한되지 않고 관찰 데이터에도 적용될 수 있는 접근법이었다. 앞서 보았듯이, 수학자 미나 리스의 지지 그리고 해럴드 호텔링 등의 통계학자들의 노력 덕분에 제2차 세계대전 시기에 고도의 응용통계학이 크게 성공하자 실용적인 방향의 데이터 중심 통계학보다는 수학적 부분에 초점을 맞춘 이론적 통계학이 미국과 유럽에서 재정적·상징적 지원을 얻어냈다. 얼마 지나지 않아 터키 같은 비판자들이 보기에, 실용적인 데이터 수집과 분석은 수학적 정교성과 엄밀성이라는 제단 앞에 희생된 제물 신세가 되어 있었다. 그는 통계학을 최대한 순수수학의 추상적 형태를 모방하도록 몰고 가는 대학 내 통계학자들의 지배적인 경향성에 반발했다. 그런 입장은 터키가 보기에는 엄밀성이 과도했고 데이터를 이용한 작업이 너무 부족했다. 앞서 보았듯이, 이와 반대로 통계학자 호텔링은 젊은 학생들이 너무 많은 실제 데이터에 노출됨으로써 받는 부정적인 영향력을 걱정했다. (확실히 짚어두는데, 터키는 수학적 엄밀성에 문외한이 아니었다. 제2차 세계대전이 발발하던 바로 그 해에 순수수학의 한 분야인 위상수학으로 박사학위를 받기도 했다.)

터키는 벨연구소의 핵심 구성원으로서 이 데이터 분석을 추구했는데, 전시 경험과 NSA 및 군복무를 포함해 수십 년 동안 관련된 활동을 한 경험이 그 바탕이 되었다. 터키는 "1940년대의 전시 문제들" 덕분이라면서, 한 인터뷰에서 이렇게 설명했다. "통계학이란 데이터에 사용되는 목적의 학문이라는 입장이 자연스러웠습니다. 아마 직접적이지 않고 약간 거리를 둔 채로 사용됐겠지만요. 지금도 실용적 경험을 가진 사람이라면 이런 입장일 거라고 믿습니다. 하지만 그들은, 감히 말하자면, 절대 드러내지는 못했습니다."[12] 1960년대와 1970년대에 터키와 다른 비평가들은 학문적 수리통계학 및 계량경제학과 같은 관련 분야 내에서 데이터 분석과 판단을 위한 기법들을 실용적으로 육성하려는 활동을 찬양하는 사람이 거의 없다고 불평했다. 앞 장에서 보았듯이, 패턴 인식의 형태로서의 데이터 분석은 다른 분야, 즉 수리통계학과 다른 잘 확립된 분야들의 경계 영역에서 그리고 기업 연구실과 엔지니어링 부서들에서 다양한 이름으로 성행했다.

벨연구소의 분위기 속에서 터키와 공동 연구자들은 데이터 분석을 실현하기 위한 다양한 통계적·계산적 도구를 만들었다. 16년 후에 한 실용적 교재에서 그는 이렇게 설명했다. "탐색적 데이터 분석Exploratory Data Analysis, EDA은 탐정 업무, 즉 수치적 탐정 업무이거나 계산적 탐정 업무이거나 그래픽 탐정 업무이다." 탐색적 데이터 분석은 탐정 업무의 여러 영역에 걸쳐 유용한 '일반적 이해'를 제공했다. "형사사법제도의 과정은 증거 찾기(앵글로색슨 지역에서는 경찰과 검찰의 책임)와 증거력의 판단(배심원 및 판사의 할 일)으로 명확히 구분된다. 데이터 분석에서도 이와 비슷한 구분이 유용하게 사용된다. 탐색적 데이터 분석은 형사의 특성이 있다."[13] 탐색적 데이터 분석은 전문적 기술이며, 터키는 그 기술을 위한 새로운 도구의 제작을 찬양했다.

터키가 1978년에 발표한 교재로, 일찍이 여러 해 동안 초고 형태로 벨연구소 및 여러 곳에 퍼졌던 책에서 그는 '재표현reexpression'이라는 강력한 수단을 활용한 데이터 탐색 기술을 소개했다. 그는 굵은 글씨로 이렇게 설명했다. "우리는 효과적으로 표시할 때까지 결과를 살펴보았다."[14] 터키는 효과적 표시란 여러 형태의 데이터에 대해 시각화 기술을 사용하여 숙련도를 발전시킨다는 뜻이라고 밝히며 이렇게 역설했다. "데이터 분석으로 얻은 출력을 이미지로 표현하려면 훨씬 더 창조적인 노력이 필요하다. ⋯ 사람들은 적절한 이미지를 사용함으로써 폭넓은 요약에서부터 미세한 세부사항까지 모든 범위에서 큰 유연성을 얻을 수 있다. 왜냐하면 이미지는 아주 여러 가지 방식으로 바라볼 수 있기 때문이다." 터키는 컴퓨터가 곧 그래픽 분야를 주도할 것이라고 내다보면서도, 그 사이에 손으로 데이터를 시각화하는 다양한 기법을 개발했다.

벨연구소의 동료들은 터키가 제시한 노선을 따라서 그 이상으로 계속 훌륭한 연구를 이어갔으며, 점점 더 상업적·과학적 시스템에서 데이터가 폭발적으로 증가하는 흐름에 맞추어 연구했다. 1993년 터키의 벨연구소 동료인 존 체임버스John Chambers는 수정한 성명서를 발표하면서 통계학의 야망을 확장해야 한다고 촉구했다. 단순히 찜 요리를 아는 사람과 세프 간의 차이를 파악한 체임버스는 작은 통계학lesser statistics과 큰 통계학greater statistics을 다음과 같이 구분했다. 작은 통계학은 "텍스트, 학술지 및 박사학위 논문으로 정의"되는 데 반해, 큰 통계학은 "포괄적이고, 방법론 면에서 절충적이고, 다른 학문 분야들과 긴밀히 연관되어 있으며, 대체로 학계 외부에서 그리고 종종 외부의 직업적 통계 분야에서 이루어진다."[15] 작은 통계학과 달리 큰 통계학은 단순화한 간명한 데이터뿐만 아니라 학술적 발표에도 관심을 갖는다.

큰 통계학 연구의 넓은 범주는 다음 세 가지다.

- 데이터 준비하기. 계획, 수집, 구성 및 확인 포함
- 데이터 분석하기. 모형 또는 다른 요약을 통해서
- 데이터 표현하기. 글로 쓰거나 그래픽 또는 다른 형태로[16]

체임버스의 주장에 의하면, 현실 상황에서 준비하기와 표현하기는 "실용적 중요성뿐만 아니라 지적인 도전과제들이 만만치 않았다." 터키는 NSA와 함께 일하면서 방대한 데이터를 다루었다. 체임버스는 현실 시스템들에서 데이터가 점점 더 많이 축적되면서 생기는 도전과제들을 이렇게 언급했다. "많은 평범한 … 활동들이 잠재적으로 소중한 데이터를 다량으로 생성해낸다. 해당 사례들로는 … 소매 판매, 계산서 발부, 재고 관리 등이 있다. 데이터는 학습 목적으로 생성되지 않았지만 학습 목적으로 사용될 수 있는 잠재력이 컸다."[17] 체임버스가 이렇게 말한 것은 벨연구소의 여건 속에서 연구할 수 있었기 때문이다. 벨연구소의 연구자들은 미국 정부와 함께 일하면서 마주치는 다양한 데이터뿐만 아니라 전국의 통신 데이터에 접근할 수 있는 여건 덕분에 그렇게 말할 수 있었다.

한 가지 목적에서 수집된 다량의 데이터세트가 잠재력 있는 새로운 종류의 과학적·상업적 지식을 내놓을 수 있다는 비슷한 취지의 발언이 이후 수십 년 동안 컴퓨터와 관련된 다양한 분야에서 나왔다. 금융 데이터와 그것을 실용적으로 분석한 덕분에 금융거래의 기술적 분석, 통계적 차익거래 그리고 이후 더 발전된 컴퓨터 기술이 나오면서 초단타 매매 분야가 등장하게 된다. 이와 비슷하게, 1990년대와 2000년대에 계산생물학 computational biology이 폭발적으로 성장했다. 유전자 네트워크의 이해를 위한 고속대용량 생물학 분석 시험, 전자적 의료 기록의 대규모 마이닝 그리고 임상정보학Clinical Informatics의 등장과 더불어 상이한 게놈들의 분석이 가능해졌기 때문이다.[18] 산업계에서는 응용계산통계학의 기법들로 인해 회사들이 책과 영화를 추천하는 방식이 바뀌었다. 처음에는 전자상거래의 등장과 함께 일어난 변화인데, 나중에는 동일한 기술들이 와인, 신발 그리고 결국에는 정보와 통신에도 적용되었다. 각각의 분야들은 저마다 '데이터 순간data moment'이 있는데, 이것은 학습 이외의 목적으로 생성된 다량의 데이터를 수집하고 처리하고 통찰을 상품화하는 데 필요한 인프라의 뒷받침을 받는 통계 분석이 조금 곁들여져서 그런 데이터가 얼마나 값진 것인지 처음으로 깨닫게 된 순간을 의미한다. 체임버스와 터키 등의 학자들은 통계적 분석이 이런 프로젝트의 일부('큰' 통계학의 핵심에 놓인 작은 수학적 덩어리)일 뿐이라고 주장했다. 하지만 그들은 학문적 통계학은 만약 데이터를 통한 학습에 필요한 도구를 제공하지 못한다면 쓸모없어질 운명이라는 경고를 하기도 했다.

1998년 체임버스는 데이터 분석과 그래픽 표현을 위한 S 시스템을 개발한 공로로 미국 컴퓨터학회Association for Computing Machinery의 소프트웨어 시스템 상을 받았다. "그것은 사람들이 데이터를 분석하고 시각화하고 처리하는 방식을 영구적으로 변화시켰다."[19] 그리고 S에 기반한 오픈소스 언어 R이 계산 지향형 통계학자들, 특히 그래픽 분석과 표현 작업의 지배적인 플랫폼이 되었다.

그리하여 벨연구소 사람들은 데이터 분석을 가능하게 해주는 도구 세트를 만들고 태도를 길렀는데, 이 데이터 분석은 전통적인 통계의 형태를 갖고 있으면서도 통계에 대한 폭넓은 접근법을 취했다. 그들은 또한 그래픽 기법의 위력을 찬양했다.

몇 년 후 벨 연구소에서 근무하던 또 한 명의 통계학자 윌리엄 클리블랜드William Cleveland가 '데이터과학' 분야를 만들어야 한다고 명시적으로 촉구했다. 통계학을 실용적 데이터 분석을 위한 용도를 중심으로 급진적으로 재정비해야 한다는 요청이었다. 통계학자는 컴퓨터과학자에게 줄 게 많았다. 컴퓨터과학자도 통계학자에게 가르쳐줄 게 많았다. "데이터 분석을 생각하고 접근하는 방식에 관한 컴퓨터과학자의 지식은 제한적이다. 이것은 통계학자가 지닌 컴퓨팅 환경에 대한 지식이 제한적인 것과 마찬가지다. 지식 기반의 통합은 혁신을 불러일으킬 강력한 힘을 낳을 것이다. 이는 통계학자들이 오늘날의 지식을 위해 컴퓨팅에 관심을 가져야 하고 마찬가지로 데이터과학도 과거의 수학에 관심을 가져야 함을 시사한다."[20] 대학들도 변해야 했다.

20세기 후반에 통계학을 방대한 데이터세트에 적용하면 새로운 분야가 탄생할 것을 알고 있던 사람들은 (터키, 체임버스, 클리블랜드 등) 벨연구소의 이단아 통계학자들만이 아니었다. 연구 현장, 상업 및 정부 부문에서 점점 더 많이 생성되는 대규모 데이터세트를 저장하고 확보하고 검색하는 데 필요한 기술을 만들어내려고 시도하고 있던 산업계와 학계의 인물들도 같은 인식을 하고 있었다. 1990년대가 되자 '매우 큰 데이터베이스'에 관해 연구하던 많은 학자들은 일상적인 온라인 및 오프라인 거래를 통해 생성되는 데이터를 분석할 수 있는 기술의 부족을 우려하고 있었다.[21] 이 문제에 답을 내놓으려면 새로운 기술, 새로운 태도, 새로운 종류의 해당 종사자에 대한 정의와 권한 부여가 필요했다.

데이터 마이닝

1980년대 후반이 되자 급격하게 저장량이 증가하고 있던 기업 데이터를 분석하고 그 데이터로부터 학습하기 위한 도구들은, 우리가 8장의 말미에서 보았듯이, 부적절하다는 인식이 더욱 널리 퍼졌다. 과학과 군사, 첩보 관련 데이터도 마찬가지였다. 1998년, 대기업과 정부, 그리고 학계의 '데이터 창고data warehouse'가 급성장하는 중에 당시 마이크로소프트

소속 연구자인 우사마 페이야드^{Usama Fayyad}는 이렇게 설명했다.

> 디지털 정보 처리, 탐색 및 활용과 관련하여 우리가 오늘날 서 있는 위치를
> 역사적 비유를 들어 설명하자면, 고대 이집트가 어울린다. … 오늘날의 대규
> 모 데이터 저장은 사실상 거대하지만 쓰기만 가능한 데이터 무덤과 그리 다
> 르지 않다.[22]

흥미로운 많은 빅데이터는 두 가지 상이한 측면에서 크다고 할 수 있다. 첫째, 다수의 사람이나 다수의 구입품에 관한 관찰 내용들을 포함한다. 둘째, 그런 관찰 내용들 각각에 대한 다수의 변수들을 포함한다. 두 번째로 언급한 사안, 이른바 데이터의 '고차원성^{high-dimensionality}'에는 중대한 수학적 도전과제가 뒤따른다. 차원이 높아질수록 데이터점들을 비교하기 위해 사용되는 수학적 기법들이 문젯거리가 되며, 결론에 관한 높은 수준의 신뢰도를 달성하는 데 필요한 데이터의 양이 커진다는 것이다. 기업, 군사 및 첩보 데이터에는 이런 고차원성을 실시간으로 다룰 수단이 필요했다.

'데이터 마이닝'이라는 활동은 1990년대 초반에 점점 더 많이 저장되던 미가공의 기업 및 과학 데이터를 활용하기 위해 등장했다. 공식적인 명칭으로는 '데이터베이스 속의 지식 발견^{Knowledge Discovery in Databases, KDD}'이라고도 불리는 데이터 마이닝은 거대한 규모와 차원성을 지닌 데이터베이스에서 유용하고 사소하지 않은 지식을 창조해내는 활동이다.[23] 데이터 마이닝은 수백만 또는 수십억 개나 되는 기록처럼 매우 큰 규모의 데이터베이스에 초점을 두는데, 각각의 기록은 보통 다수의 요소들을 포함한다. 가령 소매업체 데이터베이스의 기록에 대해 데이터 마이닝 작

업은 구입한 물품, 상점의 우편번호, 구매자의 우편번호, 다양한 신용카드, 구입 시간, 구매자의 출생년도, 동시에 구입한 다른 물품들, 심지어 살펴본 다른 물품들 또는 구매하거나 반품한 기존의 모든 물품에 대한 이력 등 이 모든 기록 사이의 예상치 못한 관계들을 찾아내려고 할지도 모른다. 데이터 마이닝은 고차원 데이터를 상당히 빠르게 분석하는 작업으로, 혼잡한 현실 데이터야말로 데이터 마이닝의 정체성과 목적에 핵심적인 역할을 하며, 심지어 패턴 인식이나 학문적인 기계학습에서보다 데이터 마이닝에서 그런 데이터가 더 중요하다.

1990년대 이전의 정교한 통계 알고리즘 및 기계학습 알고리즘들은 대체로 메모리에 쉽게 저장할 수 있는 데이터세트에 맞게 고안되었고, 느리게 작동하는 디스크를 비교적 적게 이용하면 되었다. 메모리에 담을 수 없는 거대한 양의 데이터에 그런 알고리즘을 적용하는 것은 결코 만만치 않았다. 단지 통계나 기계학습을 더 큰 문제에 적용하면 되는 일이 아니었다. 데이터 마이닝의 주요한 발전들은 알고리즘의 데이터 처리 규모를 키우는 데 필요한 상충되는 여러 요소들 중에서 적절한 것을 선택하는 노력이었다.[24]

큰 규모의 데이터를 다루는 능력은 실제로 기계학습의 양상을 극적으로 다시 변화시켰다. 데이터 마이닝은 기계학습에 크게 의존했으며, 또한 기계학습이 큰 규모로 성장하는 데 새로운 방식으로 크게 이바지했다. 1980년대 후반 그리고 현재에 이르기까지 어떤 패턴이 나타나기 시작했다. 즉, 알고리즘의 옹호자들이 특정한 알고리즘을 들고 나와서 (종종 박사학위 논문의 일환으로서) 일련의 개선안들을 제시하고, 이후에 과학과 산업 영역에 걸쳐 그런 알고리즘의 여러 버전들의 옹호자가 된 것이다. 잠재력은 있지만 주목받지 못한 영역에서 데이터로 학습하기 위한 소수의 강력한 접근법들이 데이터 마이닝과 기계학습에서 가장 칭송받는 알고리즘들을 내놓은 것이다.

데이터 마이닝은 이론에 묶여 있지 않은 데이터를 이용하여 세계를 구분하고 이해하는 일상적 방식들을 뛰어넘겠다고 약속했다. 피셔의 관점에서 연구하는 통계학자라면 이렇게 질문할 것이다. "고소득자는 저소득자보다 대형 마트에 충성도가 높은 성향이 있을까?" 그리고 이 가설을 검증하려고 할 것이다. "한편 데이터 마이닝은 충성도를 쌓는 데 기여하는 다른 요인들을 짚어냄으로써 더 많은 통찰력을 제공하게 될 텐데, 분석가들은 다른 방식으로는 그러한 검증 자체를 고려할 수 없을 것이다."[25] 이런 접근법들의 잠재력에 흥미를 느낀 과학자들도 비슷하게 주장했다. 1999년 패트릭 브라운Patrick Brown과 데이비드 봇스테인David Botstein은 이렇게 설명했다. "탐색이란 둘러보고 관찰하고 기술하고 미발견 지역을 조사하는 일이지 이론이나 모형을 검사하는 게 아니다. 탐색의 목표는 우리가 몰랐거나 예상치 못했던 무언가를 발견하는 것이다."[26]

1990년대 후반, 산호세에 소재한 IBM의 알메이든 연구소가 연속 세미나를 개최했다. 학계와 업계의 연구자들과 IBM의 직원들이 참가한 이 세미나는 더 일반적으로 지역 데이터 마이닝 연구 공동체를 위한 만남의 자리 역할을 했다.[27] 거기서 발표된 많은 논문의 내용들은 기존의 하드웨어에서 통계 알고리즘들과 기계학습 알고리즘들을 대규모 데이터세트를 통해 사용하게 만드는 변환 작업에서 표준이 되었다.

1997년 11월 어느 수요일 아침 스탠퍼드대학교 컴퓨터과학과의 한 대학원생이 알메이든에 와서 "웹 마이닝Wining the Web"이란 주제로 강연을 하며 이렇게 설명했다.

스탠퍼드의 새로운 프로젝트는 웹베이스WebBase라는 프로젝트입니다. 목표는 웹에서 다량의 데이터를 수집해서 그것을 연구용으로 사용할 수 있게 만드는 겁니다. 이 프로젝트는 비교적 새로운 것인데도(7개월) 흥미로운 결과가 벌써 몇 가지 나왔습니다.

강연자인 세르게이 브린Sergey Brin은 데이터 마이닝 연구팀인 MIDAS Mining Data At Stanford의 창설 멤버였다. MIDAS는 저마다 데이터베이스 관리의 선구자인 여러 교수진의 지원을 받았다. 정규 회의 때마다 MIDAS 팀은 알고리즘부터 윤리 문제까지 그 분야의 상황에 대해 논의했다. "주제들은 행정적 문제와 보조금 신청에서부터 학생들과 방문객들이 하는 학술회의 방식의 프레젠테이션까지 다양했다."[28] IBM에서 진행된 강연 내용과 관련하여 브린은 자신과 스탠퍼드의 다른 이들이 당시로서도 새로웠던 월드와이드웹의 방대한 데이터 처리를 위해 진행하던 연구를 폭넓게 다루기로 약속하며 다음과 같이 말했다.

저는 링크 분석, 속성 필터링, 검색 및 문구 검출 등 지금까지 개발된 몇 가지 알고리즘들과 이 데이터로 우리가 발견한 내용들에 대해 말하겠습니다.[29]

곧 그 프로젝트는 많은 알고리즘을 결실로 내놓았다. 그리고 오래지 않아 수십억 달러의 자금까지 결실로 얻었다. MIDAS의 웹페이지는 이렇게 밝혔다. 그 연구팀의 "가장 인상적이고 유용한 시제품은 래리 페이지Larry Page와 세르게이 브린이 만든 구글이라는 우수한 검색엔진입니다."[30]

구글 검색 시스템의 구조

1990년대의 수많은 컴퓨터과학 공동체는 방대하게 확장되고 있는 데다 큐레이션^{curation}(데이터를 수집, 분류 및 가공하는 일—옮긴이)되지 않은 월드와이드웹을 다룰 준비가 되어 있지 않았다. 오래된 검색 및 인덱싱 indexing(데이터세트에서 원하는 특정 데이터를 추출해서 찾아내는 작업—옮긴이) 도구들은 가령 메타데이터로 정기간행물을 수집하는 것처럼 텍스트 및 다른 데이터의 고도로 표준화되고 정돈되고 중앙화된 수집을 위해 설계되었다. 연구자들은 웹페이지들의 비표준적이고 구조화되지 않은 속성과 더불어 엄청난 개수의 웹페이지를 다루느라 애를 먹었다.[31] 많은 기계학습 알고리즘처럼, 정보 인출이라는 진부한 분야의 알고리즘들은 웹상의 페이지 개수에 맞도록 처리 규모를 쉽사리 키우지 못했다. 1990년대 중반이 되자 검색은 많은 이들이 보기에 웹에 대한 전도유망한 접근법이 아닌 듯 보였다. 당시 업계의 주요한 참가자들은 큐레이션을 행하는 포털들에 점점 더 초점을 맞추었는데, 야후의 접근법이 그 대표적 사례다. 하지만 검색은 2000년 이후 처음엔 점진적이었다가 지수적으로 팽창한 구글이 장악하게 되었다. 검색에 대한 구글의 접근법은 데이터 마이닝의 핵심에 놓인 고도의 응용기계학습 문제에서 시작되었다.

1998년 스탠퍼드 MIDAS 팀의 브린과 인간-컴퓨터 상호작용^{Human-Computer Interaction} 팀 소속인 브린의 동료 대학원생 래리 페이지는 데이터 마이닝 연구자들 사이에서 가장 유명한 문제 중 하나를 공략했다. 어떤 이가 장을 볼 때 함께 구매하는 경향이 있는 물품들을 알아내는 문제로, 이른바 '장바구니^{market basket}' 문제였다. 두 사람은 고객의 장바구니 속 물품들을 대규모로 살펴보고 얻은 단서를 이용해 웹상에 있는 문서들

간의 연관성을 찾아냈다. 두 사람의 접근법인 이른바 '동역학적 데이터 마이닝'은 '모든 가능한 연관 규칙들의 공간을 빠짐없이 검색'하지 않았다. 그러기에는 웹이 너무 컸기 때문이다.

표준적인 장바구니 데이터 분석이 장바구니 이외의 다른 데이터에 적용될 때 합리적인 시간 내에 유용한 결과가 나오기란 매우 어렵다. 예를 들어 수천만 개 물품과 바구니당 평균 200개 정도의 물품을 넣었을 경우의 데이터 규모를 고려해 보자. … 전통적인 알고리즘은 우주가 끝날 때까지라도 이 정도 대량의 물품 집합들을 계산해 낼 수 없다.[32]

기계학습 알고리즘들이 초기 데이터베이스 마이닝의 규모를 다루기 위해 변화해야 했듯이, 연관 규칙 탐색 알고리즘들도 초기 월드와이드웹의 규모를 다루기 위해 변화해야 했다. 그런 접근법을 상업적 데이터베이스에 적합하도록 조정하는 과정을 통해 브린과 페이지는 디스크와 메모리 사용을 최소화하는 현실 데이터베이스에 초점을 둔 모범 사례가 되었다.
페이지와 동료 연구자들이 보기에 웹의 방대한 규모는 웹 사용을 아주 어렵게 만드는 요인이지만 동시에 웹이라는 공간을 매우 희망적으로 만드는 요인이기도 했다.

우리는 한 가지 핵심 아이디어를 활용한다. 그것은 바로 웹이 그 자신의 메타데이터를 제공한다는 사실이다. … 왜냐하면 웹의 상당한 부분은 웹에 관한 것이기 때문이다. … 잠재적으로 유용한 데이터의 한 작은 부분집합에 중점을 두는 단순한 기법도 웹의 규모 덕분에 성공할 수 있다.[33]

브린과 동료 연구자들은 기존의 통계 기법과 기계학습 기법을 변환하는 데 큰 관심을 기울인 데이터베이스 연구 공동체 내에 기반을 두고서, 그저 규모만 다루는 게 아니라 그것을 발견하는 데 필요한 핵심 자원으로 만들기 위한 준비도 갖추었다. 근본적으로 그들이 깨달은 것은 웹의 규모는 웹을 수십억 가지의 세세한 방식으로 분류하고 범주화하는 인류의 방대한 노력이 포함되었다는 사실이다. 그들은 웹 자체를 작성 규칙에 따라 분류하는 임의의 인공지능 형태를 제작하기보다 인간의 판단을 대규모로 활용하는 메커니즘을 창조했다.

브린과 페이지가 웹을 마이닝하여 얻은 가장 위대한 성취는 일상화된 학문적 행위를 방대한 규모에서 가장 효과적인 알고리즘 형태에 적용했다는 것이다. 페이지가 떠올린 발상에 따라 두 사람은 고급 인용문의 수를 센다는 아이디어를 학문적 작업의 권위나 가치를 평가하는 데 적용했다. 웹페이지들에서 인용문을 세어서, 즉 해당 웹페이지에 대한 링크 개수를 세어서 권위의 높고 낮음을 '평가할' 수 있었다. 권위가 높은 웹페이지일수록 다른 권위 있는 페이지에 많이 링크되어 있음을 의미했다. 어느 한 웹페이지를 링크한 다른 웹페이지들의 총 개수는 그 웹페이지가 링크한 (그 웹페이지에 링크가 포함된) 다른 권위 있는 웹페이지들보다 훨씬 적었다. 브린과 페이지는 그 결과를 페이지랭크PageRank라고 불렀는데, 이 알고리즘은 곧 새로운 검색엔진인 구글의 핵심 기능이 되었다. 구글 검색은 대규모 데이터 처리에 관한 데이터베이스 가치를 기계학습 공동체의 가치와 융합하는 문화에서 등장했다. 처음부터 브린과 페이지는 아름다운 수학을 틀리기 쉽고 제약이 있는 기계에서 구현할 수 있는 데이터베이스를 만들어야 한다고 여겼다. "구글의 데이터 구조는 대규모의 문서들이 낮은 비용으로 크롤링crawling(웹페이지를 돌아다니며 데이터를 수집하는 행위—옮긴이), 인덱싱 및 검색이 가능하도록 최적화되어 있다."[34] 인간의 판단을 대규모로 이용하기 위한 과정인 페이지랭크는 창의적으로 설계된 데이터베이스 집합으로 구현되어야 했다. 페이지랭크가 등장하고 적절한 시기에 그것을 저렴한 하드웨어로 구현하게 됨으로써, 분산화된 데이터베이스와 분산화된 분석 처리를 위한 새로운 아키텍처들, 즉 빅테이블BigTable과 맵리듀스MapReduce가 각각 탄생했다. 극단적으로 큰 데이터세트를 다루기 위한 이런 기술의 발전이야말로 우리가 앞으로 보게 될 데이터과학 발전의 중심적 특징이다. 새로운 아키텍처들은 발전된 큰 규모의 기계학습을 많은 사용자들이 (만약 적절한 자원만 갖고 있다면) 활용할 수 있는 기술로 만들었다.

군사 및 첩보 문제는 이런 연구들과 결코 멀리 떨어진 적이 없다. 2004년 미국 NSA와 해군연구청은 '대량의 데이터 스트림' 분석을 주제로 하는 워크숍을 후원했다. 9.11의 여파로 첩보와 국방 부문은 자신들이 은밀히 육성했던 데이터 중심 사업들의 결과물이 필요했다. NSA가 데이터 마이닝으로부터 얼마나 많은 이익을 얻었는지를 수학연구단의 단장은 이렇게 설명했다.

우리는 1년 전만 해도 없었던 다음과 같은 기법들에서 극적인 성공을 거두었다. 다량의 데이터에서 패턴을 찾는 기법, 결론을 이끌어내고 어떤 상황의 알려진 몇몇 속성들을 얻어내는 데이터 마이닝을 통해서 새로운 속성을 찾는 기법, 상당히 알고리즘에 기반을 두었으며 정말로 우리의 분석에 유용한 정보를 제공하는 기법 … 우리에게 이 모든 일의 관건은 기계가 우리를 위해 어떻게 일할지를 가르치는 것 그리고 기계에 알고리즘들을 가르치는 것이었다.[35]

2000년대에는 NSA뿐만 아니라 다양한 조직이 데이터 중심적 컴퓨터 작업에서 이득을 얻었다. 마케팅, 의학, 물리학, 교육, 형사재판, 소셜네트워킹, 드론 항법과 같은 분야에서는 이를 재빨리 받아들였다. 기계학습과 관련해 상업, 첩보 및 군사 데이터 영역에서 처리 규모를 키우는 데 필요한 도전과제들은 훨씬 더 큰 데이터세트를 다룰 수 있는 기술과 기술자들의 탄생을 촉진했다.

데이터 마이닝에서부터 빅데이터까지

이전에도 가끔씩 사용되었지만, '데이터과학자'란 용어는 인터넷 플랫폼인 페이스북과 링크드인LinkedIn에서 직책명으로 등장하면서 더 널리 쓰이게 되었다. 학계 내부의 다툼과 동떨어져 있던 이 회사들은 경쟁사인 구글 및 아마존과 마찬가지로 일상적 거래에서 나오는 온라인 및 오프라인 데이터를 갈수록 많이 축적하고 있었고, 아마도 그 정도의 데이터를 축적하고 있는 경쟁자라면 NSA 정도밖에 없었을 것이다. 이 엄청난 분량의 데이터를 저장하고 표현하고 분석하는 일에는 엄청난 기술적·지적 도전과제들이 뒤따랐는데, 이 과제들은 데스크톱 컴퓨터에서 작은 데이터세트를 분석하는 작업과는 규모 면에서 근본적으로 달랐다. 통계학자들의 재능, 관행 및 소프트웨어는 일단 이 정도 규모의 도전과제들이 충족되고 아주 많은 시간이 흐른 후에야 필요해질 터였다.

데이터는 인터넷 회사들이 잇달아 사용자들에 관한 기록을 최대한 많이 모으면서 빠르게 축적되고 있었다. 아울러 정보 플랫폼 회사들의 광고 모형이 중요하게 대두되면서 기업 고객들에 관한 기록이 많이 수집된 것도 이에 한몫했다. 그 무렵 NSA는 그 기관의 분석 용량을 압도하는 엄청난 양의 인터넷과 전화 트래픽을 파악할 수 있는 새로운 권한을 얻었다. 하지만 데이터베이스 및 그것을 분석하는 기존의 능력은 붕괴하고 있었다. 다시 한번 소프트웨어와 하드웨어는 막대한 데이터 스트림을 처리할 수가 없게 되었다.

가령 제프 해머바커의 설명에 따르면 한 핵심 페이스북 데이터베이스가 테라바이트의 데이터에 접근했을 때, 쿼리 시스템querying system(데이터베이스에 정보를 요청하는 시스템—옮긴이)이 "갑자기 멈춰버렸고", 그것을 되살리는 데 사흘이 걸렸다. 결국 페이스북은 하둡을 도입했는데, 이것은 다량의 데이터를 저장하고 분석하는 강력한 오픈소스 프레임워크다. 야후에서 개발된 이 기술 덕분에 데이터가 수백 개의 서버에 분산 저장될 수 있었고, 맵리듀스라는 구글의 한 과정을 바탕으로 데이터 분석이 많은 서버들에 분산되어 저장될 수 있게 되었다. 또한 하둡은 '구조화된 데이터'와 '비구조화된 데이터'의 혼합을 가능하게 만들었다. 명확하게 구분된 영역으로 구성된 주소(이름, 거리, 우편번호)와 문자 텍스트들이 구분되지 않고 한데 붙어 있는 주소가 각각 그런 데이터의 예다.

기존 및 신생 산업계에서도 전반적으로 비슷한 상황이 이어졌다. 그리고 데이터의 새로운 보고들, 특히 제너릭 데이터generic data(일반화된 형태의 데이터로 코드를 추상화하고 재사용성을 높이는 역할을 한다—옮긴이)가 컴퓨터로 분석하는 옛 방식들을 압도해버린 학문 분야들 내에서도 마찬가지였다.

엄청난 양의 데이터는 문젯거리이기도 하지만 동시에 큰 기회를 가져다주기도 했다. 구글 연구원 세 명은 자칭 "데이터의 멈출 수 없는 효율성"을 찬양했다. 그들은 단순한 모형을 지닌 수많은 데이터가 작은 데이터를 지닌 복잡한 모형보다 거의 언제나 더 낫다고 주장했다.[36] 페이스북과 구글은 NSA가 그랬듯이 이 새로운 접근법을 활용했다.

1996년 NSA의 기밀 사내 잡지에 실린 한 인터뷰에서 염탐할 전 세계 통신의 양에 관한 질문에 다음과 같은 대답이 돌아왔다.

> 그 모든 내용에 더해 우리가 직면한 세 번째로 큰 도전과제를 말하자면, 그 건 분량입니다. 대답은 여기서 끝이에요. 할 말을 다했으니까요.[37]

2006년이 되자 "분량은 우리의 친구"라는 제목의 일급기밀 이메일을 통해 데이터 과부하를 다룰 수 있는 NSA의 능력에 대하여 새로운 확신을 갖게 되었다. 실제로 이러한 능력은 다른 분야에서 빅데이터가 환영받는 데 핵심적 요인이 되었다. 무엇보다 데이터의 양이 많을수록 더 좋았다.

전 세계적으로 진행된 테러와의 전쟁에 사용된 자원 덕분에 NSA는 엄청난 수집 및 분석 역량을 얻었지만, 그래도 더 많은 역량이 필요했다. 2008년 NSA는 구글의 아이디어를 기반으로 오픈소스 공동체 내애서 제작된 빅데이터용 데이터베이스에 관심을 가졌다. 구글의 핵심 아이디어인 빅테이블을 바탕으로 NSA 내부에서 일군의 과학자들과 프로그래머들이 분산화된 데이터베이스 플랫폼을 제작해 오픈소스 공동체에 배포했는데, 그것은 페타바이트의 저장 용량이 필요한 수십억 개 점들을 지닌 그래프를 축적하도록 설계된 플랫폼이었다.[38] 테러와의 전쟁으로 수십억까진 아니더라도 수백만 달러가 기계학습, 계산통계학 및 분산 컴퓨팅으로 쏟아져 들어왔다. 첩보 기관과 군사 조직은 학문적·상업적 발전에 크게 의존했으며, 모든 핵심 분야에 지속적으로 자금을 지원했다.

2013년 무렵 NSA의 한 구인 공고에 아래와 같은 비밀수집 '정보원' 모집 내용이 올라왔다.

복합형 컴퓨터과학자, 처리 중심 기술적 작업과 콘텐츠 중심 분석 작업 사이의 경계를 가로질러 작업하는 분석가.

임무:
- 데이터의 구조, 구문 및 처리에 관한 정보를 데이터세트의 수집, 구성 및 조작 기능과 결합해 고객 정보 니즈에 대한 응답을 종합해낸다.
- 과학적 기법들을 데이터 평가, 통계적 추론 수행 및 데이터 마이닝에 적용한다.
- 데이터 분석 및 분석가, 개발자 및 이들의 관리자가 평가를 위해 내리는 데이터 분석의 결론을 문서화하고 발표한다.[39]

첩보계와 산업계 모두에서 데이터과학자의 새로운 역할이 훨씬 더 중요해졌다. 업계 및 학계와 마찬가지로 NSA도 기업들이 찬양하며 추구했던, 우월성과 지식 유형 면에서의 변화를 수용했다. 냉전 시대부터 현재까지 NSA라는 기관에서 이루어진 많은 문화적 변화들을 짧게 훑어보면 어떻게 그 기관이 '완벽주의' 문화를 버리고 급진적으로 다른 문화를 받아들였는지 알 수 있다. 냉전 시대 후기의 '승리' 한가운데서 "NSA는 1980년대에 정확성, 깊은 지식, 철저한 전문성, 생산성과 평판을 가치 있게 여겼다." 이와 달리 잠재적인 적들이 어지럽게 흩어져 있는 비대칭적 세계에서 "NSA는 2000년대에 … 속도를 중시했다. 지금 당장 80퍼센트를 얻는 것이 생명을 살리는 데 결정적으로 중요할 수 있기 때문이었다. (물론 전체 시도 횟수의 20퍼센트로 무고한 사람들을 죽이게 되는 정보를 목표로 한다는 뜻이다.)"[40] 이 분석은 날카롭고 무섭다. 넷플릭스가 추천을 잘못하는 것과 정찰, 드론 공격 또는 더 험악한 업무를 위해 근거를 제시하는 것은 전혀 다른 일이기 때문이다.

인공적인 인공지능

『데이터 페미니즘Data Feminism』에서 저자 캐서린 디그나치오Catherine D'Ignazio와 로런 클라인Lauren Klein은 핵심 원리 하나를 주장했다. "데이터 과학의 작업은 세상의 모든 작업과 마찬가지로 많은 일손이 필요한 작업이다."[41] 인터넷으로 인해 지금껏 알지 못한 규모의 데이터를 수집하는 것이 수월해졌지만, 그렇다고 데이터 처리가 인간에게서 독립하지는 못했다. 대규모 알고리즘 시스템은 인간의 노동과 판단을 제거하기보다 기존의 노동을 대체하는 동시에 다른 형태의 노동에 근본적으로 의존한다. 모든 새로운 하드웨어와 소프트웨어 그리고 모든 알고리즘의 밑바탕에는 데이터를 이용하기 쉽게 만들기 위해 투여된 인간의 노동이 있다. 이런 노동 중 일부는 걸출한 새로운 데이터과학자의 영역에 속했지만, 수많은 잡다한 일은 기업 활동에서 거의 드러나지 않는 사람들의 몫이었다. 컴퓨터가 모든 직업을 삼킨다는 전망은 완전히 틀린 소리다. 학자 안토니오 카실리Antonio Casilli는 이렇게 주장한다. "자동화가 인간 활동에서 무슨 역할을 하는지 이해하려면 먼저 자동화 자체에 깃든 노동의 양부터 인식하고 평가해야 한다."[42]

데이터 노동은 새로운 게 아니며, 우리 역사에서 잘 드러나지 않는다는 점도 새로운 게 아니다. 블레츨리 파크나 19세기 후반의 인구 조사원들을 생각해 보라. 하지만 오늘날의 데이터 규모는 확실히 전례 없는 현상이며, 이것은 바로 이러한 노동 시스템으로 인해 가능했다.

애초부터 구글의 검색 알고리즘은 웹페이지에 대한 암묵적인 인간의 등급 평가를 활용했다. 요즈음 제공하는 비교적 확실한 검색 결과를 얻기 위해, 구글은 콘텐츠가 명시적인지 아닌지, 성차별적인지 아닌지, 인종차별적인지 아닌지 평가하는 인간의 수십억 개 판단에 의존한다. 세라 로버츠Sarah Roberts, 메리 L. 그레이Mary L. Gray, 시다스 수리Siddharth Suri, 안토니오 카실리가 자세한 인류학 현장 연구와 사회학 연구를 통해 문서로 이미 이와 같은 사실을 밝혔다.[43] 앞에서 언급한 모든 학자들은 루시 서치먼과 쇼샤나 주보프Shoshana Zuboff가 진행한 초기 연구를 바탕으로 인도와 필리핀에서부터 미국 시골 지역에 이르기까지 전 세계적인 노동자들의 존재를 감춘 채 인간이 아니라 기술이 저절로 일하는 듯 보이게 만드는 은폐 과정을 강조했다. 그레이와 수리는 이렇게 설명한다.

> 수십억의 사람들은 매일 웹사이트 콘텐츠, 검색엔진 문의, 트윗, 게시물 그리고 모바일앱에서 실행되는 서비스를 소비한다. 그들은 자신들의 구매품이 오로지 기술의 마법으로 실현되었다고 가정한다. 하지만 사실 그런 제품들은 조용히 뒤에서 일하고 있는 전 세계의 노동자들에 의해 제공되고 있다.[44]

그런 노동 덕분에 통계와 기계학습이 대규모 데이터세트에 적용될 수 있다. 카실리는 이렇게 설명한다. "투자자와 언론 종사자의 상상력을 떠받치는 로봇 판타지의 대척점에는 데이터를 선택하고 개선하고 해석 가능하게 만들기 위해 필수적인 일을 수행하는 수많은 비전문적인 클릭 작업자들이 있다."[45] 기계학습을 현실 세계에 적용하려면 데이터를, 심지어 자동으로 수집된 데이터라도 이용 가능하게 만들어주어야 한다.

비평가들이 올바르게 짚었듯이, 어느 정도 수준의 많은 AI 성공 사례들에는 종종 방대한 규모로 인간의 의사결정이 관여했다. 교수이자 전직 구글 직원인 릴리 이라니Lilly Irani의 주장에 따르면, 아마존의 메커니컬 터크는 "AI가 약속한 컴퓨터에 의한 지능을 실제 사람들을 통해 모방해냄으로써 대표적인 AI 프로젝트들이 진행될 수 있게 했다."[46] 하지만 훨씬 더 자동화된 시스템조차 노동자들에 의해 분류되고 정돈되고 생산된 데이터에 의존하는데, 대체로 이런 노동자들은 전용 셰프와 테이블 축구대를 갖춘 소프트웨어 회사들의 여유로운 환경과는 멀리 떨어져 있다. 자동화된 시스템이 인간보다 과제를 우월하게 수행하는 경우에도 여전히 데이터를 분류하고 생산하는 대규모 인력풀이 바탕에 깔려 있다. 이어서 이라니는 이렇게 설명한다. "이 노동자들이야말로 기술 산업의 원동력이다. 하지만 언론에서도 그리고 테크 직장의 다양성 추진에 관한 정책에서도 이들은 눈에서 멀어지면 마음에서도 멀어지는 존재가 되고 만다. 다양성이 존재하긴 한다. 하청 계약하에서 열악한 보수를 받긴 하지만" 다시 그녀는 이렇게 덧붙인다. "이 노동자들은 기계가 할 수 없는 일에 뛰어나다. 기계와의 시합에서 이겼는데도 이들은 심지어 최저임금도 늘 받지는 못한다."[47] 이런 현상은 좋은 쪽으로든 나쁜 쪽으로든 데이터과학에서도 똑같이 존재한다.

통계학, 데이터과학을 수용하다

2014년 시드니에서 열린 세계 통계학자 총회의 대표 연설에서 버클리대학교 교수인 빈 유Bin Yu는 이렇게 제안했다. "우리가 데이터과학을 소유합시다Let us own data science."48 2010년대 초반에 기자, 컨설팅 회사 그리고 인플루언서 들이 데이터과학자를 당대의 가장 멋진 직업으로 찬양했다. 하지만 데이터를 이해하는 것과 가장 가까운 학문 분야인 통계학은 케케묵은 구식 학문이자 그릇된 접근법으로 여겨지는 듯했다. 유의 말에 따르면 통계학자는 컴퓨팅, 대규모 데이터의 현대적 형태 그리고 오늘날의 의사소통 방식에 더 많이 관여할 필요가 있었다.

자신의 주장이 옳다고 역설하면서 유는 이렇게 설명했다. "선견지명이 있는 통계학 동료들 다수는 데이터과학이 다가오고 있음을 알았다." 유는 틀리지 않았다. 통계학자들의 풍요로운 전통은 데이터, 컴퓨팅의 잠재력 그리고 현실 세계에 적용하는 데 이미 초점을 맞추었다. 하지만 그들은 대체로 우리가 앞서 만났던 통계학의 지나친 수학화, 기호적 AI를 지배했던 반실증주의적 풍조에 반박하여 그런 흐름을 거슬렀다. 이런 반항적인 통계학자들은 마치 이중국적자처럼 학계의 내부와 외부에서, 대체로 산업계와 정부 지원하의 연구센터에서 일하는 경향이 있었다.

존 터키와 레오 브레이먼보다 반항적인 통계학자들을 더 잘 대표하는 인물은 없다. 그는 업계와 학계 사이를 오갔다. 산업계 및 국방 관련 연구에서 UC버클리대학교라는 학계로 돌아가자마자 그는 깜짝 놀랐다. 나중에 브레이먼은 『이상한 나라의 앨리스』 속 상황 같았다고 당시의 상황을 묘사하며 이렇게 말했다.

나는 통계학 사용이란 측면에서 업계와 정부에서 무슨 일이 벌어지는지 알았지만, 학문적 연구 분야에서 벌어지는 일은 통계학 사용과는 한참 동떨어진 것 같았다. 마치 통계학이 추상수학 분야에 속한 것처럼 연구가 진행되고

있었다.[49]

    UCLA에서의 전도유망한 수리통계학 경력을 뒤로하고 브레이먼은 미국 국방부와 당시에 갓 설치된 환경보호국에서 광범위한 통계 작업을 맡았다. 학계 바깥에서 환경오염과 소련 잠수함 추적 등의 주제를 연구하면서, 그는 모형을 이용하거나 엄밀한 가설 검증을 통해서 인과관계를 예측하는 데 집중했다.[50] 학계 바깥에서 브레이먼은 설명에서 벗어나 예측을 중시하는 방향으로 인식론적 가치관과 수학적 관점이 근본적으로 바뀌었다. 아니 어쩌면 더 강화되었다.

    통계학은 다양한 인구 구성에 관한 데이터 및 데이터를 분석하는 시스템을 이해하는 과정에서 탄생했지만, 브레이먼 같은 연구자가 보기에 통계학은 한참 길을 잃은 상태였다. 하지만 2000년 무렵이 지나서부터는 통계학은 그가 언급한 과거 제2차 세계대전 시기의 '과도한 수학화'에서 벗어나 '회복하기' 시작했다.[51] 현장에서 이런 변화에 동참했던 그는 "전체 통계학자의 98퍼센트"가 가담한 "데이터 모형화 문화"와 "2퍼센트의 통계학자" 및 "다른 분야의 많은 연구자들"이 가담한 "알고리즘 모형화 문화"의 극명한 차이를 설명했다. 학문적 통계학을 지배했던 데이터 모형화 문화에서는 모형의 타당성이 "적합 검정과 잔차^{residual}(관찰값과 평균값의 차이—옮긴이) 검정을 사용한 예/아니오 결과"로 나온다. 이와 달리 알고리즘 문화는 "예측의 정확성"에 초점을 두었다.[52] 제한된 범위의 모형에 스스로를 국한하는 통계학은 방대한 데이터를 외면하고, 찾아낼 수 있는 여러 가능성보다 확실한 지식에 집착하며, 현시대의 문제들을 해결하는 데 필요한 새로운 도구의 발명을 제약했다. 반면에 알고리즘 문화는 비록 전통적인 통계학의 요구사항에는 못 미쳤지만 아주 많은 것을 세상에 내놓았다.

브레이먼만이 수리통계학이 디지털 컴퓨터의 도움을 받아 현실 데이터에 초점을 맞출 것을 촉구한 건 아니었다. 1970년대 후반에 다른 통계학자들도 통계학이 디지털 컴퓨터가 열어주는 가능성을 전면적으로 받아들이길 촉구했다. 브레이먼, 브래들리 에프런Bradley Efron, 윌리엄 클리블렌드 같은 연구자들은 컴퓨터 연산력의 발전에도 불구하고 학계의 통계학자들은 대규모 현실 데이터세트를 상대하고 아울러 연산력을 이 분야를 이해하는 노력에 더 중심적으로 적용하는 데 실패했다고 주장했다.

1993년 벨연구소의 존 체임버스는 데이터를 통해 학습하는 '큰 통계학'을 촉구하면서, 통계학을 지나치게 수학적 관점에서 연구하는 관행이 "통계학의 영향력과 더불어 이 분야가 사회에 제공하는 혜택을 위축시킨다"[53]라고 우려했다. 데이터의 폭발은 통계학이 엄밀성을 확보하고 새로운 방법들에 영감을 주는 핵심 기능을 맡을 기회를 가져다주었지만, 통계학은 그 가능성을 활용하지 못하고 있었다. 컴퓨팅을 활용하는 노선에 선 두 명의 주요 통계학자인 베르너 스튀츨Werner Stuetzle과 데이비드 매디건David Madigan은 통계학의 대학원 교육을 급진적으로 뒤엎어야 한다고 촉구하면서, 다음과 같이 이전과는 다른 학문적 정체성을 강조했다.

통계학은 제한된 데이터로부터 최대한 많은 정보를 짜내는 일을 우선시해왔다. 이 패러다임이 중요성 면에서 급속히 줄어들고 있는 마당에 통계학 교육은 현실과 동떨어져 있다.[54]

통계학은 하려고만 한다면 기계학습과 데이터 마이닝에 이바지할 것이 많았다.

통계학과들은 데이터과학의 등장에 주목했는데, 가령 통계학자 빈 유가 "데이터과학을 소유합시다"라고 했던 강연에서 그런 경향을 엿볼 수 있다. 그녀는 대학에서 가르치는 통계학의 세계와 데이터과학의 세계 사이의 간극을 알아차리고서 리브랜딩을 훌쩍 넘어서는 더 큰 활동을 촉구했다. "데이터과학은 빅데이터 시대에 컴퓨팅적 사고와 통계적 사고의 필연적인 (재)합병을 나타냅니다. 우리(통계학자들)가 데이터과학을 소유해야 하는데, 왜냐하면 컴퓨팅과 통계학에서 데이터 관련 문제들은 서로 다를 바가 없으며, 데이터과학은 현대의 데이터 문제를 전적으로 다루는 용어로서 새롭게 인정받았기 때문입니다."

데이터과학자의 등장

제프 해머바커가 2009년에 데이터과학을 설명하는 글을 썼을 때, 그 내용은 2001년 클리블렌드의 제안서에서 나타난 관점과 1990년대 데이터 마이닝의 상업적 규모를 2000년대 초반 '빅데이터'를 민주화하기 위해 급속하게 부상한 도구 세트를 결합해서 나온 것이다. 관점과 도구 세트 모두 산업 현장에서 배운 교훈을 바탕으로 얻은 것이었다. 구체적으로는, 초기 성장기의 페이스북과 세계를 이해하기 위한 디지털 컴퓨터의 여명기 이후로 연구해왔던 벨연구소 팀들에서 일상적인 기업 활동의 데이터 분석을 대규모로 처리하기 위한 많은 노력을 통해 얻은 교훈이 바탕이 되었다.

21세기에 들어 컴퓨팅을 클라우드에 호스팅하게 되면서 연산 비용이 극적으로 낮아졌는데, 클라우드 자체도 인터넷의 정보 인프라로 인해 촉진되었다. 인터넷 덕분에 전 세계 어디에서든 어느 한 컴퓨터가 수천 킬로미터 떨어진 컴퓨터 센터와 데이터를 주고받게 되었기 때문이다. 1990년대 데이터 마이닝의 순간을 다시 떠올리게 하는 이런 발전을 계기로 많은 회사들은 자사의 웹페이지 로그, 상업 거래 데이터 스트림, 고객 기록을 데이터 저장고에 집어넣으며 그런 데이터들을 통해 수익성 있는 패턴을 '발굴'할 수 있기를 희망했다. 가령 의료나 금융 데이터에 적용될 수 있는 부문별 규제에서 수십 년 동안 발전해온 소비자 데이터 보호는 많은 온라인 회사들의 관행에서 거의 권위를 갖지 못했다. 심지어 개인 데이터가 마구 수집되고 분석되는 동안에도 그랬다. 클라우드를 통해 회사들이 얻은 추가 혜택은 앞서 논의했던 드러나지 않는 '유령 노동', 즉 실제 노동자가 지구상의 다른 어딘가에 있을 수 있는 형태의 노동이었다.

『하버드 비즈니스 리뷰Harvard Business Review』 같은 업계 대상 저널과 오라일리 미디어O'Reilly Media라는 출판사의 발행물들이 이런 대규모 거래 데이터에 적용된 기계학습 방법들을 찬양하기 시작했고, 아울러 곧 다가올 데이터 풍요의 시대와 그 데이터를 정제하고 처리하게 될 이들에게 닥칠 혼란도 다루기 시작했다. 데이터과학이 산업계에 열정적으로 채택된 계기는 데이터 마이닝, 빅데이터 및 예측 분석predictive analytics의 초창기 발전(그리고 이것들에 대한 마케팅) 덕분이었다. 다양한 서비스 제공업체와 스타트업 회사가 재빠르게 생겨나 새로 등장한 디지털 광부들에게 디지털 곡괭이를 팔았다. 그런 업체들은 데이터과학의 복음으로 마케팅 자료를 가득 채웠고, 데이터를 흘러넘칠 정도로 쏟아냈으며, 신구를 막론하고 기업들이 자사의 데이터 전략과 인력 활용을 재고하도록 부추겼다.[55]

데이터과학자는 실리콘밸리의 스타트업들 덕분에 공식 직업군이 되었으며, 이제는 연구 및 고등교육의 구조 속에, 때로는 마지못해 포함되었다. 일부 대학에서는 데이터과학이 새로운 제도이지만 어떤 대학에서는 기존 학과의 이름을 바꿔 번성하고 있다. 터키, 클리블랜드, 브레이먼 등의 성명서를 오랫동안 외면했던 일부 통계학과들도 학과 명칭을 통계 및 데이터과학과로 바꾸기 시작했다. 예를 들어 예일대와 카네기멜런대는 2017년에 이름을 바꾸었다.

현업 데이터과학 연구팀에 대한 문화기술지적文化記述誌的 관찰을 바탕으로 지나 네프Gina Neff와 공저자는 이렇게 주장한다. "데이터 이해하기는 집단적 과정이다."[56] 어떤 면에서 이 말은 1993년에 체임버스가 꿈꾼 '큰' 통계학의 관점에 들어맞지만, 모든 것에 관한 그리고 모든 것의 분야가 될 위험이 있다. 바로 이 점을 제니퍼 브라이언Jennifer Bryan과 해들리 위햄Hadley Wickham이 「데이터과학: 링 세 개로 하는 서커스 아니면 빅텐트?Data Science: A Three Ring Circus or a Big Tent?」라는 논문에서 경고했다.[57] '인공지능'과 '기계학습'이라는 용어와 마찬가지로 '데이터과학'이라는 직책은 유동적인 개념이었다. 레딧의 '데이터과학'이란 서브레딧에 올라온 한 게시글은 이렇게 묻는다. "페이스북의 데이터과학자들은 정말로 데이터 분석가인가?"[58] 이러한 경향과 더불어 데이터 관련 작업이 훨씬 더 전문화되면서 온갖 직책이 만개했다. 오늘날 한 데이터 관련 종사자는 데이터 분석가와 데이터과학자뿐만 아니라 데이터 엔지니어와 분석 엔지니어의 직책도 갖고 있다. 이는 데이터와 관련된, 늘어나는 정책과 윤리적 함의, '데이터 거버넌스data governance'의 전문적 기능을 반영한다.

데이터과학에서는 요즘 쉽게 이용 가능한 고급 통계 소프트웨어와 강력한 연산력과 같은 기술적 도구뿐만 아니라 노련한 솜씨까지 보편화되었다. 너무나 많은 사회과학자가 1950년대 이후로 p값을 무비판적으로 사용해왔듯이, 많은 학문 분야의 연구자들이 전 범위의 데이터과학 도구들을 사용하기 시작했지만 늘 제대로 주의를 기울이지는 않았다. 하지만 이런 기술들이 쉽게 사용되는 바람에 많은 작업들이 성찰이나 비판 또는 혁신과 동떨어지게 되었다.

코로나19의 위기 상황으로 전 세계의 연구자들은 기계학습을 팬데믹의 진행과정을 예측하는 데 적용하려고 시도했는데, 엇갈린 결과들이 나왔다. 카네기멜런대학교의 통계 및 데이터과학과의 라이언 팁시라니Ryan Tibshirani는 자신의 연구를 포함하여 그 분야의 예측 능력을 비판적으로 평가했다. "한 연구 공동체로서 우리는 모든 바이러스 급증 사태를 놓쳤다(즉, 예측하지 못했다)."[59] 더 문제적인 예를 들자면, 얼굴 분석을 통해 인간의 성격을 판단하는 오랫동안 조롱받았던 '과학'인 관상술이 2017년경 기계학습 연구의 형태로 되살아났다.[60] 통계학은 인간의 특성을 분석하는 문제와 늘 긴밀하면서도 종종 곤란한 관계를 맺어 왔다. 이런 사이비과학들은 맹렬하게 비판받아 왔는데도, 케틀레와 골턴 이래로 연구자들은 사람들을 통계적 수단을 통해서 분류하려고 시도했으며, 본성과 양육의 차이를 구분하고 뼛속까지 범죄자인 자들을 가려낼 기술적 수단을 찾아내려고 오랫동안 노력해 왔다.

눈길을 사로잡는 표제 기사들에는 사이비과학적인 관상술에 근접한 기계학습 연구 결과가 정기적으로 실린다. 류크 스타크Luke Stark와 지번 헛슨Jevan Hutson은 이렇게 주장한다. "이제 인공지능과 기계학습은 여러분이 범죄를 저지를지, 게이인지, 좋은 직원인지, 정치적으로 진보인지 보수인지, 사이코패스인지를 전부 여러분의 얼굴, 체구, 걸음걸이 및 목소리 음색과 같은 외적 특정을 바탕으로 예측할 수 있다고 한다."[61] 이런 결과는 기계학습을 잘못 사용한 경우이며, 이런 작업은 케케묵은 과학적 인종차별주의를 마치 객관적인 것인양 다시 돋보이게 해준다.

요점은 데이터과학의 도구들을 비난하는 게 아니라, 그런 도구들을 더 적절하게 그리고 한계를 인정해 가면서 사용하자는 것이다. 마할라노비스가 인도의 카스트를 고찰하면서 피어슨의 도구들을 개선했을 때, 그는 얻을 수 있는 결론에 대해 기존보다 훨씬 더 비판적인 접근법을 채택했다. 2010년대 초반 우리 두 저자는 컬럼비아대학교 데이터 저널리즘의 첫 수업을 맡는 특권을 얻었다. 거기서 우리는 전 세계에서 온 총명한 젊은 언론인들에게 주의 깊은 데이터 분석과 수집, 알고리즘 분석 및 시각화를 이용하여 데이터과학 기술을 비판적으로 사용하는 것과 정부 및 기업을 견제하는 방법에 대해 가르쳤다. 우리는 이런 도구들이 비판적이고 탐구적인 작업을 가능하게 해주고 북돋워줄 것이라고 낙관한다. 『데이터 페미니즘』에서 캐서린 디그나치오와 로런 클라인은 연구자들이 데이터과학의 도구들을 비판적으로 사용한다면, 오래된 나쁜 사이비과학들에 새로운 과학의 옷을 입히는 게 아니라 인간의 삶을 속박과 무지에서 해방시키는 데 기여할 수 있음을 보여주었다.[62]

데이터과학의 범위가 확장되자, 아울러 데이터가 체스나 바둑 같은 게임에 적용되거나 개와 고양이 사진을 구별하는 데뿐만 아니라 사회정의가 위태로운 상황에서 인간 문제들에 적용될 때에도 강력한 힘이 될 수 있다는 인식 또한 커졌다. 달리 말해서, 데이터과학이라는 이름하에 '데이터를 통해 세상을 이해하기'가 확대되면서 데이터의 윤리적·정치적·사회적 영향에 대한 인식도 커졌다.

전문지식 없는 윤리

훗날 구글을 공동 창업한 세르게이 브린은 대학원생이던 1997년 11월 10일 이런 이메일을 적었다. "데이터 마이닝 분야의 과학자로서 우리에게는 정기적으로 기술에서 한 걸음 물러나서 기술 사용하기의 윤리 문제를 고려하는 게 중요하다." 그는 몇 가지 예를 들었다.

> 자동차 보험회사들은 사고 데이터를 분석하고 나이, 성별, 차량 종류 등에 따라 개인별 보험료를 정하는데, … 만약 그 회사들이 법에 의해 허용된다면 인종, 종교, 장애 그리고 사고율과 관련이 있으리라고 보는 다른 임의의 특성들도 사용하게 될 것이다. 의료 보험회사들 또한 비슷한 데이터를 사용한다. … 이 모든 것은 데이터 마이닝의 결과로 볼 수 있으며 사람들의 삶에 중대한 영향을 미칠 수 있다.[63]

그는 동료들에게 이렇게 부탁했다. "여러분들의 의견 그리고 뭐든 관련된 사례나 연구 결과를 가져다주세요." 데이터 마이닝 그리고 나중의 데이터과학은 고도로 학제적이었다. 누구의 전문지식을 요청해야 할지에 관해 제약이 있었다는 말이다. 스탠퍼드대학교의 회의들이 종종 학제적이긴 했지만, 토목공학자나 생물학자가 자기 학문 분야의 세미나에 참석한 것 이상으로, 윤리학 전공자가 참석하지는 않는다. 논의의 결론이 "사악해지지 마라"인지 의문이 들 수 있다. 윤리는, 아무리 잘 고찰되고 의도가 좋더라도, 적용 규모를 크게 확장하지 못하는 편이다. 스탠퍼드의 데이터 마이닝 문화 속 사람들은 알고리즘의 규모를 확장하는 법을 잘 알았다. 그리고 산업을 구상하는 법도 알았고, 학문적 연구를 실용적 목

적을 쫓는 방향으로 촉진하는 방법도 알았다. 윤리학의 적용 규모 확대
는, 공정하게 말해서, 잘 다루어지지 않은 주제였다.

PART 3

데이터, 권력이 되다

데이터를 둘러싼
윤리 전쟁

인간을 대상으로 한 연구의 윤리에는 우리 문화적 전통에서 일반적으로 인정되는 세 가지 기본 원리가 있다. 인간 존중, 선행, 정의의 원리가 그 세 가지다.   – 벨몬트 보고서(1978년)

오늘날 AI 문헌에서 내가 늘 보는 것은 '윤리'다. 나는 윤리를 목졸라 죽이고 싶다.

– 필립 G. 올스턴(뉴욕대학교 법학과 존 노턴 포메로이 교수)
AI 나우 2018 심포지엄[1]

2020년 초반에 구글은 AI 윤리 연구팀을 설립했는데, 그 분야에서 일찍부터 경력을 쌓은 걸출한 학자 두 명이 그 팀을 이끌었다. 학문적으로나 대중적으로 중요한 문헌을 발표한 마거릿 미첼 박사와 팀닛 게브루 박사였다. 두 사람은 인공지능이 안겨줄 잠재적·현실적 피해를 설명하고 이런 피해를 완화할 건설적인 방법을 제시하는 전문가로 유명했다. 다른 혁신적인 연구 중에서도 특히 게브루는 조이 부올람위니Joy Buolamwini 박사와 함께 일찍이 다음 사실을 밝혀냈다. 여러 종류의 흔한 "상업적 젠더 식별 시스템들은 상이한 인구 집단별로 식별의 정확성이 크게 차이 나는데, 특히 검은 피부색의 여성들이 ⋯ 가장 심하게 잘못 식별되는 인구 집단"이라는 사실이다.[2]

미첼은 기계학습에서 편향을 제거하기 위한 프로젝트로 잘 알려져 있었으며, 아울러 게브루와 함께한 공동 연구들로도 유명했다. 그중 한 예가 "모형 보고를 위한 모형 카드 ⋯ 기계학습 및 관련 인공지능의 책임 있는 민주화를 위한 한 걸음"이다.[3] 2020년 여름, 구글은 자사의 AI 윤리 접근법을 하나의 서비스로 제공할 준비를 마쳤다. 『와이어드』의 기사

279

에 따르면, "구글은 까다로운 AI 윤리에 관해 도움이 되는 서비스를 제공한다. 윤리적 교훈을 힘들게 배운 이 빅테크 기업은 AI 프로젝트에서 인종적 편향을 찾아내거나 지침을 개발하는 등의 서비스를 제공하게 될 것이다."[4]

구글은 이전에도 극복할 수 없을 듯했던 여러 데이터 관련 문제들(검색, 컴퓨터 비전, 심지어 기계번역)을 해결하는 데에도 성공을 거두었다. 그렇다면 AI 윤리라는 곤란한 주제에 대해서도 성공적인 해법을 찾아냈을까? 2020년이 끝나갈 즈음 구글의 의사결정 체계에 조화롭게 통합된 선구적인 AI 윤리 연구팀의 전망은 붕괴되고 말았다. 그해 11월 게브루는 자신이 구글에서 해고당했다고 발표했다. 2021년 초반, 미첼도 비슷한 발표를 했다. 구글의 주장에 따르면 게브루는 한 연구 발간물의 품질에 관한 논쟁 때문에 사직했다. 하지만 그녀는 자사의 핵심 기술 중 하나인 대형언어모형Large Lange Model에 잠재한 윤리적 위험을 인정하라는 요구에 불만을 품어 자신을 해고했다고 반박했다.[5]

이 연구자들과 그들의 전직 고용주 간의 이같은 발표 소동에서 AI 연구자들의 기대와 업계 현실 간의 간극이 여실히 드러났다. 심지어 같은 회사 내의 AI 연구자들이라도 회사가 AI 연구에 윤리를 포함하리라고 기대하는 방식과 사람들에 대한 대량의 데이터를 사용하여 수익 모형과 직결되는 제품을 개발해야 하는 현실 사이에는 커다란 간극이 있었다.

윤리적인 알고리즘을 위하여

플랫폼 회사가 윤리적 실책에 대한 공공적 감시를 견뎌낸 사례는 위의 경우가 처음이 아니다. 2014년에 페이스북의 '정서적 감염'에 대해 연구한 논문이 발표되면서 유익한 사례 연구 하나가 알려졌다.[6] 그러자 언론의 부정적 반응이 거세게 터져 나와 다음과 같은 기사들이 쏟아졌다. "페이스북이 고의로 사람들을 슬프게 만들었다. 도저히 묵과할 수 없는 짓"[7] "사용자들이 페이스북 감정 조작 연구에 분노했다"[8] 페이스북 지도부에 대해서는 전자개인정보센터Electronic Privacy Information Center, EPIC가 연방거래위원회Federal Trade Commission, FTC에 고소장을 제출했고, 마크 워너Mark Warner 상원의원은 FCT가 이 사례를 조사해야 한다고 공식적으로 요청했다. 거침없던 급격한 성장이 갑자기 수익을 축소하는 규제의 가능성에 직면하고 말았다.

페이스북은 선제적인 자율 대책으로 응수했다. 명시적으로는 페이스북에 연구 윤리를 도입했는데, 이를 위해 학계의 원리에 기반한 기관검토위원회institutional review board, IRB 과정을 기업 환경에 맞게 '진화시켰다'. 거대 정보 플랫폼 회사의 많은 연구자들이 학계를 거친 사람들이었기에, 판정 기구가 해석한 종합적 원리를 바탕으로 하는 응용윤리에 관한 IRB의 개념은 기술 업계의 많은 이들의 생각에 잘 스며들었다. 사회학 교수이자 전직 프린스턴대학교 IRB 위원인 매슈 살가닉Matthew Salganik은 이렇게 썼다. "원리 기반 접근법은 충분히 일반적이므로 여러분이 어디에서 일하든 (가령 대학이든 정부든 NGO든 회사든) 유용할 것이다."[9]

정서적 감염 연구에 관한 대중의 논란에 대응하여 페이스북의 몰리 잭면Molly Jackman과 로리 카네르바Lauri Kanerva는 2016년에 「IRB를 진화시키기: 산업 연구에 관한 강력한 검토 실행하기Evolving the IRB: Building Robust Review for Industry Research」라는 논문을 발표했다. IRB의 응용윤리를 확장하는 접근법이 담긴 내용이었다. 스탠퍼드대학교에서 비의료 분야 IRB를 이끈 카네르바의 10년간의 경험을 토대로 삼은 이 논문에는 페이스북에 대해 조직적인 검토위원회 절차가 명시되어 있다. IRB를 결성했다고 해서 모든 질병이 치료되고 모든 윤리적 논쟁이 방지되지는 않는다. 실제로 정서적 감염 연구에 대해 한 대학의 IRB는 그 연구가 검토를 받아야 할 필요성이 없다고 여겼다. 적어도 의료 및 사회과학 연구에 익숙한 연구 검토위원회가 이해하는 방식에서 볼 때, 인간 실험 대상자가 드러나지 않았기 때문이다. 하지만 이런 결정에 대해 엄청난 비난이 쏟아졌고, 세계에서 가장 권위 있는 과학 저널 중 하나인 『PNAS』의 편집자들은 그 논문에 관해 이례적으로 "윤리적 우려를 나타내는 성명서"를 발표했다.[10]

윤리를 위한 원리들을 정의하려는 시도는 많았지만 그 어느 것도 인간 실험 대상자를 대상으로 한 연구 접근법에는 근접하지 못했다. 그 분야에 IRB가 처음 제안되긴 했지만 그것조차도 과학적 추문에 대한 대응으로 개발된 것이었다. 컴퓨팅을 이용하는 사회과학자들이 응용윤리의 틀을 규정하기 위해 그리고 주요 기술 회사들이 최근에 제공한 다양한 원리, 가정, 제품 들의 집합과 차별화하기 위해 사용했던 맥락을 이해하려면, 그것의 원출처를 다시 살펴볼 필요가 있다. 1970년대에 나온 벨몬트 보고서Belmont Report가 바로 그것이다. 이 보고서는 응용윤리를 정의하고, 그 결과로 나온 윤리적 검토 과정, 즉 IRB(페이스북에서 결성했던 것과 같은 IRB 기반의 기관검토위원회) 결성을 위한 기본 문서 역할을 한다. 윤리를 이처럼 제도화한 사례야말로 데이터 중심 알고리즘의 윤리를 정의하는 방법을 논의하는 데 중요한 배경이 되었다.

터스키기에서 벨몬트까지

미국 공중보건국Public Health Service의 의사와 과학자들의 연구에 대한 열망이 벨몬트 보고서의 토대가 되었다. 그 열망은 『뉴욕타임스』 1면에 실렸고, 매우 인종차별적이고 과학적으로도 결함이 큰 일종의 윤리적 실패 사례로 드러났다. 그리고 연방 차원의 규제 조치를 마련하기 위해 학제 간 연구팀이 다년간에 걸친 연구에 착수했는데, 규제 조치의 목표는 납세자의 돈이 그런 파국적 사태에 다시는 흘러들어가지 않도록 하는 것이었다.[11]

구체적인 사연은 이랬다. 1973년 7월 "미국 공중보건국의 터스키기 Tuskegee에서의 매독 연구"가 "미국 연구에 참여한 매독 환자들이 40년 동안 치료받지 못했다"라는 표제 기사로 『뉴욕타임스』 1면을 장식한 것이다. 미국 대중은 납세자의 자금이 앨러배마주 터스키기에서 아프리카계 미국 남성들에게 체계적으로 매독 치료를 거부한 연구에 수십 년 동안 사용되었다는 사실을 알게 되었다. 그 실험은 심각하게 인종차별적일 뿐만 아니라 과학적으로도 쓸데없었다. 터스키기에서 진행된 연구가 끝난 시기는 미국 정부에 대한 불신이 깊어진 시기와 일치했다.

1936년 5월 미국 의학회 회의에서는 흑인 미국인 남성들이 치료받지 못한 매독에 대한 강연이 열렸다. 미국 공중보건국의 의료 관리자의 말에 따르면, 터스키기 지역 출신의 치료받지 못한 사람들로 구성된 한 인구 집단은 "치료받지 않은 매독 환자를 질병이 시작되고 감염자가 사망할 때까지의 과정을 연구할 흔치 않은 기회를 제공하는 듯했다."[12] 연구 결과는 명확했다. 즉, 치료의 긍정적 효과가 대단히 컸다. 실험 '기회'를 갖는다는 것은 환자들에게 수십 년 동안의 고통을 의미했다. 치료받지 못한 사람들은 줄곧 위약(플라세보) 치료를 받았고, 수십 년 동안 치료에서 배제되었으며, 심지어 치료를 못 받게 하기 위해 2차 세계대전 동안 징집이 연기되기도 했다.[13] 터스키기에서 진행된 이와 같은 연구 결과가 의학계에 알려지면서, 잠재적인 과학적 지식을 우선시하는 냉혹한 과학적 논리가 사회정의 및 개인의 자율성 존중에 대한 윤리적 고려와 정면으로 충돌했다. 그 실험을 시작하고 지속하기로 한 결정에서 드러나듯이, 20세기에는 구조적 인종차별주의와 우생학적 사고가 장기간 득세했다. 그 프로젝트는 정기적으로 연구 결과를 발간하면서 1972년까지 지속되다가, 그해에 나치와 일본의 전시 실험 실상을 잘 알고 있던 한 내부고발자에 의해 세상에 폭로되었다.

이 폭로로 세상이 떠들썩해지자 미국 의회는 위원회를 꾸렸다. "인간 실험 대상자를 다루는 의학 및 행동 연구 실시의 바탕이 되어야 할 기본적 윤리 원칙을 확인하기 위한" 위원회였다. 위원직에는 연구자, 법률가, 철학자 및 전직 가톨릭 사제 등 다양한 직업군이 포함되었다.[14] 이들의 임무는 연구를 위한 윤리적 체계를 고안하고 아울러 이 체계가 연구자들의 행동을 이끌고 통제하도록 보장해주는 과정을 고안하는 일이었다. 그 결과로 나온 보고서를 통해 학계의 철학, 사회규범 및 연구 과정의 현실을 결합하여 윤리에 대한 하나의 접근법이 마련되었다. 아동과 태아에 대한 연구 및 수감자에 대한 연구처럼 당시에 해결하고자 했던 문제들은 오늘날의 데이터 중심의 알고리즘을 기반으로 하는 의사결정 시스템과는 다를지 모르겠으나, 위원회는 연구에 유용한 일반적인 체계를 제공하고자 했다. 보고서는 1979년 4월 18일에 『연방관보Federal Register』에 실렸는데, 터스키기에서 진행된 연구에 관한 첫 폭로 기사가 나온 지 거의 6년이 지난 후였다.

이 보고서는 사람을 대상으로 한 연구는 해당 연구가 사회에 전반적으로 장기적 혜택을 가져다준다고 해서 더 이상 정당화될 수 없다고 역설했다. 연구 규정들은 연구에 참가한 사람 각각에 대해 연구가 미치는 영향을 주의 깊게 계량해야만 한다. "연구에 직접 관여하는 실험 대상자에게 미치는 위험과 혜택은 통상적으로 특별한 의미를 지니게 될 것이다." 그리고 위원회는 차별당하고 억압당하는 집단을 이용하는 행위에 대해 다음과 같이 경고했다.

> 소수인종, 경제적 약자, 환자 및 보호시설 생활자와 같은 특정 집단들은 연구 실험 대상자로서 계속 이용될지 모른다. 연구가 실시되는 시점에 이미 그들은 이용되기 쉬운 상태에 처해 있기 때문이다. 그들의 의존적 상태와 자기 의사로 동의할 능력을 자주 박탈당하는 처지를 감안할 때, 그들은 오로지 행정 편의를 위한 연구에 참여하게 될 위험에 처하지 않도록 보호받아야 하며, 질병이나 사회경제적 조건으로 인해 조작당하기 쉽기에 더욱 보호받아야 한다.[15]

이 보고서로 인해 인간을 대상으로 한 연구에 제약이 가해졌고, 그런 제약을 실행할 일련의 든든한 기관들이 비록 불완전하게나마 설립되었다. 윤리를 준수한다는 것은 정부가 우선 어떤 윤리 규정들을 승인한 다음에, 법과 견고한 관료 체제를 통해 시행되는 절차를 고안하고, 그 절차를 바탕으로 윤리 연구를 안내하고 통제하며 오용과 남용에 제재를 가한다는 뜻이었다.

그 결과로 나온 윤리 실험의 체계가 벨몬트 보고서에 담겼다.[16] 위원회의 위원들이 정의한 윤리는 수단과 목적 (또는 철학적 체계에서 보자면 의무론과 결과주의) 간의 긴장을 중시하며, 공동체들 사이에 혜택과 손해를 공정하게 할당하는 등의 사회정의를 주장했다. 또한 윤리란 규칙 집합이나 단일한 금언을 내놓기보다는 협상으로 그러한 긴장을 해소하는 방법이라고 규정하면서, 공유된 지적 안전장치 역할을 하는 세 가지 원칙을 다음과 같이 제시했다. 구체적 적용에 동의하지 않더라도 모든 당사자가 합의할 수 있는 원칙은 다음과 같다.

1. 개성 존중: 개인의 자율성은 존중되어야 한다는 생각
2. 선행: 개인에 대한 피해의 위험을 최소화하고 공공적 혜택을 극대화하기
3. 정의: 위험과 혜택의 공정한 분배

대중문화에서 윤리는 철학적 주장이나 어쩌면 여러 항목의 작은 체크리스트 또는 심지어 단 하나의 금언으로 여겨진다. 하지만 벨몬트 보고서의 접근법은 '원칙주의'였다. 원칙주의라는 개념은 현재의 문제만이 아니라 장래의 문제에도 적용할 수 있을 만큼 충분한 보편성을 지닌 원칙들의 집합을 정의한다는 발상이다. 벨몬트 보고서에서 저자들은 자신들의 원칙이 '종합적'이길 목표로 한다고 명시적으로 밝혔다. 즉 인간을 실험 대상자로 하는 연구에서 장래의 모든 응용윤리 문제에 쓰임이 있기를 기대한다는 뜻이었다. 하지만 모든 사례는 저마다 다르다. 어떻게 임의의 원칙 집합이 모든 사례에 적용될 수 있을까?

미국 헌법 같은 통치 문서와 마찬가지로, 원칙들을 문서화한 집합의 가치는 그런 원칙들을 상황에 따라 구체화할 수 있는 기준으로서 해석해내고, 결국에는 개별 사례에 적용할 수 있는 구체적이고 명확한 규칙들을 제정하려고 애쓰는 공동체에 달려 있다. 헌법과 마찬가지로 벨몬트 보고

서는 그 자체로서 한 조직이나 공동체의 모든 구성원이 그 합법성에 동의할 수 있을 만큼 보편적인 안내 지침 역할을 한다. 하지만 문서의 힘과 쓸모는 그런 원칙들을 정제하여 표준과 규칙을 제정하고 실행하는 공동체의 존재 여부에 좌우된다.

원칙주의는 정확한 또는 자동화가 가능한 결정을 내놓는 알고리즘이나 체크리스트로 의도된 것이 아니다. 원칙주의는 긴장, 즉 어려운 결정을 내리기 위한 공통의 어휘와 지시문을 제공하는 생산적 긴장을 조성하고자 한다. 이 공통의 언어와 가치들의 공통 집합은 강력한 사회적 기능에 이바지하며, 회사 직원이나 제품 사용자 같은 한 공동체의 구성원들로 하여금 해당 결정이 적어도 합법적으로 그리고 건전한 과정을 통해 내려졌다고 여기게 해준다. 설령 그 결과가 모두가 동의하지 않는 것일지라도 말이다.

벨몬트 보고서의 원칙들

벨몬트 위원회가 확인한 원칙들은 수세기 동안 이어져온 윤리학을 바탕으로 했지만, 위원들은 온갖 긴장에도 불구하고 기존에 존재하는 사회 규범에서 그 원칙들을 가져왔다. 검토서에서 위원들은 이렇게 밝혔다. "전국위원회는 이 원칙들이 기존의 공공 도덕에 이미 존재하고 있다고 확신한다."[17]

벨몬트 위원회는 과학적 실험에서 얻는 집단적 이득과 개별 연구 실험 대상자 각자에게 미치는 영향의 균형을 맞추는 방법에 중점을 두었다. 위원회의 보고서는 합법적 목적과 수단 사이의 긴장을 파악하려고 고안되었는데, 이 점은 첫 번째와 두 번째 원칙인 '개성 존중'과 '선행'에서 잘 드러난다.

개성 존중을 위해서는 연구 실험 대상자로 참여하는 개인들의 자율성과 존엄성을 존중해야 한다. 종종 "충분한 설명에 근거한 동의"라는 수단으로 구현되는 이 원칙은 이마누엘 칸트로 대표되는 윤리학 내부의 의무론적 전통에서 도출된다. 인간 실험 대상자에 관한 연구일 경우, 이 원칙하에서는 어린이나 수감자처럼 자율성을 갖추지 못한 이들에게 충분한 설명에 근거한 동의를 보장해주어야 한다.

선행에는 연구 프로젝트의 이득과 피해를 저울질하기가 포함된다. 종종 이는 '피해를 끼치지 마라'라는 말로 요약되지만, 더 일반적으로는 연구 대상자뿐 아니라 사회 전반에 있어서 혜택을 극대화하고 피해를 최소화하라는 말이다. 근래에 이 원리는 인간 사회를 넘어선 피해, 다시 말해 다른 생명체나 자연환경에 대한 피해로까지 확대되었다. 이 원리 자체는 결과주의적 또는 공리주의적 철학 전통에서 도출되는데, 이와 관련된 대표적인 인물은 존 스튜어트 밀, 제러미 벤담 등이다.

이 원칙은 특히 알고리즘 윤리에서 문제시된다. 복잡한 알고리즘을 사용할 때에는 발생할지 모를 의도치 않은 결과와 잠재적 피해를 추측하기가 어렵기 때문이다. 한편으로 추천 엔진 같은 알고리즘 제품과 서비스는 그런 피해가 드러날 때 피해를 감시하고 완화할 수 있다. 회수해서 수리해야 하는 결함 제품과 달리 알고리즘은 알맞게 수정하여 디지털적인 방법으로 다시 배치하면 된다.

벨몬트의 세 번째 원칙은 정의인데, 이는 수단과 목적 사이의 긴장이 아니라 공정성이라는 규범에 초점을 맞춘다. 특히 수감자에 대한 연구의 경우, 위원회는 평등한 처우뿐만 아니라 억압과 그릇된 배분에 대해서도 우려했다. 여러 해가 지나 2004년에 카렌 레바크Karen Lebacqz 교수는 위원회에서 자신의 역할을 회고하면서 위원회가 헌신했던 정의의 가치를 강조했다. 그녀는 이 헌신이 이제는 더 강한 언어로 표현될 수 있다면서 이렇게 말했다. "우리는 정의를 이야기할 때 약자를 평등하게 취급하고 보호하는 언어로서 논의했다. 당시에 우리가 사용하지 않았지만 그 후 크게 주목받고 나에게도 매우 중요해진 언어는 억압의 언어다." 그녀는 그렇게 말하는 방식이 연구에서 정의를 준수하는 데 어떤 효과를 가져올지를 더욱 명확하게 해준다고 강조했다. "내 생각에, 그냥 취약한 인구 집단과 억압당하는 인구 집단 간에는 차이가 있다. 그리고 정의는 억압의 해소를 요구하며, 그럼으로써 우리는 사회 구조를 오래전에 정해진 방식과는 다르게 정하게 될지도 모른다."18

세 가지 일반 원칙은 또 다른 윤리 기준을 함의한다. 가령 프라이버시는 충분한 설명에 근거한 동의의 사례라고 볼 수 있는데, 여기서 프라이버시는 사실 자체보다는 사실의 공개를 둘러싼 상황에 적용되는 것으로 여겨진다. 가령 우리는 교사나 학생과 공유하지 않을 사실을 의사와는 공유한다는 데 동의할지 모른다. 마찬가지로 '공정성'이 정의의 근본적인 한 측면으로 여겨진다. 가령 공정성의 원칙은 가난한 사람과 소외 계층을 대상으로 한 의학 실험을 피하고자 한다. 그들은 이런 실험의 위험성 때문에 고통받는 데 반해, 혜택은 그런 실험 결과로 나오는 약품이나 치료를 감당할 수 있는 가진 자들한테로 흘러가기 때문이다.

이 세 원칙은 인간 실험 대상자에 관한 연구의 응용윤리 문제를 다루기 위해 '포괄적'으로 설계되지만, 윤리를 적용한다는 것은 집행할 권력의 변화를 의미한다. 철학적 연구와 더불어 위원회는 IRB 과정을 성문화한 내용을 법률에 포함시킬 것을, 즉 조직 내부에서 윤리를 강력하게 제도화할 것을 제안했다.

실리콘밸리에서 적용하기

기본 원칙과 더불어 위원회는 원칙들을 실행하는 과정을 설계하기 위해 132쪽 분량의 제안서를 별도로 발표했다.[19] 이 지침에 따라 연방 자금을 지원받는 모든 미국 대학의 인간 실험 대상자 대상 연구를 관장할 기관검토위원회의 설립 내용이 규정되었다. 연방 자금은 IRB의 검토를 통과한 후에만 프로젝트에 제공되는데, 위원회의 논의를 이끄는 것이 바로 앞에서 소개한 원칙들이다. 자금 통제는 IRB들에 지배력, 즉 단지 규제로서는 결코 얻을 수 없을 권력을 주었다. 아무리 불완전하더라도 (그리고 두말할 것 없이 너무나 불완전한 현실에 놓여 있는) 이 위원회들은 연구자들이 원리에 따라서 행동할 것을 보장하도록 설계된다. 그동안 IRB들은 이 원칙들을 유전공학, 더 최근에는 컴퓨팅을 통한 사회과학 연구 등의 새로운 기술적 주제에 적용해야 했다.

IRB 모형은 윤리를 제도화하는 데 중요한 모형으로서의 역할을 계속하고 있다. 우리가 윤리적 체계, 규칙 또는 현대 IRB 시스템의 제도화에는 반대할지 몰라도, 요점은 그 시스템이 윤리에 관한 풍부한 철학적 논의를 통합함으로써 철학적 성찰을 구체적인 상황에서 실행할 수 있는 수단 그리고 그런 체계를 집행할 제도적 수단으로 작동하게 한다는 것이다. 윤리는 그 자체로선 무용지물이어서 규제가 뒷받침되어야 한다. 하지만 윤리 없는 규제는 그저 관료 체계일 뿐이다.

과정 설계란 "제약 조건들 내에서 한 가지 문제에 대한 계획적인 해법"을 의미한다.[20] IRB는 과정 설계의 한 예다. 물론 과정 설계의 모든 사례는 권력에 대한 성명서이기도 하다. 즉, 누구의 의도를 존중해야 하는지, 누가 문제를 해결하는지, 누가 제약 조건을 정하는지가 과정 설계에 포함된다. 또한 그 결과로 나온 과정 설계는, 제품이든 과정이든 간에, 누가 누구에게 무엇을 할 수 있는지를 재조정함으로써 권력에 영향을 미친다.

사회과학자, 활동가, 컴퓨터과학자, 언론인 들이 (실제로 사용되고 있는 기계학습인) 대규모 자동 의사결정 시스템이 공동체와 민주주의에 가하는 잠재적·현실적 위험성을 공동체에 점점 더 많이 알리고 있는 현실에서, 벨몬트 원칙과 IRB 구조는 기술의 영향력을 가늠하고 아울러 기술을 이용하여 가령 수익 이외의 다른 목적을 추구하려는 사람들에게 강력한 기존 시스템 역할을 해주었다.

페이스북 같은 회사들한테 벨몬트 원칙과 IRB 구조는 정부에 의한 규제보다 자율규제를 위한 체계를 제공해 주었다. 페이스북의 'IRB 진화시키기' 사례에서 슬며시 드러나듯이, 이런 원칙들을 도입하려고 하는 회사들이 첫 번째로 맞닥뜨리는 어려움은 맥락을 재구성하는 것이다. 즉, 인간 실험 대상자에 관한 연구 사례를 통해 개발된 이 원칙들을 정보 플랫폼 회사들은 어떻게 적용할까? 이런 원칙들을 도입하려는 회사들이 두 번째로 맞닥뜨리는 어려움은 의사결정을 둘러싼 권력의 설계와 분배이다. 즉, 그런 원칙들이 유의미하게 의사결정을 통제하고 안내할 수 있도록 회사들은 조직 설계와 과정 설계를 어떻게 제도화할까?

IRB 진화시키기는 알고 보니 단순하지도 효과적이지도 못했다. 특히 데이터 중심 알고리즘의 영향력이 가장 큰 회사들을 규율할 데이터 윤리의 필요성이 대두된 후 여러 해가 지났는데도, 페이스북 내에서 윤리를

'소유한' 한 집단이 윤리적 문제를 모두 처리하도록 한 조치로는 점점 더 커지는 우려의 목소리를 막아내지 못했다. 지난 10년 동안 '원칙' 면에서 윤리의 기본 틀을 세웠다고 해서 데이터 중심 플랫폼 회사들이 철학자를 고용해 사업을 조직화하여 방향을 전환했다고 볼 수는 없었다. 그런 활동이 실질적 효과가 있었는지도 명확하지 않다. 원칙주의가 기본적으로 가정하는 것은 공동의 어휘와 가치를 공유하는 개인들이 서로 긴장 관계에 있을지도 모르는 원칙들을 선의에 입각해 판단해야 한다는 것이다. 공통적인 윤리 원칙들은 철학적 전통에 토대를 두고 있지만, 제이컵 멧캐프 Jacob Metcalf, 이매뉴얼 모스Emanuel Moss, 다나 보이드는 플랫폼 회사의 직원에 대한 문화기술지적 연구를 통해 이렇게 결론 내린다. 윤리는 "주로 철학적인 추상화 개념이 아니라 사회현상으로"[21] 여겨야 더 잘 이해된다는 것이다.

윤리적 과정을 실현하려면 조직 구성원들이 그걸 폭넓게 받아들이고 아울러 조직이 사업 관행에 적용된 원칙들을 준수하도록 북돋워야 한다. IRB의 구조 및 IRB가 자금을 통제하는 과정에서 일종의 '중단점pause point'으로서 핵심 역할을 맡는다는 사실을 제쳐두고서라도, 동료들로 하여금 윤리 원칙을 소중히 여기도록 설득하는 방법 그리고 윤리적 원칙으로 인해 제약을 받을 수 있는, 특히 수익 면에서 제약을 받을 수 있는 조직과 윤리 과정을 설계하는 방법이 무엇인지도 불명확하다.

적어도 한 가지 측면에서 볼 때, 페이스북의 접근법이 대단히 성공적이었음이 드러났다. 2019년 AI 윤리의 현황을 조사한 옥스퍼드대학교 연구자 브렌트 미텔슈타트Brent Mittelstadt가 알아낸 바에 따르면, "응용윤리 역사상 가장 중요하고 철저히 연구된 접근법인 … 의료 윤리의 원칙들을 중심으로 AI 윤리가 수렴했다." 이것은 페이스북한테도 성공적인 접근법이었는데, "정책 결정자들에게 새로운 규제를 추구하지 않아도 될 이유를 제공해주었기 때문이다."[22]

'비윤리적' 행동의 위험성이 사회과학자 그리고 점점 더 언론인의 관심을 끌게 되자, 학자들은 벨몬트 원칙을 토대로 한 윤리와 이 윤리에 따라서 인간 실험 대상자 연구를 규제하기 위한 제도적 설계가 개인 데이터를 기업이 사용하는 관행의 위험성과 부당성을 가려주는 방패막이가 될 수 있다고 문제를 제기했다.

윤리를 소유한다는 것

윤리 원칙을 요청하는 차원을 넘어 지난 몇 년 동안 기업 내부에서 유의미한 윤리를 만드는 과정에서 무슨 내용을 담을지 상세히 정하자는 요청이 폭넓게 제기되었다. 예를 들어 이니올루와 데버라 라지Inioluwa Deborah Raji는 앞에서 언급한 마거릿 미첼과 팀닛 게브루 등의 공저자들과 함께 알고리즘 감사algorithmic auditing(알고리즘에 편향성이나 불공정한 요소가 없는지 살피는 절차—옮긴이)의 한 과정을 주장했다.[23] 마쿨라 응용윤리센터Markkula Center for Applied Ethics에 소속된 철학자 섀넌 밸러Shannon Vallor는 기업 윤리 문헌을 토대로 디지털 제품을 개발할 때 살필 체크포인트 목록을 개발했는데, 그 목록에는 제품 개발 중에 각 시점마다 물어야 할 각각의 질문이 들어 있었다.[24]

감사와 체크포인트 과정을 통해 (피해를 포함하여) 알고리즘 기반의 의사결정이 미치는 영향의 규모가 어떤 수준 이상으로 커지는 순간들을 알아낸다는 발상이었다. 이러한 의사결정 순간들은 (윤리가 '제 역할'을 하여)

권력이 행사되는 순간이라고도 볼 수 있다. 여기서 회사를 하나의 균일한 전체로 여기는 태도를 넘어서야 한다. 다시 말해, (승진이나 성공적인 제품 출시와 같이) 윤리적 의사결정과 기업 내 개인들의 목표 사이에 강한 결속 관계가 없다면, 윤리가 해당 공동체에서 어떻게 필수적인 요소로 통합될 지가 불분명해진다.

복잡한 회사는 반드시 개별적 이해관계를 가진 개별 팀들로 구성된다. 이 이해관계에는 '소유권'도 포함될 수 있는데, 이는 특정한 수입원이나 사용자 행동에 책임을 진다는 의미이다. 기업 용어로 하자면, 윤리를 '소유할' 책임을 지는 팀을 조직 내 어디에 위치시킬지 불분명한 경우가 종종 있다.[25] 개인들이 감사, 중단점 또는 기타 윤리적 점검 사항을 실천하도록 보장하려면, 공유된 원칙이 존재하고, 한 회사 내부에 있는 다양한 행위자들이 가진 동기들의 노선이 일치해야 한다. 기술 기업에서 근무하는 익명의 직원의 말을 인용하자면, "여러분이 제작하는 시스템은 사람들이 보기에 부가가치가 생기는 것이어야 하며, 부가가치가 생기지 않는 큼직한 장애물이어서는 안 된다. 왜냐하면 가치가 없는 장애물이라면 그걸 해야 할 필요가 없으니 당연히 누구도 행동하지 않을 것이기 때문이다."[26] 이 성공적인 노선 일치에 대해 윤리학자 시어도어 퍼셀Theordore Purcell과 제임스 웨버James Weber가 1979년에 "윤리의 제도화란 … 윤리를 일상적인 기업 활동에 … 회사 정책 구성에 … 직급을 막론하고 모든 일상적 의사결정과 해당 노선에 따른 작업 실행 과정에 … 공식적이고 명시적으로 포함하는 행위"라고 말했다.[27]

구글의 사례는 갈망과 실현 사이의 간극을 여실히 보여준다. 구글은 AI 윤리 팀을 통해 세간의 관심을 집중시킨 조직 개편을 시도하기 훨씬 전에 이미 윤리적 회사로 자리매김하는 데 실패했다. 구글은 2019년 3월 AI

의 윤리적 영향에 대해 조언해줄 외부 위원회를 꾸렸다가 바로 다음 달에 성급하게 해체해 버렸다. 위원회 구성상의 문제와 더불어 회사의 의사결정 과정에 위원회가 통합된 점에 대한 회사 안팎의 비판 때문이었다. 일찍이 전직 구글 직원 메러디스 휘태커는 2018년에 이런 조치들을 '윤리 극장'이라고 비판하며 다음과 같이 물었다. "그들이 제품 결정을 취소할 수 있는가? 다른 식으로 결정할 거부권이 있는가?"[28]

구글만이 아니다. 변호사 벤 와그너Ben Wagner는 '윤리 세탁ethics washing'을 일삼았다며 기술 기업들을 고소했다. 기술 기업들이 윤리에 대해 정확하게 정의하지 않고 윤리를 이용한 의사결정 과정을 유의미하게 설계하지 않아서 규제를 피하려고 했다는 것이다. 와그너는 「규제 회피를 위한 구실로서의 윤리: 윤리 세탁에서부터 윤리 쇼핑까지?Ethics as an Escape from Regulation: From Ethics-Washing to Ethics-Shopping?」라는 논문에서 회사의 윤리적 과정에 필요한 여섯 가지 기준을 제안했다.

1. 관련 주주들의 외부 참여

2. 외부의 독립적인 감독 조치

3. 투명한 의사결정 과정

4. 표준, 가치 및 권리의 안정적 목록

5. 윤리가 기본권이나 인권을 대체하지 않도록 보장하기

6. "약속한 책무와 기존의 법적 또는 규제의 기본 틀 사이의 관계를, 특히 그 둘이 충돌할 때 무슨 일이 생길지에 관해서 명확하게 정해두기"[29]

마지막 기준은 윤리를 법과 대조한다. 법적 전통이 수천 년간 내려오면서 정부의 과정과 합법성을 형성한 데 반해, 응용윤리는 이해당사자들 사

이에 의사결정, 특히 권력을 지닌 이들이 내리는 의사결정의 합법성에 대하여 일치된 의견을 이끌어내고자 했다. 권력은 점점 더 국제적으로 활동하는 데이터 중심 기술 회사들의 수중에 들어가고 있다. 이해당사자들에는 전 세계의 시민뿐만 아니라 권력 변화에 대응하고자 규제를 마련하려고 애쓰는 국가 지도자들도 포함된다.

이 책의 마지막 장에서 살펴보겠지만, 윤리를 옹호하는 각각의 직원들은 '피플 파워people power'를 마음껏 이용할 수 있다. 종종 그들의 윤리적 실천은 고용주의 경제적 목표와 첨예하게 대립한다. 그럼에도 불구하고 기업들은 점점 더 윤리적인 회사인 듯 보이는 데 관심을 기울인다. 멧캐프와 동료들은 이렇게 썼다. "윤리는 누가 뭐래도 오늘날 실리콘밸리의 과대광고 주기hype cycle에서 가장 매력적인 제품이다."30 대체로 이런 현실은 직원들이 제기하는 내부 비판과 같은 '피플 파워'와 더불어, 점차 증가하고 있는 규제와 '국가 권력'의 위협에 대한 반응의 결과이다.

'기술적 해법'의 한계

윤리적 문제를 복잡하고 의도적인 사회적 행동보다는 기술적 해법을 통해 다룰 수 있다면 어떻게 될까? 많은 기술 연구 분야 종사자들이 그런 해결책을 찾아 왔다. 알고리즘 윤리를 발전시키려는 기술 연구자 공동체에서는 특히 두 가지 측면, 즉 공정성과 프라이버시가 지난 10년 동안 중요한 연구 주제로 등장했다.

컴퓨터과학 분야의 MIT 대학원생이 『법, 의학 및 윤리 저널The Journal of Law, Medicine & Ethics』에 논문을 게재하는 경우는 거의 없다. 하지만 라타냐 스위니Latanya Sweeney는 관행에 구속받을 사람이 결코 아니었다. 공개적으로 발표되는 데이터베이스에서 '이름' 항목만 삭제해도 익명성이 보장될 거라고 사람들이 착각할까 봐 우려한 스위니는 일련의 논문을 통해 다음과 같은 점을 설득력 있게 보여주었다. 즉, 이름을 삭제한 덕분에 '익명적'이라고 여겨진 데이터베이스가 사실은 다른 고유한 식별자를 지닌 두 번째 데이터베이스와 결합되어 개인을 재식별해냄으로써 민감한 정보가 노출될 수 있다는 사실을 보여준 것이다. 동료들의 검토를 거친 논문은 학계의 법정통화일지는 모르나, 현실 세계에서 실험을 통해 입증된 결과만큼의 영향력은 거의 없다. 그래서 스위니는 그녀가 사는 주의 주지사의 신원을 국민투표 기록과 결합되어 드러난 그의 '익명' 의료 기록을 이용하여 재식별해냄으로써 자기 주장의 타당성을 입증했다.[31] 두 가지 기록에 공통된 식별자들(출생년월일, 성별 및 우편번호)도 자물쇠의 열쇠 역할을 했다.

몇 년 후 이와 비슷하게 아빈드 나라야난Arvind Narayanan과 비탈리 시마티코프Vitaly Shmatikov가 넷플릭스의 데이터세트에서 적어도 일부 검토자들을 비익명화하는 방법을 보여주었고, 어쩔 수 없이 넷플릭스는 그 데이터세트를 데이터베이스에서 빼내야 했다.[32] 그런 비익명화는 사용자들을 당혹스럽게 만들고 심지어 위험에 빠뜨릴 수 있는 매우 사적인 취향을 노출시킬 우려가 있었다.

스위니는 그런 공격에 대한 기술적 방어 방법을 하나 제안했다. 바로 k-익명성k-anonymity인데, 이것은 하나의 데이터베이스에서 어떤 기록도 고유하지 않고 적어도 k-1개의 다른 기록들과 동일하도록 만들어 익명성을 지키는 방법이다.[33] 예를 들어 설명하자면, 투표 기록의 경우 어떤 기록도 고유하게 식별될 수 없다는 것이 보장되기 전까지 우리는 오직 (출생일보다는) 출생월만을 공개하거나 우편번호에서 처음 세 자리수나 네 자리수만을 공개하여 익명성을 지키는 방법이다. 직관적으로 보아도 그런 과정은 일정 수준의 정보 가리기 역할을 해준다. 이 사안과 관련하여 다음과 같은 말이 나왔다. "그건 내가 아니다. 그건 이 데이터베이스 내의 k-1개의 동일한 기록들 중 하나이다!"

기술적으로 비슷한 정보 가리기 형태로서 차등 프라이버시differential privacy가 있는데, 이것은 프라이버시를 얻기 위한 일종의 무작위적 접근법이다. "스위니가 이룬 굉장한 프라이버시 탈취"에서 어느 정도 영향을 받은 신시아 드워크Cynthia Dwork가 2006년에 원래의 데이터베이스가 결코 드러나지 않도록 하는 일종의 노이즈 생성 기법으로서 차등 프라이버시를 제안했다.34 데이터 세분도granularity k를 우리가 선택해야 하는 k-익명성에서와 마찬가지로 차등 프라이버시도 주입할 노이즈의 세기와 더불어 노이즈 모형 자체를 직접적이고 주관적으로 설계해야 한다(예를 들어, 만약 우리가 한 데이터베이스에서 환자들의 키 이외의 단어들을 문의한다면 환자들의 키를 문의할 때와는 다른 노이즈 주입 수학 모형을 선택하게 될 것이다). 이와 같이 세분도를 선택하는 데에서 프라이버시 보호와 정보 이용의 유용성 간의 긴장이 잘 드러난다. 드워크는 이 기법을 제안한 원래의 연구 문서에 이렇게 적었다. 프라이버시에도 "어느 정도의 유용성 개념이 요구된다. 그래도 어쨌든, 비어 있는 데이터 스트림이나 순전히 무작위적인 데이터 스트림을 언제나 출력하는 메커니즘이 분명 프라이버시를 지켜주긴 한다."35 차등 프라이버시는 지금도 계속해서 수정되고 개발되고 확장되고 있다. 미국 인구조사국이 2020년 인구조사 기록을 발표할 때 차등 프라이버시를 이용하겠다고 결정하여 지난 여러 해 동안 크게 주목받은 덕분이다.

이 책의 1장에서 2014년 열린 "기계학습에서의 공정성, 책임성 및 투명성Fairness, Accountability, and Transparency in Machine Learning"(FAT-ML, 지금은 FAccT)이라는 워크숍에서 컴퓨터과학자 해나 왈라크가 한 강연에 대해 언급했다. 이후 몇 년 동안 데이터과학계가 성장하면서 더욱 기술 지향적인 컴퓨터과학 연구자들이 공정성을 정의하고 정량화하는 매우 수학적이며 기술적인 접근법(코드가 더 많아지고 철학과 법은 더 적어진 접근법)을 개발하는 데 중점을 두었다. 이러한 기술적 접근법에 관한 문헌이 풍부해지는 추세와 발맞추어 알고리즘의 위험성에 대한 문헌도 증가했는데, 가령 케이시 오닐, 버지니아 유뱅크스, 루하 벤저민 등의 초기 연구 문헌이 대표적이다.[36]

공정성 개념은 수십 년 동안 (특히 1964년 민권법Civil Rights Act 이후에) 미국 법률에 포함되어 있었지만 기술 문헌에서는 최근에야 제대로 주목받기 시작했다. 공정성에 관한 문헌이 급속히 많아지자 몇 가지 매우 놀라운 사건들이 벌어지면서 엔지니어링을 공정성 문제에 적용하자는 목표가 생겨났다. 이 문제들 중 첫 번째는 공정성에 대하여 가능한 정량적 정의가 너무 많았다는 것이다. 둘째는 이런 정의들 중 일부는 이론상으로도 실천적으로도 상호 호환이 불가능했다는 점이다.

공정성을 정량화하는 데 따르는 어려움을 설명하기 위해 2016년 5월의 '기계 편향Machine Bias' 사건을 살펴보자.[37] 비영리 언론 프로퍼블리카ProPublica는 콤파스COMPAS라는 알고리즘을 조사한 기사를 내놓았다. 노스포인트Northpointe란 회사 소유의 이 알고리즘은 플로리다주 브로워드 카운티Broward County의 범죄 재발률을 예측하기 위해 개발되었다. 면밀한 조사 후 알고리즘의 불공정성이 드러났다. 알고리즘에 의해 '재범 우려 높음'이라는 평가를 받은 백인 피고 집단이 비슷한 점수를 받은 흑인 피고 집단보다 실제로 재범을 저지른 경우가 더 많았기 때문이다. 하지만 노스포인트의 세 연구자들은 자신들의 분석 내용을 두 달 후에 발표하면서 알고리즘이 "흑인과 백인에게 똑같이 정확하므로" 공정하다고 밝혔다. 프린스턴대학교의 컴퓨터과학자 아빈드 나라야난은 공정성에 관해 엇갈린 결과를 보여준 21가지 사례를 통해 기술적 정의가 달라질 때 정책이 어떻게 근본적으로 달라지는지를 보여주었다.[38] 나라야난과 더불어 (FATML 워크숍의 두 공동 주최자인) 솔론 바로카스Solon Barocas와 모리츠 하트Moritz Hardt는 인종차별 문제에 적용할 수 있는 핵심적인 공정성 척도 세 가지를 다음과 같이 요약했다.

- 독립성: 모형의 출력이 인종과 독립적일 것(19세기 골턴의 표현으로 하자면 '상관관계가 없을 것').
- 개별성: 진짜 결과가 주어졌을 때(가령 나중에 범죄를 실제로 저질렀거나 저지르지 않은 피고들이 별도의 집단으로 간주될 때) 알고리즘의 점수가 인종과 독립적일 것.
- 충분성: 알고리즘의 점수가 주어졌을 때(가령 나중에 범죄를 저지른다거나 저지르지 않는다고 예측된 피고들이 별도의 집단으로 간주될 때) 진짜 결과가 인종과 독립적일 것.

이 세 조건은 더 수학적으로 기술될 수 있으며, 보호되는 속성들의 일반적인 사례(인종이 아니라 다른 속성들)와 일반적인 결과에 대해서도 기술될 수 있다.*

* 더 수학적인 정의에 대해서는 다음을 보기 바란다. Solon Barocas, Arvind Narayanan, and Moritz Hardt, "Fairness and Machine Learning," 2019, https://fairmlbook.org/.

공정성에 대하여 어떤 정의를 사용할지의 문제가 가지고 있는 모호성 때문에 그렇지 않았더라면 잘 닦였을 기계학습으로 가는 길, 즉 통계적 최적화가 복잡해진다. 기계학습에 관한 장에서 보았듯이, 기계학습의 계산 모형들은 어떤 정책이 우리가 바라는 목표를 최적화할 수 있는지를 학습하는 면에서 효과가 있다. 설령 알고리즘, 디지털 제품 및 사회가 다함께 작용하는 복잡한 환경에서도 그렇다. 이 방법들은 심지어 목표가 경쟁, 가령 '성공 척도'(가령 통계적 정확성)와 '건전성 척도'(가령 모형 복잡성) 간의 경쟁을 포함할 때에도 통할 수 있다.[39] 컴퓨터과학 연구자 마이클 키언스Michael Kearns와 에런 로스Aaron Roth는 저서 『알고리즘 윤리The Ethical Algorithm』에서 이 접근법을 다음과 같이 옹호한다. "이 사실에 대한 유일하게 합리적인 반응은 (과학적, 규제적, 법적 또는 도덕적 관점에서 볼 때) 그것을 인정하고 정확성과 공정성 간의 상충 관계를 직접적으로 측정하고 관리하려고 시도하는 것이다."[40]

하지만 기술적 해법에는 한계가 있다. 예를 들어, 심지어 공정성과 정확성 면에서 최적화된 알고리즘이라도 과도한 치안 활동을 통계적으로 자체 강화하는 것과 같은 문제를 해결하지는 못한다. 그럴 경우 '범죄' 예측과 '체포' 사례가 합쳐져서 이전에 체포가 더 많이 관찰된 지역에 경찰을 더 많이 보내게 된다.[41] 키언스와 로스가 주장하듯이, 알고리즘은 사회기술적 체계의 일부일 뿐이다. "좋은 알고리즘 설계가 해결책의 메뉴를 구체적으로 제시할 수는 있지만, 사람들은 여전히 그중에서 하나를 선택해야 한다."[42]

이런 기술적 접근법들이 통하더라도(실제로 자주 통한다) 단지 비판하는 것이 아니라 집행하고 지휘할 권한을 가진 조직의 (또는 조직에 대한) 힘이 꼭 필요하다. 구글의 AI 윤리팀 해체 사례에서 여실히 드러나듯이, 조직 구성도 내의 어디에 그런 결정을 내릴 기관을 둘 수 있을지는 불분명하다.

온갖 중요성에도 불구하고, 기술적 해결책은 편향 및 구조적 불평등의 효과를 최소화하기 위해 알고리즘 시스템과 데이터 수집의 특성을 재조정하는 데 중점을 두지만, 불평등을 조장하고 유지하는 사회 구조를 바꾸는 기능을 하지는 못한다. 두 저자는 공정성, 즉 정의를 추구하는 더 굳건한 방법을 원한다. 캐서린 디그나치오와 로런 클라인은 이렇게 썼다. "데이터 윤리만이 아니라 더욱 폭을 넓혀서 데이터 정의에 중점을 둘수록, 과거의 불평등 사례들이 블랙박스화된 알고리즘 속으로 슬며시 섞여들지 않게 방지하는 데 도움이 될 수 있다."[43]

자동화된 알고리즘 시스템의 중앙집권성이 더욱 커지는 지금, 우리 사회의 정의 자체가 데이터 정의에 의존하는 정도가 점점 더 강해지고 있다. 사피야 노블과 매슈 르 뷔Matthew Le Bui도 윤리에 대한 기술적 접근법을 비판하면서 이렇게 주장한다. "이러한 권력 체계 앞에서 단지 공정성을 추구한다고 해서, 디지털 기술이 점점 더 구조적 권력의 또 다른 형태에서 중심적 역할을 해나가는 현실에 딱히 대처하지는 못한다."[44] AI 윤리를 마련할 때 너무 많은 연구자들이 벨몬트 보고서의 절차적 측면에 기대는 바람에 사회경제적·성별적·인종적 불균형의 상황에서 실질적인 정의에 대한 관심을 놓치고 말았다.

최종 과제는 언제나 AI 시스템을 '수리하는' 것이어서, 다른 시스템을 사용하는 일은 결코 없으며, 그게 아니면 어떤 시스템도 사용하지 않는다.

- 줄리아 파울스Julia Powles와 헬렌 니센바움[45]

기술적 해법을 AI 문제에 적용하려는 갈망은 AI 사용은 퇴보하거나 심지어 완전히 거부되기보다 계속 향상되리라는 전제에서 비롯된다. 법률가이자 기술 전문가 프랭크 파스콸레Frank Pasquale는 시스템을 제작하는 것 자체에 의문을 던지는 운동이야말로 알고리즘 책임성의 "두 번째 물결"이라고 여긴다. "알고리즘 책임성의 첫 번째 물결이 기존 시스템의 향상에 중점을 두었다면, 두 번째 물결은 그런 시스템이 애초에 사용되어야 하는지 (만약 그래야 한다면 누가 그 시스템을 통제할지를) 묻는다."46 점점 더 많은 기술자들이 법률가, 사회학자, 활동가들과 함께 이러한 구조적인 질문들을 제기하고 권력 재조정을 구현하기 위한 행동에 나섰다. 아울러 시민들도 힘을 합쳐서 공정성과 정의를 진작하도록 기업과 정부를 압박했다.

규제 기관에 포위되지 않기 위해

시민의 권력 재조정 요구는 AI를 수정하거나 사용에 제동을 거는 방법으로 알고리즘의 윤리적 문제를 다루려고 하는 기관들로부터 공감을 얻고 있다(이런 기관들이 점점 더 많아지고 있다). 하지만 이러한 '자율 규제' 조직들은 그들이 비판하고자 하는 기업들한테서 자금을 지원받는다. 따라서 비판을 늦추거나 질식시키거나 교묘하게 통제할 수 있다는 모순에 빠지고 만다. 현재 라이덴대학교 교수인 로드리고 오치가메Rodrigo Ochigame는 매사추세츠공과대학에서 박사학위 과정을 밟을 때 「윤리적 AI의 발명: 어떻게 빅테크 기업들은 규제를 피하기 위해 학계를 조작하는가 The Invention of 'Ethical AI': How Big Tech Manipulates Academia to Avoid

Regulation」라는 논문을 발표했다. 이 논문에서 그는 빅테크 회사에서 연구 기관으로 가는 자금의 흐름을 추적했는데, 이 기관들의 목표는 자금을 지원한 회사들에 수익을 안겨주는 제품과 서비스를 비판하고 제약하게 될 '윤리적 AI' 분야를 만들어주는 것이었다.[47]

AI 연구자들과 다수의 (아마도 대다수의) 윤리적 AI 연구자들은 소수의 기업들에 크게 의존하는 처지이다. 여러 명의 호주 학자들이 최근에 이렇게 주장했다. "연구자들을 쉽게 내쫓거나 영입할 수 있는 미덕의 공급자가 되도록 유혹하는 것은 … 기존 형태의 사업 조직이나 사업 모형의 저항을 별로 받지 않는다."[48] 하지만 우리가 앞에서 내비쳤듯이, 권력 없는 윤리는 무력하며 윤리 없는 권력은 긍정적인 사회적·정치적 지도력을 전혀 갖지 못한다.

알고리즘 제품과 그것의 피해 및 영향의 불투명성과 더불어 기업들의 장기적인 조직 구조의 복잡성으로 말미암아 '윤리 실행'이 어려워진다. 이 문제는 정량화하기 어려운 장기적인 윤리적 관심사와 단기적인 정량적 관심사(이른바 '측정치'의 최적화를 둘러싼 일종의 조직구성 원리로서 보통 표현되는 관심사) 간의 긴장으로 인해 더욱 증폭된다. 예를 들어, 프라이버시를 지킨다는 약속은 쇼샤나 주보프가 주창한 문구로 표현하자면 '감시 자본주의surveillance capitalism'의 수익성에 의해 위기에 처할 수 있다. 개인에 대한 추적과 더불어 그런 세밀한 데이터가 마케팅 및 기타 분야에서 사용될 경제적 수요가 증가하는 현실을 꼬집은 표현이다.[49] 하나의 기술로서 그런 데이터로 작동하는 알고리즘은 제이넵 투펙치의 용어로 '설득 구조persuasion architecture'를 이룬다. 이런 구조는 설득이 제품을 지원하든 정치 후보자를 지원하든 똑같이 효과적으로 사용된다. 이런 구조의 힘과 수익성을 이해하려면, 우리는 인간을 윤리적 의사결정자로 보는 관점에서 벗어나 값어치 있는 주의력의 원천으로 보아야 한다. 이 영역에서는 1973년에 화가 카를로타 페이 스쿨먼Carlota Fay Schoolman과 리처드 세라 Richard Serra가 적었듯이 "여러분은 제품이다."

주의력 경제의 탄생

정보가 흘러넘치는 세상에서 정보의 풍부함은 … 무엇이든 간에 그 정보가 소비하는 것이 부족함을 의미한다. 정보가 소비하는 것은 매우 명백하다. 정보는 정보 수령자의 주의력을 소비한다.

– 허버트 사이먼,(1971년)[1]

시청 시간이 최고 우선순위였다. … 그 밖의 모든 것은 산만한 상태로 간주되었다.

– (전직) 구글 엔지니어 기욤 샬로,
2018년에 유튜브 추천 엔진의 유일한 KPI(핵심성과지표)를 설명하면서[2]

"거리는 화사한 색채로 가득했다." 1929년 3월 31일 일요일 부활절 퍼레이드가 열린 5번가에서 "현대적이고 번영하는 뉴욕이 부활절을 찬양하는 행사를 벌이고 있을" 때였다. 『뉴욕타임스』 1면 기사에 따르면 "퍼레이드가 절정에 다다랐을 때 열댓 명의 젊은 여성들이 세인트토머스 교회와 세인트패트릭 대성당 사이를 오가면서 대놓고 담배를 피우고 있었다. 무리 중 한 명은 담배가 '자유의 햇불', 즉 여성도 남성처럼 일상적으로 거리에서 담배를 피게 될 시대로 가는 길을 비춰주는 불빛이라고 설명했다."3 하지만 『타임스』의 보도에 따르면, 우리가 쉽게 속아 넘어간 내용과 달리, 그것은 담배 제품을 통해 성평등을 주장하는 여성 흡연자들의 즉흥적 봉기가 아니었다. 그 장면은 "대중 홍보의 아버지"인 에드워드 버네이스Edward Bernays가 아메리칸토바코컴퍼니American Tobacco Company의 지원을 받아 꾸민 퍼포먼스였다. 나아가 버네이스는 홍보라는 분야를 창조했고, 민주주의가 제대로 작동하도록 해준다며 『프로파간다Propaganda』를 옹호했다(이것은 그가 1926년에 발간한 책 제목인데, 당시에는 '프로파간다'라는 용어가 아직 전적으로 조롱받는 용어가 아니었다).4 정치와 마케팅 세계에 두루 통달했고 동의의 공학^{Engineering of Consent}의 명시적이고 묵시적인 역학을 꿰뚫어본 그의 선견지명은 당대보다 한 세기나 앞서 있었다. 이번 장에서 우리는 지난 한 세기 동안 근래에야 이런 흐름에 올라탄 기업들을 포함하여, 주의력을 수익화하기 위한 활동이 부상하는 과정을 추적할 것이다. 비료와 휘발유처럼 광고와 벤처캐피털 투자는 별도로 보면 조금 따분해 보일지 모른다. 하지만 앞으로 살펴보겠지만, 그것들은 서로 조합되면 폭발적 효과를 일으킨다.

가치가 높아진 주의력

이번 장의 시작 문구에서 엿볼 수 있듯이, 경제학자 겸 AI 선구자인 허버트 사이먼^{Herbert Simon}은 컴퓨터와 정보처리의 부상이 어떤 결과를 가져올지 진즉에 알아차렸다. 바로 주의력 경제^{attention economy}다. 사이먼은 컴퓨터가 정보의 저장과 전송을 거의 무료로 이용하게 만들수록, 주의력이 결핍되면 그 가치는 더 높아질 테니 사람들의 주의력을 대상으로 한 경제가 등장하게 될 것이라고 주장했다. "정보를 생산하고 전송하는 데 비용이 얼마나 드는지 아는 걸로는 충분치 않다. 주의력이 희소한 상황에서 정보를 얻는 데 비용이 얼마나 드는지를 알아야 한다."[5] 이같은 초기의 디지털 정보 홍수는 기존의 한 산업과 정면으로 맞닥뜨렸다. 바로 광고업이었다. 사이먼의 예언이 나오고 오래 지나지 않았을 때, 화가 리처드 세라와 카를로타 페이 스쿨먼은 당대의 지배적인 정보 전달 메커니즘인 텔레비전을 통해 포장되어 사람들에게 판매되고 강요되는, 기업의 후원을 받는 광범위한 세계관을 개탄했다. 세라는 두 사람이 방송 텔레비전과 그 사업 모형의 "자본주의 현황"을 "명확하게 보여주려고" 노력했다고 설명했다. 그 현황이란 바로 사람들을 설득하려는 자들의 자금 지원을 통해서 사람들이 가끔씩 방해받는 대가로 무료 방송을 제공받는다는 것이다. 두 사람은 공동 제작한 영상물 〈텔레비전이 사람들을 팔아넘긴다〉에서 이렇게 주장한다.

> 상업 텔레비전은 순식간에 2,000만 명의 사람들을 팔아넘긴다.
>
> 상업 방송에서 시청자는 자신이 팔리게 되는 특권에 돈을 지불한다.
>
> 소비되는 것은 소비자이다.
>
> 여러분은 텔레비전의 제품이다.
>
> 여러분은 고객인 광고업자에게 팔려 넘어간다.
>
> 광고업자는 여러분을 소비한다.
>
> 시청자는 프로그램 선정과 방영 … 등에 권한이 없다.
>
> 여러분은 최종 제품이다.[6]

나중에 뉴욕대학교의 문화와 커뮤니케이션 학과장이 된 닐 포스트먼 Neil Postman은 1980년대에는 이 모형이 어떻게 잘못될 수 있는지를 경고했다.[7] 가령 그는 이 광고 사업 모형이 후원자와 방송물 제작자 간의 관계, 좀 더 구체적으로 말해서 1980년대 방송 텔레비전의 경우에 광고업자들과 미디어 간의 관계를 어떻게 왜곡하는지 밝혀냈다. 포스트먼은 미디어가 사실보다는 사람들의 주의를 끄는 데 더 중점을 둔 방송물을 제작한다고 주장했다. 왜냐하면 주의력을 빼앗긴 실제 시청자 수가 많을수록 방송국은 많은 돈을 벌기 때문이다. 이로 인해 실질적인 위험이 뒤따른다. 방송물 제작자들이 흥미를 극대화한 방송물을 제작할 동기를 얻기 때문이다. 그는 이 주제에 관해 쓴 책의 제목을 이렇게 붙였다. 『죽도록 즐기기Amusing Ourselves to Death』(1985)[8] 그런 왜곡의 부정적 영향의 한계는 방송국이 진리의 일차 출처로서 대중의 세계관 확립에 가하는 억압의 정도가 (비록 크지만) 유한하다는 사실이었다.

쉽게 풀어서 말하자면, 피해의 규모가 텔레비전을 시청하는 대중의 규모에 따라 결정되었다는 뜻이다.

인터넷 속 주의력의 의미

월드와이드웹WWW 프로젝트의 목표는 어디에서나 어떤 정보와도 연결되도록 하는 것이다. … 만약 여러분이 코드를 이용하는 데 주의력이 있다면 내게 메일을 보내기 바란다. 그냥 프로토타입인데 …

- 팀 버너스 리, 1991년 8월 6일 14:56:20(그리니치표준시)

alt.hypertext에 WWW을 선언하면서[9]

이러한 역학, 즉 "우리가 곧 제품이 되는" 신생의 "주의력 경제"는 우리의 정보 사용이 (그리고 이와 더불어 광고 경제가) 월드와이드웹으로 옮겨가면서 어떻게 변화했을까? '웹'의 탄생일은 1991년 8월 6일로 자주 언급되는데, 바로 그 날 팀 버너스 리가 한 유즈넷Usenet(온라인 게시판) 그룹에 '월드와이드웹 프로젝트'에 관한 게시글을 올렸기 때문이다. 1994년이 되자 웹의 점증하는 복잡성을 조직화하기 위해 다수의 회사가 설립되었다. 웹이 중앙화된 통제 수단 없이 급성장하는 바람에 사용자가 웹사이트를 찾아서 이용하기가 어려워졌기 때문이다. 온라인 광고의 기원은 웹 휠씬 이전에 이메일(1970년대)과 유즈넷 토론 그룹의 시대에까지 거슬러 올라간다. 1996년에는 여러 회사가 온라인 '배너 광고'와 불쑥 끼어드는 '팝업' 창을 팔았다.[10] 1990년대 중반에는 '이커머스e-commerce' 회사들과 함께 온라인 광고가 번창했다. 대표적인 기업으로 1995년에 설립된 이베이와 아마존이 꼽히는데, '닷컴' 버블이 붕괴하던 시기에 많은 이커머스 기업이 무너졌다.

이런 상황에서 입자물리학자에서 언론학자로 변신한 마이클 골드하버 Michael Goldhaber는 주의력 결핍에 관한 사이먼의 주장을 업데이트하여 신생 인터넷 저널인 『퍼스트 먼데이First Monday』(1996년 설립)에 실었다.

> 하지만 정보는 하나의 경제를 유지하는 기반이 될 수 없는데, 그 이유는 단순하다. 경제는 희소한 것에 의해 지배되는데 정보, 특히 인터넷상의 정보는 풍부한 정도를 넘어 흘러넘치기 때문이다.[11]

정보는 드물지 않다. 반면에 흘러넘치거나 모자란 것은 주의력이다.

골드하버는 위기가 별로 없던 특정한 시기에 이렇게 썼다. "여가 시간이 아주 많은데도 우리는 늘 바쁘다고 느낀다." 왜냐하면 "삶에 안락을 가져다주는 것들을 전부 고려하기 때문이다." (분명 그는 풍요로움과 안락의 1세계 관점으로 글을 썼다.) "그래서 우리는 웹을 서핑할 시간이 많다."[12] 10년 후에 버즈피드BuzzFeed(미국의 뉴스 및 엔터테인먼트 웹사이트)의 설립자 요나 페레티Jonah Peretti가 비슷한 주장을 했다. 버즈피드의 타깃 시장은 그의 표현에 따르면 "일이 지겨운 사람들 네트워크"였다. 이 말은 인터넷 접속을 제공하는 직업을 가진 수백만 명의 사람들을 가리키는데, 정작 자신들은 일을 지겨워하며 과도한 주의력을 발휘하는, 즉 웹서핑에 빠진 이들을 뜻한다.[13] 버즈피드는 처음에 이 대식가 집단을 귀여운 고양이와 늘 씬한 연예인 사진들로 맞이했다. 이후 버즈피드는 '유니콘(기업 가치가 10억 달러가 넘는 스타트업)'이 되었다.

골드하버는 주의력은 이미 소중한 것이 되었고, 웹 덕분에 누구나 다른 누군가의 (온라인) 주의력을 소비할 수 있게 되었음을 알아차렸다. 버네이스의 1929년 부활절 음모는 사람들을 속여 넘기기 위해 엄청난 조율 과정을 거치고, 실제로 사람들의 시선을 끌 수 있는 퍼레이드 행사를 진행해야 했다. 하지만 웹의 출현으로 이제 누구나 콘텐츠를 게시하여 온라인상에서 다른 누군가의 주의력을 잠재적으로 소비할 수 있게 되었다. 골드하버는 이 변화가 개인의 고용주나 기업과 비교하여 개인의 브랜드를 중요하게 만들었다고 주장했다. 스타 언론인이 신문사를 떠나서 자신의 블로그나 뉴스레터(더 최근에는 자신의 온라인 플랫폼)를 훌륭하게 꾸려가듯이, 웹 덕분에 개인도 자금 후원이나 강력한 조력자의 도움 없이도 온라인 관심에 대한 자신의 지배력을 키워나갈 수 있다.[14]

웹이 등장하기 전에 경제와 주의력 간의 관계가 얼마나 달랐는지 살펴보는 것은 이 문제를 이해하는 데 도움이 된다. 1997년 전자책이라는 주제에 관해 골드하버는 이렇게 썼다. "현재로선 책을 인터넷상에 바로 배포하는 것은 비현실적이다. 비록 장기적으로는 그렇지 않을 것이고 물리적인 책은 거추장스럽고 진기한 것이 되리라고 쉽게 예상할 수 있지만 말이다." 실제로 코로나19 팬데믹 기간 동안 학자들은 책과 도서관에 의존하지 않고 전자문서를 읽는 데 익숙해졌고, 이로써 손에 들고 다닐 수 있는 책(또는 여러분의 손바닥에 들어오는 전자책)을 만드는 데 일조했다. 하지만 여전히 종이책 판매량이 압도적이다. 이와 비슷하게, 유료 사이트 이용 상황도 골드하버가 말한 이후 20여 년 사이에 분명히 달라졌다. 골드하버는 이렇게 조언했다. "만약 여러분이 웹사이트를 갖고 있다면 요금을 부과하지 마라. 그러면 주의력을 떨어뜨리기 때문이다. 만약 유료화하지 않고도 웹사이트를 유지할 방법을 알아낼 수 없다면 여러분은 뭔가를 잘못하는 건지도 모른다."

하지만 20년이 지나 우리는 (유료) 디지털 구독 서비스를 통해 음악을 들으면서 이 책을 썼다. 『뉴욕타임스』도 디지털 유료 사이트를 바탕으로 사업을 키워가고 있다. 1990년대에는 "정보가 무료이길 원한다"고 많은 사람들이 믿었지만, 지금 정보 생산 회사들은 실제로 고가이며 데이터 저장과 처리에 거대한 인프라가 요구되는 정보에 의존한다. 웹상의 정보가 여러 가지 방식으로 구성될 수 있듯이, 정보의 인프라도 여러 방식으로 비용을 치를 수 있다. 가령 광고를 통해서 비용을 지불할 수 있지만 꼭 광고를 통해 비용을 지불하는 것은 아니다. 하지만 일부 기득권자들은 정보에 비용을 치를 지속 가능한 방법은 사용자의 활동 감시를 토대로 한 광고라고 오랫동안 주장해 왔다. 이 주장이 그릇되었다고 해서 그 역사적 중요성까지 부정한다는 말은 아니다.

주의력 경제도 다른 분야와 마찬가지로 완전히 보이지 않는 손에 의해 작동하는 건 아니다. 가령 정부는 일부 정보의 복제와 배포를 제한하는 저작권 규정으로 정보의 희소성을 유지하여 그 가치를 지킨다. 권력 간의 균형을 정하는 데 있어서 국가의 역할을 다음 장에서 살펴볼 것이다.[15]

공짜 정보의 대가

정보가 무료이길 원하는 이유는, 정보를 나누고 복제하고 재결합하는 것이 매우 저렴해졌기 때문이다. 값을 재기엔 너무 싸다. 한편으로 비싸길 바라는 정보도 있는데, 그 정보가 수령자에게 굉장히 소중할 수 있기 때문이다. 이 긴장은 영원히 사라지지 않을 것이다.

- 스튜어트 브랜드Stewart Brand16

골드하버가 자신의 예언을 세상에 전한 때는 마침 스탠퍼드대학교의 백럽Backrub(구글의 원래 이름)이 미국 국립과학재단NSF의 자금 지원을 받는 일개 대학원생 프로젝트였던 시기였다. 웹사이트 작성자의 노동을 통해 웹페이지의 등급을 매기는 알고리즘을 만드는 그 프로젝트는 곧 벤처캐피털의 지원을 받는 스타트업인 구글로 발전했는데, 세간에는 구글이 팔로알토의 한 차고에서 탄생했다고 알려져 있다. 당시에 웹을 구성한 여러 혁신 기업들과 구글을 차별화한 기술적 발전의 결과물이었던 페이지랭크 알고리즘을 기술한 원래 논문에는 알고리즘의 수익화에 광고를 통한 인프라가 필요하다는 언급이 나오지 않았다. 구독, 가입비 또는 후원 링크 같은 다른 많은 수익 모델도 고려 대상이 될 수 있었을 것이다. 하지만 광고가 이겼다.17

2000년대 초반에 '웹 2.0'이라는 기술적 표준이 등장했다. 모든 사용자가 사용자 제작 콘텐츠UGC를 웹사이트에 제공함으로써 콘텐츠 제작자가 될 수 있다는 개념이다. 웹사이트는 사용자의 노동과 창의성에 대한 대가로 콘텐츠를 올려주고, 점점 더 그런 콘텐츠에 수익을 안겨준다. 1999년부터 시작된 '웹 2.0'이란 용어는 2004년에 오라일리 미디어가 시작한 '웹 2.0 컨퍼런스' 이후에 더욱 유명세를 탔다.18 회사 설립자 팀 오라일리는 처음에 기술 서적을 만드는 일을 하다가 2000년 닷컴 버블이 꺼진 이후에는 사업 모델을 다각화해 기술 서적뿐만 아니라 학회를 개최하는 일도 했고, 나중에는 벤처캐피털 회사도 차렸다. 다양한 웹사이트가 생겨나 사용자 제작 콘텐츠를 올리게 되자 그런 콘텐츠가 폭발적으로 늘어났다. 이런 웹사이트들은 검색을 위한 설계와 알고리즘의 최적화된 조합과 더불어 (특히 동영상 이용이 두드러지면서) 서버 공간과 대역폭을 확보하기 위한 재정적 자원이 필요했다. 인터넷상에서 창작의 민주화를 약속하는 지속적인 경향인 사용자 제작 콘텐츠의 증가는 역설적이게도 사용자의 창의성을 조직화하고, 점점 더 그런 창의성에서 수익을 얻는 새로운 중개자를 낳았다.

인터넷상에 쏟아지는 정보를 조직화하는 일의 해법은 한 가지가 아니었다. 레딧 같은 사이트에서는 공동체들이 상이한 주제들의 역동적인 하위집단(서브레딧)으로 조직화되며, 게시물들은 사용자 투표를 바탕으로 알고리즘에 의해 정렬된다. 하지만 이러한 설계 규정과 공동체의 노력이 없다면, 체계가 없는 게시물 피드를 알고리즘으로 정렬해야 했다. '즐겨찾기 공유 사이트'인 핀보드Pinboard 같은 일부 사이트는 수익을 위해 구독 모형을 선택했지만, 2000년대 후반의 주된 표준은 광고였다. 광고가 붙은 UGC 게시 사이트들은 '수십억 개의 콘텐츠 중에서 어느 것을 골라서 노출시켜야 하는가'라는 알고리즘 제작상의 과제를 떠맡았다. 이 알고리즘들은 모든 기계학습 알고리즘과 마찬가지로 최적화 알고리즘으로, 기술자들에게 설계할 때 주관적으로 선택할 것을 요구한다. 즉 '어떤 기능을 최적화할 것인가'라는 질문에 답해야 한다. 시간이 갈수록 설계자들은 하나의 웹사이트에 접속하는(따라서 광고를 접하는 시간)을 최적화해야할 기능으로 꼽았다.

광고가 뒷받침해주고 알고리즘에 의해 최적화된 UGC의 세계가 우리 일상생활을 가득 채우고, 우리는 그 속에 푹 빠져 산다. 분명 일부 독자들은 그런 세계와 함께 성장했지만, 그게 만연하다고 해서 필수적인 것이라고 혼동해서는 안 된다. 월드와이드웹의 초기 10년 동안에는 상황이 그렇지 않았다. 인터넷 서비스에 수익을 안겨줄 다른 방법들을 제치고 광고가 거둔 승리는 오늘날 자연스럽고 심지어 필연적이라고 여겨진다. 우리가 그렇게 생각하게 된 까닭은 강력한 지지층들이 애써서 그렇게 만들었기 때문이다.

인터넷 광고의 성장을 이해하려면, 주요 광고주들이 처음엔 텔레비전이나 인쇄 매체보다 웹의 책임성accountability(광고업체가 실시한 광고가 어떤 실질적 효과가 있는지를 광고주에게 설명하고 이해시키는 능력—옮긴이)이 훨씬 약하다고 여겼다는 점을 알아야 한다. 오늘날 우리에게는 매우 반직관적이지만, 광고주들은 기존 매체의 광고가 온라인 광고보다 훨씬 효과적이라고 믿었다. 1980년대와 1990년대에 광고 회사들은 고객에게 도달할 최상의 방법에 관한 계산 모형들을 바탕으로 서로 경쟁했는데, 그것이 "다가올 보편적 디지털 미디어 시대의 시험장 역할을 했다."[19] 1998년에 『에드버타이징 에이지Advertising Age』에 실린 다음과 같은 기사가 실렸다. "정확한 측정의 부족 그리고 투자 대비 수익 추적하기의 어려움이야말로 온라인 미디어를 보고 제품 구매하는 데 가장 큰 장애물이라고 미국 광고주협회Association of National Advertisers가 올해 초에 실시한 여론조사에서 나왔다."[20]

역사가 조지프 터로Joseph Turow가 발표한 내용에 따르면, 기존 광고주들은 측정치를 요구하고 기술을 활용해 추적하도록 함으로써 이전과는 매우 다른 웹을 창조하는 데 기여했다. 프록터앤드갬블Proctor & Gamble과 델Dell의 광고를 맡았던 한 주요 광고업체 대표는 이렇게 말했다. "광고주들은 온라인 매체가 책임성이 있다고 입증된다면 기꺼이 돈을 더 쓸 것이다."[21] 인터넷 시대가 다가오자 광고주들은 책임성을 더 강력히 요청했으며, 고객의 주의력을 추적하는 기술을 사용하여 얻은 고객 데이터를 더 많이 요구했다. 감시는 새로운 인터넷 회사들에 의해 자본주의에 이식된 생경한 속성이 아니었다. 그것은 기존의 주요 광고주들의 요구와 광고업체들의 사업 활동이 맞아떨어져서 생겨났다. 광고업체들은 기술자들한테 온라인 광고 효과의 책임성을 제공하는 데 필요한 측정 요건들을 충족시키라고 요구했는데, 이를 위해 기술자들은 사용자들의 특성을 더 세밀하고 더 많이 알아내야 했다.

사용자를 추적하려면 감시를 가능하게 해주는 기술을 웹브라우저에 탑재해야 했다. 가장 유명한 방법이 쿠키와 숨어 있는 픽셀 추적tracking pixel이다. 웹을 떠받치는 표준을 만드는 데 참여한 기술자들이 보기에 프라이버시의 상실은 명백해졌고, 그중 일부 기술자들은 프라이버시 강화를 웹브라우저의 표준으로 만들어 기본으로 제공하도록 변경하려고 했다. 신생 인터넷 광고 산업은 브라우저 제작업체에 로비를 하는 등 이에 강하게 반발했다. 결국 그들이 싸움에 이기는 바람에 무수히 많은 쿠키가 우리 컴퓨터에 만발하게 되었다. 한 중역은 이렇게 주장했다. "내가 보기엔 '웹에 프라이버시 문제가 있다는 걸 분명하게 보여주겠다'라고 많은 사람들이 말하는 것은 극단적인 반응처럼 보인다."[22]

당연히 웹에는 프라이버시 문제가 존재했다. 그게 요점이었다. 하지만 상업에 반대하는 급진주의자로 묘사된 기술 전문가와 프라이버시 활동가들은 그 전투에서 졌다. 업계의 반발은 웹에 광고가 필요하며, 광고를 하려면 사용자를 추적할 수 있어야 한다는 발상을 강조했다. 다시 한번 프라이버시 보호의 부담은 개인 사용자들한테 떠넘겨졌다. 1998년의 한 보고서에서 연방거래위원회는 이렇게 설명했다. "사용자는 컴퓨터 화면에서 정보 수집에 동의하기나 거부하기를 결정하는 상자를 클릭하여 손쉽게 자신의 권리를 행사할 수 있다."[23]

가장 악명 높은 사례를 꼽으면, 1995년에 설립된 더블클릭DoubleClick은 광고 판매를 수백만 명의 사용자에 대한 데이터 수집과 결합했다. 더블클릭의 대표 겸 CEO인 케빈 오코너Kevin O'Conner는 이렇게 설명했다. "타기팅 광고의 크나큰 역설은 더 미세하게 타기팅하려면 범위가 더 넓어야 한다는 것이다." 즉, 광고의 초점을 더 미세하게 잡고 싶다면 각 사용자에 대한 데이터를 더 많이 수집해야 한다는 뜻이다.[24] 프라이버시 옹호와 정부 규제 둘 다 2000년경 더블클릭에 어려움을 가했지만, 회사는 사업 활동에 대한 제한적 규제를 거뜬히 헤쳐나갔다.[25] 분명 더블클릭은 데이터 수집을 거부할 수 있도록 구성되어 있었지만, 매슈 크레인이 언급했듯이, 기본적으로 소수의 "거부는 감시의 바다에 떨어진 물 한 방울이었다."[26] 1990년대 말이 되자 웹상의 광고가 표준이 되었고 웹을 이용하는 동안 사용자 프라이버시는 하찮게 여겨졌다. 이후 10년 동안 광고를 기본 사업 모형으로 삼는 일은 범람하는 '파괴적 혁신 회사'들의 공동 표준이 되었다. 페이스북 및 기타 성공한 회사들은 광고 사업 모형을 투자금 지원 받기 단계 후의 수익 창출 방법으로 삼았다.

처음에 구글이 광고에서 중점을 둔 것은 검색어와 검색 문구였으며, 사용자 감시가 아니었다. 하지만 곧 구글의 전체 사업 모형은 극적으로 변화했다. 2007년 구글은 광고와 사용자의 네트워크를 수익화하는 인프라를 제공하기 위해 설립된 회사인 더블클릭을 인수했는데, 이 기업은 이미 사모펀드에 인수된 적이 있었다. 2009년 3월 11일 구글은 감시 광고가 자사의 미래라고 선언하며 이에 대해 다음과 같이 설명했다. 관심 기반 광고는 "당신이 방문하는 사이트와 당신의 보는 페이지의 유형을 바탕으로

(스포츠, 가드닝, 자동차, 애완동물 등의) 관심 목록을 여러분의 브라우저에 연결해 준다."[27]

    2000년대 중반이 되자 기술을 통해 누구라도 다른 플랫폼에서 광고를 사거나 팔 수 있게 되었고, 어떤 매개체가 시장을 주도하든 그 업체에 대단한 수익을 올려준다는 점이 확실해졌다. 이 무렵 광고 모형은 콘텐츠 제작-소비 거래의 관련자들, 즉 그런 업체의 설립자, 투자자 및 (비록 마지 못해서지만) 사용자들에게 받아들여졌다. 그리고 그것이 회사 설립자들의 표준이 되었다. 가령 구글의 래리 페이지와 세르게이 브린 그리고 페이스북의 마크 저커버그는 자신들이 주로 광고를 팔아서 돈을 벌게 된 상황을 순순히 받아들여야 했다. 오래지 않아 그 회사들은 웹 광고의 지배적인 플랫폼이 되었다.

    투자자들은 이것을 처음에는 그럴싸하다고 보았다가 나중에는 표준으로 여겼다. 사용자들은 비록 무의식적이긴 하지만 받아들여야 했다. 만약 사용자들이 광고가 붙은 웹사이트를 광고가 붙었다는 이유로 집단적으로 거부한다면, 그건 해당 웹사이트의 종말을 뜻한다. 하지만 만약 사용자들이 사용자 경험을 방해하고 해를 끼치는 효과에 개의치 않고 그런 사이트가 광고를 보여주는 것이 정상이라고 흔쾌히 받아들인다면, 그것은 타당한 사업 모형이다. 마찬가지로 만약 콘텐츠 제작자들(자신들의 희망, 밈 그리고 두려움을 게시하고 트윗하고 업로드하는 모든 이들)이 무료로 그렇게 하는 데 동의한다면, UGC는 제품-기술-사업 모형으로서 계속 번성한다. 우리 각자가 이런 선택을 하는데, 그런 사업 모형이 지속되려면 민간 기업들의 기술적 구조 변화에 발맞추어 대중적 규범과 시장이 발전해야 한다.

데이터와 광고

앞에서 언급한 광고 타기팅의 기술적 어려움을 살펴보자. 광고 타기팅은 어떻게 하는 걸까? 더블클릭 같은 광고 거래소를 만들려면 무엇이 필요할까? 광고를 보여줄 소프트웨어가 필요하지만, 또한 누구에게 광고를 보여주고 어떻게 광고에 가격을 매길지를 결정하도록 기계학습에 자원을 투자하는 것도 필요하다. 1990년대 후반에 프록터앤드갬블 같은 대형 광고주들은 인터넷 광고업체들이 약속만 거창할 뿐 아직 실속이 없을까 봐 우려했다. 광고주들은 자신들이 전통적 매체의 사용자는 잘 알지만 웹 사용자에 대해선 잘 모르는 게 걱정거리였다. 언론학자 매슈 크레인은 이렇게 설명한다. "가치를 증명하기 위해 인터넷 광고업계는 특정 소비자 집단을 목표로 삼는 능력을 향상해야 했고, 아울러 소비자의 행동을 변화시킬 수 있음을 보여주어야 했다."[28] 투자금보다 더 많은 수익을 돌려줄 수 있음을 입증하기 위해 온라인 광고 회사들은 자신들에게 더 많은 사용자 데이터가와 더 나은 기계학습이 필요하다고 주장했다.

웹사이트들은 상이한 광고를 상이한 사람들에게 보여준 후 어느 광고가 (광고 클릭이나 구매 결정과 같은) 마케터가 원했던 결과를 내놓을지를 학습하는 방식으로 실험했다. 실험을 실시한 후 그 결과를 시스템으로 구현하려면 풍부한 데이터, 성능 좋은 알고리즘 그리고 든든한 소프트웨어 기술이 필요했다. 당시 이에 관해 논평한 사람이 잠시(2006~2008년) 페이스북에서 근무한 제프 해머바커다. 해머바커는 페이스북 창업자 마크 저커버그와 하버드대학교 동문으로, 2004년도에 처음으로 함께 수업을 들었다. 졸업 후 해머바커는 베어스턴스Bear Stearns에 들어갔으나 금융 업계에 진절머리가 나고 말았다. 그 후 페이스북에 입사해 2년 동안 애덤 단젤로Adam D'Angelo 밑에서 일했다. 단젤로는 페이스북의 '성장 팀'을 만든

장본인이다. 나중에 그는 성장 팀을 "제품이 더 급속히 인기를 끌고 더 많은 사용자가 가입하도록 제품을 변화시키는 엔지니어 팀"이라고 묘사했다.[29] 10장에서 논의했듯이, 2011년 한 인터뷰에서 해머바커는 그 시기를 이렇게 말했다. "내 세대의 최고 인재들이 사람들이 광고를 클릭하게 만들 방법이나 생각하고 있었다. 기가 찼다."[30] 페이스북과 구글은 오늘날 가장 큰 양대 회사가 되어 함께 디지털 광고를 장악하고 있다.

"나는 광고에 내 돈의 절반을 낭비하고 있다. 문제는 어느 절반인지 내가 모른다는 것이다." 광고주 존 워너메이커John Wanamaker가 했다고 하는 이 말의 문화적 파급력을 뉴욕시에 있는 그의 이름을 딴 거리 이름에서 엿볼 수 있다. 그 거리에는 나중에 AOL과 닐슨Nielson 같은 회사의 본부 그리고 페이스북의 뉴욕시 사무실이 들어섰다. 하지만 디지털 영역에서 마케터들은 자신들이 어느 쪽 절반을 낭비하는지 알아내려고 무진 애를 썼다. 1990년대 후반 이후로 광고 클릭은 기록하기 쉬워졌고 사용자를 추적하기도 쉬워졌다. 그리고 1925년에 R. A. 피셔가 찬양했던 것과 똑같은 과학적 기법을 사용한 소프트웨어가 활용되기 시작했다. 바로 이전에 소개한 무작위대조임상시험으로서, 여러 '치료'(여기서는 광고) 중 어느 것이 참여를 최적화하는지를 학습하기 위한 기법이다. 사실은 알고리즘을 약간 개선하려는 노력만으로도 마케터들은 광고에 무엇이 최상인지를 배울 수 있을 뿐만 아니라(문화기술지적 분석), 광고에 더 많은 참여를 너끈히 이끌어낼 수 있게 되었다(처방적 분석). 이 간단한 방법은 이제 웹 프로그래밍에 흔히 적용되는데, 그것은 1933년까지 거슬러 올라가는 수학적 방법들을 활용한 것이다.[31]

"사람들이 광고를 클릭하게 만드려면" 무엇이 필요할까? 무엇보다 사용자가 생성한, 엄청나게 많은 다양하고 참신한 콘텐츠가 필요하다. 수십억 개의 콘텐츠 중에서 어느 것을 사용자들에게 알릴지 선택하는 것이야 말로 페이스북의 뉴스피드 또는 틱톡이나 유튜브의 추천 동영상과 같은 디지털 제품에서 이러한 알고리즘들이 작동한 결과이다. 그런 선택하기에는 또한 이전의 콘텐츠에 대해 비슷한 이전 사용자들의 반응 기록(클릭, 공유, 좋아요 등)과 같은 참여에 관한 역사적 데이터가 필요하다. 기술 전문가들이 천공카드에서 벗어나려고 시도한 1945년 이후로 정보를 저장하고 사용 가능하게 만드는 기술의 발전이 이룬 성과를 떠올려 보라. 이런 최적화 과정을 개인화하는 데에는 사용자에 관한 정보가 필요하다. 장치 유형이나 지리적 위치와 같은 '조잡한' 정보도 최적화에 유용할 수 있지만, 수십 년 동안 광고계에서 잘 알려졌듯이 인구학적 정보야말로 최적화에 유용할 뿐만 아니라 마케터한테 팔기에 적합하다. 즉 노하우와 해당 분야에 직감이 있는 마케터들은 특정한 '고객 구분customer segment'에 돈을 쓰고 싶어 한다. 가령 『뉴욕타임스』에 소개된 한 정치 관련 업체의 마케터의 표현을 예로 들자면, "NASCAR(미국의 자동차경주대회 중 하나—옮긴이) 엄마"나 "축구 아빠" 같은 구분을 원하는 것이다. 그렇기에 광고 플랫폼들로서는 사용자를 그런 언어로 기술하고 사용자들이 이 집단들에 속하는지 여부를 예측할 수 있도록 모형화하는 것이 유용하다.

광고와 현실

광고, 특히 최근에 기계학습을 통해 최적화된 형태의 광고는 우리가 지각하는 세계로부터 현실을 구성해내는 방식과 관련하여 어떤 의미가 있을까? 우리 손바닥 크기의 장치에 전달되는 진리의 일차 출처가 감시 광고 모형에 의해 자금을 지원받고 그 모형을 위해 최적화된다는 것은 무슨 의미일까? 문화적 매개와 선별의 시스템들이 작동하고 있음을 이해하기 위해 광고나 선전의 위력이 엄청나다는 식의 경박한 관점을 받아들일 필요는 없다.

　이를 더 잘 이해하기 위해 우선 최적화가 정보와 설득에서 어떤 의미를 갖는지부터 살펴보자. 이 주제는 설계, 데이터 및 인센티브가 모두 관련된 문제이다. 궁극적으로는 누가 그런 최적화를 왜 행하는지를 논의해야 하는 문제인데, 그럼으로써 우리는 어떻게 사업 목표가 설계상의 선택을 이끌어내는지, 그리고 그런 선택들이 어떻게 우리의 현실 인식을 형성하는지 이해하게 될 것이다.

　손글씨 인식을 최적화하기 위해서 또는 넷플릭스의 영화 리뷰를 예측하기 위해서 도입된 공통과제프레임워크처럼, 광고를 단순한 측정치로 환원함으로써 데이터과학자와 제품 개발자는 기계학습의 모든 자원을 합의된 광고 측정치를 최적화하는 쪽으로 돌릴 수 있었다. 이런 극적 변환을 잘 보여주는 예가 바로 흔히 쓰이는 디지털 광고 측정치인 'CPM^{cost per mile}', 즉 1,000회 노출당 광고 비용이다. 픽셀을 구입하는 마케터들은 자사의 광고를 낮은 CPM으로 다양한 플랫폼에 싣기로 선택한다. 이 픽셀을 판매하는 광고업체들은 총 노출 횟수를 극대화하고자 한다(분명히 밝히는데, 모든 디지털 광고 거래가 이런 식으로 가격이 정해지고 협상이 이루어지지는 않는다. 이런 구도는 체계적인 광고 및 광고 거래 네트워크를 유용하게 단순화한 것일 뿐이다).

　노출을 최적화한다는 것은 사용자가 최대한 콘텐츠를 많이 보게 만들고, 그 결과로 제품을 최대한 많이 사용하게 만든다는 뜻이다. 다른 공통과제프레임워크와 마찬가지로, 이러한 노출 최적화는 무엇이 가치가 있는지 없는지를 결정한다. 즉 이제 가치 있는 것은 사용자의 행복이나 정보의 진실성이 아니라 단지 노출의 총 횟수이다. 마찬가지로, 만약 사용자가 제품을 사용함에 따라 광고 노출이 규칙적인 흐름으로 이루어진다면, 종종 '참여도'라고 불리는 사용자에 대한 일종의 '북극성' 측정치(밤하늘의 거의 불변인 기준점인 북극성처럼 확고한 기준으로 작용하는 측정치라는 의미—옮긴이)가 최적화되었다는 뜻이다. 정보 플랫폼들로서는 사용자에게 제공되는 정보의 속성과 무관하게, 높은 참여도는 많은 돈을 의미한다.

특히 데스크톱 컴퓨터에서 모바일 기기로 전환됨에 따라 정보 플랫폼들은 (보통 사람 손바닥 크기의) 작은 공간에서 최대의 정보 흐름을 촉진하는 시각적 설계에 필요한 요소들을 선택해야 했다. 이런 선택에는 통합된 콘텐츠 피드에서 제공될 때 세부적인 정보 출처와 같은 맥락적 단서를 제거하는 것뿐만 아니라 뉴스, 엔터테인먼트, 친구의 게시물, 낯선 사람의 게시물, 광고 등 콘텐츠 유형을 혼합하는 것도 포함된다. 2006년에 첫선을 보인 페이스북의 뉴스피드가 그러한 콘텐츠 모음의 대표적인 예다. 웹에 올라온 수십억 명의 사용자 생성 게시물들이 콘텐츠의 출처가 될 수 있다. 이것은 다음과 같이 포스트먼이 경고했던 상황의 정점이다. "유용한 사실 정보를 한 공동체의 모두에게 제공하려는 선의의 시도라는 의미에서 '뉴스'는 이젠 더 이상 후원 받은 콘텐츠, 설득하려는 콘텐츠, 틀렸거나 풍자적인 콘텐츠 그리고 엔터테인먼트와 분리되지 않는다."[32]

이러한 설계 결정들은 피셔가 1925년에 옹호했던 바로 그 방식, 다시 말해 일종의 북극성 측정치를 내놓는 무작위통제실험을 통해 최적화될 수 있다. 산업계에서는 이것을 'A/B 검사'라고 부른다. 참여의 진짜 이득은 어떤 콘텐츠를 어떤 사용자에게 보여줄지를 알고리즘으로 선택하는 데에서 나온다. 피드의 설계는 라디오나 텔레비전과 같은 매체의 프로그램 구성 제약들을 무너뜨린다. 다른 콘텐츠 그리고 후원받은 콘텐츠와 인접한 온갖 형태의 재미있는 콘텐츠를 제공하는 것이 그 비법이다. 전통적 매체들이 직면한 또 하나의 제약은 '일대다one to many' 제약이다. 즉 모두가 똑같은 콘텐츠를 본다는 뜻이다. 정보 플랫폼들은 이런 제약에 구애받지 않고 최적화되어, 흥미로우면서도 개성 넘치는 맞춤형 현실을 각 개인에게 제공한다.

기술 전문가는 물론이고 기술 전문가가 아닌 이들도 점차 어떤 콘텐츠 유형이 가장 흥미로운지에 관한 패턴을 오랜 시간이 지나며 알아차렸다. 포스트먼이 경고했듯이, 가장 흥미로운 콘텐츠라고 해서 꼭 가장 사실적이거나 유용하지는 않다. 마셜 맥루한의 유명한 금언 "미디어는 메시지다"에 빗대어 법학 교수 제임스 그리멜먼James Grimmelmann은 자신의 논문 「플랫폼은 메시지다 The Platform Is the Message」에서 이 역학 관계를 조사했다. 플랫폼은 "어느 콘텐츠가 관심 끌기 면에서 경쟁 콘텐츠들을 이기는지를 주의 깊고 지속적으로 살피고 있다."

그리멜먼은 다시 이렇게 설명한다. "이 플랫폼들은 사용자를 단단히 사로잡을 가능성이 가장 큰 콘텐츠를 우선시하고 홍보한다." 우드니 율이 정책에 참고할 관찰 데이터만을 가졌던 데 반해서, 웹사이트들은 사용자 활동을 관찰만 하기보다는 개입하여 나온 효과들을 기록할 수 있고, 실제로 줄곧 기록하고 있다. 디지털 제품을 사용할 때 여러분은 자신이 관여한 실험을 늘 경험하는 셈이다. 사용자 생성 콘텐츠의 경우, 어느 콘텐츠를 피드에 올려야 할지 선택의 가짓수가 엄청나게 많아서 너끈히 수십억 개에 달한다. 여러분이 직업 유튜버라면 수치를 주의 깊게 살필 것이다. 새로운 주제를 다룬 영상이 많은 사람들의 관심을 끌었다고 상상해 보자. 이는 그 주제를 공략해서 더 많은 영상을 만드는 동기로 작용한다. 그 결과, 어떤 유형의 사용자라도 그 사람의 취향이 증폭되어 반영된다.

그리멜먼은 이렇게 주장한다. "추천 엔진은 자동차 사고 영상만 계속 제시할 수 있는데, 왜냐하면 여러분이 그런 영상을 하나 보았으니 다른 것도 있다는 식으로 추천하기 때문이다. 여러분은 그런 영상을 계속 보다가 관심이 생겨날지도 모른다."[33] 아울러 언급하기를, 이제 콘텐츠는 새로 창조된 관심에 맞춰 자동적으로 만들어질 것이다. 비록 플랫폼들이 단순한 방식으로 제품을 공급하거나 우리의 정책을 흔들려고 애쓰지 않더라도, 참여를 중심으로 조직화된 플랫폼들은 예측 불가능한 방식으로 우리의 정보 세계를 변화시킨다.

이 AI를 더 많은 AI로 치료할 수 없을까?

'골칫거리 콘텐츠'(가령 가짜뉴스, 오정보/역정보, 증오 발언 및 욕설 등) 문제를 해결하는 데에 왜 우리는 지도학습이나 강화학습을 사용할 수 없을까? 지도학습은 처방 없이 결과를 예측하는 학습 방법이고, 강화학습은 결과를 극대화하기 위해 최상의 처방을 선택하는 학습 방법이다. 여기에 뒤따르는 어려움 중에는 기업들이 그런 흥미로운 콘텐츠를 제외할 동기를 어떻게 제공하는지의 문제도 있다. (이에 대해 그리멜먼은 "불평한다고 그런 문제가 해결되지 않는다. 증오심에서 한 클릭도 여전히 클릭이다"라고 말했다.) 하지만 명확한 지침이 부족한 것도 문제다. 페이스북의 경우처럼 수만 명의 관리자가 있는데도 또는 심지어 크라우드소싱으로 이루어지는 엄청난 '유령 노동'이 있는데도 사용자들은 저마다 풍자, 패러디, 선의든 악의든 논쟁이 난무하는 온라인의 속성을 탐탁치 않게 여긴다. 가령 특히 골칫거리 콘텐츠를 결정하기 위해 페이스북의 '감독 위원회'가 종종 소집된다. 일종의 'AI' 문제에 관해 설령 실제 지능을 동원한다고 해도 명확한 판단 기준이 부족하다.

콘텐츠 관리에는 또 한 가지 난제가 있다. 플랫폼 회사들이 조치에 나서서 골칫거리 콘텐츠를 아예 금지하거나 아니면 노출되는 빈도를 줄이더라도 그런 행동이 편향이나 검열이라는 비난을 불러오고, 그로 인해 회사 측이 배포하지 않으려 했던 해당 콘텐츠가 오히려 관심을 끌고 증폭될 수 있다. 콘텐츠에 문제적이라는 꼬리표를 다는 설계 선택 또한 단점이 있다. 가령 그런 꼬리표에 관심이 쏠리는 현상과 더불어 '역효과backfire effect'도 있다. 역효과는 실험에서 정보를 교정한 결과, 오히려 상반된 주장에 대한 믿음이 더 커지는 현상을 가리킨다.

민주화된 설득, 마케팅부터 정치까지

제이넵 투펙치가 명명한 복합적 '설득 구조'에는 기계학습 알고리즘과 더불어 알고리즘을 실증해주는 제품도 포함된다. 이 구조는 통계 성능 면에서뿐만 아니라 누구라도 사용할 수 있도록 해주는 용이성 면에서도 대단히 최적화되었다. 예를 들면, 페이스북의 '유사 타깃' 기능 덕분에 마케터는 특정 행동을 했던 사람들과 비슷한 사람들을 찾을 수 있다. 그래서 마케터는 어떤 행동, 가령 특정한 선정적인 링크를 클릭하기와 같은 행동을 한 이전 사용자들과 인구학적으로나 행동학적으로 비슷한 새로운 사용자들에게 콘텐츠를 타기팅할 수 있다. 이는 시장조사나 사용자 심리에 대하여 특별한 요령이나 직감이 없이도 할 수 있다. 그냥 개인 구매자에 대해 소액의 돈만 지출하면 된다. 물론 그런 소액이 합쳐져서 페이스북이나 구글한테는 엄청난 수익이 될 것이다.

버네이스가 이미 1920년대에 알아차렸듯이, 설득의 법칙은 마케팅에도 정치에도 똑같이 적용된다. 담배에 관한 선전 문구를 갈고 닦기 전에 버네이스는 정치 분야에서 대중적 인지도를 쌓은 상태였다. 1924년에 그는 한 무리의 유명인사들을 "사실상 표현력이 부족한" 대통령 캘빈 쿨리지 Calvin Coolidge와 함께 등장시켜서 대통령의 이미지 개선을 도왔다. 오늘날 꿈 많은 정치인들은 마케터와 동일한 통계 기법으로 이익을 얻는다. 시장 조사용 디지털 도구들을 활용하여 캠페인과 메시지를 고안해내고, 아울러 최적의 사용자에 대한 최적의 메시지를 타기팅하는 마케터의 방법을 그대로 사용한다. 버네이스는 광고와 정치 사이에 경계선이 없다고 여겼다. 실제로 그는 이 동의의 공학을 민주주의에 좋은 것이라고 보았다. 제이넵 투펙치Zeynep Tufekci에 따르면 "버네이스는 이것을 민주주의의 불가피한 부분으로 여겼다." 그리고 "버네이스는 듀이, 플라톤, 리프먼Lippmann이 그랬듯이, 권력자가 대중에 비해서 구조적 이점을 갖는다고 여겼다. … 선의를 지닌, 기술적·실증적으로 능력을 지닌 정치인들이 조작 기법과 동의의 공학을 통해 '철학자 왕'이 되라고 그는 촉구했다."34

이 기법들이 이롭게 사용될 수 있고 마땅히 그래야 하지만, 버네이스는 다음과 같이 분명하게 밝혔다. 그 기법들은 "전복될 수 있다. 바람직한 목적에 그 기법들을 사용한 사람들만큼 선동가들은 반민주적 목적으로 그 방법을 대단히 성공적으로 사용할 수 있다." 버네이스의 주장에 따르면, 선한 목적을 추구하는 지도자라면 "자신의 에너지를 동의의 공학을 운용하는 노하우를 숙달하기 위해, 그리고 자신의 적보다 더 높은 대중적 관심을 얻기 위해 써야 한다."35 버네이스가 참신할 정도로 정직하게 사용했던 용어인 '프로파간다'가 냉전 시기에 좋은 의미를 잃어갔는데도 '동의의 공학'의 유효성은 극적으로 증가했다. 설득을 위한 메시지를 작성하고 최적화하기 위한 데이터와 알고리즘의 사용이 지속적으로 늘어났기 때문이다. 그리고 오래지 않아, 디지털 온라인 광고를 완성시킨 기술들이 정치 메시지를 작성하는 데 요긴해졌다.

2007년 액센추어 테크놀로지 랩스Accenture Technology Labs의 직원인 레이드 가니Rayid Ghani가 "개인화된 홍보 기획 시스템Individualized Promotion Planning system"에 대해 설명했다. 그는 데이터가 급진적으로 새로운 유형의 개인화된 타기팅을 가능하게 해줄 것이라고 찬양했다. "신문, 매장 내 전시물 그리고 제품을 돋보이게 하고 판촉하기 위해 양쪽 끝 진열대 등을 사용하는 방법뿐만 아니라, 소매업체들은 개인 고객 모형을 사용하여 굉장히 다른 방식으로 개인에게 영향을 미칠 수 있다."36 사업 목표는 고객을 세세한 수준에서 이해함으로써 달성할 수 있다. 이 기술 덕분에 모든 회사는 각각의 고객을 단지 한 통계적 범주의 대표자로서가 아니라 개별적 인간으로 일일이 타기팅할 수 있다. 그런 타기팅이야말로 마케팅과 정치 캠페인의 핵심이다.37 가니는 2008년 미국 대선에서 오바마의 수석 과학자로 활동했는데, 그때 유권자를 유형별 고객으로 보는 이러한 데이터 중심의 관점을 어느 정도 활용했다.

2012년 오바마가 재선된 직후 『뉴욕타임스』의 기명 논평 페이지에서 이선 뢰더Ethan Roeder는 오바마 선거 캠페인의 데이터 전략의 핵심이 개인 찬양이라고 결론지었다. "캠페인은 … 각 유권자를 개별적 인간으로 취급하는 쪽으로 옮겨가고 있다."38 이 희망적인 설득의 풍경은 이 기술에 설득이라는 측면이 지나치다는 지난 몇 년 동안 이어진 세간의 우려 때문에 더 부정적으로 해석된다. 무제한적인 세밀함, 개인에 대한 지나친 맥락적 정보, 참여 유도에 최적화된 개인적인 설득 구조가 지나칠 정도로 성공한 까닭에 민주주의가 건전하게 작동하기 어려워졌다고 많은 이들이 걱정했다.

조작된 대중이라는 전망은 어떤 사람에게는 희망을 주었고, 또 어떤 사람에게는 (앞서 소개한) 충분한 설명에 근거한 동의가 힘 있는 자들에게 침해당했다는 우려를 안겨주었다. 그런 도구들은 쉽사리 악용될 수 있으며, 알다시피 지금 우리의 현실이 그렇다. 투펙치는 2018년에 이렇게 경고했다. "개인을 광고로 미세 타기팅하기 위해 오늘날의 플랫폼들은 자사의 사용자들을 집단적으로 감시한다. 그다음에 참여를 이끌어내는 알고리즘을 이용하여 사람들을 최대한 오래 플랫폼에 머물게 한다. 요즘에 명백해졌듯이, 이 시스템은 자신을 전체주의적이고 조작적이고 차별적으로 사용되도록 만든다"고 말하며 숱한 사례들을 제시했다.[39] 하지만 어떤 개인을 미세하게 타기팅하려면 우선 그전에 그 사람이 누군지, 무엇을 해왔는지를 바탕으로 차별화해야 한다. 그러려면 방대한 데이터와 기계학습이 필요하다. 많은 사람들이 우리의 자유시장 규범이 매우 개인화된 광고를 내보내는 유력한 회사들에 위협받지 않는다고 여기지만, 그러한 능력들이 국가에 힘을 실어주게 되면서 권력에 대한 우리의 우려는 더욱 커졌다. 그런데 알고리즘은 국가와 기업 둘 다에 작용한다.[40] 매슈 살가닉은 우리에게 이렇게 경고했다. "이 능력은 우리의 규범, 규칙 및 법보다 더 빠르게 변하고 있다."[41] 여기에 우리는 이렇게 덧붙일 수 있다. 그런 능력들은 우리가 경험하고 활동하는 공간인 플랫폼들을 통해서, 우리의 사회경제적 현실과 개념적 세계들 사이의 관계를 이해하기 위한 우리의 분석 도구들보다 더 빠르게 변하고 있다고.

케냐의 2017년 선거, 브렉시트, 2016년 미국 대선을 계기로 알고리즘 조작에 대한 우려가 크게 증가했고, 아울러 세상에 널리 알려졌다. 결정적 사건은 케임브리지 애널리티카Cambridge Analytica란 회사에서 일어났다. 2017년 CEO 알렉산더 닉스Alexander Nix는 버네이스의 관점을 반영하여 업데이트한 세계관을 다음과 같이 알렸다.

의심할 바 없이, 마케팅과 광고계는 정치적 마케팅과 정치적 소통 분야를 앞서 있다. 그리고 우리가 혁신적인 일을 하고 있다고 내가 매우 자랑스럽게 말할 수 있는 것들이 있다. 그리고 우리가 업계에서 실행하고 있고 정치 분야에서도 추진 중인 모범적인 디지털 광고와 모범적인 커뮤니케이션이 있다.[42]

연구자들은 이러한 조작 시도의 궁극적 효과에 대해 아직 합의점에 도달하지 못했다.

애드테크(광고에 쓰이는 정보통신 기술—옮긴이)와 설득 구조의 효과를 우려한다고 해서, 광고주와 기술로 무장한 엉터리 제품 판매원이 떠벌리는 광고의 유효성에 대한 주장을 꼭 믿어야 하는 건 아니다. 팀 황Tim Hwang과 코리 닥터로Cory Doctorow는 타깃 광고를 둘러싼 심각한 한계와 기만을 훌륭하게 짚어냈다.* 상업에서든 정치에서든 애드테크가 겉으로 내세우는 것처럼 결코 절묘하게 통하진 않지만, 어쨌든 예상치 못한 효과를 초래하여 미디어 풍경을 극적으로 변화시켰으며 디지털 광고업계의 풍경을 거의 2개 업체(구글과 페이스북)의 독점 체제로 만들었다. 페이스북과 구글로서는 광고가 약속한 효과를 가져올 필요가 없고, 다만 광고주들이 광고가 통한다고 믿도록 하면 된다. 어쩌면 일종의 야바위 노름이지만, 좋든 나쁘든 이것이 우리의 정부 풍경을 지배하고 있는 현상이다.

이제 수익을 위한 하나의 규범인 광고 모형이 벤처캐피털 모형과 만나

---

* 코리 닥터로는 이렇게 썼다. "감시 자본주의자들은 인간 행동에 관한 비범한 통찰력으로 여러분이 종이에 적은 다음 접어서 주머니에 넣어둔 단어를 알아맞힌다고 주장하지만 사실은 야바위꾼, 숨겨둔 사진기, 손재주 그리고 주먹구구식 암기로 여러분을 놀래키는 무대 독심술사와 비슷하다." "How to Destroy 'Surveillance Capitalism,'" OneZero (blog), August 26, 2020, https://https://onezero.medium.com/how-to-destroy-surveillance-capitalism-8135e6744d59; see Tim Hwang, Subprime Attention Crisis: Advertising and the Time Bomb at the Heart of the Internet (Farrar, Straus & Giroux, 2020).)

면 무슨 일이 벌어지는지 논의할 텐데, 실제로 이 과정은 규범과 법이 적응할 수 없을 만큼 빠른 속도로 진행되고 있다.

벤처캐피털의 등장

벤처캐피털은 홈런 사업이 아니다. 그랜드슬램 사업이다.

-빌 컬리, 벤처캐피털 회사 벤치마크Benchmark의 제너럴 파트너[43]

포드자동차회사는 대량생산 자동차를 1916년에 내놓았지만, 자동차를 사회에 통합하는 규범들을 개발하는 데는 여러 해가 걸렸으며, 안전벨트 법률과 같은 소비자 보호에 관한 규제가 생기는 데는 수십 년이 걸렸다. 기술, 시장, 규범, 법률이 수십 년간 서로 영향을 미쳐 균형에 다다른 혁신의 기간은 소프트웨어와 정보 기술이 오늘날 우리의 규범들을 급속히 전복시킨 방식과 비교하면 꽤 특이해 보인다. 벤처캐피털이 촉진한 변화된 기업 상황에서는 급격한 성장이 수익 창출보다 앞서 나가며, 소비자와 접하는 회사들의 경우에는 다른 분야에서라면 신제품의 도입을 더디게 만드는 규범들(그리고 무엇보다도 규제)을 앞서 나갈 수 있다.

벤처캐피털은 언제부터 우리 곁에 있었을까? 투자의 역사는 오래되었지만, 많은 사람들은 벤처캐피털 모형이 2차 세계대전 때 탄생했다고 지적한다.[44] 예를 들어 나중에 하버드대학교 경영대학원 교수가 된 조지 도리엇George Doriot은 2차 세계대전 중에 군수 업무를 담당한 병참감兵站監이었고, 전후에 ARDCAmerican Research and Development Corporation를 설립했다. ARDC는 신생 컴퓨터 산업의 여러 개발 프로젝트를 포함해 장기간의 연구 개발에 투자하는 상장회사였다. 이후 수십 년이 지나자 마이크로프로세서와 퍼스널 컴퓨팅은 상당 부분 벤처캐피털을 통해 초기 자금을 지원받았다. 퍼스널 컴퓨팅이 사회와 경제에 긍정적 변화를 일으키게 되면서 벤처캐피털도 널리 인정받았다.

앞에서 살펴봤듯이, 찬양의 시기 이전의 수십 년 동안에는 군대가 컴퓨터 개발에 자금을 지원했고 아울러 정부가 사실상 벤처캐피털 역할을 했던 SBIR 프로그램을 통해 혁신적인 중소기업들을 대규모로 지원했다.45 앞서 지적했듯이, 이커머스는 이베이와 아마존의 등장한 이후에 성장했는데, 이 둘은 벤처캐피털의 지원을 받아 사업을 아주 잘해낸 대표적인 기업이다. 작가이자 앤젤 투자자 제리 뉴먼Jerry Newman이 지적하기로, 1970년부터 1983년 사이에 벤처캐피털은 고작 5년 동안인 1978년부터 1983년 사이에 투자금이 2억 1,800만 달러에서 26억 달러로 열여섯 배 증가했다.46 (회사, 주州, 국부펀드, 막대한 연금 기금과 같은) 제한된 파트너들이 이 자금을 지원했는데, 이들은 다시 벤처캐피털 회사들에 투자했다.

이 제한된 파트너들이 현명하게 투자했는지에 관해서는 기록이 혼재한다. 가령 톰 니컬러스Tom Nicholas는 『벤처캐피털 미국사VC: An American History』에서 전체적으로 보면 벤처캐피털은 다른 형태의 투자보다 수익이 그다지 좋지 않다고 지적했다.47 그렇지만 개별 벤처캐피털 투자자는 자신들이 잘 해나갈 거라고 믿곤 한다. 벤처캐피털은 지난 20년간 데이터가 이끄는 주의력 경제 업계에서 큰 부분을 차지했다. 광고 기술 회사뿐만 아니라 바이스Vice와 버즈피드BuzzFeed처럼 소비자를 상대로 한 뉴스 스타트업까지 대체로 벤처캐피털이 키워냈다.

벤처캐피털은 리스크 회피를 한다. 투자자들은 막대한 자원을 제공해 스타트업들이 반복 가능하고 규모를 확대할 수 있는 사업 모형을 찾도록 해준다. 분명히 말해서, 리스크는 사업 모형에 항상 내재해 있다. 벤처 캐피털들은 포트폴리오의 대다수가 실패하리라고 예상하는데, 성공한 소수의 스타트업처럼 나머지 포트폴리오에서 투자 손실을 만회할 만큼 막대한 투자 수익을 거두기만 한다면 괜찮다고 생각한다. 페어차일드반도체Fairchild Semiconductor가 컴퓨팅의 등장에 이바지한 것과 같은 여러 유명한 사례에서 위험은 기술적 리스크다. 가령 다음 질문이 관건이다. "실리콘으로 저렴하고 신뢰할 만한 집적회로를 제작할 수 있는가?" 벤처캐피털이 제거할 수 있는 개별 리스크는 시장 리스크다. 시장-제품 적합성 product-market fit, PMF을 찾는다는 것은 한 회사가 지속되도록 해주는 가격에 사람들이 돈을 지출할 제품을 제작한다는 뜻이다. 하지만 벤처캐피털 덕분에 회사는 심지어 수익 모형을 어떤 것으로 삼을지 결정하기도 전에 새로운 사용자들을 찾아낼 만큼 성장할 수 있다. 실제로 이것이 페이스북과 구글이 걸었던 길이다. 이 기업들은 수익 모형을 정착시켜 자사의 사용자들에게 적용하기도 전에 (제품을 자신의 생활과 습관에 기꺼이 통합하려는) 거대한 사용자 기반을 조성했다.

최근에 들어서는 벤처캐피털은 회사가 수익 전 단계에서부터 사실상 전체 시장을 장악하여 시장 지배자가 되도록 해주는 투자 규모, 이른바 블리츠스케일링Blitzscaling(엄청난 속도로 회사를 키워 압도적 경쟁우위를 선점하는 기업의 고도성장 전략—옮긴이)을 옹호해왔다. 이 전략은 시장에서 다른 회사들과 경쟁하기보다 충분한 투자를 제공하여 시장을 통째로 장악하는 방식이다. 일례로, 우버는 기존의 전체 택시-리무진 업계보다 저가로 서비스를 제공할 여력이 있으며, 운전자와 승객에게 안전을 보장해주는 규제 조치에 구애받지 않고 차례차례 서비스 지역을 넓혀갔다. 마찬가지로 공유 사무실 회사인 위워크WeWork는 소비자들로부터 이윤이 남는 수익 규모에 의존하는 경쟁사들을 압도하는 규모로, 저렴하고 유연한 사무실 공간으로 도시들을 휩쓸려고 시도했다. 미국 경제 전문지『패스트 컴퍼니Fast Company』에 따르면 벤처캐피털 투자자 손정의는 위워크의 창업자 겸 CEO인 애덤 뉴먼Adam Neumann에게 투자하면서 집중 조사도 없이 블리츠스케일링을 했다.

> 뒷좌석에서 아이패드를 꺼내 든 손정의는 44억 달러 투자 계약서를 작성했다. 그는 맨 아래에 나란히 두 줄을 그은 후 한 줄 위에 자기 이름을 서명했다. 그다음에 아이패드를 당시 서른일곱 살이었던 뉴먼에게 건네며 다른 줄 위에 서명하라고 말했다. 뉴먼은 합의서의 사진을 찍어 휴대폰에 저장했다. "손정의가 처음 내게 투자를 결정했을 때 우리는 만난 지 고작 28분밖에 되지 않았다. 이래도 괜찮나?"[48]

독점 기업은 사서 얻을 수도 있지만, 강화 효과와 다양한 사이클을 통해서도 길러질 수 있다. 데이터 중심 회사의 경우에는 특별한 모형을 보여주기도 한다. 벤처캐피털 투자자 리카이푸李開復의 표현을 빌리자면, "더 많은 데이터는 더 나은 제품으로 이어지고, 이는 다시 더 많은 사용자를 끌어모으는데, 이들은 제품을 더욱 향상시킬 수 있는 더 많은 데이터를 생성한다. 이러한 데이터와 현금의 조합은 일류 AI 인재들을 일류 회사들로 불러 모아 업계 선두주자와 느림보 사이의 간극을 더욱 벌린다."[49] 이런 모형이 투자와 결합되어 경쟁사들을 압도하는 구글, 페이스북 및 기타 회사들의 서비스가 가능해지는 데 일조했다. 이는 기계학습 알고리즘을 훈련하는 데 사용되는 엄청나게 방대한 데이터 덕분인데, 이 회사들은 각각 검색과 소셜미디어 분야에서 현재의 시장을 확실하게 지배하고 있다.

주의력 경제가 초래한 결과들

앞에서 언급했듯이, 주의력 경제에 대한 우려는 적어도 50년 전부터 제기되었다. 벤처캐피털의 시작은 75년 남짓 과거로 거슬러 올라가며, 광고 홍보는 적어도 한 세기 전부터 우리 곁에 있었다. 그러나 현대의 벤처캐피털이 제공한 최적화된 컴퓨팅 능력과 급속히 증가한 규모의 조합은 우리가 정치적 현실과 개인적 현실을 통합하기 위해 지금도 배우고 있는 매우 잠재력이 큰 혼합물이다. 예를 들어, 페이스북의 최초 CTO는 이미 2006년에 페이스북이 어떻게 작동하는지 이해하는 데 필수적인, '성장'이라는 이름의 팀을 만들었다. 이 팀은 최고의 엔지니어들로 구성되었는데, 더 많은 활성 사용자들에게 제공되도록 새로운 서비스를 키워나가는 데 탁월했다. 그렇게 하려면 주요성과지표KPI를 확인해야 하며, KPI를 최적화하는 데 필요한 데이터와 컴퓨팅 인프라를 활용해야 한다.

페이스북 부사장인 앤드루 보스워스Andrew Bosworth는 2016년에 이런 메모를 남겼다. "추악한 진실을 말하자면, 우리는 사람들을 아주 가깝게 연결시켜야 한다고 믿기에, 더 많은 사람들을 더 자주 연결시키도록 해주는 것은 뭐든 '사실상de facto' 선한 것이다. 아마도 그것이야말로 우리 팀과 관련하여 측정치가 참된 이야기를 해주는 유일한 영역이다."[50] 이전에 정보 플랫폼 회사에서 근무했던 이들을 포함하여 여러 엔지니어들이 거기서 문제점을 지적했다. 전에 유튜브에서 근무한 엔지니어 기욤 샬로Guillaume Chaslot는 이렇게 썼다. "시청 시간이 최고 우선순위다. … 그 밖의 모든 것은 산만한 상태로 간주된다."[51] 어떤 대가를 치러도 CEO에겐 성장이 선이지만, 그 분야에서는 늘 선이지는 않다. 『자연에서 배우는 경제The Nature of Economies』에서 저자 제인 제이콥스Jane Jacobs는 한 생태계 내의 종처럼 생태계 자체를 손상하는 방식으로 성장할 수 있는 회사들의 성장을 경고한다. 그런 손상이 시장과 사회생태계에 가해질 때, 그런 성장을 억제할 수 있는 권력은 무엇일까?

해결지상주의를
넘어선 해결책

자연스럽게 우리는 다음과 같이 질문할 수 있다. 왜 이런 문제들을 만들어낸 회사들과 기술 전문가들은 앞장 서서 문제를 해결하지 않을까? 조금 더 미묘한 다음 질문도 던질 수 있다. 문제들의 범위를 감안할 때, 설령 그들이 모든 걸 해결하고 싶다 하더라도 실제로 해결할 수 있을까? 회사들이 데이터와의 관계를 바꿀 동기가 있을지는 불명확하지만, 적어도 수익을 가져다주는 관계는 바꿀 동기는 없을 것이다.

이 책의 목적은 데이터를 역사라는 렌즈를 통해서 이해하는 것이다. 이번 장은 우리를 미래로 데려간다. 미래를 장기적으로 다루는 용감하면서도 투기적인 방법은 미래를 예측하는 것이다. 이 장에서는 분명학 근거에 입각하여 현재의 경쟁들이 가까운 미래를 어떻게 형성할지 예측해볼 것이다. 우선 다음의 질문에 대해 생각해 보자. 데이터의 미래를 결정할 해법을 지닌 권력들은 현재 어떻게 경쟁하고 있는가? 데이터와 진리라는 주제와 더불어 데이터와 권력 또한 우리의 지속적인 관심 주제였다.

> 시민사회도 사회의 다른 두 선로(정부와 기업)와 더불어 중요한 역할을 할 수 있다.
>
> — 카를 만하임Karl Mannheim과 리릭 카플란Lyric Kaplan[1]

미셸 푸코의 관점에서부터 고든 게코Gordon Gekko(올리버 스톤 감독의 영화에 나오는 작중 인물로서 기업 사냥꾼이다—옮긴이)의 관점까지 권력에 대해 생각하게 할 여러 방법들 중 여기에서는 불안정한 삼자 경기라는 은

유를 이용한다. 기술 혁신을 이끄는 세 가지 세력에 관한 윌리엄 제인웨이^{William Janeway}의 논의에서 영감을 받긴 했지만, 경제적 세력을 넘어서 권력을 더욱 일반적으로 기술하도록 범위를 넓힐 것이다. 한마디로 우리는 기업 권력, 국가 권력, 시민 권력 간의 변화무쌍한 관계에 초점을 맞춘다.[2] 이 은유에서 불안정한 삼자 경기의 승자를 아직 예측할 수는 없다. 데이터를 민주주의와 양립시키고 공정하며 번영하는 사회를 창조하는 데 데이터가 이바지하게 만들려면 이 세 권력이 균형 있게 배치되어야 하며, 그렇게 되면 시민이 유능해지고 정의가 향상되며 권력 양극화를 고착시키지 않고 극복하는 데 도움이 될 것이다.

첫 번째 권력: 기업 권력

우리는 지금까지 데이터 사용 및 데이터 중심의 알고리즘이 제기한 기술적·사회기술적 관심사에 초점을 맞추었다. 이 책의 마지막 부분은 기업 권력, 특히 현재 지배적 위치에 오른 빅테크 회사들의 기업 권력을 중심적으로 다루었다. 자연스럽게 우리는 다음과 같이 질문할 수 있다. 왜 이런 문제들을 만들어낸 회사들과 기술 전문가들은 앞장 서서 문제를 해결하지 않을까? 조금 더 미묘한 다음과 같은 질문도 던질 수 있다. 문제들의 범위를 감안할 때, 설령 그들이 모든 걸 해결하고 싶다 하더라도 실제로 해결할 수 있을까? 회사들이 데이터와의 관계를 바꿀 동기가 있을지는 불명확하지만, 적어도 수익을 가져다주는 관계는 바꿀 동기는 없을 것이다. 심지어 웹 2.0 시대 이전에도 많은 회사들은 프라이버시에 대한 입장이 일관되지 않았다. 2010년 페이스북 CEO 마크 저커버그는 이렇게 으스댔다.

> 프라이버시 설정을 변경하면 많은 회사가 인습 및 자신들이 이룩한 유산에
> 갇히고 말 것이다. 3억 5,000만 사용자에 대한 프라이버시 설정 변경은 많은
> 회사가 하게 될 종류의 일이 아니다. 하지만 우리는 언제나 초심자의 마음가
> 짐을 유지하며 그것을 정말로 중요한 일이라고 여겼다. 만약 우리가 지금 회
> 사를 시작하면서 그것을 사회적 규범이라고 판단하여 기존에 하던 대로 따라
> 만 간다면, 우리가 앞으로 도대체 무슨 일을 할 수 있겠는가?[3]

실제로 페이스북은 프라이버시 설정 변경 조치를 취하기는 했다. 하지
만 규범은 스위치를 켜거나 끈다고 반드시 그대로 반응하지는 않는다. 설
령 그 스위치가 (2022년 6월 기준으로) 30여억 명의 사용자들을 관장하더
라도 말이다. 이와 대조적인 반응을 보인 사례가 있는데, 일부 회사는 소
비자 보호를 하나의 가치 제안Value Proposition으로서뿐만 아니라 경쟁우위
의 한 방법으로서 받아들였다. 애플 CEO 팀 쿡Tim Cook은 2015년에 "프
라이버시는 기본적 인권"이라고 선언했다. 이 소비자 보호 입장은 현재
많은 애플 제품을 처음 켤 때 맞이해주는 위력적인 마케팅 문구이다.[4] 애
플이 광고 회사라기보다는 주로 하드웨어 회사로 남아 있는 까닭에 타깃
광고를 주된 수입원으로 하는 정보 플랫폼 회사들과 달리 소비자 프라이
버시와 수익 간에 직접적 긴장을 겪고 있지는 않다.

서비스로서의 윤리

최근에 여러 주요 회사들이 우리가 설명했던 윤리 문제에 대한 기술적
해결책을 제공할 수 있음을 보여주기 위한 조치에 나섰다. 그중 어떤 것

들은 내부적 노력, 즉 회사 정책을 윤리적 원리와 일치시키려는 사회기술적 시도이며, 또 어떤 것들은 외부적 노력, 즉 컴퓨팅 도구 세트와 컨설팅 서비스로서 연구자 및 다른 회사들이 윤리를 실천하도록 돕는 활동이다. 내부적 노력의 주목할 만한 사례는 구글의 AI 윤리 팀으로, 이 팀의 해체 과정은 앞서 이미 살펴보았다.

내부적 vs 외부적 기업 윤리 제정

하나의 서비스로 제공되는 외부적 기업 윤리는 내부적 윤리 제정과 대비해서 살펴보아야 한다. 내부적 노력의 대표적 사례는 구글의 AI 윤리 팀의 설립이다. 이 팀은 다른 구글 연구팀들의 업무를 포함하여 AI 업무의 윤리적 영향을 연구하는 책임을 맡았다. 한 회사 내부에서 하는 일을 직접 비판한다는 것은 조직의 권력 역학 관계 면에서 지극히 어려운 일일 수 있다. 특히 그 일이 수익의 원천과 관련될 때는 더더욱 그렇다. 어느 전직 구글 소프트웨어 엔지니어는 AI 윤리 팀과 팀장 마거릿 미첼 박사의 역할을 이렇게 요약했다.

> 나는 그들을 컨설팅하러 온 전문가 집단을 대하듯 상대했다. 실제로 그녀 (미첼)가 제작하고 있던 것은 모든 AI 팀이 어떻게 일해야 할지에 관한 모형 이었는데, 이 모형은 윤리를 기술 발전의 으뜸가는 관심사로 삼으려는 관점 을 취했다.[5]

하지만 나중에 그는 윤리팀을 가리켜 그 영향력이 "분기별 수익"에 비해 부차적인 "무화과 잎"이라고 묘사했다(무화과 잎이 성경 창세기에서 부끄러운 신체 부부분을 가리는 도구로 나오듯이, 윤리팀이 사실은 회사의 치부를 숨겨주는 역할밖에 하지 못했다는 의미이다-옮긴이).[6] 다나 보이드는 2016년에 시인이자 교수인 오드리 로드Audre Lorde의 글을 인용하면서 이 점을 시적으로 표현했다.

> 우리는 전쟁과 심리 실험의 윤리를 이해하고 있다고 여기지만, 나로서는 우리가 조직의 윤리를 진정으로 관리하는 법을 도통 모른다고 본다. … 오드리 로드는 "주인의 연장이 주인의 집을 결코 해체하진 않는다"라고 말했다. 그리고 어떤 의미에서 나도 같은 생각이다. 하지만 나로선 윤리를 구현할 복잡한 시스템에 돌을 던질 방법도 모르겠다.[7]

요약하자면, 윤리를 기업의 자율 비판 기능에 통합하는 과제는 아직 해결되지 않았다. 기관검토위원회가 돈줄을 쥐고서 권력을 통제하는 대학에서는 윤리 연구를 지시할 수 있다. 기업에는 딱히 비슷한 메커니즘이 없다. 재정 면에서든 아니든 실권을 지닌 내부 구조가 마땅히 없다는 말이다.

한편 외적인 기업 윤리는 정치적 사안이 덜 복잡하며, 기술 기업들로 하여금 특히 윤리야말로 기술적 해법과 가장 잘 맞아떨어지는 근본적인 기술상의 문제라는 암묵적 명제를 제시하게 해준다. 최근의 사례들은 아래와 같다.

- IBM이 AI 공정성 360을 만들었는데, 이것은 아홉 가지 알고리즘과 많은 측정치를 포함한 오픈소스 도구이다.
- 구글이 왓이프 툴What-If Tool을 공정성 측면을 다루는 패싯Facets과 함께 출시했다.

- 마이크로소프트가 학습을 위한 자사의 도구 세트 페어런Fairlearn(파이선 모듈)을 갖고 있다.
- 페이스북이 자사의 도구 세트 페어니스 플로Fairness Flow를 갖고 있다.

컨설팅 회사 액센츄어도 알고리즘의 편향을 제거하는 도구를 개발했다. 컨설팅 회사는 다른 회사들이 기술윤리를 마련하고 구현하는 데 도움을 줄 기회가 많다. 데이터과학자 겸 작가인 캐시 오닐도 그런 일을 하는 컨설팅 회사를 갖고 있다. 액센츄어의 기술윤리학자 중 거침없기로 유명한 루먼 초두리Rumman Chowdhury도 회사를 떠나서 도구 기반의 컨설팅 회사 패리티Parity를 2020년에 잠시 차렸다가, 이후 트위터에 들어가서 (지금은 없어진 팀인) META(기계학습Machine Learning, 윤리Ethics, 투명성Transparency, 책임성Accountability의 첫글자를 딴 팀)를 이끌었다.[8] 물론 빅 테크 기업들은 컨설팅의 결실도 누린다. 일례로 2020년 8월 구글은 기술윤리 컨설팅을 하나의 서비스로서 살펴보는 중이라고 발표했는데, AI 윤리팀의 공동설립자들을 해고하기 몇 달 전의 일이었다.

이 모든 활동 덕분에 기술 기업들은 윤리 면에서, 특히 공정성에 대한 기술적 접근법 면에서 좋은 쪽으로든 나쁜 쪽으로든 '열심이긴' 하다는 평가를 받는다. 하지만 회사들이 앞에서 나온 공정성 도구와 같은 기술적 해결책을 내놓을 때는 해당 문제를 암묵적으로 재구성 해버린다. 우리가 앞서 강조했듯이, 데이터로 작동하는 제품과 서비스가 우리의 규범과 가치를 어떻게 침해하는지 이해하려면 폭넓은 사회기술적 관점이 필요하다. 이 사회기술적 복잡성 내부에는 응용윤리라는 주제가 놓여 있다. 이 주제 내에는 정의가 놓여 있고, 정의 내에는 공정성이, 공정성 내에는 공정성의 수량화가 놓여 있다. 그 속에는 공정성과 다른 개인 관심사들 및 조직의 목표들 사이의 균형이란 문제가 놓여 있다. 기술적 측면을 중시하는 태도는 기술 전문가들에겐 당연하다. 일례로 컴퓨터과학자 마이클 키언스와 에런 로스는 『알고리즘 윤리』에 이렇게 썼다.

> 우리는 … 알고리즘의 못된 짓은 그 자체로서 더 많고 더 나은 알고리즘을 요구한다고 믿는다. 기계학습의 바람직하지 않고 의도치 않은 효과들을 살피고 측정하는 규제기관, 감시단체 그리고 다른 인간 조직들에 협조할 수 있는 알고리즘들이 필요하다는 말이다.[9]

이 관점은 문제를 가령 사회적 요소들에 '협조'하는 '알고리즘', '인간 조직', '감시단체' 등과 같은 기술적 요소들로 분석한다. 실제로 기계학습은 복잡한 환경에 대응하여 통계와 컴퓨팅 최적화를 위한 강력한 접근법임이 입증되었다. 기계학습 전문가 마이클 조던과 톰 미첼은 이렇게 썼다. "개념적으로 기계학습 알고리즘은 후보 프로그램들로 구성된 대규모 공간을 훈련 경험을 통해 검색하여 최고 성능을 내는 프로그램을 찾는 것이라고 할 수 있다."[10] 종종 이 성능을 정확성과 복잡성 사이의 절충을 나타내는데, 가령 우리가 정확성과 공정성의 결합을 극대화하려고 할 때에도 똑같은 방법이 적용된다. 컴퓨터과학자 신시아 루딘Cynthia Rudin은 이렇게 썼다. "이 최적화 문제의 유형들은 인공지능의 근본적인 몇 가지 문제와 동일하다." 윤리를 정확성(또는 수익이나 정량화된 목표들)과 복잡성(또는 해악이나 정량화된 대용물들) 간의 절충으로 재구성하려고 해도, 역시 누군가가 그 절충을 특정해야 한다.

루딘의 설명에 따르면, 모형 복잡성을 피하기의 경우 그런 파라미터를 1퍼센트로 정한다면, "우리는 모형의 크기를 1만큼 줄이기 위해 1퍼센트의 훈련 정확성을 희생해야 할 것이다."[11] 공정성의 기술적 분야는 통계를 컴퓨팅 최적화로 보는 관점의 기술 전문가들에게 매력적인데, 그것이야말로 21세기의 '기계학습'에서 지배적인 관점이다. 그것이 알고리즘 시스템의 어떤 측면들을 개선할 수는 있지만, 그런 기술적 해결책들은 그 시스템의 권력 및 사회적 함의라는 더 큰 질문들을 종종 피해간다. 헬렌 니센바움부터 사피야 노블에 이르는 비판자들이 오랜 세월 문제를 제기했듯이 말이다.

위협 그리고 잘못된 방향

AI 위험에 관한 논의를 최적화 알고리즘을 바꾸어서 해결할 수 있다는 내용으로 축소하는 태도는 이 문제의 본질을 근시안적으로 바라보는 시각이다. 두 번째 근시안적 시각은 미래의 SF적인 꿈과 악몽에 온통 사로잡힌 나머지 기존 시스템의 현재적 우려와 위협을 무시하는 것이다. 이 경우 초지능 AI와 '일반인공지능GAI'이라는 짐작되는 미래 상태에 겁을 먹고 그것을 막을 방안을 요구하게 된다. 이 특별한 종말의 예언자들에는 테슬라의 일론 머스크나 구글의 레이 커즈와일Ray Kurzweil같이 실리콘밸리의 핵심 사고 지도자들도 포함되어 있다. 하지만 아네트 짐머만Annette Zimmermann, 엘레나 디 로자Elena Di Rosa, 호한 킴Hochan Kim은 이렇게 귀띔한다.

> 멸망의 날이라는 한참 멀리 있는 유령은 신경 쓰지 마라. AI는 이미 여기 와 있으며, 우리의 많은 사회 체제들의 풍경 뒤에서 작동하고 있다. … 우리는 학습된 무력감을 조장하는, 묵시론으로 뒤덮인 AI 담론에 저항해야만 한다.[12]

이 저자들의 주장에 의하면, 터미네이터 로봇들의 번쩍거리는 광채에 눈이 부신 나머지 기업 제품 개발자들을 포함하여 현재의 인간들이 우리 사회의 권리, 정의, 민주주의를 위협하고 어려움을 초래하는 의사결정을 하는 상황을 보지 못해서는 안 된다.

> 알고리즘 시스템을 개발하는 데에는 많은 의도적인 선택이 뒤따른다. … 알
> 고리즘은 그런 개념들 자체를 정의하지 않는다. 인간(개발자와 데이터과학
> 자)이 적어도 초기의 시작 단계에서 어느 개념이 매력적일지를 선택한다.[13]

여기서 짐머만, 디 로자, 킴이 주장하는 요지는 지나 네프와 공저자들이 말했던 다음 내용과 닮았다. 즉, 데이터과학의 업무, 특히 기계학습 제품을 개발하고 활용할 때의 업무에는 수많은 주관적 설계 선택이 관여하는데, 그 각각이 내부적으로도 외부적으로도 성찰과 비판의 기회가 된다는 것이다.[14] '데이터'나 '알고리즘'이라는 용어를 사용한다고 해서 그 업무가 주관성과 정치성에서 벗어나게 되지는 않는다. 더 넓게 말해서, 우리는 CEO들이나 기업 소통 부서들이 우리를 대신해서 AI에 관한 어떤 위험이 우리의 관심을 가장 먼저 끌어야 할지를 정의하도록 놔두어서는 안 된다.

기업을 플랫폼에서 배제하기 그리고 기업 연합체

기업의 데이터 중심 알고리즘을 사용하는 것과 관련하여 소비자들이 우려를 나타내기 시작한 것은 다음과 같은 기업 동향과 일치했다. 즉, 겉으로는 소비자 보호책으로 제시되었지만 소비자 보호라는 미명하에 기업들 간의 경쟁이 심화되는 것이 그 정확한 특징이라고 할 수 있다. 이 경

쟁들 중 일부는 오늘날의 가장 강력한 기술 기업들을 서로 갉아먹는다. 또 다른 경쟁으로는 거대기업들 간의 일대일 대결뿐만 아니라 더욱 복잡한 연합체들이 관여한다. 이 경우 회사들은 데이터 공급자, 검색엔진, 판매를 위한 리드 생성자lead generator(제품이나 서비스에 대한 고객의 관심을 이끌어내는 사람이나 업체—옮긴이), 특히 모바일 앱스토어의 경우에는 사용자들을 차단함으로써 다른 회사의 수익까지도 차단할 수 있는 핵심 관문 역할 등의 다양한 역할을 하는 가변적인 동맹을 맺는다.

사기업들이 기술 생태계를 위한 필수 인프라를 형성할 때, 그들은 서로에게 의존하고, 따라서 결과적으로 서로에게 강요한다. 가령 애플은 아이폰에 앱을 올리고자 하는 다른 회사들에 엄청난 영향을 미치고 있다. 미국 TV 시리즈인 〈슈퍼 펌프드Super Pumped〉에서 마이크 아이작Mike Isaac은 당시 우버 CEO가 당시 애플 CEO인 팀 쿡을 만나는 장면을 묘사한다. 거기서 팀 쿡은 만약 우버가 애플의 앱스토어에 남고 싶다면 어떤 데이터 정책이 허용되는지 명확하게 설명한다.[15] 마찬가지로 페이스북을 포함해 데이터로 굴러가는 회사들은 애플의 앱스토어에 남고 싶어 한다는 면에서 앱스토어는 마치 인프라와 같은 역할을 한다. 사실상 이 회사들은 서로를 플랫폼에서 배제할 수도 있다. 일례로 구글은 한 회사에 처벌을 내릴 때 그 회사의 검색 순위에 악영향을 주는 방식으로 검색 알고리즘을 변경하여 막대한 재정적 손실을 안긴다.

이 회사들은 자기 회사의 입장을 드러내기도 하고 다른 회사들을 실제로 플랫폼에서 배제하기도 하는 방식으로 서로에게 영향을 미칠 기회를 갖는다. 가령 자기 회사의 입장을 드러내는 예로서, 애플은 구글과 페이스북에 흠집을 내고자 프라이버시를 기본적인 인권으로 찬양한 적이 있다. 한 회사의 프라이버시 개선을 위한 변화는 다른 회사들에는 수십 억 달러의 손실을 초래할 수 있다.[16] 우리의 권력 분석에서 이런 점들은 기업 권력들 간의 중요한 화살표 집합(권력들 간에 누가 누구를 배제하거나 포함하는 등 권력관계의 방향성을 가리키는 표현이다—옮긴이)을 의미한다.

어떤 경쟁에는 기업 권력들의 복잡하고 가변적인 동맹이 영향을 미치기도 한다. 10년 전의 한 사례에서는 업계의 상이한 부분들이 워싱턴의 가장 전통적이고 강력한 로비 활동과 맞물렸다. 구체적으로, 엔터테인먼트 업계(특히 미국영화협회Motion Picture Association와 월트디즈니사)가 이른바 다수의 콘텐츠 플랫폼들과 맞섰을 때의 상황이다. 이 대치는 2012년의 이른바 온라인저작권침해금지법Stop Online Piracy Act, SOPA을 둘러싼 다툼으로 이어졌다. 이 법은 스트리밍 매체를 포함해 다양한 콘텐츠에 대해 지적재산권 시행을 극적으로 확대하려는 조치였다. 2012년 1월 18일, 특이하게도 전자프런티어재단Electronic Frontier Foundation과 같은 시민단체와 연합한 기술 기업들이 동맹하여 일종의 온라인 공간에서의 정전을 실시했다. 가령 구글은 검색 랜딩 페이지(온라인 광고를 클릭했을 때 연결되는 웹페이지—옮긴이)에 자사의 이름이 나오지 못하게 했다. 대중에게 비친 모습은 제각각이긴 하지만 법안에 반대한다는 면에서는 공통의 이해관계자들로 이루어진 급조된 동맹이었다.[17]

다양한 조직들이 관여하게 된 동기에 냉소를 보내는 태도는 수긍이 되긴 하지만, 다양한 이해관계를 지닌 사람들이 이런 동맹을 맺음으로써 변화를 이루어낼 수 있다. 실제로 애플 및 여러 회사들은 개인들의 프라이버시를 향상하는 다양한 혁신 조치들을 도입했다. 마이크로소프트 리서치에서 나온 차등 프라이버시도 그런 사례이다. 혁신의 한 예를 들자면, 애플은 유례없이 철저하게 보호해주는 아이폰 잠금을 풀려면 연방정부가 어떤 요건을 제시해야 하는지를 놓고서 미국 법무부와 기나긴 다툼을 벌

여왔다. 다양한 동맹들이 기업 권력을 특정한 방향, 다시 말해 기업 역량을 더욱 민주화된 권력과 결합하는 방향으로 이끌 수 있다. 완전한 합의는 복잡한 연대 세력들이 강력한 행동을 할 수 있게 해주는 요건이 아니다.

자율규제 조직들

국가 권력이 부상할 때 기업 권력이 취하는 한 가지 반응은 자율규제조직self-regulatory organization, SRO을 만들고 그것을 활성화하는 것이다. 자율규제조직은 데이터 분야에 새로 등장한 것이 아니다. 이 용어는 1930년대의 증권법 및 관련 개혁에서 기원한다. 자율규제조직이 현재 이런 파트너십의 폭넓은 다양성을 설명해 주긴 하지만, 실제로 규제 기능을 제대로 하지는 못한다. 즉, 그 용어는 엄격하게 규제하는 대신에 연구하고 회의를 개최하고 관련 회사들의 업무를 설명하고 가끔씩 비판하기도 하는 조직을 가리킨다.

그런 조직들은 권한 면에서는 독립적이지만, 때로는 연구와 비판의 대상인 회사에 재정적으로는 의존하고 있다. AI 업계에서 나온 두드러진 사례는 2016년에 설립된 비영리조직인 파트너십 온 AIPartnership on AI이다. 이런 조직은 (교육 기관과 연구 기관을 포함한) 시민사회, 기업 권력과 자금 지원 그리고 억제와 균형을 통해 실제로 규제를 시행하는 권력인 국가 권력 간의 경계를 흐릿하게 만든다. 비판과 자금 지원 사이의 이 상충된 관계에 주목한 비판자들은 그런 조직을 후원자들한테 '포획된' 집단, 즉 삼자 경기에서 아무런 힘을 쓰지 못하는 집단으로 치부했다.

두 번째 권력: 국가 권력

기업들이 중대한 인프라가 되면서, 그 권력이 민족국가의 권력과 맞설 정도라는 말이 종종 나돈다. 지나칠 정도로 거대해진 기업에 대응할 최상의 방법을 생각할 때, 우리는 먼저 국가 권력이야말로 기업 권력을 가장 잘 규제할 수 있는 수단이라고 종종 떠올린다.[18]

기업은 국가가 기업 권력에 가하는 제약을 혁신을 막는 장애물로 여긴다. 이처럼 규제를 단순히 억누르려는 관점은 부적절한데, 왜냐하면 자금 지원, 규제 조치 제정 및 입법을 통해 국가 권력은 기업 권력을 더욱 긍정적이고 건설적으로 만들어나가기 때문이다. 2020년 예일대학교 법학 교수 에이미 카프친스키^{Amy Kapczynski}는 이렇게 설명했다.

> 구글과 페이스북의 운영이 무법지대에서 일어난다는 (또는 심지어 그 회사들이 그러길 원한다는) 시각은 틀렸다. 그런 시각은 이 회사들이 자신들의 권력을 위해 법에 얼마나 의존하는지를 숨기며, 아울러 공권력 향상을 위해 변경될 수 있는 많은 법률적 결정들을 숨긴다.[19]

국가 권력은 기업 권력에 단지 제약만을 가하지 않는다. 오히려 국가 권력은 기업 구조가 발전할 조건들을 만들어낸다. 미국에서 프라이버시에 관한 일반적 법률들이 부족한 상황부터 자본 이득이나 부동산의 세금 처리의 특이성에 이르기까지, 국가 권력은 특정한 종류의 사업 모형, 특정한 종류의 대량 데이터 사용 그리고 민주질서에 대한 특정한 도전과 제들을 가능하게 만든다. 두말할 것도 없이 우리는 비록 연방 규제가 특정 기술을 폭넓게 금지하는 조치를 취한다고 해도 그것을 알고리즘이 가져오는 해악에 대한 만병통치약이라고 볼 수는 없다. 역사적으로 1970년대 미국에서 소비자 프라이버시 보호 규제가 등장한 이후로, 연방 규제가 실시될 때에는 대체로 '부문별' 접근법을 취한다. 즉, 기능별로 규제하기보다는 부문별로 규제하는데, 달리 말해서 가령 안면 인식 기술을 전면적으로 금지하기보다는 산업 내에서 특정한 사용되는 데 제약을 가할 뿐이다. 그러므로 미국은 유럽의 일반정보보호법GDPR에 비견할 폭넓은 연방 규정을 채택할 가능성이 낮다. 만하임과 카플란은 미국 접근법의 장단점을 이렇게 포착했다.

> 많은 미국 기업들은 규제를 특정한 필요성에 맞추어 실시하는 부문별 접근법을 처음부터 선호했다. 그 모형도 어느 정도 타당하지만, 규제포획Regulatory Capture(규제 기관이 규제 대상의 이해관계에 구속되는 현상-옮긴이), 업계의 로비 활동 그리고 종종 규제상의 빈틈을 통해 일어나는 프라이버시 오용을 조장하기도 한다.[20]

키언스와 로스도 이 접근법에 존재하는 규제상 빈틈의 위험성을 강조한다.[21] 새로운 사업 모형이 생길 때 우리는 이렇게 질문해야 한다. 부문별 접근법에서 페이스북은 발행자인가 아니면 광고업자인가? 상이한 관할기관마다 이 질문에 대한 판단이 엇갈릴 수 있는데, 가령 페이스북은 영국 경쟁시장국Competition and Market Authority의 반경쟁적 행위 규제 조치에 따라 지피Giphy의 인수를 철회할 수밖에 없었다.[22] 얼핏 학문적인 질문처럼 보이는 위의 질문은 미국의 지배적 방식인 부문별 접근법하에서는 그 답이 무엇이냐에 따라서 엄청난 규제 효과를 낳을 수 있다. 그리고 SOPA 저작권 개혁의 사례에서 보았듯이 경쟁 기업들은 한 업계가 다른 업계를 희생시켜 규제를 포획하려는 노력에 의문을 던지기 마련이다. '겹치고 끼워 맞추고 서로 상충되는' 주와 연방 법률들로 구성된 땜질식 체계로 인해 권리를 폭넓게 보호해주는 법률을 통과시키기 어려워졌다. 만하임과 카플란은 이렇게 주장한다.

> '감시 자본주의'가 번영하는 까닭은 프라이버시 권리들이 대체로 보호가 미흡하고 우리의 법이 기술과 보조를 맞추지 못했기 때문이다. 우리의 마지막 주요 연방프라이버시법ECPA은 1986년에 시행되었는데, 이는 페이스북 이전이자 구글과 유튜브 이전이며, 심지어 월드와이드웹 이전이다. 그사이에 데이터와 AI 회사들이 성장하여 융성해져 지금은 경제, 공공정책 및 우리의 삶에 편파적으로 권력을 행사하고 있다.[23]

규제 국가의 해악을 없애기

여러 부문에 걸친 연방 규제의 한 형태는 반독점 규제이다. 미국의 반독점 규제는 19세기 말과 20세기 초에 독점 대기업들에 대응하여 활성화되었다. 가장 유명한 사례는 J. D. 록펠러의 스탠더드정유회사로서, 이 기업은 막대한 권력 축적과 시장 지배력을 과시했다.[24] 억제되지 않은 권력의 남용은 소비자 가격 인상 정도의 수준을 훌쩍 뛰어넘었다. 하지만 20세기 말이 되자 반독점 규제는 대체로 기업 권력이 소비자가 겪는 가격 인상과 관련될 수 있는 경우에만 제한적으로 적용되는 것으로 재해석되었다.[25] 이런 시각은 분명 우리가 일종의 제품으로서 자기 시간과 데이터를 지불하며 서비스를 공짜로 이용하는 경우에는 적용될 수 없다.

'국가 권력'이 미국 연방정부 규제와 동일시되어서는 안 된다. 개인정보 및 데이터 중심 알고리즘의 충격은 현재 다양한 국제적 규제에 의해서도 억제되는데, 이 국제적 규제는 전 지구적으로 활동하는 기술 기업들이 우리의 디지털 미래를 형성하는 데 제약을 가한다. 가장 두드러진 최근 사례는 유럽연합의 일반정보보호법GDPR으로, 2018년 5월 25일에 시행되었다. GDPR은 한 사업 모형으로서의 감시 자본주의에 근본적으로 도전장을 던진다. GDPR의 상위 원리인 22조에 의하면 유럽인들은 "자동화된 처리에만 바탕을 둔 결정에 종속되지 않을 권리를 갖는다."26 윤리적 또는 헌법적 원리가 나온 다음에는 정책 입안자, 로비스트 및 법원의 사려 깊은 작업이 그런 원리들을 표준과 규칙으로 제정하려는 움직임이 시작되었다. 여러 표준들 중에서도 GDPR은 "잊힐 권리"를 포함하여 다수의 "데이터 주체(즉 사람들)의 권리"를 내놓았다.27 이 원리를 정책으로 옮기려면 기업들이 데이터 거버넌스를 표준화하고 개선해야 했다. 사용자에 관한 수많은 기록이 서로 연결되어 있지 않고 그런 기록에 대한 사용자 식별 방법도 제각각인 까닭에 한 회사가 개인정보 보호를 요청하는 개인들에 대한 기록을 식별하고 삭제하려면 엄청난 시간(그리고 비용)이 든다.

미국의 규제는 주 차원과 지역 차원에서 동시에 이루어지는데, 이는 기업에 자사의 일부 사업 지역에서만 시행 가능한 표준을 갖고서 전국에 걸쳐 규제를 준수하게 만드는 것과 비슷한 효과를 낳는다. 사업 운영 측면에서 볼 때 그 반대로 하게 되면 각 지역마다 별도의 시스템과 과정이 필요한데, 이렇게 복잡하면 지역화로 얻을 추가 이득이 별로 없다. 미국 주 차원의 규제 중 하나가 2018년 6월 28일에 시행된 캘리포니아 소비자 프라이버시법California Consumer Privacy Act, CCPA이다. 이 법은 '캘리포니아의 GDPR'이라고도 불린다. GDPR보다 원칙보다 규칙 면에서 더 정밀하게 작성된 CCPA는 가령 다음과 같이 명시했다. "캘리포니아 주민과 사건당 100달러 내지 750달러의 벌금 또는 이보다 더 클 경우 실제 손해액 그리고 법원이 적절하다고 여기는 다른 임의의 구제책, 이는 캘리포니아 주 법무장관California Attorney General(미국 주의 법무장관은 주 검찰총장을 겸함—옮긴이)이 해당 사안에 대한 민사소송을 허용하는 대신에 회사를 기소하는 선택을 할 경우에 실시함"(Cal. Civ. Code §1798.150). 캘리포니아 주민 수 그리고 '사건'으로 해석될 경우의 수를 감안할 때, 그런 벌금은 개인정보를 사업 모형의 원천으로 삼는 회사에 막대한 재정적 부담을 지울 수 있다. 캘리포니아는 한때 자동차 환경 규제를 이끌었듯이, 프라이버시 규제도 선도하고자 한다.

지역 차원에서 보자면, 시 당국들은 감시 기술을 규제하는 데 선봉을 맡아왔다. 2019년 7월 오클랜드는 안면 인식 기술을 "획득하고 보유하고 유지하고 이용하는 것을" 금지하는 조례를 통과시켰다. 비슷한 법률이 2019년 5월 샌프란시스코에서, 2019년 6월 11일 매사추세츠 주 서머빌에서, 2021년 2월 미네소타 주 미니애폴리스에서 통과되었다.

이런 경향은 적어도 미국에서 데이터를 둘러싼 기업 권력에 대한 견제 수단으로서 국가 권력 재강화의 일환이다. 여러 부문에 걸친 폭넓은 반독점 시행 조치는 근래에 역사적으로 더 오래된 '네오-브랜다이스neo-Brandeisian' 관점을 주장하는 컬럼비아대학교의 팀 우Tim Wu와 리나 칸Lina Khan 같은 이들과 경쟁하게 되었다. 이 관점은 (독점 상태 또는 준독점 상태와 같은) 경제집중화의 위험성에 관해 훨씬 더 폭넓은 인식을 수용한다[28] (루이스 브랜다이스Louis Brandeis의 관점은 로버트 보크Robert Bork의 관점과 상반되며, 브랜다이스의 관점을 폄하하는 자들은 그 운동을 '힙스터 반독점' 운동으로 치부한다). 2021년 칸은 FTC에 들어가서 사업 모형이 데이터 수집에 의존하고 제품이 무료일 때 반독점이 무슨 의미인지에 관한 논쟁에 다시 불을 붙였다.

"인터넷을 만들어낸 스물여섯 단어"

　네오-브랜다이스 반독점 규제는 국가 권력과 기업 권력 간의 균형을 조만간 바꿀지 모르는 두 가지 주제 중 하나이다. 두 번째 주제는 데이터에 더 깊이 관련된 주제로서, '230조'를 재해석해야 한다는 요구가 커진 현상이다. 230조는 미국의 1996년 통신품위법Communications Decency Act 내의 (영어로) 스물여섯 단어로 된 문장을 가리킨다.

　　상호작용적인 컴퓨터 서비스의 공급자나 사용자는 또 다른 정보 콘텐츠 공급자가 제공하는 임의의 정보 발행자나 배포자로 취급되지 않는다.

　이 간략한 문구는 우리가 앞에서 말했던 내용을 짚어준다. 즉, 부문별 접근법에서 한 새로운 기업에게는 가령 한 인터넷 서비스 공급자ISP가 콘텐츠의 '발행자'나 '배포자'로 간주되는지 여부가 매우 중요하다. 230조는 트위터와 페이스북 같은 정보 플랫폼 회사들, 즉 알고리즘에 의해 제공하는 콘텐츠의 정렬 순서와 우선순위를 정하는 것을 사업 내용으로 하는 회사들이 생기기 이전에 제정되었다. 하지만 이 조항의 보호 범위에 그 회사들도 포함되는 것으로 해석되어, 회사들이 알고리즘에 의해 확대하고 분류하고 배포하는 (그리고 수익의 원천이 되는) 콘텐츠에 대한 책임을 법적으로 면제해 주었다. 실제로 230조 덕분에 특정 형태의 기업이 존재하고 번영하게 되었다고 해도 과언이 아니다.

　이런 책임 면제는 유한하다. 플랫폼 회사들은 테러 관련 콘텐츠나 성적으로 노골적인 콘텐츠, 저작권에 위배되는 콘텐츠 등을 여전히 관리한다. 이런 관리를 모두 알고리즘으로 하는 건 아니다. 편집자라기보다는 '콘텐츠 관리자'라고 불리는 인간 검토자들이 이 과정에서 핵심적인 역할을 한다.[29] 최근에 뉴욕대학교에서 나온 한 보고서는 이렇게 추산했다.

> 오늘날 1만 5,000명의 거의 대다수가 외주업체에 고용된 이 노동자들이 페이스북의 메인 플랫폼과 자회사인 인스타그램을 감시한다. 약 1만 명이 유튜브와 다른 구글 제품들을 살핀다. 훨씬 작은 회사인 트위터에서 일하는 관리자 수는 약 1,500명이다.[30]

지난 스물다섯 해 동안 기업들과 언론 자유를 옹호하는 이들 모두가 230조의 보호를 찬양했다. 하지만 지난 몇 년 동안 이 조항을 재평가해야 한다는 요구가 정치적 좌파와 우파 모두에서 증가했다(이 글을 쓰는 현재, 위키피디아 'Section 230' 페이지에는 '2020 미국 법무부 검토 2020 Department of Justice review'라는 섹션이 들어 있다).

230조의 적용 가능성에도 불구하고, 정보 플랫폼 회사들은 정보를 단지 '공급하지'만은 않는다. 데이터과학자, 엔지니어, 제품 설계자 들이 줄곧 하는 수많은 주관적 설계 선택들이 개인화되고 최적화된 편집 기능을 수행하고 있다. 이런 편집상의 결정들이 알고리즘으로 내려질 때조차도 주관적 선택이 관여한다는 말이다. 그토록 막대한 분량의 사용자 생성 콘텐츠를 유용하면서도 동시에 '중립적인' 방식으로 내놓을 방법은 없다. 시민과 국회의원 두 진영에서 이런 알고리즘에 의한 편집과 콘텐츠 증폭이 사회에 미치는 영향에 대한 인식과 우려가 커지면서, 230조의 포괄적 보호 규정은 조만간 법원에서 재해석되거나 심지어 새로운 입법으로 이어질지도 모른다. 그 효과는 콘텐츠 회사들이 알고리즘을 이용하는 방식을 변화시킬 수 있다. 소비자 보호와 보통 연결되는 프라이버시를 역설적으로 사용함으로써 종단간 end-to-end 암호화를 사용하는 정보 플랫폼들은 콘텐츠에 대한 법적 책임을 면제받는다. 왜냐하면 그런 회사들도 암호화된 콘텐츠를 직접 살펴보고 관리할 수는 없기 때문이다. 230조가 "인터넷을 만들어냈"듯이, 우리는 이 법적 사안의 해소야말로 이런 기업들이 사업을 영위하는 방식, 따라서 사회에 미치는 영향을 엄청나게 변화시킬 것이라고 예상한다.[31]

세 번째 권력: 시민 권력

지금껏 우리는 기업 권력들 간의 현재 경쟁, 국가 권력의 변화하는 속성, 데이터 및 데이터 중심 알고리즘에 관한 규제에 대해 설명했다. 시민 사회는 나름의 규제 방식을 갖고 있다. 법학자들의 표현을 빌리자면 이런 방식은 '사적 질서private ordering'를 형성하는데, 우리는 이를 조금 평범한 말로 바꿔 '시민 권력'이라고 칭할 것이다.

시민 권력: 조직 내에서

'사적 질서'의 가장 두드러진 형태로서 개인이 가장 직접적으로 영향을 미칠 수 있는 방식은 한 회사와 같은 단일한 공동체 내에서 생긴다. 「규제자로서의 피고용인: 첨단 기술 회사들에서의 새로운 사적 질서 Employees as Regulators: The New Private Ordering in High Technology Companies」라는 논문에서 저자 제니퍼 팬Jennifer Fan은 사적 질서를 발생시킬 수 있는 여러 메커니즘에 대해 설명했다.[32] 웹과 소셜미디어를 통한 발행의 민주화로 요즘에 확대된 지면상의 옹호가 그런 메커니즘의 한 예다. 여기에는 실시간으로 이런 효과가 나타나게 할 수 있는 언론과의 직접 소통도 포함될 수 있다. 그런 사례로 내부 정보 유출 타임라인의 일부가 『애틀랜틱The Atlantic』에 실렸다.

> 2018년 8월 17일. 구글이 『뉴욕타임스』에 어떤 구글 직원이 CEO인 선다 피차이Sundar Pichai가 드래곤 프로젝트에 관해 했던 강연 내용을 『타임스』지의 케이트 콩거Kate Conger에게 제공함. 콩거가 그것을 트위터에 올리자 한 구글 직원이 자유발언대에서 (욕설을) 내뱉었고, 그것 또한 유출됨.[33]

이런 정보 유출은 집단행동의 일환으로서 특히 유용한데, 『뉴욕타임스』의 한 데이터 분석가가 최근에 CNN과 한 인터뷰는 직원들의 노조 결성에 대한 관심을 보여준다

집단행동이 필요한 또 다른 형태의 사적 질서로는 동료들한테서 사적 정보를 수집하는 일이다. 임금 형평을 통해 직원들의 동기 부여에 균형을 맞추려고 하는 회사들이 엄격하게 비밀로 유지하는 급여 정보도 집단행동의 매우 강력한 도구가 될 수 있다. 그런 정보의 공개는 인구 집단 간의 불평등을 드러내는데, 일례로 구글의 에리카 베이커Erica Baker가 2015년에 급여 명세표를 수집하기 시작했다.[34]

상장회사에서 대규모 주주 행동주의가 사적 질서의 또 다른 메커니즘을 제시한다. 많은 회사에서 직원들은 주주이기도 한데, 일례로 아마존 주주총회에서 다양한 윤리 사안을 놓고서 강력한 소액주주 활동이 벌어졌다. 그렇기는 하지만, 기술 회사들은 무엇보다도 『뉴욕타임스』의 오래된 이중 주식 모형을 점점 더 많이 도입해 왔다. 특정한 주주들이 다른 주주들보다 투표권을 더 많이 갖는 방식이다. 이 시스템은 가령 페이스북, 아마존 및 스냅챗Snapchat의 설립자들에게 회사가 상장되더라도 회사

경영권을 장악하게 해준다.

테크 워커스 코앨리션^{Tech Workers Coalition}(2014년 결성), 테크 솔리데리티^{Tech Solidarity}(2016년), 네버어게인닷테크^{Never-again.tech}(2016년 결성), 캐서럴 테크 레지스턴스 네트워크^{Carceral Tech Resistance Network, CTRN}(2020년 결성) 같은 기업 간 동맹들은 기술 노동자들을 교육하고 조직화하여 관련 회사들 간에 변화를 촉구하도록 만든다. 코워커^{Coworker.org}와 같은 집단행동을 촉진하기 위한 비영리단체들은 그런 회사의 직원들이 경영진을 압박할 수 있도록 해준다. 기술 기업들은 엔지니어링 인재에 대한 수요 증가로 점점 더 압박을 받고 있기에, 노동자들을 고용하고 유지하기 어렵게 만드는 위협이 점점 더 그런 집단행동에 이용되고 있다. 『데이터 페미니즘』에서 디그나치오와 클라인은 이렇게 언급한다. "일반적으로 데이터 종사자들은 선택권이 있다. 누구를 위해서 일할지, 어느 프로젝트에서 일할지 그리고 어떤 가치를 거부할지 선택할 권리가 있다."[35] 아주 많은 직원들은 대안적인 데이터 미래를 주장할 수 있다. 고용주를 떠날 준비가 안 된 이들을 위한 집단행동의 한 형태는 파업이다. 주목할 만한 사례로 구글에서는 2018년 11월 1일 아침에 2만 명이 넘는 직원이 활발하게 파업에 동참했다.* 하지만 결국 이 파업은 주최자들이 촉구했던 변화를 이끌어내지 못했다. 주요 주최자 중 두 사람(클레어 스태플턴^{Claire Stapleton}과 메러디스 휘태커)은 회사를 떠나야 했는데, 그 이유를 회사의 보복 조치 때문이라고 밝혔다. 하지만 그들은 계속 저항을 이어나가며 자신들의 주장에

---

* 2016년부터 2018년까지 그런 사적 질서 사례들의 연대기와 더불어, 테크 워커스 코앨리션 및 2018년 구글 파업을 포함하여 아홉 명의 테크 직원들의 인터뷰를 보려면 다음을 참고하기 바란다. Cameron Bird et al., "The Tech Revolt," California Sunday Magazine, Janunary 23, 2019, https://story.californiasunday.com/tech-revolt/.)

관한 대중적 성명서를 발표하고 자신들의 불만을 언론과 토론했다.

현재 기술 기업의 직원들은 점점 더 집단행동뿐만 아니라 더 구체적으로 노조 결성에 관심을 돌리고 있다. 가령 킥스타터Kickstarter와 글리치Glitch에서는 2020년에 노조가 결성되었고, 2021년에는 알파벳, 아마존, 다우존스, 뉴욕타임스의 테크 노동자들이 노조를 결성하기 위해 노력했다.

개인적으로든 집단적으로든 그런 행동이 GDPR같이 규제를 전면적으로 변화시키는 직접적 효과를 낳지는 않지만, 특히 소프트웨어 엔지니어 같은 핵심 인력이 대규모로 참여하는 회사에서는 엄청난 효과를 낳을 수 있다. CTRN의 세라 T. 하미드Sarah T. Hamid는 이렇게 썼다. "우리가 싸우는 체제는 오랫동안 존재해 왔다. … 하지만 만약 여러분이 약간의 마찰을 감내할 수 있다면 어느 정도 숨 쉴 공간을 마련할 수 있다."[36] 루하 벤저민은 『기술 이후의 인종Race After Technology』에서 경박한 기술적 해결책을 비판하면서 이렇게 말했다. "우리는 기술 설계자와 의사결정자가 사회복지를 발전시킬 수 있는, 기술에 책임감 있는 봉사자가 되도록 요구해야 한다." 그러면서 알고리즘 정의 연맹Algorithmic Justice League의 안전한 얼굴 서약Safe Face Pledge을 예로 들었다.[37] 그런 노력은 내부적으로도 외부적으로도 일어날 수 있다.

시민 권력

대중으로서 우리는 현재 및 장래에 AI가 사회에 초래할 사태를 진지하게 고찰하기에 좋은 시기에 있다. … 책임은 그냥 기술 개발자들과 민간 기업들에게 떠맡기고 외주로 처리해서는 안 된다. … 시민들은 AI를 둘러싼 사안들을 단지 그들(기업과 국가)에 대한 기술적 문제라기보다는 우리 모두에 대한 집단적 문제로 여겨야만 한다.

- 아네타 짐머만, 엘레나 디 로자, 호한 킴[38]

폭넓은 범위의 대중도 사용자로서, 데이터 훈련에 관여하는 공짜 노동의 제공자로서, 일반적으로 소중한 행동 및 개인정보 제공자로서 이 회사들에 참여한다. 스포티파이나 넷플릭스 같은 회사들의 경우, 대중은 가입을 통해 직접적으로 자금을 지원한다. 우리가 고객이라기보다 제품이 되어주는 회사들에 대해 우리는 서비스의 편리를 즐기면서도 기업과 국가에 의한 AI 기술 사용을 승인하고 이의를 제기하는 측면에서 대중으로서의 우리의 역할에 관한 불편한 질문 던지기를 좀체 하지 않는다고 짐머만, 디 로사 및 킴은 지적한다.[39] 개인들에 의한 외부적 행동은 심지어 널리 확산될 때조차도 한 회사에 좀처럼 가시적인 영향을 초래하지 않는다. 그렇긴 해도 2017년의 #DeleteUber 운동으로 인해, 그 회사의 IPO(신규주식상장) 신고서에 따르면 '수십만 명'의 사용자가 우버 앱을 삭제했다고 한다. 이 사건은 회사 입장에서 창업자 겸 CEO가 대체되는 끔찍한 일을 겪은 해의 초반에 발생했는데, 이는 그 회사가 처한 여러 곤경 중 하나였을 뿐이다. 그런 대중적 행동은 회사 수익뿐 아니라 소중한 데이터도 부정한다. 일종의 '데이터 보이콧'이다. 그리고 인재들의 사직은 '인재 보이콧'을 초래한다. 하미드의 표현에 따르면, 이런 행동 각각은 작은 '마찰'을 불러일으킨다. 데이터의 미래에 관한 핵심적인 질문은 내부적으로 또는 외부적으로 충분한 집단적 마찰이 데이터로 구동되는 기술 회사의 영향력 범위와 권력의 증대를 늦추는 데 이바지하느냐 여부이다.

그런 회사들이 초래할 가장 중대한 위험은 민주적 과정의 가능성 자체를 훼손할지 모른다는 것이다. 예일대학교 법학 교수 에이미 카프친스키는 이렇게 썼다. "오늘날의 정보 자본주의는 우리의 개인적 주관뿐만 아니라 평등과 자율 능력까지 위협한다. 단지 데이터와 존엄성뿐만 아니라 데이터와 민주주의의 문제들이 우리 관심사의 핵심에 놓여야 한다."[40] 모든 수준의 거버넌스와 온갖 잡다한 형태의 권력이 관여하며 때때로 냉소적이기도 한 동맹들이 시도하는 집단행동을 포함한 사적 질서가 우리로 하여금 알고리즘 시스템들을, 우리의 거버넌스를 더더욱 파괴하고 기존의 불평등을 심화하기보다 정의 실현이라는 목적을 위한 자율 향상으로 이끌지 모른다.

불안정한 게임들

예언하지 마라, 특히 미래에 관해서라면.

- 새뮤얼 골드윈 또는 닐스 보어가 한 말

예언을 시도하거나 혁명을 옹호하는 대신에 우리는 권력(국가 권력, 기업 권력, 시민 권력) 간의 경쟁에 초점을 맞추었다. 권력 간의 힘은 시간과 효과의 매우 상이한 규모에서 작용하는데, 하지만 그 각각이 데이터의 미래를 형성할 잠재력이 있다. 데이터는 줄곧 재임 권력들이 자신들의 영역, 특히 국가 및 기업 재직자들에 대한 통제를 유지하는 데 굉장히 효과적인 방법이다. 데이터로 가능한 기술의 경우, 스마트폰 이전, 월드와이드웹 이전, 우리 가정에서 온종일 작동하는 감시 장치 이전의 시기를 우리가 기억하기는 어려울 수 있다. 역사적으로 고찰해보면 현재 상태는 이상해 보이는데, 기술 결정론의 오류가 여실히 드러나기 때문이다. 기술 결정론이란 기술이 사회적·경제적·문화적 변화의 원인이 된다는 믿음이다. 기술이 세상에 효과를 미칠 수 있으려면 기술이 성장하여 우리 규범의 일부가 되도록 해줄 법적·제도적·사회적 의사결정이 필요하다. 그런 효과는 아직 생겨나지 않았다.

바라건대 이 책에 제시된 일종의 불안정한 게임으로서의 잠재적 미래의 모습이 여러분으로 하여금 현재가 징역형이 선고된 상태가 아니라 단지 우리의 스냅사진임을 일깨워주면 좋겠다. 우리는 비윤리적이거나 불투명한 알고리즘에 따른 의사결정을 이용하지 않아도 된다. 심지어 그걸 사용하는 게 기술적으로 가능한 상황이더라도 말이다. 그리고 대량 감시를 바탕으로 한 광고는 우리 사회의 필수 요소가 아니다. 우리는 과거와 현재의 계층적 상태를 배워서 그것을 미래에 강화하는 시스템을 제작할 필요가 없다. 프라이버시는 기술 때문에 죽지 않았다. 언론 활동이나 책 집필 또는 여러분에게 중요한 임의의 재능을 지원할 유일한 방법이 여러분을 감시해서 광고에 이바지하도록 만드는 것이라는 말은 진실이 아니다. 대안들이 존재한다. 이런 시스템들 중 일부는 우리가 사회에서 원하는 요소들을 지니고 있지만, 또 다른 일부는 지니고 있지 않다. 그런 시스템을 갖추기 위해서는 시간이 걸리기 때문에 점진적으로 진행될 것이다. 어떤 것도 빠른 해결책이 되지는 못할 것이다. 한 비용함수에 새 항을 추가하기처럼 단순하진 않을 것이다. 한 가지 규제를 시행해 해결되진 않을 것이다. 그 일에는 낯설고 때로는 냉소적이고 심지어 불편한 동맹이 관여할 가능성도 있다. 신흥 기술은 일반적으로 권력을 지닌 이들한테 먼저 이용된다. 때때로 그들은 이 기술을 이용하여 억압받는 이들과 권한이 없는 이들한테 힘을 실어주기도 하지만, 자신들의 권력과 통제력을 지키고 확장하려고 이용할 때가 더 많다. 그렇기에 규범, 법, 구조 및 시장의 기본 방향을 새롭게 정해서 사회적 약자들에게 힘을 실어주도록 신생 역량을 활용하는 데에는 어느 정도 시간이 걸린다.[41] 기술은 변화를 의미하지만 사회적 변화에는 시간이 걸린다. 앞서 보았듯이, 한 기술이 사회 속에 통합되어 우리의 가치와 규범과 조화를 이루는 데에는 때로는 수십 년이 걸린다. 크든 작든 여러 강력한 힘들이 직간접적으로 우리에게 작용하여 기술과 규범, 법, 시장 그리고 이 모든 것 속에서 데이터가 어떤 역할을 할 것인가를 형성한다.

감사의 말

이 책은 우리가 컬럼비아대학교와 바너드칼리지에서 학부생을 대상으로 연 강의에서 시작되었다. 처음에 컬럼비아대학교의 한 학생 단체가 요청해 수업을 시작했고, 이어서 그 대학의 합동연구소에서 자금과 사기 진작 그리고 행정적 지원을 받았다. 이 연구소는 당시 컬럼비아대학교 데이터과학연구소 소장인 리처드 위튼Richard Witten과 재닛 윙Jeanette Wing이 이끌었다. 2017년부터 2022년까지 우리 수강생들이 없었다면 이 저서는 범위가 훨씬 더 좁고 제한적이었을 것이다. 학생들이 지속적으로 힘을 실어준 덕분에 우리는 18세기부터 현재까지 데이터, 진리 및 권력 간에 줄곧 일어났던 갈등에 관한 이야기를 세밀하게 가다듬을 수 있었다. 학생들의 깊은 관심과 참여 그리고 호기심에 감사드린다. 학생들의 질문이 책의 내용을 알차게 만들었고, 덕분에 우리도 역사적이고 기술적인 근원을 찾는 일에 더욱 매진할 수 있었다. 이 근원은 현재를 '설명'하는 데 일조하지만, 자연스레 반사실적 현실들을 떠올리게 해줌으로써 현재를 낯설게 여기게 해주기도 한다. 이 다른 현실들은 또한 우리 모두가 머지않아 창조하여 누리게 될 미래에 관한 논의에도 영감을 주었다.

기계학습을 개발하고 산업에 활용하기라는 사안에 대한 나의 식견은 『뉴욕타임스』 데이터과학팀의 멋진 전현직 동료들과 더불어 다양한 정보 플랫폼 회사들의 숙련된 기술 전문가들 덕분인데, 이들은 내가 이름을 밝히는 걸 좋아하지 않겠지만 나는 그들이 누군지 잘 안다.

윤리에 대한 나의 식견은 처음에 『비트 바이 비트^{Bit by Bit}』란 책을 놓고서 저자인 매슈 살가닉과 했던 토론에서 갖춰졌고, 『타임스』지의 데이터 거버넌스 소장인 로빈 베르종^{Robin Berjon}과 여러 차례 토론을 하며 정교해졌다. 특히 살가닉 교수가 『타임스』의 상주 학자로 있던 해에 그랬다. 데이비드 블레이^{David Blei}, 데이비드 도노호, 거드 기거렌저^{Gerd Gigerenzer}, 마크 핸슨^{Mark Hansen}, 지나 네프, 피터 노빅^{Peter Norvig}, 케이시 오닐, 데버라 라지, 벤 레흐트^{Ben Recht}, 앨프리드 스펙터^{Alfred Spector}, 라타냐 스위니, 앤 워싱턴^{Ann Washington}, 해들리 웍햄 그리고 제닛 윙에게 감사드린다. 이 분들은 여러 가지 통찰을 전해주었으며, 데이터와 데이터과학 및 윤리에 관해 질문들을 많이 제시해 주었다. 알고리즘이 현실을 형성하고 또한 왜곡하는 방식을 이해하는 데에는 데이비드 캐럴^{David Carroll}, 레니 디레스타^{Reni DiRestra}, 조앤 도노반^{Joan Donovan} 그리고 저스틴 헨드릭스^{Justin Hendrix}와 나눈 다년간의 대화가 도움이 되었다.

실제로 책을 쓰는 법에 관해 아낌없이 조언해준 매슈 존스^{Matthew Jones}, 아리엘 캐미너^{Ariel Kaminer}, 롭 필립스^{Rob Phillips}, 앨리슨 슈레거^{Alison Schrager}에게 감사드린다. 물론 여러분에게도 감사드리고, 내 부모님 리처드 위긴스Richard Wiggins와 캐롤린 위긴스Carolyn Wiggins에게도 감사드린다.

줄곧 우리는 우리의 사고를 변화시켜준 학자, 정책 결정자 및 기술 전문가 들에게 감사의 마음을 표하려고 애썼다. 나(존스)는 멜론-소여 Mellon-Sawyer 세미나의 일환으로 2년짜리 프로젝트인 '인공지능의 역사: 권력의 계보학'에서 스테파니 딕Stephanie Dick, 리처드 스탤리Richard Staley, 무스타파 알리Mustafa Ali, 조니 펜Jonnie Penn, 세라 딜런Sarah Dillon과 일할 수 있어서, 그전에는 AI의 역사에 관한 한 워크숍에서 딕, 펜, 에런 멘던-플라섹Aaron Mendon-Plasek과 일한 것은 우리에게 큰 행운이었다. 그 과정 내내 전 세계의 훌륭한 학자들이 우리에게 도전과제와 영감을 주었다. 나는 데이터 앤드 소사이어티Data & Society의 한 모임에서 큰 은혜를 입었다. 그곳에서 정말 다행스럽게도 다나 보이드, 다락샨 미어Darakshan Mir, 지나 매슈스Jeanna Matthews, 세스 영Seth Young, 클라우디아 하웁트Claudia Haupt와 일할 수 있었다. 멋진 모임뿐만 아니라 세스 영은 책임성에 관해 생각할 지침을 많이 알려 주었다. 그와 함께 한 미완성 프로젝트 덕분에 이 책의 한 장이 나올 수 있었다. 컬럼비아대학교에서 에번 모글렌Eben Moglen은 친절하게도 내게 두 가지 법학 수업을 듣게 해주었으며, 레이철 슈트Rachel Schutt와 케이시 오닐은 내게 그들의 첫 데이터과학 수업을 듣게 허용해 주었다. 크리스 위긴스는 이런 주제들에 관한 나의 첫 사전 강연에 참여했는데, 내가 거기서 처음 느낀 사고의 명료성과 너그러움이 우리의 모든 공동작업과 함께 했으며, 이 책에서 정점에 이르렀다.

이 책에 나오는 데이터과학 역사의 핵심 측면들은 베를린 막스플랑크 연구소의 과학사 워크숍 그리고 UCLA에서 주최한 헌팅턴에서의 워크숍을 준비하면서 모은 것이다. 이 책의 개념들에 관한 학문적 설명은 다음 대학교들의 총명한 청중에게서 나온 질문과 댓글에서 큰 덕을 입었다. 미시건-앤아버대학교, 인디애나대학교, UC버클리, UCLA, UCSB, UCSD, 난양공과대학, 파리정치대학교, 코넬대학교, 케임브리지대학교, 유럽대학연구소, 시카고대학교, 지겐대학교, 펜실베이니아대학교, 럿거스대학교, 컬럼비아대학교 컴퓨터과학과. 나는 데이비드 아이젠버그David Isenberg를 중심으로 모인 모임에서 큰 은혜를 입었다. 내 대학원생 제자 에런 멘던-플라섹은 기계학습의 역사에 관해 깊게 연구해 오고 있다. 그의 연구가 이 책에 나온 내용을 곧 무색하게 만들 것이다.

이 프로젝트를 진행한다는 것은 학교로 돌아간다는 의미였는데, 그건 멜론과 구겐하임재단 덕분에 가능했다. 슬론재단Sloan Foundation은 데이터와 인공지능의 역사에 관한 컬럼비아대학교의 일련의 워크숍에 자금을 지원해 주었다.

스탠퍼드스페셜컬렉션스, 대영도서관, 미국철학학회, 컬럼비아스페셜컬렉션스, 유매스-애머스트UMass-Amherst, 프린스턴의 베이커도서관, 네바다대학교 르노스페셜컬렉션스의 기록 관리자들 덕분에 자료조사가 가능했다. 마찬가지로 FOIA 질의들에 답해준 많은 정부 직원들 덕분에 이 책이 많은 역사를 전달할 수 있었다.

열렬한 독서가인 나의 세 딸들이 언젠가 이 책을 읽고 오류와 부적절한 표현을 찾아낼지도 모르겠다. 엘리자베스 리Elizabeth Lee의 통찰, 사랑과 지성은 내가 쓰고 행하는 모든 것에서 메아리친다. 모두 사랑해!

우리 둘은 엘라 쿤Ella Coon과 수잔나 글릭먼Susannah Glickman에게 감사드린다. 이들은 교정, 편집 및 책의 최종 원고 퇴고 작업을 기대 이상으로 잘해주었다. 너그러운 동료들인 스테파니 딕, 다나 보이드, 시어도어 포터, 데이비드 세프코스키David Sepkoski, 세라 이고Sarah Igo는 초고 상태의 여러 장들을 꼼꼼하게 읽고서 오류를 지적해 주고 집필을 격려해 주어 책의 수준을 크게 향상시켰다. 마찬가지로 크리스 에오양Chris Eoyang, 수 항Su Hang, 윌리엄 제인웨이, D. J. 파틸, J. B. 루비노비츠J. B. Rubinovitz가 초고에 대해 훌륭한 비판적 견해를 제시해 주었다. 그래도 남아 있는 오류는 전적으로 우리 두 저자의 잘못이다. 슬론재단이 책의 완성을 지원해 주었다. 특히 집필을 격려해준 조시 그린버그Josh Greenberg에게 감사드린다.

케이시 오닐과 마크 핸슨은 우리 둘을 2014년에 초청하여 컬럼비아 저널리즘 대학원의 리드 프로그램Lede Program의 일환으로 데이터 저널리스트들을 가르치게 해주었다. 그리하여 우리는 비판적 데이터과학을 실천할 수 있었다. 이것은 우리 둘이 한 수업을 함께 개발하고 함께 가르친 첫 번째 기회였다. 강의와 파이선으로 강의 내용에 능동적으로 참여하기가 혼합된 수업의 구조와 사회에서 그리고 의사결정 과정에서 데이터의 역할에 관해 제기된 질문들은 우리의 이후 수업에 유용했다.

우리의 에이전트 에릭 럽퍼Lupfer는 처음의 산만한 아이디어들을 하나의 제안으로, 나아가 강력한 내러티브와 논증상의 초점을 갖춘 책으로 거듭나게 해주었다. 편집자 존 글러스먼John Glusman은 통찰력과 섬세함으로 첫 초고를 이 책으로 탈바꿈시켰다.

주

프롤로그

1. Kevin Roose and Cecilia Kang, "Mark Zuckerberg Testifies on Facebook Before Skeptical Lawmakers," *New York Times*, April 11, 2018, sec. US, https://www.nytimes.com/2018/04/10/us/politics/zuckerberg-facebook-senate-hearing.html.
2. 한 주의 수업 진행은 별도의 두 가지 만남으로 이루어진다. 하나는 화요일의 토론이고, 다른 하나는 목요일의 내용에 대한 실습이다. 이 실습은 파이썬 프로그램을 이용하여, 화요일에 논의했던 데이터 분석과 기계학습 모형들의 여러 유형을 실행해 보는 자리이다. 우리는 이 책에서 수업의 응용 부분을 이해시키고자 시도하지는 않았지만, 실습 내용을 더 자세히 알고 싶은 독자에게는 아래의 강의 웹사이트에 온라인으로 제공된 데이터와 코드를 직접 다루어보길 권한다. https://data-ppf.github.io/.
3. 우리의 표현은 다음 자료에서 빌려왔다. Phillip Rogaway, "The Moral Character of Cryptographic Work" (2015), 1, https://web.cs.ucdavis.edu/~rogaway/papers/moral-fn.pdf.

PART 1

Chapter 1

1. Hanna Wallach, "Big Data, Machine Learning, and the Social Sciences," Medium, December 23, 2014, https://medium.com/@hannawallach/big-data-machine-learning-and-the-social-sciences-927a8e20460d.
2. Wallach.
3. danah boyd and Kate Crawford, "Critical Questions for Big Data," *Information, Communication & Society* 15, no. 5 (June 1, 2012): 663, https://doi.org/10.1080/1369118X.2012.678878.
4. 그런 옹호는 사회적이며 환경을 의식하는 기술을 추구하는 엔지니어들이 1960년대에 벌였던 운동을 닮았다. 관련 내용은 다음 자료에 연대기순으로 기록되어 있다. Matthew H. Wisnioski, *Engineers for Change: Competing Visions of Technology in 1960s America* (Cambridge, MA: MIT Press, 2012).
5. Safiya Umoja Noble, "Google Search: Hyper-Visibility as a Means of Ren-dering Black Women and Girls Invisible," *InVisible Culture*, no. 19 (October 29, 2013), http://ivc.lib.rochester.edu/google-search-hyper-visibility-as-a-means-of-rendering-black-women-and-girls-invisible/. She developed the arguments in her *Algorithms of Oppression: How Search Engines Reinforce Racism* (New York: New York University Press, 2018).

6. Cathy O'Neil, *Weapons of Math Destruction: How Big Data Increases Inequality and Threatens Democracy* (New York: Crown, 2016), 48.

7. Ruha Benjamin, *Race after Technology: Abolitionist Tools for the New Jim Code* (Cambridge, UK; Medford, MA: Polity Press, 2019), 44-45.

8. Meredith Whittaker, "The Steep Cost of Capture," *Interactions* 28, no. 6 (November 2021): 50-55, https://doi.org/10.1145/3488666.

9. Virginia Eubanks, "Public Thinker: Virginia Eubanks on Digital Surveillance and People Power," interview by Jenn Stroud Rossman, *Public Books* (online), July 9, 2020, https://www.publicbooks.org/public-thinker-virginia-eubanks-on-digital-surveillance-and-people-power/.

10. Lisa Nakamura, *The Internet Is a Trash Fire. Here's How to Fix It*, 2019, https://www.ted.com/talks/lisa_nakamura_the_internet_is_a_trash_fire_here_s_how_to_fix_it.

11. Zeynep Tufekci, "Engineering the Public: Big Data, Surveillance and Computational Politics," *First Monday*, July 2, 2014, https://doi.org/10.5210/fm .v1917.4901.

12. Renee DiResta, "Mediating Consent," *ribbonfarm* (blog), December 17, 2019, https://www.ribbonfarm.com/2019/12/17/mediating-consent/.

13. Virginia Eubanks, *Automating Inequality: How High-Tech Tools Profile, Police, and Punish the Poor* (New York: St. Martin's Press, 2017).

14. Brianna Posadas, "How Strategic Is Chicago's 'Strategic Subjects List'? Upturn Investigates," Medium, June 26, 2017, https://medium.com/equal -future/how-strategic-is-chicagos-strategic-subjects-list-upturn-investigates-9e5b4b235a7c.

15. See Martha Poon, "Corporate Capitalism and the Growing Power of Big Data: Review Essay," *Science, Technology, & Human Values 41*, no. 6 (2016): 1088-1108.

16. Whittaker, "The Steep Cost of Capture"; Rodrigo Ochigame, "The Inven- tion of 'Ethical AI': How Big Tech Manipulates Academia to Avoid Reg- ulation," *The Intercept* (blog), December 20, 2019, https://theintercept .com/2019/12/20/mit-ethical-ai-artificial-intelligence/; Thao Phan et al., "Economies of Virtue: The Circulation of 'Ethics' in Big Tech," Science as Culture, November 4, 2021, 1-15, https://doi.org/10.1080/09505431.2021 .1990875; Matthew Le Bui and Safiya Umoja Noble, "We're Missing a Moral Framework of Justice in Artificial Intelligence," *The Oxford Handbook of Ethics of AI*, Markus Dirk Dubber, Frank Pasquale, Sunit Das, eds. (Oxford: Oxford University Press, 2020), https://doi.org/10.1093/oxfordhb /9780190067397.013.9.

17. 사적 질서에 관해서는 다음을 보기 바란다. Jennifer S Fan, "Employees as Regulators: The New Private Ordering in High Technology Companies," *Utah Law Review*, no. 5 (2019): 55.

18. "Principles for Accountable Algorithms and a Social Impact Statement for Algorithms :: FAT ML," accessed October 1, 2018, http://www.fatml .org/resources/principles-for-accountable-algorithms.

19. 역사적 접근법들을 통합시킨 중요한 비판적 연구들에는 다음이 포함된다. Wendy Hui Kyong Chun and Alex Barnett, *Discriminating Data: Correlation, Neighborhoods, and the New Politics of Recognition* (Cambridge, MA: MIT Press, 2021); Justin Joque, *Revolutionary Mathematics: Artificial Intelligence, Statistics and the Logic of Capitalism* (New York: Verso,

2022); Kate Crawford, *Atlas of AI: Power, Politics, and the Planetary Costs of Artificial Intelligence* (New Haven, CT: Yale University Press, 2021); Meredith Broussard, *Artificial Unintelligence: How Computers Misunderstand the World* (Cambridge, MA: MIT Press, 2018). For "big data," see the pioneering Rob Kitchin, *The Data Revolution: Big Data, Open Data, Data Infrastructures & Their Consequences* (Los Angeles: SAGE Publications, 2014).

20. Melvin Kranzberg, "Technology and History: 'Kranzberg's Laws,'" *Technology and Culture* 27, no. 3 (1986): 547-48.

21. Enrico Coiera, "The Fate of Medicine in the Time of AI," *The Lancet* 392, no. 10162 (December 1, 2018): 2331, https://doi.org/10.1016/S0140 -6736(18)31925-1.0.1016/S01

22. 역사를 윤리 교육의 강력한 도구로 보는 내용은 다음을 보기 바란다. R. R. Kline, "Using History and Sociology to Teach Engineering Ethics," *IEEE Technology and Society Magazine* 20, no. 4 (2001): 13-20, https://doi.org/10.1109/44 .974503.

23. 미국에서 데이터 축적과 분석의 상이한 여러 순간들을 훌륭하게 조사한 내용은 다음을 보기 바란다. Dan Bouk, "The History and Political Economy of Personal Data over the Last Two Centuries in Three Acts," Osiris 32 (2017): 85-106; Martha Hodes, "Fractions and Fictions in the United States Census of 1890," in *Haunted by Empire: Geographies of Intimacy in North American History*, ed. Ann Laura Stoler (Durham, NC: Duke Uni- versity Press, 2006), 240-70; Simone Browne, *Dark Matters: On the Surveillance of Blackness* (Durham, NC: Duke University Press, 2015); Khalil Gibran Muhammad, The Condemnation of Blackness: Race, Crime, and the Making of Modern Urban America (Cambridge, MA: Harvard University Press,

24. Sarah 2.100, *The Averaged American: Surveys, Citizens, and the Making of a Mass Public* (Cambridge, MA: Harvard University Press, 2007); Emmanuel Didier, *America by the Numbers: Quantification, Democracy, and the Birth of National Statistics* (Cambridge, MA: MIT Press, 2020); Daniel B. Bouk, *How Our Days Became Numbered: Risk and the Rise of the Statistical Individual* (London: University of Chicago Press, 2015); Emily Klancher Merchant, *Building the Population Bomb* (New York: Oxford University Press, 2021). More generally, see the classic studies Geoffrey C. Bowker and Susan Leigh Star, *Sorting Things Out* (Cambridge, MA: MIT Press, 1999) and Wendy Nelson Espeland and Michael Sauder, "Rankings and Reactivity: How Public Measures Recreate Social Worlds," *American Journal of Sociology* 113, no. 1 (July 1, 2007): 1-40, https://doi.org/10.1086/517897.

25. Caitlin Rosenthal, *Accounting for Slavery: Masters and Management* (Cambridge, MA: Harvard University Press, 2018).

26. Theodore M. Porter, *Trust in Numbers: The Pursuit of Objectivity in Science and Public Life* (Princeton, NJ: Princeton University Press, 1995).

27. 다음에 나오는 비평을 보기 바란다. Frank Pasquale, *The Black Box Society: The Secret Algorithms That Control Money and Information* (Cambridge, MA: Harvard University Press, 2015).

28. 마르타 푼은 이런 관행이 불가피해 보이는 현실은 반드시 설명되어야 할 것이지 당연하다고 여겨서는 안 된다고 강조했다. "평가 시스템이 만들어지는 세부사항, 그런 시스템들이 어떻게 연결

되는지, 상호조율되는지 상호작용하는지 그리고 무엇보다도 어떻게 진화하는지는 그것들이 위험 계산을 통해 소비자 신용 사업을 어떻게 개혁하고 재조합하가라는 사안에서 중요하다." Martha Poon, "Scorecards as Devices for Consumer Credit: The Case of Fair, Isaac & Company Incorporated," *The Sociological Review 55*, no. 2_suppl (Octo- ber 2007): 288, https://doi. org/10.1111/j.1467-954X.2007.00740.x.

Chapter 2

1. Quoted in Karl Pearson, *The Life, Letters and Labours of Francis Galton* (Cambridge, UK: University Press, 1914), vol. 2, 418, http://archive.org/ details/b29000695_0002.

2. Nightingale to William Farr, 23.2.1874, *in Florence Nightingale on Society and Politics, Philosophy, Science, Education and Literature: Collected Works of Florence Nightingale,* Volume 5, ed. Lynn McDonald (Waterloo, ON: Wilfrid Laurier University Press, 2003), 39.

3. Ian Hacking, *The Taming of Chance* (Cambridge, UK: Cambridge Univer- sity Press, 1990), 106.

4. Joseph Lottin, *Quetelet, Statisticien et Sociologue* (Louvain: Institut supérieur de philosophie, 1912), 52; Theodore M. Porter, *The Rise of Statistical Thinking, 1820-1900* (Princeton, NJ: Princeton University Press, 1986), 47.

5. David Aubin, "Principles of Mechanics That Are Susceptible of Application to Society: An Unpublished Notebook of Adolphe Quetelet at the Root of His Social Physics," *Historia Mathematica 41*, no. 2 (May 1, 2014): 209, 216, https://doi.org/10.1016/j.hm.2014.01.001.

6. Kèvin Donnelly, *Adolphe Quetelet, Social Physics and the Average Men of Science, 1796-1874* (Routledge, 2015), 73, https://doi.org/10 .4324/9781315653662.

7. Translated in Paul F. Lazarsfeld, "Notes on the History of Quantification in Sociology-Trends, Sources and Problems," *Isis 52*, no. 2 (1961): 293. 8. See Morgane Labbé, "L'arithmétique politique en Allemagne au début du 19e siècle: réceptions et polémiques," *Journal Electronique d'Histoire des Probabilités et de la Statistique 4*, no. 1 (2008): 7.

9. Peggy Noonan, "They've Lost That Lovin' Feeling," *Wall Street Journal*, accessed November 20, 2012, http://online.wsj.com/article/SB10001424053 11190480030457647462033660 2248. html.

10. 17세기 이후의 특히 광범위한 문헌에서의 발전에 관한 효과적인 설명들은 다음을 보기 바란다. Jacqueline Wernimont, *Numbered Lives: Life and Death in Quantum Media* (Cambridge, MA: MIT Press, 2018), esp. ch. 2; Andrea Rusnock, "Quantification, Precision, and Accu- racy: Determinations of Population in the Ancien Régime," *in Values of Precision*, ed. M. Norton Wise (Princeton, NJ: Princeton University Press, 1995), 17-38; William Deringer, *Calculated Values: Finance, Politics, and the Quantitative Age* (Cambridge, MA: Harvard University Press, 2018), who stresses the nongovernmental origins of much earlier numerical thinking.

11. Lisa Gitelman, ed., *Raw Data Is an Oxymoron.* (Cambridge, MA: MIT Press, 2013). 여 러 주요한 논문 모음집들이 이 개념들을 여러 시기와 넓은 지역에 걸쳐 전개해 나간다 : Elena Aronova, Christina von Oertzen, and David Sepkoski, eds., *Data Histories*, Osiris 32 (Chicago:

University of Chicago Press, 2017); Soraya de Chadarevian and Theodore M. Porter, *Histories of Data and the Database*, vol. 48, no. 5, Historical Studies in the Natural Sciences, 2018; see also Amelia Acker, "Toward a Hermeneutics of Data," *Annals of the History of Computing, IEEE 37*, no. 3 (2015): 70-75.

12. Hacking, *The Taming of Chance*, 2.
13. 중국에 관한 자세한 이야기는 다음을 보기 바란다. Tong Lam, *A Passion for Facts: Social Surveys and the Construction of the Chinese Nation State, 1900-1949*. (Berke- ley: University of California Press, 2011), ch. 1.
14. Jacqueline Wernimont, Numbered Lives, 28; 이 데이터 수집의 노동에 관해서는 다음을 보기 바란다. Deborah E. Harkness, "A View from the Streets: Women and Medical Work in Elizabethan London," *Bulletin of the History of Medicine* 82, no. 1 (2008): 52-85.
15. Victor L. Hilts, "Aliis Exterendum, or, the Origins of the Statistical Society of London," *Isis* 69, no. 1 (March 1978): 21-43, https://doi.org/10.1086/351931.
16. 주장의 초점은 다음 자료에서 중심적으로 나와 있다. William Deringer, *Calculated Values*.
17. See David Sepkoski and Marco Tamborini, "An Image of Science': Cameralism, Statistics, and the Visual Language of Natural History in the Nineteenth Century," *Historical Studies in the Natural Sciences* 48, no. 1 (February 1, 2018): 56-109, https://doi.org/10.1525/hsns.2018.48.1.56; Deringer, Calculated Values.
18. See Jean-Guy Prévost and Jean-Pierre Beaud, *Statistics, Public Debate and the State, 1800-1945: A Social, Political and Intellectual History of Numbers* (Routledge, 2016), 3.
19. 케틀레의 국제적인 연구는 다음의 주요 주제이다. Donnelly, Adolphe Quetelet, *Social Physics and the Average Men of Science, 1796-1874.*
20. Adolphe Quetelet, *A Treatise on Man and the Development of His Faculties* (Edinburgh: W. and R. Chambers, 1842), 6, http://archive.org/details/treatise onmandev00quet.
21. Quetelet, 6.
22. David Aubin, "On the Epistemic and Social Foundations of Mathematics as Tool and Instrument in Observatories, 1793-1846," *in Mathematics as a Tool*, ed. Johannes Lenhard and Martin Carrier, vol. 327 (Cham, Switzerland: Springer International Publishing, 2017), 290-91, https://doi.org/10 .1007/978-3-319-54469-4_10; Porter, *The Rise of Statistical Thinking, 1820-1900*, 42; Donnelly, *Adolphe Quetelet, Social Physics and the Average Men of Science, 1796-1874*, 111-12. 오빈은 데이터 관찰의 기법들을 중시하며, 도널리는 유럽 전역의 출처에서 데이터를 얻는 케틀레의 나날이 발전하는 능력을 강조한다.
23. Hacking, *The Taming of Chance*, 109.
24. Adolphe Quetelet, *Recherches Statistiques* (Brussels: M. Hayez, 1844), 54. 25. Hacking, The Taming of Chance, 107.
26. Quetelet, A Treatise on Man, 5.
27. Quetelet, 6.
28. Quetelet, 6.
29. Quetelet, 6.
30. Quetelet, 6.

31. Hacking, *The Taming of Chance*, 108.

32. Margaret Thatcher, Interview for Woman's Own, 23.9.1987, https://www margaretthatcher. org/document/106689.

33. Porter, *The Rise of Statistical Thinking, 1820-1900*, 55.

34. Quetelet, *A Treatise on Man*, 7.

35. Porter, *The Rise of Statistical Thinking, 1820-1900*, 46. 36. Porter, 104.

37. Hacking, *Taming of Chance*, 108.

38. Adrian Wooldridge, *Measuring the Mind: Education and Psychology in England, c. 1860-c. 1990* (New York: Cambridge University Press, 1994), 74.

39. Quoted in Pearson, *The Life, Letters and Labours of Francis Galton*, v. 2, 419.

40. Quoted in Pearson, v. 2, 419.

Chapter 3

1. Florence Nightingale, *Notes on Matters Affecting the Health, Efficiency and Hospital Administration of the British Army* (London: Harrison and Sons, 1858), 518.

2. Francis Galton, "Heredity Talent And Character," *Macmillan's Magazine* 12 (1865): 166.

3. 골턴의 설명에 의하면, 다윈은 "인간 사고의 발전 전반에 그랬듯이, 나 자신의 정신적 발전에 두드러진 이정표를 만들었다." Sir Francis Galton, *Memories of My Life* (New York: Dutton, 1909), 287.

4. Galton, "Heredity Talent And Character," 157.

5. Galton, 165.

6. Chris Renwick, "From Political Economy to Sociology: Francis Galton and the Social-Scientific Origins of Eugenics," *The British Journal for the History of Science* 44, no. 3 (September 2011): 352, https://doi.org/10.1017/S000 7087410001524.

7. Francis Galton, *Hereditary Genius: An Inquiry into Its Laws and Consequences* (London: Macmillan, 1869), 14, http://archive.org/details/hereditary genius1869galt.

8. Ross, quoted in Thomas C. Leonard, *Illiberal Reformers: Race, Eugenics, and American Economics in the Progressive Era* (Princeton, NJ: Princeton University Press, 2016), 110.

9. 이러한 우생학과 현대 데이터 관행의 연관 관계는 다음을 보기 바란다. Chun and Barnett, *Discriminating Data*, ch. 1.

10. Alain Desrosières, *The Politics of Large Numbers: A History of Statistical Reasoning* (Cambridge, MA: Harvard University Press, 1998), 113; Stephen M. Stigler, *The History of Statistics: The Measurement of Uncertainty Before 1900* (Cambridge, MA: The Belknap Press of Harvard University Press, 1986), 271.

11. Francis Galton, "Typical Laws of Heredity," *Royal Institution of Great Britain. Notices of the Proceedings at the Meetings of the Members* 8 (February 16, 1877): 291.

12. Francis Galton, *Anthropometric Laboratory; Arranged by Francis Galton, FRS, for the Determination of Height, Weight, Span, Breathing Power, Strength of Pull and Squeeze, Quickness of Blow, Hearing, Seeing, ColourSense, and Other Personal Data* (London: William

Clowes, 1884), 3, http:// ondon: William 1884), 3, archive.org/details/b30579132.

13. Galton, 4.

14. Kurt Danziger, *Constructing the Subject: Historical Origins of Psychological Research* (Cambridge, UK: Cambridge University Press, 1990), 57.

15. Danziger, 77.

16. Danziger, 110.

17. Porter, *The Rise of Statistical Thinking*, 1820-1900, 311.

18. Porter, 304-5. "다른 의미에서 피어슨은 케틀레의 진정한 추종자였다. 둘은 수의 보편성 및 불연속의 부재에 관해 의견이 일치했다. 둘 다 과학의 과제는 과감한 새로운 방침을 계획하는 게 아니라, 사회발전의 법칙을 연구하여 과학적 정책이 그런 법칙들을 확인해주고 그것들의 달성을 막는 장애물들을 제거하도록 하는 것이었다."

19. Theodore M. Porter, Karl Pearson: The Scientific Life in a Statistical Age (Princeton, NJ: Princeton University Press, 2004), 261.

20. Karl Pearson, "On the Laws of Inheritance in Man: II. On the Inheritance of the Mental and Moral Characters in Man, and Its Comparison with the Inheritance of the Physical Characters," Biometrika 3, no. 2/3 (1904): 136, https://doi.org/10.2307/2331479.

21. M. Eileen Magnello, "The Non- Correlation of Biometrics and Eugenics: Rival Forms of Laboratory Work in Karl Pearson's Career at University College London, Part 1," History of Science 37, no. 1 (March 1, 1999): 79–106, https://doi.org/10.1177/007327539903700103; M. Eileen Magnello, "The Non-Correlation of Biometrics and Eugenics: Rival Forms of Laboratory Work in Karl Pearson's Career at University College London, Part 2," History of Science 37, no. 2 (June 1, 1999): 123–50.

22. Porter, Karl Pearson: The Scientific Life in a Statistical Age, 263.

23. Pearson, "On the Laws of Inheritance in Man," 136. On women as computers, see Jennifer S. Light, "When Computers Were Women," Technology and Culture 40, no. 3 (1999): 455-83.

24. David Alan Grier, When Computers Were Human (Princeton, NJ: Princeton University Press, 2005), 111.

25. Quoted in Grier, 117.

26. Pearson, The Life, Letters and Labours of Francis Galton, IIIA: 305.

27. Pearson, "On the Laws of Inheritance in Man," 159.

28. Alice Lee and Karl Pearson, "Data for the Problem of Evolution in Man. VI. A First Study of the Correlation of the Human Skull," Philosophical Transactions of the Royal Society of London. Series A, Containing Papers of a Mathematical or Physical Character 196 (1901): 259.

29. Karl Pearson, "On the Inheritance of the Mental and Moral Characters in Man, and Its Comparison with the Inheritance of the Physical Characters," The Journal of the Anthropological Institute of Great Britain and Ireland 33 (1903): 207, https://doi .org/10 .2307/2842809 .

30. Karl Pearson and Margaret Moul, "The Problem of Alien Immigration into Great Britain, Illustrated by an Examination of Russian and Polish Jewish Children," Annals of Eugenics 1,

no. 1 (1925): 7, https://doi.org/10.1111/j.1469-1809.1925.tb02037.x .

31. Karl Pearson, The Chances of Death, and Other Studies in Evolution (London, New York: E. Arnold, 1897), 104, http://archive .org/details/cu31924097311579 . Quoted in Porter, Karl Pearson: The Scientific Life in a Statistical Age, 267.

32. Karl Pearson and Ethel M. Elderton, A Second Study of the Influence of Parental Alcoholism on the Physique and Ability of the Offspring: Being a Reply to Certain Medical Critics of the First Memoir and an Examination of the Rebutting Evidence Cited by Them (London, Dulau and Co., 1910), 34, http://archive .org/details/secondstudyofinf00pear; discussed in P. C. Mahalanobis, "Karl Pearson, 1857-1936," Sankhyā: The Indian Journal of Statistics 2, no. 4 (1936): 368; see also Donald A. MacKenzie, Statistics in Britain, 1865-1930: The Social Construction of Scientific Knowledge (Edinburgh: Edinburgh University Press, 1981), 139.

33. Michel Armatte, "Invention et intervention statistiques. Une conférence exemplaire de Karl Pearson (1912)," Politix. Revue des sciences sociales du politique 7, no. 25 (1994): 30, https:// doi .org/10 .3406/polix .1994 .1823 .

34. Porter, The Rise of Statistical Thinking, 1820–1900, 298.

35. Pearson, The Life, Letters and Labours of Francis Galton, IIIa:57.

36. Robert A. Nye, "The Rise and Fall of the Eugenics Empire: Recent Perspectives on the Impact of Biomedical Thought in Modern Society," The Historical Journal 36, no. 3 (September 1993): 695, https://doi .org/10 .1017/S0018246X00014369 .

37. Brajendranath Seal, "Meaning of Race, Tribe, Nation," in Papers on Inter-Racial Problems, Communicated to the First Universal Races Congress, Held at the University of London, July 26– 29, 1911, ed. Gustav Spiller (London: P. S. King & Son; Boston, The World's Peace Foundation, 1911), 1, http://archive .org/details/papersoninterrac00univiala; our remarks much indebted to Projit Bihari Mukharji, "The Bengali Pharaoh: Upper-Caste Aryanism, Pan-Egyptianism, and the Contested History of Biometric Nationalism in Twentieth- Century Bengal," Comparative Studies in Society and History 59, no. 2 (April 2017): 450, https://doi. org/10.1017/S00 1041751700010X. For his broader statistical program, see Theodora Dryer, "Designing Certainty: The Rise of Algorithmic Computing in an Age of Anxiety 1920–1970" (PhD Thesis, UC San Diego, 20194), 157-162; and see the forthcoming work Sananda Sahoo, "Multiple lives of Mahalanobis' biometric data travel as biovalue to India's welfare state" (under review).

38. Seal, "Meaning of Race, Tribe, Nation," 2.

39. Seal, 3.

40. Nikhil Menon, " 'Fancy Calculating Machine': Computers and Planning in Independent India," Modern Asian Studies 52, no. 2 (March 2018): 421– 57, https://doi .org/10 .1017/ S0026749X16000135; Sandeep Mertia, "Did Mahalanobis Dream of Androids?," in Lives of Data: Essays on Computational Cultures from India, ed. Sandeep Mertia and Ravi Sundaram (Amsterdam: Institute of Network Cultures, 2020), 26– 33.

41. For this idea, see Projit Bihari Mukharji, "Profiling the Profiloscope: Facialization of Race Technologies and the Rise of Biometric Nationalism in Inter-War British India," History

and Technology 31, no. 4 (October 2, 2015): 392, https://doi.org/10.1080/07341512.2015.11 27459. "Profiling the Profiloscope allows us then to glimpse an important moment in the development of biometric technologies in South Asia in particular, but also more generally. It shows us that in the interwar period, nationalists rather than the weakened colonial state developed biometric technologies."

42. P. C. Mahalanobis, "Analysis of Race-Mixture in Bengal," Journal of the Asiatic Society of Bengal 23 (1927): 323.

43. P. C. Mahalanobis et al., "Anthropometric Survey of the United Provinces, 1941: A Statistical Study," Sankhyā: The Indian Journal of Statistics 9, no. 2/3 (1949): 168.

44. Mahalanobis et al., 180.

45. W. E. Burghardt Du Bois, "A Summary of the Main Conclusions of the Papers Presented to the First Universal Races Conference," Series 1, Box 007, Special Collections and University Archives, University of Massachusetts Amherst Libraries, https://www.digitalcommonwealth. org/search/commonwealth -oai:h128q9079 .

Chapter 4

1. Frederick L. Hoffman, *The Race Traits and Tendencies of the American Negro* (Publications of the American Economic Association, 1896), 2, http://archive.org/details/jstor-2560438. For Hoffman, see Daniel B. Bouk, How Our Days Became Numbered: Risk and the Rise of the Statistical Indi- vidual (London: University of Chicago Press, 2015), 48-52.

2. Hoffman, *The Race Traits and Tendencies of the American Negro*, 312.

3. See Beatrix Hoffman, "Scientific Racism, Insurance, and Opposition to the Welfare State: Frederick L. Hoffman's Transatlantic Journey," *The Journal of the Gilded Age and Progressive Era* 2, no. 2 (April 2003): 150-90, https://doi.org/10.1017/S1537781400002450.

4. W. E. Burghardt Du Bois, "Review of 'Race Traits and Tendencies of the American Negro,'" *The Annals of the American Academy of Political and Social Science* 9, no. 1 (1897): 129.

5. Ayah Nurddin, "The Black Politics of Eugenics," Nursing Clio (blog), June 1, 2017, https:// nursingclio.org/2017/06/01/the-black-politics-of-eugenics/.

6. George M. Fredrickson, *The Black Image in the White Mind: The Debate on Afro-American Character and Destiny, 1817-1914* (Scranton, PA: Distrib- uted by Harper & Row, 1987), 249.

7. Khalil Gibran Muhammad, *The Condemnation of Blackness: Race, Crime, and the Making of Modern Urban America* (Cambridge, MA: Harvard University Press 2010, Sic of 1960), 43, htp:/

8. Desrosières, *The Politics of Large Numbers*, 139.

9. T. S. Simey, *Charles Booth, Social Scientist* (London, 1960), 48, http://hdl .handle.net/2027/ uc1.b3620533.

10. Charles Booth, *The Aged Poor in England and Wales* (London: Macmillan and Co., 1894), 423, http://archive.org/details/agedpoorinengla00bootgoog.

11. Compare Stigler, *The History of Statistics*, 354.

12. Karl Pearson, *The Grammar of Science*, 3rd ed. (London: Adam & Charles Black, 1911), 157.

13. G. Udny Yule, "On the Theory of Correlation," *Journal of the Royal Statistical Society* 60, no. 4 (December 1897): 812, https://doi.org/10.2307/2979746.

14. G. Udny Yule, "An Investigation into the Causes of Changes in Pauperism in England, Chiefly During the Last Two Intercensal Decades (Part 1.)," *Journal of the Royal Statistical Society* 62, no. 2 (1899): 249, https://doi .org/10.2307/2979889.

15. Yule, 250.

16. G. Udny Yule, "On the Correlation of Total Pauperism with Proportion of Out-Relief," *The Economic Journal 5*, no. 20 (1895): 605, https://doi.org/10 .2307/2956650; discussed in C. Terence Mills, *A Statistical Biography of George Udny Yule: A Loafer of the World* (Newcastle upon Tyne: Cambridge Scholars Publisher, 2017), 43.

17. G. Udny Yule, "On the Correlation of Total Pauperism with Proportion of Out-Relief," The Economic Journal 5, no. 20 (1895): 606, https://doi.org/10 .2307/2956650.

18. 그는 언급하기를, "자세한 지식"이 인과적 이해를 가져다줄지 모른다고 했다. "자세한 지식 덕분에 누군가 때때로 이렇게 말할 수 있을지 모른다. '빈곤은 여기에서 낮은데, 왜냐하면 원외 구제의 비율이 매우 작기 때문이다' 또는 '주어진 원외 구제의 비율은 높은 빈곤율과 구빈구 연합의 다른 산업적 조건들 때문에 높다.': 하지만 그런 사례들은 예외적일 것이며 평균에서 크게 벗어난 사례를 가리키는 규칙 역할만 할 것이다." Yule, "On the Correlation of Total Pauperism with Proportion of Out-Relief," 1895, 605n2; discussed in Mills, *Statistical Biography*, 46.

19. Yule, "An Investigation into the Causes of Changes in Pauperism in England, Chiefly During the Last Two Intercensal DEcades(Part I)," 251.

20. "제외된 빈곤 및 원외 구제 비율과 상관관계가 있는 요인들의 수치에 의존하는 오차의 어떤 확률이 여전히 존재하지만, 이 오차의 확률은 이전보다 훨씬 더 작을 것이다." Yule, 251.

21. Stigler, *The History of Statistics*, 356.

22. Yule, "An Investigation into the Causes of Changes in Pauperism in England, Chiefly During the Last Two Intercensal DEcades(Part I)," 265

23. Yule, 257n. 16.

24. Yule, 277.

25. Yule, "On the Theory of Correlation," 812.

26. Arthur Cecil Pigou, "Memorandun on Some Economic Aspects and Effects of Poor Law Relief," in *Royal Commission on the Poor Laws and RElief of Distress, Appendix, Vol. 9*, Parliamentary Papers for the Session 15 February 1910-28 November 1910, Vol. 49. (London: His Majesty's Stationery Office. 1910), 984-85.

27. Pigou. 986.

28. Pigou. 986.

29. David A. Freeman, "Statistical Models and Shoe Leather," *Sociological Methodology 21*(1991): 291, http://doi.org/10.2307/270939

30. Yule, "An Investigation into the Causes of Changes in Pauperism in England, Chiefly During the Last Two Intercensal DEcades(Part I)," 270

31. Desrosieres, *The Politics of Large Numbers*, 140.

32. Shivrang Setlur, "Searching for South Asian Intelligence: Psychometry in British India, 1919-1940," *Journal of History of the Behavioral Sciences 50*, no. 4(2014): 359-75, https:doi.org/10.1002/jhbs.21692

33. Charles Spesrman, "'General Intelligence,' Objectively Determined and Measured," *The American Journal of Psychology* 15, no. 2(April 1904): 277, https://doi.org/10.2307/1412107(our italics).

34. Adrian Wooldridge, *Measuring the Mind: Education and Psychology in England, c. 1860-.1990*(New York: Cambridge Unversity Press, 1994), 74.

35. Charles Spesrman, *The Natrue of "Intelligene" and the Principles of Cognition*(London: Macmillan, 1923,) 355: quoted in Stephen Jay Could, *The Mismeasure of Man*(New York: Norton, 1996), 293.

36. Charles Spearman, *The Abilities of Man: Their Nature and Measurement*(New York: The Macmillan Company, 1927), 379; quoted in Gould, *The Miseasure of Man*, 301, 302.

37. Spearman,The Abilities of Man: Their Nature and Measurement, 380

38. John Carson, *The Measure of Merit: Talents, Intelligence, and Inequality in the French and American REpublics, 1750-1940*(Princeton, NJ: Princeton University Press, 2007), 183-93 provides an excellent survey of debates about measuring intelligence.

39. Karl Pearson and Margaret Moul, "The Mathematics of Intelligence. The Sampling Errors in the Theory of a Gerneralised Factor," Biometrika 19, no. 3/4 (1927): 291, https://doi.org/10.2307/2331962. See Theodore M. Porter, *Karl Pearson: The Scientific Life in a Statistical Age* (Princeton, NJ: Princeton University Press, 2004), 270.

40. Carson, *The Measure of Merit*, 159.

41. Richard J. Herrnstein and Charles A. Murray, *The Bell Curve: Intelligence and Class Structure in American Life* (New York: Simon & Schuster, 1996).

42. Colin Koopman, *How We Became Our Data: A Genealogy of the Informational Person* (Chicago: The University of Chicago Press, 2019). 19세기에는 노예 상태인 사람들이 19세기에 주의 깊은 설명을 위한 연구 대상이었다. Caitlin Rosenthal, *Accounting for Slavery: Masters and Management* (Cambridge, MA: Harvard University Press, 2018), esp. ch. 2; Simone Browne, *Dark Matters: On the Surveillance of Blackness* (Durham, NC: Duke University Press, 2015).

43. Wangui Muigai, in Projit Bihari Mukharji et al., "A Roundtable Discussion on Collecting Demographics Data," Isis 111, no. 2 (June 2020): 320, https:// doi.org/10.1086/709484.

44. Wangui Muigai, in Mukharji et al., 320. For the continuing salience of assumptions of gender categories, see Mar Hicks, "Hacking the Cis-Tem," *IEEE Annals of the History of Computing* 41, no. 1 (January 2019): 20-33, https://doi.org/10.1109/MAHC.2019.2897667.

45. Quoted in Sandeep Mertia, "Did Mahalanobis Dream of Androids?," in *Lives of Data: Essays on Computational Cultures from India*, ed. Sandeep Mertia and Ravi Sundaram (Amsterdam: Institute of Network Cultures, 2020), 31.

46. Mertia, 31.

47. Emmanuel Didier, *America by the Numbers: Quantification, Democracy, and the Birth of National Statistics* (Cambridge, MA: MIT Press, 2020), 11.

48. J. Adam Tooze, *Statistics and the German State, 1900-1945: The Making of Modern Economic Knowledge* (New York: Cambridge University Press, 2001), 24

49. Arunabh Ghosh, *Making It Count: Statistics and Statecraft in the Early People's Republic of China* (Princeton: Princeton University Press, 2020), 283.

50. Tooze, *Statistics and the German State*, 28.

51. John Koren and Edmund Ezra Day, *The History of Statistics, Their Development and Progress in Many Countries; in Memoirs to Commemorate the Seventy Fifth Anniversary of the American Statistical Association* (New York: Pub. for the American Statistical Association by the Macmillan Company of New York, 1918), 25-26, http://archive.org/details/cu31924013894997.

52. John Stuart Mill, *Principles of Political Economy: With Some of Their Applications to Social Philosophy* (London: J. W. Parker, 1848), 375.

53. Kevin Bird, "Still Not in Our Genes: Resisting the Narrative Around GWAS," *Science for the People Magazine 23*, no. 3 (February 5, 2021), https://magazine.scienceforthepeople.org/vol23-3-bio-politics/genetic-basis-genome-wide-association-studies-risk/rg/vol23-3-bio-pol

54. Kelly Miller, *A Review of Hoffman's Race Traits and Tendencies of the American Negro, American Negro Academy*. Occasional Papers, no. 1 (Washington, DC: The Academy, 1897), 35, https://catalog.hathitrust.org/ Record/100788175.

Chapter 5

1. Joan Fisher Box, "Guinness, Gosset, Fisher, and Small Samples," *Statistical Science* 2, no. 1 (1987): 48.

2. Student, "On Testing Varieties of Cereals," *Biometrika* 15, no. 3/4 (1923): 271, https://doi.org/10.2307/2331868.

3. Student, "The Probable Error of a Mean," *Biometrika* 6, no. 1 (1908): 2,https://doi.org/10.2307/2331554.

4. Box, "Guinness, Gosset, Fisher, and Small Samples." 복스는 고셋의 세계와 업적을 훌륭하게 떠올리게 해준다.

5. "E. S. Pearson," "Student' as Statistician," *Biometrika* 30, no. 3/4 (January 1939): 215-16, https://doi.org/10.2307/2332648.

6. Box, "Guinness, Gosset, Fisher, and Small Samples," 49.

7. Donald A. MacKenzie, *Statistics in Britain, 1865-1930: The Social Con- struction of Scientific Knowledge* (Edinburgh: Edinburgh University Press, 1981), 111f; 쉽게 읽을 수 있는 고셋에 대한 평가는 특히 다음을 보기 바란다. Stephen Thomas Ziliak and Deirdre N. McCloskey, *The Cult of Statistical Significance: How the Standard Error Costs Us Jobs, Justice, and Lives* (Ann Arbor: University of Michigan Press, 2008). Statist

8. Nan M. Laird, "A Conversation with F. N. David," Statistical Science 4, no.3 (August 1989): 238, https://doi.org/10.1214/ss/1177012487.

9. Ronald Aylmer Fisher, *Statistical Methods for Research Workers* (London: Oliver and Boyd,

1925), vii.

10. See especially Giuditta Parolini, "The Emergence of Modern Statistics in "The Emergence of Modern Statistic Agricultural Science: Analysis of Variance, Experimental Design and the Reshaping of Research at Rothamsted Experimental Station, 1919-1933," *Journal of the History of Biology 48*, no. 2 (May 2015): 301-35, https://doi .org/10.1007/s10739-014-9394-z.

11. Box, "Guinness, Gosset, Fisher, and Small Samples," 51.

12. E. L. Lehmann, *Fisher, Neyman, and the Creation of Classical Statistics* (New York: Springer, 2011), 12.

13. R. A. Fisher and W. A. Mackenzie, "Studies in Crop Variation. II. The Manurial Response of Different Potato Varieties," *The Journal of Agricultural Science* 13 (1923): 469.

14. Fisher, *Statistical Methods for Research Workers*, vii.

15. Fisher, 4.

16. Ronald Aylmer Fisher, *The Design of Experiments* (London: Oliver and Boyd, 1935), 15-16.

17. Fisher, 49. 무작위화의 발전에 대해서는 다음을 보기 바란다. Nancy S. Hall, "R. A. Fisher and His Advocacy of Randomization," *Journal of the History of Biology* 40, no. 2 (June 1, 2007): 295-325, https://doi.org/10.1007/s10739-006-9119-z. 18. *Epstein, Impure Science: AIDS, Activism, and the Politics of Knowledge* (Berkeley: University of California Press, 1996).

18. Stephen T. Ziliak, "W.S. Gosset and Some Neglected Concepts in Experimental Statistics: Guinnessometrics II", *Journal of Wine Economics* 6, no. 2 (ed 2011): 252-77, https://doi.org/10.1017/S1931436100001632.

19. Fisher, *The Design of Experiments*, 10.

21. Fisher, 10.

22. Ronald Aylmer Fisher, "Some Hopes of a Eugenicist," in *Collected Papers of R. A. Fisher*, vol. 1 (Adelaide: University of Adelaide, 1971), 78. 우생학자로서의 피셔는 다음을 보기 바란다. Alex Aylward, "R.A. Fisher, Eugenics, and the Campaign for Family Allowances in Interwar Britain," *The British Journal for the History of Science* 54, no. 4 (December 2021): 485-505, https://doi .org/10.1017/S0007087421000674.

23. Fisher, "Some Hopes of a Eugenicist," 79.

24. Ronald Fisher, "Statistical Methods and Scientific Induction," *Journal of the Royal Statistical Society: Series B* (Methodological) 17, no. 1 (January 1, 1955): 75, https://doi.org/10.1111/j.2517-6161.1955.tb00180.x.

25. J. Neyman and E. S. Pearson, "On the Problem of the Most Efficient Tests of Statistical Hypotheses," *Philosophical Transactions of the Royal Society of London. Series A, Containing Papers of a Mathematical or Physical Character* 231 (1933): 291.

26. Theodora Dryer, "Designing Certainty: The Rise of Algorithmic Computing in an Age of Anxiety 1920-1970" (PhD Thesis, UC San Diego, 2019), 81.

27. Constance Reid, Neyman (New York: Springer, 1998), 24-25, 48. 그녀는 첫 번째 부분이 "추상적인 수학 이론의 사용을 자연현상, 특히 농업 실험의 영역에 적용하는 것을 정당화시켜주는 원리들에 관한 내용인" 한 원고를 기술하고 있다.

28. "J. Neyman," "Inductive Behavior' as a Basic Concept of Philosophy of Science," *Revue de*

l'Institut International de Statistique/Review of the International Statistical Institute 25, no. 1/3 (1957): 8, https://doi.org/10 .2307/1401671.

29. Karl Pearson, *The Grammar of Science* (London: Walter Scott; New York: Charles Scribner's Sons, 1892), 72, http://archive.org/details/grammar ofscience00pearrich.

30. "Gosset to Egon Pearson, 11.5.1926, in Pearson," "Student' as Statistician," 243. See Lehmann, *Fisher, Neyman, and the Creation of Classical Statistics*, 7.

31. Gosset to Egon Pearson, 11.5.1926, in Pearson," "Student' as Statistician," 242.

32. Jerzy Neyman, *A Selection of Early Statistical Papers of J. Neyman.* (Berkeley: University of California Press, 1967), 352.

33. Lehmann, Fisher, *Neyman, and the Creation of Classical Statistics*, 37 (our italics).

34. Lehmann, Fisher, *Neyman, and the Creation of Classical Statistics*; Gerd Gigerenzer, ed., *The Empire of Chance: How Probability Changed Science and Everyday Life* (Cambridge, UK: Cambridge University Press, 1989). For the subsequent big picture in the social sciences, see Hunter Heyck, *Age of System* (Baltimore: Johns Hopkins University Press, 2015), ch. 4.

35. Neyman, *A Selection of Early Statistical Papers of J. Neyman*, 352.

36. Ronald Aylmer Fisher, "Scientific Thought and the Refinement of Human Reasoning," *Journal of the Operations Research Society of Japan* 3 (1960): 3. Justin Joque, *Revolutionary Mathematics: Artificial Intelligence, Statistics and the Logic of Capitalism* (New York: Verso, 2022), ch. 5 offers a rich philosophical reading of this contest.

37. Ronald Aylmer Fisher, *Statistical Methods and Scientific Inference* (Edinburgh: Oliver and Boyd, 1956), 7, http://archive.org/details/statisticalmetho 0000fish.

38. Gerd Gigerenzer and Julian N. Marewski, "Surrogate Science: The Idol of a Universal Method for Scientific Inference," *Journal of Management* 41, no. 2 (February 1, 2015): 421-40, https://doi.org/10.1177/0149206314547522.

39. 스네데코(Snedecor)의 『통계학적 방법 Statistical Methods』이 핵심적인 역할을 했다.

40. Christopher Phillips, "Inference Rituals: Algorithms and the History of Statistics," in *Algorithmic Modernity: Mechanizing Thought and Action, 1500-2000*, ed. Massimo Mazzotti and Morgan Ames (Oxford, UK: Oxford University Press, forthcoming).

41. Theodore M. Porter, *Trust in Numbers: The Pursuit of Objectivity in Science and Public Life* (Princeton, NJ: Princeton University Press, 1995), 206.

42. Porter, 206.

43. Gigerenzer, *The Empire of Chance*, 106.

44. W. Allen Wallis, "The Statistical Research Group, 1942-1945," *Journal of the American Statistical Association* 75, no. 370 (June 1, 1980): 321, https:// doi.org/10.1080/01621459.1980.1 0477469.

45. Judy L. Klein, "Economics for a Client: The Case of Statistical Quality Control and Sequential Analysis," *History of Political Economy 32*, no. Suppl. 1 (2000): 25-70; Nicola Giocoli, "From Wald to Savage: Homo Economicus Becomes a Bayesian Statistician," *Journal of the History of the Behavioral Sciences 49*, no. 1 (2013): 63-95, https://doi.org/10.1002/jhbs.21579.

46. [Mina Rees], description of mathematics program of ONR, 9/27/1946. Hotelling Papers, Box

18, ONR Contract and Renewals, Columbia University Special Collections.

47. Harold Hotelling, "The Place of Statistics in the University (with Discus- sion)," in *Proceedings of the [First] Berkeley Symposium on Mathematical Statistics and Probability* (Berkeley, CA, The Regents of the University of California, 1949), 23, https://projecteuclid.org/euclid.bsmsp/1166219196.

48. Jerzy Neyman, ed., *Proceedings of the [First] Berkeley Symposium on Mathematical Statistics and Probability* (Berkeley, CA: The Regents of the University of California, 1949), https://projecteuclid.org/euclid.bsmsp /1166219194.

49. Hotelling, "The Place of Statistics in the University (with Discussion)," 23.

50. John W. Tukey, "The Future of Data Analysis," *The Annals of Mathematical Statistics 33*, no. 1 (1962): 6.

PART 2

Chapter 6

1. Juanita Moody, Oral History, interview by Jean Lichty et al., June 16, 1994, 26, https://media.defense.gov/2021/Jul/15/2002763502/-1/-1/0/NSA-OH-1994-32-MOODY.PDF.

2. Mark Brown, "Bletchley Discloses Real Intention of 1938 'Shooting Party,'" *The Guardian,* September 18, 2018, sec. World news, https://www.theguardian .com/world/2018/sep/18/bletchley-discloses-real-intention-1938-shooting-party-wapark-r.

3. Howard Campaigne, Oral History, interview by Robert D Farley, June 29, 1983, 15-16, https://www.nsa.gov/portals/75/documents/news-features/declassified-documents/oral-history-interviews/nsa-oh-14-83-campaigne.pdf.

4. David Kenyon, *Bletchley Park and D-Day* (New Haven, CT: Yale University Press, 2019), 236.

5. Eleanor Ireland, Oral History, interview by Janet Abbate, April 23, 2001,https://ethw.org/Oral-History:Eleanor_Ireland.

6. J. Abbate, *Recoding Gender: Women's Changing Participation in Computing* (Cambridge, MA: MIT Press, 2012), 20. See also Mar Hicks, *Programmed Inequality: How Britain Discarded Women Technologists and Lost Its Edge in Computing* (Cambridge, MA: MIT Press, 2017), chap. 1.

7. Abbate, *Recoding Gender: Women's Changing Participation in Computing*, 22.

8. Abbate, 27. Drawing upon her interview with Ireland, Oral History.

9. Quoted in B. Jack Copeland, ed., *Colossus: The Secrets of Bletchley Park's Codebreaking Computers* (Oxford; New York: Oxford University Press, 2006), 171.

10. Hicks, *Programmed Inequality*, 40-41.

11. Abraham Sinkov, Oral History, interview by Arthur J Zoebelein et al., May 1979, 3-4.

12. Solomon Kullback, Oral History, interview by R. D. Farley and H. F. Schor- reck, August 26, 1982, 48.

13. Phillip Rogaway, "The Moral Character of Cryptographic Work" (2015), 1, https://web.cs.ucdavis.edu/~rogaway/papers/moral-fn.pdf.

14. W. J. Holmes, *Double Edged Secrets: U.S. Naval Intelligence Operations in the Pacific During World War II.* (Annapolis, MD: Naval Institute Press, 2012), p. 142.

15. Kenyon, *Bletchley Park and D-Day*, 242-43.

16. 첫 번째 것은 피셔에 대한 귀무가설과 등가이며, 또는 뉴먼과 그의 학파에 대한 귀무가설 및 경쟁 가설들 모두와 등가이다.

17. Stephen M. Stigler, "The True Title of Bayes's Essay," *Statistical Science* 28, no. 3 (August 2013): 283-88, https://doi.org/10.1214/13-STS438; Rich- ard Swinburne, "Bayes, God, and the Multiverse," in *Probability in the Philosophy of Religion*, ed. Jake Chandler and Victoria S. Harrison (Oxford, UK: Oxford University Press, 2012), 103-26.

18. 게다가 우리는 얼마나 많은 가설을 고려해야 하는지에 대해서도 의견이 엇갈릴지 모른다.

19. Ian Taylor, "Alan M. Turing: The Applications of Probability to Cryptography," ArXiv:1505.04714 [Math], May 26, 2015, 3, http://arxiv.org/abs/1505 .04714.

20. For Turing's approach, see Sandy Zabell, "Commentary on Alan M. Turing: The Applications of Probability to Cryptography," *Cryptologia* 36, no. 3 (July 2012): 191-214, https://doi.org/10.1 080/01611194.2012.697811.

21. F. T. Leahy, "The Apparent Paradox of Bayes Factors (U)," *NSA Technical Journal* 27, no. 3 (n.d.): 8, 9. Compare Turing's own remarks, Taylor, "Alan M. Turing," 2-3.

22. 베이즈와 그의 성공 사례들에 관한 대중적 역사는 다음을 보기 바란다. S. B. McGrayne, *The Theory That Would Not Die: How Bayes' Rule Cracked the Enigma Code, Hunted Down Russian Submarines, & Emerged Triumphant from Two Centuries of Controversy* (New Haven, CT: Yale University Press, 2011). And for a more philosophical reading, Joque, *Revolutionary Mathemat* ics, chs. 6-7.

23. 문서가 기밀 해제되자, 굿은 전시 동안 자신의 연구의 뿌리에 관해 명시적으로 밝혔다. Irving J. Good, "Turing's Anticipation of Empirical Bayes in Connection with the Cryptanalysis of the Naval Enigma," *Journal of Statistical Computation and Simulation* 66, no. 2 (2000): 101-11. His writings appear also in classified NSA journals: Irving J. Good, "A List of Properties of Bayes-Turing Factors," *NSA Technical Journal* 10, no. 2 (1965), https://www.nsa.gov/ Portals/70/documents/news-features/declassified-documents/tech-journals/list-of-properties. pdf.

24. Colin B. Burke, *It Wasn't All Magic: The Early Struggle to Automate Cryptanalysis, 1930s-1960s* (Fort Meade, MD: Center for Cryptological History, NSA, 2002), 277, http:// archive.org/details/NSA-WasntAllMagic_2002. 1960년대부터 증가되는 용량을 다루기 위한 필요에 관한 고찰은 다음을 보기 바란다. Willis Ware, "Report of the Second Computer Study Group, Submitted May 1972," *NSA Technical Journal* 19, no. 1 (1974): 21- 63; Joseph Eachus et al., "Growing Up with Computers at NSA (Top Secret SA (Top Se Umbra)," *NSA Technical Journal Special issue* (1972): 3-14.

25. Burke, It *Wasn't All Magic*, 265.

26. Frances Allen, interview by Paul Lasewicz, April 16, 2003, 4, https:// amturing.acm.org/ allen_history.pdf.

27. Allen, 4-5.

28. Frances Allen, Oral History, interview by Al Kossow, September 11, 2008, 5. Computer History Museum X5006.2009.

29. Burke, *It Wasn't All Magic*, 264.

30. Samuel S. Snyder, "Computer Advances Pioneered by Cryptologic Organi-zations," *Annals of the History of Computing* 2, no. 1 (1980): 66.

31. Samuel S. Snyder, "ABNER: The ASA Computer, Part II: Fabrication, Operation, and Impact," NSA Technical Journal, n.d., 83.

32. 1970년대와 1980년대의, 하지만 여전히 대다수는 기밀 상태인 발전에 관해서는 다음을 보기 바란다. Thomas R. Johnson, American Cryptology During the Cold War, 1945- 1989, Book IV: Cryptologic Rebirth 1981-1989 (NSA Center for Cryptologic History, 1999), 291-292.

33. redacted, "Multiple Hypothesis Testing and the Bayes Factor (Secret)," *NSA Technical Journal* 16, no. 3 (1971): 63-80, p. 71.

34. F. T. Leahy, "The Apparent Paradox of Bayes Factors (U)," *NSA Technical Journal* 27, no. 3 (n.d.): 7-10, pp. 8, 9. "For there can exist for the cryptographer no assignment of a priori odds (whether ingenious or otherwise) that can adversely affect the usefulness of our computer program."

35. 다음에서 군집 분석에 관한 여러 논문을 비교하기 바란다. NSATJ; work of R51.

36. Mina Rees, "The Federal Computing Machine Program," *Science* 112, no. 2921 (December 22, 1950): 735; 수학에 대한 지원 조성에 리스가 맡은 역할을 훌륭하게 다룬 내용은 다음에 들어 있다. Alma Steingart, *Axiomatics: Mathematical Thought and High Modernism* (Chicago: University of Chicago Press, forthcoming).

37. Robert W. Seidel, "Crunching Numbers': Computers and Physical Research in the AEC Laboratories," *History and Technology 15*, no. 1-2 (September 1, 1998): 54, https://doi.org/10.1080/07341519808581940.

38. Gordon Bell, Tony Hey, and Alex Szalay, "Beyond the Data Deluge," *Science* 323, no. 5919 (2009): 1297-98.

39. Vance Packard, *The Naked Society* (New York, D. McKay Co, 1964), 41, http://archive.org/details/nakedsociety00pack.

Chapter 7

1. Claude Shannon to Irene Angus, 8 Aug. 1952, Shannon Papers, box 1, Aug. 1952, Shannon Papers, box 1 quoted in R. Kline, "Cybernetics, Automata Studies, and the Dartmouth Conference on Artificial Intelligence," *IEEE Annals of the History of Computing* 33, no. 4 (April 2011): 8, https://doi.org/10.1109/MAHC.2010 .44; For Shannon's aspirational survey of efforts in the early 1950s, see Claude E. Shannon, "Computers and Automata," *Proceedings of the IRE 41*, no. 10(October 1953): 1234-41, http://doi.org/10.1109/JRPROC.1953.274273.

2. AI의 역사에 관한 많은 내용은 영향력 있는 대중 서적들에 소개되었다. AI에 관한 더욱 학문적인 역사에는 다음과 같은 핵심적인 주요 연구들이 있다. Margaret A. Boden, *Mind as Machine: A History of Cognitive Science* (New York: Oxford University Press, 2006); Nils J. Nilsson, *The Quest for Artificial Intelligence: A History of Ideas and Achievements* (Cambridge,

UK: Cambridge University Press, 2010); Roberto Cordeschi, *The Discovery of the Artificial: Behavior, Mind and Machines Before and Beyond Cybernetics* (Dordrecht: Springer, 2002).

3. See the discussion in Stephanie Dick, "After Math: (Re)Configuring Minds, Proof, and Computing in the Postwar United States" (PhD diss., Harvard University, 2015), 2-3, https://dash.harvard.edu/handle/1/14226096.

4. Alan M. Turing, "Computing Machinery and Intelligence," *Mind* 59, no. 236 (1950): 447.

5. Turing, "Computing Machinery and Intelligence," 449.

6. Turing, "Computing Machinery and Intelligence," 449.

7. Lucy A. Suchman, *Human-Machine Reconfigurations: Plans and Situated Actions*, 2nd ed. (Cambridge and New York: Cambridge University Press, 2007), 226; see Stephanie Dick, "AfterMath: The Work of Proof in the Age of Human-Machine Collaboration," *Isis* 102, no. 3 (2011): 495n3, https:// doi.org/10.1086/661623.

8. John McCarthy et al., "A Proposal for the Dartmouth Summer Research Project on Artificial Intelligence," August 31, 1955, 16, Rockefeller Archive Center, Rockefeller Foundation records, projects, RG 1.2, series 200.D, box 26, folder 219.

9. Alma Steingart, *Axiomatics: Mathematical Thought and High Modernism* (Chicago: University of Chicago Press, forthcoming).

10. Claude Lévi-Strauss, "The Mathematics of Man," *International Social Science Bulletin* 6, no. 4 (1954): 586. Discussed in Steingart, *Axiomatics*.

11. Lévi-Strauss, 585.

12. Bruce G. Buchanan and Edward Hance Shortliffe, *Rule-Based Expert Sys- tems: The MYCIN Experiments of the Stanford Heuristic Programming Project* (Reading, MA: Addison-Wesley, 1984), 3, http://archive.org/details/rule basedexperts00buch.

13. John McCarthy, in "The General Purpose Robot is a Mirage," *Controversy Programme*, BBC, August 20, 1973, available as The Light-hill Debate (1973)-Part 4 of 6, https://www.youtube.com/watch?v =pyU9pm1hmYs&t=266s, at 4:26.

14. McCarthy et al., "A Proposal for the Dartmouth Summer Research Project on Artificial Intelligence."

15. 섀넌과 맥카시의 차이는 다음에 가장 잘 기록되어 있다. Kline, "Cybernetics, Automata Studies, and the Dartmouth Conference on Artificial Intelligence"; Jonathan Penn, "Inventing Intelligence: On the His- tory of Complex Information Processing and Artificial Intelligence in the United States in the Mid-Twentieth Century" (Thesis, University of Cam- bridge, 2021), 123-24, https://doi.org/10.17863/CAM.63087.

16. Penn, "Inventing Intelligence," 134. 인간-컴퓨터 상호작용과 같은 다른 컴퓨터 분야들에서는 현직 심리학자들이 훨씬 더 중심적인 역할을 했다. 다음을 보기 바란다. Sam Schirvar, "Machinery for Managers: Secretaries, Psychologists, and 'Human-Computer Interaction', 1973-1983' (under review).

17. Pamela McCorduck, *Machines Who Think: A Personal Inquiry into the History and Prospects of Artificial Intelligence*, 25th anniversary update (Natick, MA: A.K. Peters, 2004), 114.

18. Hunter Heyck, "Defining the Computer: Herbert Simon and the Bureaucratic Mind-Part

1," *IEEE Annals of the History of Computing* 30, no. 2 (April 2008): 42-51, https://doi.org/10.1109/MAHC.2008.18; Hunter Heyck, "Defining the Computer: Herbert Simon and the Bureaucratic Mind-Part 2," *IEEE Annals of the History of Computing* 30, no. 2 (April 2008): 52-63, https://doi.org/10.1109/MAHC.2008.19.

19. Allen Newell, J. C. Shaw, and Herbert A. Simon, "Elements of a Theory of Human Problem Solving," *Psychological Review* 65, no. 3 (1958): 153, https://doi.org/10.1037/h0048495.

20. Penn, "Inventing Intelligence," 45.

21. Jamie Cohen-Cole, "The Reflexivity of Cognitive Science: The Scientist as Model of Human Nature," *History of the Human Sciences* 18, no. 4 (November 1, 2005): 122, https://doi.org/10.1177/0952695105058473; AI와 인지과학과의 관계를 더 일반적으로 이해하려면 다음을 보기 바란다. Cordeschi, The Discovery of the Artificial.

22. 휴리스틱에 관해서는 다음을 비교해보기 바란다. Ekaterina Babintseva, "From Pedagogical Com- puting to Knowledge-Engineering: The Origins and Applications of Lev Landa's Algo-Heuristic Theory," in *Abstractions and Embodiments: New Histories of Computing and Society*, ed. Stephanie Dick and Janet Abbate (Baltimore, MD: Johns Hopkins University Press, 2022).

23. 수학에 초점이 맞춰진 AI에서 자동화와 자유 간의 미묘한 긴장을 알고 싶으면 다음을 보기 바란다. Stephanie Dick, "The Politics of Representation: Narratives of Automation in Twentieth Century American Mathematics," in *Narrative Science: Reasoning, Representing and Knowing since 1800*, ed. Mary S. Morgan, Kim M. Hajek, and Dominic J. Berry (Cambridge Univer- sity Press, forthcoming).

24. Discussion of John McCarthy, "Programs with Common Sense," in *Mechanisation of Thought Processes; Proceedings of a Symposium Held at the National Physical Laboratory on 24th, 25th, 26th and 27th November 1958*, ed. National Physical Laboratory (Great Britain) (London: H.M. Stationery Office, 1961), 86-87, 88, http://archive.org/details/mechanisationoft01nati.

25. Notably, Alison Adam, Artificial Knowing: Gender and the Thinking Machine (New York: Routledge, 1998).

26. Marvin Minsky, "Steps toward Artificial Intelligence," in *Computers and Thought*, ed. Edward A. Feigenbaum and Julian Feldman (New York, McGraw-Hill, 1963), 428, http://archive.org/details/ computersthought00feig. The paper appeared originally in 1961.

27. Margaret A. Boden, "GOFAI," in *The Cambridge Handbook of Artificial Intelligence*, ed. Keith Frankish and William M. Ramsey (Cambridge, UK: Cambridge University Press, 2014), 89, https://doi.org/10.1017/CBO978 1139046855.007.

28. Jon Agar, "What Difference Did Computers Make?," *Social Studies of Science* 36, no. 6 (December 1, 2006): 898, https://doi.org/10.1177/0306312 706073450.

29. Penn, "Inventing Intelligence."

30. Stephanie Dick, "Of Models and Machines: Implementing Bounded Rationality," Isis 106, no. 3 (2015): 630.

31. Sir James Lighthill, "Lighthill Report," *Artificial Intelligence: A General Survey*, June 1972,

http://www.chilton-computing.org.uk/inf/literature /reports/lighthill_report/p001.htm. For the context of the report see Jon Agar, "What Is Science for? The Lighthill Report on Artificial Intelligence Reinterpreted," *The British Journal for the History of Science* 53, no. 3 (September 2020): 289-310, https://doi.org/10.1017/S0007087420000230.

32. David C. Brock, "Learning from Artificial Intelligence's Previous Awakenings: The History of Expert Systems," AI Magazine 39, no. 3 (Septem- ber 28, 2018): 3-15, https://doi.org/10.1609/aimag.v3913.2809; David Ribes et al., "The Logic of Domains," *Social Studies of Science* 49, no. 3 (June 1, 2019): 287-91, https://doi.org/10.1177/0306312719849709; Hallam Stevens, "The Business Machine in Biology-The Commercialization of AI in the Life Sciences," *IEEE Annals of the History of Computing* 44, no. 01 (January 1, 2022): 8-19, https://doi.org/10.1109/MAHC.2021.3104868.

33. E. A. Feigenbaum, B. G. Buchanan, and J. Lederberg, "On Generality and Problem Solving: A Case Study Using the DENDRAL Program," *Machine Intelligence*, no. 6 (1971): 187.

34. Marvin Minsky and Seymour Papert, "Progress Report on Artificial Intel- ligence," 1971, Artificial Intelligence Memo AIM-252, https://web.media.mit.edu/~minsky/papers/PR1971.html.

35. Ira Goldstein and Seymour Papert, "Artificial Intelligence, Language, and Intelligence, Language the Study of Knowledge," *Cognitive Science 1*, no. 1 (January 1, 1977): 85, https://doi.org/10.1016/S0364-0213(77)80006-2.

36. Joseph Adam November, *Biomedical Computing: Digitizing Life in the United States* (Baltimore: Johns Hopkins University Press, 2012), 259-68.

37. Buchanan and Shortliffe, *Rule-Based Expert Systems*, 16.

38. 병목에 대해선 다음을 보기 바란다. Stephanie A. Dick, "Coded Conduct: Making MACSYMA Users and the Automation of Mathematics," *BJHS Themes 5* (ed. 2020): 205-24, https://doi.org/10.1017/bjt.2020.10; Edward Feigenbaum, Oral History, interview by Nils Nilsson, 20, 27 2007, 62-63, http://archive.computerhistory.org/resources/access/text/2013/05/102702002-0501-acc.pdf; D. E. Forsythe, "Engineering Knowledge: The Construction of Knowledge in Artificial Intelligence," *Social Studies of Science* 23, no. 3 (August 1, 1993): 445-77, https://doi.org/10.1177/0306312793023003002.

39. J. R. Quinlan, "Discovering Rules by Induction from Large Collections of Examples," in *Expert Systems in the Micro-Electronic Age*, ed. Donald Michie (Edinburgh: Edinburgh University Press, 1979), 168.

40. Donald Michie, "Expert Systems Interview," *Expert Systems* 2, no. 1 (1985): 22.

41. 전문가 시스템의 숨은 성공 사례는 다음을 보기 바란다. Stevens, "The Business Machine in Biology-The Commercialization of AI in the Life Sciences."

42. Jacob T. Schwartz, *The Limits of Artificial Intelligence* (New York: Courant Institute of Mathematical Sciences, New York University, 1986), 30, http://archive.org/details/limitsofartifici00schw.

43. Comments by Y. Bar-Hillel on McCarthy, National Physical Laboratory (Great Britain), *Mechanisation of Thought Processes; Proceedings of a Symposium Held at the National*

Physical Laboratory on 24th, 25th, 26th and 27th November 1958 (London, H.M. Stationery off., 1961), 85, http://archive.org/details/mechanisationoft01nati.

44. For Newman, see B. Jack Copeland, "Max Newman—Mathematician, Code Breaker, Computer Pioneer," in Colossus: The Secrets of Bletchley Park's Codebreaking Computers, ed. B. Jack Copeland (Oxford, UK: Oxford University Press, 2006), 176- 88.

45. E. A. Newman, "An Analysis of Non Mathematical Data Processing," in Mechanisation of Thought Processes; Proceedings of a Symposium Held at the National Physical Laboratory on 24th, 25th, 26th and 27th November 1958, ed. National Physical Laboratory (Great Britain) (London: H.M. Stationery Office, 1961), 866, http://archive .org/details/ mechanisationoft02nati.

46. Newman, 875.

47. Richard O. Duda and Peter E Hart, Pattern Classification and Scene Analysis (New York: Wiley, 1973).

Chapter 8

1. R. Blair Smith, Oral History by Robina Mapstone (Charles Babbage Institute, May 1980), 27, 29, http://conservancy.umn.edu/handle/11299/107637.

2. Martin Campbell-Kelly, From Airline Reservations to Sonic the Hedgehog: A History of the Software Industry (Cambridge, MA: MIT Press, 2003), 43, http://www.loc.gov/catdir/toc/ fy035/2002075351.html. See also https://www.ibm.com/ibm/history/ibm100/us/en/icons/ sabre/team/

3. R. W. Parker, "The SABRE System," Datamation 11 (September 1965): 49. See Campbell-Kelly, From Airline Reservations to Sonic the Hedgehog, 41-45.

4. Privacy Protection Study Commission, Personal Privacy in an Information Society: The Report of the Privacy Protection Study Commission. (Washington: The Commission: For sale by the Supt. of Docs., US Govt. Print. Off., 1977), 4.

5. Quotation from Thomas J. Misa, Digital State: The Story of Minnesota's Computing Industry (Minneapolis: University of Minnesota Press, 2013), 64.

6. James W. Cortada, The Digital Flood: The Diffusion of Information Technology across the U.S., Europe, and Asia (New York: Oxford University Press, 2012), 49.

7. Samuel S. Snyder, "Computer Advances Pioneered by Cryptologic Organizations," Annals of the History of Computing 2, no. 1 (1980): 60- 70, at 65. "SOLO holds the distinction of being the first completely transistorized computer in the United States."

8. Eckert-Mauchly Computer Corporation (EMCC), "UNIVAC System Advertisement," 1948, 2, 5, https://www.computerhistory.org/revolution/early-computer-companies/5/103/447?position=0. See the discussion in Arthur L. Norberg, Computers and Commerce: A Study of Technology and Management at Eckert-Mauchly Computer Company, Engineering Research Associates, and Remington Rand, 1946–1957 (Cambridge, MA: MIT Press, 2005), 185-86.

9. Norberg, Computers and Commerce, 191. For more on the unreliability of tape, see Thomas Haigh, "The Chromium-Plated Tabulator: Institutionalizing an Electronic Revolution, 1954–1958," IEEE Annals of the History of Computing 23, no. 4 (2001): 86, 88.

10. J. Abbate, Recoding Gender: Women's Changing Participation in Computing (Cambridge, MA: MIT Press, 2012), 37–38

11. 이러한 노력에 대해서는 다음을 보기 바란다. James W. Cortada "Commercial Applications of the Digital Computer in American Corporations, 1945-1995," IEEE Annals of the History of Computing 18, no. 2 (1996): 18-29; Haigh, "The Chromium- Plated Tabulator."

12. J. M. Juran, quoted in Richard G. Canning, Electronic Data Processing for Business and Industry (New York: Wiley, 1956), 316, https://catalog .hathitrust.org/Record/001118357.

13. Xerox advertisement, Datamation, 11 (September 1965), p. 76.

14. Control Data Corporation advertisement, Datamation, 11 (September 1965), p. 87.

15. Quoted in Haigh, "The Chromium-Plated Tabulator," 97.

16. Paul Edwards, A Vast Machine: Computer Models, Climate Data, and the Politics of Global Warming (Cambridge, MA: MIT Press, 2010), 111.

17. Martha Poon, "Scorecards as Devices for Consumer Credit: The Case of Fair, Isaac & Company Incorporated," The Sociological Review 55, no. 2_ suppl (October 2007): 284-306, https://doi.org/10.1111/j.1467-954X.2007 .00740.x.

18. Josh Lauer, "Encoding the Consumer: The Computerization of Credit Reporting and Credit Scoring," in Creditworthy (New York: Columbia University Press, 2017), 183, https://doi.org/10.7312/laue16808-009. For the longer history of gauging credit, see Rowena Olegario, A Culture of Credit: Embedding Trust and Transparency in American Business (Cambridge, MA: Harvard University Press, 2006).

19. 신용카드 및 신용 평가의 유형들의 개발에 관한 내용은 다음을 보기 바란다. Louis Hyman, Debtor Nation: The History of America in Red Ink (Princeton, NJ: Princeton University Press, 2011), ch 7.

20. "Datamation: Editor's Readout: Big Brother," Datamation 11 (October 1965): 23.

21. Packard, The Naked Society, 41. 프라이버시에 관한 우리의 연구는 다음 자료에 크게 빚지고 있다. Sarah Elizabeth Igo, The Known Citizen: A History of Privacy in Modern America (Cambridge, MA: Harvard University Press, 2018). Comments from Professor Igo sharpened this chapter immensely.

22. Packard, The Naked Society, 41.

23. Stanton Wheeler, ed., On Record: Files and Dossiers in American Life (New Brunswick, NJ: Transaction Books, 1976), 19-20.

24. Arthur R. Miller, The Assault on Privacy: Computers, Data Banks, and Dossiers (New York: New American Library, 1972), 22.

25. United States Congress Senate Committee on Government Operations Ad Hoc Subcommittee on Privacy and Information, Privacy: The Collection, Use, and Computerization of Personal Data: Joint Hearings Before the Ad Hoc Subcommittee on Privacy and Information Systems of the Committee on Government Operations and the

Subcommittee on Constitutional Rights of the Committee on the Judiciary, United States Senate, Ninety-Third Congress, Second Session... June 18, 19, and 20, 1974 (Washington: US Govt. Print. Off, 1974), I:53.

26. Dan Bouk, "The National Data Center and the Rise of the Data Double," *Historical Studies in the Natural Sciences* 48, no. 5 (November 1, 2018): 627- 36, https://doi.org/10.1525/hsns.2018.48.5.627; Igo, *The Known Citizen; Priscilla M. Regan, Legislating Privacy: Technology, Social Values, and Public Policy* (Chapel Hill: University of North Carolina Press, 1995), 71-73.

27. United States Congress Senate Committee on Government Operations Ad Hoc Subcommittee on Privacy and Information, Senate Ad Hoc Committee Privacy, II:1739.

28. United States Congress Senate Committee on Government Operations Ad Hoc Subcommittee on Privacy and Information, II:1741.

29. Testimony of Alan Westin, United States Congress Senate Committee on Government Operations Ad Hoc Subcommittee on Privacy and Information, I:77- 78.

30. Quoted in United States Congress Senate Committee on Government Operations Ad Hoc Subcommittee on Privacy and Information, Senate Ad Hoc Committee Privacy, I:651.

31. Statement of the National Bank Americard, United States Congress Senate Committee on Government Operations Ad Hoc Subcommittee on Privacy and Information, Senate Ad Hoc Committee Privacy. I:606.

32. United States Congress Senate Committee on Government Operations Ad Hoc Subcommittee on Privacy and Information, Senate Ad Hoc Committee Privacy, I:658.

33. Igo, The Known Citizen, 362–63.

34. Subcommittee on Courts, Civil Liberties, and the Administration of Justice of the Committee on the Judiciary, 1984, Civil Liberties and the National Security State: Hearings before the Subcommittee on Courts, Civil Liberties, and the Administration of Justice of the Committee on the Judiciary. House of Representatives, Ninety- Eighth Congress, First and Second Sessions, on 1984: Civil Liberties and the National Security State, November 2, 3, 1983 and January 24, April 5, and September 26, 1984. (Washington, DC: US G.P.O., 1986), 267-79.

35. Subcommittee on Courts, Civil Liberties, and the Administration of Justice of the Committee on the Judiciary, 1984, Civil Liberties and the National Security State, 294-95.

36. Office of Technology Assessment, Electronic Record Systems and Individual Privacy, 11.

37. Office of Technology Assessment, Electronic Record Systems and Individual Privacy, 39, 40.

38. United States and Privacy Protection Study Commission, Personal Privacy in an Information Society, 533 (original all in italics).

39. See, e.g., Eubanks, Automating Inequality.

40. Bobbie Johnson and Las Vegas, "Privacy No Longer a Social Norm, Says Facebook Founder," The Guardian, January 11, 2010, sec. Technology, https://www.theguardian.com/technology/2010/jan/11/facebook-privacy .

41. W. Lee Burge, "The Free Flow of Information: Key to Our Credit Economy" in United States Congress Senate Committee on Government Operations Ad Hoc Subcommittee on Privacy

and Information, Privacy: The Collection, Use, and Computerization of Personal Data: Joint Hearings Before the Ad Hoc Subcommittee on Privacy and Information Systems of the Committee on Government Operations and the Subcommittee on Constitutional Rights of the Committee on the Judiciary, United States Senate, Ninety-Third Congress, Second Session . . . June 18, 19, and 20, 1974 (Washington, DC: US Govt. Print. Off, 1974), I:650.

42. Jennifer Barrett Glasgow, "Acxiom, Letter to Representative Edward J. Markey," August 15, 2012, http://markey.house.gov/sites/markey.house.gov/files/documents/Acxiom.pdf.

43. New and Castro, "How Policymakers Can Foster Algorithmic Accountability," 2.

44. Paul Baran, "Legislation, Privacy and EDUCOM," EDUCOM: Bulletin of the Interuniversity Communications Council, December 3, 1968, 3.

45. Paul Baran, "On the Future Computer Era: Modification of the American Character and the Role of the Engineer, or, A Little Caution in the Haste to Number," RAND Paper (RAND Corporation, 1968), 14, https://www.rand.org/pubs/papers/P3780.html.

46. Robert Nozick, Anarchy, State, and Utopia (New York: Basic Books, 1974), 32-33.

47. Daniel T. Rodgers, Age of Fracture (Cambridge, MA: Harvard University Press, 2011), 190.

48. Milton Friedman, "The Social Responsibility of Business Is to Increase Its Profits (1970)," in Corporate Ethics and Corporate Governance, ed. Walther Ch Zimmerli, Markus Holzinger, and Klaus Richter (Berlin, Heidelberg: Springer, 2007), 178, https://doi.org/10.1007/978-3-540-70818-6_14.

49. See Jodi L. Short, "The Paranoid Style in Regulatory Reform," Hastings Law Journal 63 (2012): 633-94; Julie E. Cohen, Between Truth and Power: The Legal Constructions of Informational Capitalism (New York: Oxford University Press, 2019), 189; Amy Kapczynski, "The Law of Informational Capitalism," The Yale Law Journal, 2020, 1491.

50. Priscilla M. Regan, Legislating Privacy: Technology, Social Values, and Public Policy (Chapel Hill: University of North Carolina Press, 1995), 4.

51. Oscar H. Gandy, The Panoptic Sort: A Political Economy of Personal Information, Critical Studies in Communication and in the Cultural Industries (Boulder, CO: Westview, 1993).

52. Matthew Crain, Profit Over Privacy: How Surveillance Advertising Conquered the Internet (Minneapolis: University of Minnesota Press, 2021), 20.

53. Meg Leta Jones, "Cookies: A Legacy of Controversy," Internet Histories 4, no. 1 (January 2, 2020): 87-104, https://doi.org/10.1080/24701475.2020 .1725852.

54. Quoted in Joshua Quittner, "The Merry Pranksters Go to Washington," Wired, accessed May 14, 2021, https://www.wired.com/1994/06/eff/; discussed in Fred Turner, From Counterculture to Cyberculture: Stewart Brand, the Whole Earth Network, and the Rise of Digital Utopianism (Chicago: University of Chicago Press, 2006), 219.

55. Turner, From Counterculture to Cyberculture, 261.

56. Paul Sabin, Public Citizens: The Attack on Big Government and the Remaking of American Liberalism (New York: Norton, 2021).

57. See Kapczynski, "The Law of Informational Capitalism," 1493-99; drawing on Cohen, Between Truth and Power.

58. 다음 자료에서 논의된, 직업적 책임감의 폭넓은 이해로부터 협소한 시민 권리 중시로의 극적인 변화를 비교해보기 바란다. Megan Finn and Quinn DuPont, "From Closed World Discourse to Digital Utopi- anism: The Changing Face of Responsible Computing at Computer Profes- sionals for Social Responsibility (1981-1992)," *Internet Histories* 4, no. 1 (January 2, 2020): 6-31, https://doi.org/10.1080/24701475.2020.1725851.

59. 이름과 날짜를 삭제한 비밀 결정의 인용 문구, p. 63, 다음에서 인용. Amended Memorandum Opinion at 8-9.

60. Amended Memorandum Opinion at 8.

61. Felten, "Declaration of Professor Edward W. Felten in ACLU et al. v. James R. Clapper et al.," 8.

62. Anonymous, "Lessons Learned. Interview with [Redacted]," 1.

63. 동의에 관해 제기된 문제들은 가령 다음을 보기 바란다. Frank Pasquale, "Licensure as Data Governance," Knight First Amendment Institute at Columbia Univer- sity, September 28, 2021, https://knightcolumbia.org/content/licensure-as -data-governance.

64. R Allen Wilkinson et al., *The First Census Optical Character Recognition System Conference,* NIST IR 4912 (Gaithersburg, MD: National Institute of Standards and Technology, 1992), 1, https://doi.org/10.6028/NIST.IR .4912.

65. Wilkinson et al., 4.

66. Wilkinson et al., 2.

Chapter 9

1. Pat Langley, "The Changing Science of Machine Learning," *Machine Learning* 82, no. 3 (March 2011): 277, https://doi.org/10.1007/s10994-011-5242 -y. For histories of prediction and machine learning, see Adrian Mackenzie, "The Production of Prediction: What Does Machine Learning Want?," *European Journal of Cultural Studies* 18, no. 4-5 (2015): 429-45; Ann Johnson, "Rational and Empirical Cultures of Prediction," in *Mathematics as a Tool*, ed. Johannes Lenhard and Martin Carrier, vol. 327 (Cham, Switzerland: Springer International Publishing, 2017), 23-35, https://doi.org/10 .1007/978-3-319-54469-4_2; Adrian Mackenzie, *Machine Learners: Archaeology of a Data Practice* (Cambridge, MA: MIT Press, 2018); Aaron Plasek, "On the Cruelty of Really Writing a History of Machine Learning," *IEEE Annals of the History of Computing* 38, no. 4 (December 2016): 6-8, https:// doi.org/10.1109/ MAHC.2016.43; Aaron Mendon-Plasek, "Mechanized Significance and Machine Learning: Why It Became Thinkable and Prefera- ble to Teach Machines to Judge the World," in *The Cultural Life of Machine Learning: An Incursion into Critical AI Studies*, ed. Jonathan Roberge and Michael Castelle (Cham, Switzerland: Springer International Publishing, 2021), 31-78, https://doi.org/10.1007/978-3-030-56286-1_2; Cosma Rohilla Shalizi, "The Formation of the Statistical Learning Paradigm and the Field of Machine Learning, c. 1985-2000" (2020), manuscript in preparation, available on request from the author.

2. P. Langley and J. G. Carbonell, "Approaches to Machine Learning," *Journal of the American*

Society for Information Science 35, no. 5 (September 1, 1984): 306-16, at 306.

3. Rosenblatt, "The Perceptron: A Perceiving and Recognizing Automaton (Project PARA)," 1, https://blogs.umass.edu/brain-wars/files/2016/03 /rosenblatt-1957.pdf.

4. Jonathan Penn, "Inventing Intelligence: On the History of Complex Information Processing and Artificial Intelligence in the United States in the Mid-Twentieth Century" (Thesis, University of Cambridge, 2021), 96-98, https://doi.org/10.17863/CAM.63087. 로젠블랫 및 동시대의 경제 프로젝트들에 관해서는 다음을 살펴보기 바란다. Orit Halpern, "The Future Will Not Be Calculated: Neural Nets, Neoliberalism, and Reactionary Politics," *Critical Inquiry* 48, no. 2 (January 1, 2022): 334-59, https://doi .org/10.1086/717313.

5. "New Navy Device Learns by Doing; Psychologist Shows Embryo of Computer Designed to Read and Grow Wiser," New York Times, July 8, 1958, http://timesmachine.nytimes.com/tim esmachine/1958/07/08/83417341.html.

6. Herbert A. Simon, "Why Should Machines Learn?," in *Machine Learning: An Artificial Intelligence Approach*, ed. Ryszard S. Michalski, Jaime G. Carbonell, and Tom M. Mitchell, Symbolic Computation (Berlin, Heidelberg: Springer, 1983), 32, https://doi.org/10.1007/978-3-662-12405-5_2.

7. For an overview of these efforts, with special attention to activities around Stanford, see Nils J. Nilsson, *The Quest for Artificial Intelligence: A History of Ideas and Achievements* (Cambridge, UK: Cambridge University Press, 2010), ch. 4.

8. 정부와 학계 간의 이러한 연구의 "회색 지대"의 중요성에 관해서는 다음을 보기 바란다. Joy Rohde, *Armed with Expertise: The Militarization of American Social Research during the Cold War* (Ithaca, NY: Cornell Univer- sity Press, 2013).

9. Laveen N. Kanal, "Preface," in *Pattern Recognition*, ed. Laveen N. Kanal (Washington, DC: Thompson Book Co, 1968), xi.

10. G. Nagy, "State of the Art in Pattern Recognition," *Proceedings of the IEEE* 56, no. 5 (May 1968): 836-63, https://doi.org/10.1109/PROC.1968.6414.

11. Xiaochang Li, "There's No Data Like More Data': Automatic Speech Rec- ognition and the Making of Algorithmic Culture," in Osiris, "*Beyond Craft and Code*," ed. James Evans and Adrian Johns. 발간 예정인 이 책이 이 중대한 점을 잘 포착해내고 있다.

12. Mendon-Plasek, "Mechanized Significance and Machine Learning," 2-3. 마이클 카스텔레 (Michael Castelle)가 손실함수에 관한 한 주요 역사를 마무리짓고 있다.

13. J. McCarthy et al., "A Proposal for the Dartmouth Summer Research Project on Artificial Intelligence," August 31, 1955, Rockefeller Archive Center, Rockefeller Foundation records, projects, RG 1.2, series 200.D, box 26, folder 219.

14. Sir James Lighthill, "Lighthill Report," Artificial Intelligence: A General Survey, June 1972, §3, http://www.chilton-computing.org.uk/inf/literature/reports/lighthill_report/p001.htm.

15. Rodney A. Brooks, "Intelligence without Representation," Artificial Intelligence 47, no. 1-3 (1991): 140.

16. 전문가 시스템의 숨은 성공 사례에 대해서는 다음을 보기 바란다. Hallam Stevens, "The Busi- ness Machine in Biology-The Commercialization of AI in the Life Sciences," *IEEE Annals*

of the History of Computing 44, no. 01 (January 1, 2022): 8-19, https://doi.org/10.1109/ MAHC.2021.3104868.

17. Keki B. Irani et al., "Applying Machine Learning to Semiconductor Manufacturing," *IEEE Expert* 8, no. 1 (1993): 41.

18. Alain Desrosières, *Prouver et gouverner: une analyse politique des statistiques publiques* (Paris: Découverte, 2014), ch. 9.

19. Hayashi Chikiō and M. Takahashi, "Kagakusi to Kagakusha: Hayashi Chikiosi Kōkai Intabyu," *Kōdō Keiryōgaku* 31, no. 2 (2004): 107-24; quoted and translated in Joonwoo Son, "Data Science in Japan" (Unpublished MS, Columbia University, Sociology, May 2016).

20. Vladimir Naumovich Vapnik, *Estimation of Dependences Based on Empir- ical Data (1982); Empirical Inference Science: Afterword of 2006,* 2nd ed. (New York: Springer, 2006), 415.

21. See "History of the Institute | IIY PAH," accessed July 7, 2017, http:// www.ipu.ru/en/ node/12744.

22. 배프닉은 대다수의 다른 데이터 분석이 수학적 및 이론적으로 불충분하다는 점에 대단히 비판 적이었다. 다음을 보기 바란다. Léon Bottou, "In Hindsight: Doklady Akademii Nauk SSSR, 181 (4), 1968," in Empirical Inference (Springer, 2013), 3-5, http://link.springer.com/chapter /10.1007/978-3-642-41136-6_1.

23. Xiaochang Li, "Divination Engines: A Media History of Text Prediction" (NYU, 2017); Xiaochang Li and Mara Mills, "Vocal Features: From Voice Identification to Speech Recognition by Machine," *Technology and Culture* 60, no. 2 (June 18, 2019): S129-60, https:// doi.org/10.1353/tech.2019.0066.

24. 설득력 있는 전기적 서술은 다음을 보기 바란다. Terrence J. Sejnowski, *The Deep Learning Revolution* (Cambridge, MA: MIT Press, 2018); Yann LeCun, *Quand la machine apprend: La Révolution des neurones artificiels et de l'apprentissage profond* (Paris: Odile Jacob, 2019); for a fine journalistic account, see John Markoff, *Machines of Loving Grace: The Quest for Common Ground between Humans and Robots, 2016*; and the excellent account Dominique Cardon, Jean-Philippe Cointet, and Antoine Mazières, "La revanche des neurones: L'invention des machines inductives et la controverse de l'intelligence artificielle," *Réseaux* n° 211, no. 5 (2018): 173, https://doi.org/10.3917/res.211.0173.

25. 여러 버전의 접근법이 이전에 발표되었지만, 주요한 혁신적 연구들에는 다음이 있다. David E. Rumelhart and James L. McClelland, "Learning Internal Representations by Error Propagation," in *Parallel Distributed Processing: Explorations in the Microstructure of Cognition: Foundations* (Cambridge, MA: MIT Press, 1987), 318-62, http://ieeexplore .ieee. org/document/6302929; David E. Rumelhart, Geoffrey E. Hinton, and Ronald J. Williams, "Learning Representations by Back-Propagating Errors," *Nature* 323, no. 6088 (October 1986): 533-36, https://doi.org/10 .1038/323533a0; Y. LeCun et al., "Backpropagation Applied to Handwritten Zip Code Recognition," *Neural Computation* 1, no. 4 (December 1989): 541-51, https://doi.org/10.1162/neco.1989.1.4.541; P. J. Werbos, "Backprop- agation through Time: What It Does and How to Do It," *Proceedings of the IEEE 78*, no. 10 (October 1990): 1550- 60, https://doi.org/10.1109/5.58337.

26. 이 기간의 많은 주목할만한 이야기들은 다음에 나온다. LeCun, *Quand la machine apprend*.

27. 다음의 익명 인터뷰가 출처이다. Cardon, Cointet, and Mazières, "La revanche des neurones," 21.

28. Leo Breiman and Nong Shang, "Born Again Trees," n.d., https://www.stat.berkeley. edu/~breiman/BAtrees.pdf.

29. 신경망의 부활에 관해서는 다음을 보기 바란다. Yann LeCun, Yoshua Bengio, and Geoffrey Hinton, "Deep Learning," Nature 521, no. 7553 (May 27, 2015): 436- 44, https://doi. org/10.1038/nature14539.

30. Alex Krizhevsky, Ilya Sutskever, and Geoffrey E. Hinton, "ImageNet Classification with Deep Convolutional Neural Networks," in *Advances in Neural Information Processing Systems*, vol. 25 (Curran Associates, Inc., 2012), https://papers.nips.cc/paper/2012/hash/ c399862d3b9d6b76c8436e924a68c45b-Abstract.html.

31. Olga Russakovsky et al., "ImageNet Large Scale Visual Recognition Challenge," *International Journal of Computer Vision* 115, no. 3 (December 1, 2015): 211-52, https://doi.org/10.1007/ s11263-015-0816-y.

32. Fei-Fei Li, "Crowdsourcing, Benchmarking & Other Cool Things," https:// web.archive.org/ web/20121110041643/http://www.image-net.org/papers/ ImageNet_2010.pdf; Hao Su, Jia Deng, and Li Fei-Fei, "Crowdsourcing Annotations for Visual Object Detection," n.d., 7.

33. 이 데이터세트에 관한 심오한 문제들과 논쟁들에 관해서는 다음을 보기 바란다. Kate Crawford and Trevor Paglen, "Excavating AI," September 19, 2019, https://excavating.ai.

34. Cardon, Cointet, and Mazières, "La revanche des neurones."

35. 환경 피해의 정확한 규모는 많이 토의된 내용이다. 대규모 컴퓨팅의 환경적 및 인프라적 비용을 살펴본 학자들로에는 다음이 포함된다. Mél Hogan, "Data Flows and Water Woes: The Utah Data Center," *Big Data & Society* 2, no. 2 (December 1, 2015): 2053951715592429, https://doi.org/10.1177/2053951715592429; Nathan Ensmenger, "The Environmental History of Computing," *Technology and Culture* 59, no. 4 (2018): S7-33, https://doi. org/10.1353/tech.2018.0148; Kate Crawford, *Atlas of AI: Power, Politics, and the Planetary Costs of Artificial Intelligence* (New Haven, CT: Yale University Press, 2021), https://doi .org/10.12987/9780300252392, ch. 1.

36. Meredith Whittaker, "The Steep Cost of Capture," *Interactions* 28, no. 6 (November 2021): 52, https://doi.org/10.1145/3488666.

37. M. I. Jordan and T. M. Mitchell, "Machine Learning: Trends, Perspectives, and Prospects," *Science* 349, no. 6245 (July 17, 2015): 255-60, https://doi.org/10.1126/science.aaa8415.

38. Jordan and Mitchell.

39. Langley, "The Changing Science of Machine Learning," 278.

40. See Jenna Burrell, "How the Machine 'Thinks': Understanding Opacity in Machine Learning Algorithms," *Big Data & Society* 3, no. 1 (January 5, 2016): 4-5, https://doi. org/10.1177/2053951715622512.

41. "Netflix Prize: Review Rules," February 2, 2007, https://web.archive.org/web /20070202023620/http://www.netflixprize.com:80/rules.

42. Quoted in Steve Lohr, "A $1 Million Research Bargain for Netflix, and Maybe a Model for Others," *New York Times*, September 22, 2009, sec. Technology, https://www.nytimes.com/2009/09/22/technology/internet/22netflix.html.

43. David Donoho, "50 Years of Data Science," Journal of Computational and Graphical Statistics 26, no. 4 (October 2, 2017): 752, https://doi.org/10.1080 /10618600.2017.1384734.

44. Donoho, 752-53.

45. Quoted in Lohr, "A $1 Million Research Bargain for Netflix, and Maybe a Model for Others."

Chapter 10

1. Allen Ginsberg, "Howl," text/html, Poetry Foundation (Poetry Founda- tion, August 12, 2021), https://www.poetryfoundation.org/, https://www .poetryfoundation.org/poems/49303/howl.

2. Ashlee Vance, "In Ads We Trust," *Bloomberg Businessweek*, no. 4521 (May 8, 2017): 6.

3. Chris Anderson, "The Long Tail," *Wired*, October 2004, https://www .wired.com/2004/10/tail/.

4. Gregory Zuckerman, *The Man Who Solved the Market: How Jim Simons Launched the Quant Revolution* (New York: Penguin, 2019). 음성 인식 기술과 금융 시장의 발전 사이의 자세한 관계에 대해서는 다음을 보기 바란다. Xiaochang Li, "Divination Engines: A Media History of Text Prediction" (PhD Thesis, NYU, 2017).

5. Ognjenka Goga Vukmirovic and Shirley M. Tilghman, "Exploring Genome Space," Nature 405, no. 6788 (June 2000): 820, https://doi.org/10 .1038/35015690. Generally see Hallam Stevens, *Life Out of Sequence: A Data-Driven History of Bioinformatics* (Chicago: University of Chicago Press, 2013); Sabina Leonelli, *Data-Centric Biology: A Philosophical Study* (Chicago: University of Chicago Press, 2016), 18.

6. Cathy O'Neil, "Data Science: Tools vs. Craft," *Mathbabe* (blog), October 4, 2011, https://mathbabe.org/2011/10/04/data-science-tools-vs-craft/.

7. Cosma Rohilla Shalizi, "New 'Data Scientist' Is But Old 'Statistician' Writ Large," December 4, 2011, https://web.archive.org/web/20111204161344/ http://cscs.umich.edu/~crshalizi/weblog/805.html.

8. Solomon Kullback to Tukey, 13.3.1959, American Philosophical Society [APS] Tukey Papers, Ms 117, Series I: US: NSA.

9. Howard Barlow for Solomon Kullback to John Tukey, 6.4.1959, APS Tukey Papers, Ms 117, Series I: US: NSA.

10. Solomon Kullback to Tukey, 13.3.1959, APS Tukey Papers, Ms 117, Series I: US: NSA.

11. John W. Tukey, "The Future of Data Analysis," *The Annals of Mathemati- cal Statistics* 33, no. 1 (1962): 6, italics his.

12. Luisa T. Fernholz et al., "A Conversation with John W. Tukey and Elizabeth Tukey," *Statistical Science* 15, 2000, 80-81.

13. John W. Tukey, *Exploratory Data Analysis* (Addison Wesley, 1977), 2-3; for Tukey's project see Alexander Campolo, "Steering by Sight: Data, Visualization, and the Birth of an

Informational Worldview" (PhD diss., New York University, 2019), 186-88.

14. Tukey, *Exploratory Data Analysis*, 56.

15. John M. Chambers, "Greater or Lesser Statistics: A Choice for Future Research," *Statistics and Computing* 3, no. 4 (1993): 182.

16. Chambers, 182.

17. Chambers, 183.

18. 이번 세기의 첫 번째 십 년의 끝 즈음에 영향력 있는 기사의 예로서 풍부한 데이터가 과학을 이해할 새로운 방식을 열어준다고 주장하는 내용은 다음을 보기 바란다. Chris Anderson, "The End of Theory: The Data Deluge Makes the Scientific Method Obsolete," Wired, 2008, http:// archive.wired.com/science/discoveries/magazine/16-07/pb_theory; Tony Hey, Stewart Tansley, and Kristin Tolle, *The Fourth Paradigm: DataIntensive Scientific Discovery, The Fourth Paradigm: Data-Intensive Scientific Discovery* (Microsoft Research, 2009), https://www.microsoft.com/en-us/research/publication/fourth-paradigm-data-intensive-scientific-discovery/.

19. "John M. Chambers," https://awards.acm.org/award_winners/chambers_6640862.

20. William S. Cleveland, "Data Science: An Action Plan for Expanding theTechnical Areas of the Field of Statistics," *International Statistical Review/Revue Internationale de Statistique* 69, no. 1 (April 2001): 23, https://doi .org/10.2307/1403527.

21. 1975년에 처음 모인 이 분야의 중심적 회의는 다음이다. International Conference on Very Large Data Bases.

22. Usama Fayyad, "Mining Databases: Towards Algorithms for Knowledge Discovery," *Bulletin of the Technical Committee on Data Engineering* 21, no. 1 (1998): 48.

23. See Usama M. Fayyad, Gregory Piatetsky-Shapiro, and Padhraic Smyth, "From Data Mining to Knowledge Discovery: An Overview," in *Advances in Knowledge Discovery and Data Mining* (Menlo Park, CA: AAAI/MIT Press, 1996), 1-34.

24. Matthew L. Jones, "Querying the Archive: Database Mining from Apriori to Page-Rank," in *Science in the Archives: Pasts, Presents, Futures*, ed. Lorraine Daston (Chicago: University of Chicago Press, 2016), 311-28.

25. Shawn Thelen, Sandra Mottner, and Barry Berman, "Data Mining: On the Trail to Marketing Gold," *Business Horizons* 47 (2004): 26, https://doi .org/10.1016/j.bushor.2004.09.005.

26. Patrick O. Brown and David Botstein, "Exploring the New World of the Genome with DNA Microarrays," *Nature Genetics 21* (January 1, 1999): 26, https://doi.org/10.1038/4462.

27. 1998년 말경에 열린 세미나의 목록은 다음에서 볼 수 있다. http://web .archive.org/web/19990116232602/http://www.almaden.ibm.com/cs/quest/seminars.html and http://web.archive.org/web/19980210042739/http://www.almaden.ibm.com/cs/quest/seminars-hist.html.

28. MIDAS 웹페이지는 다음에 있다. http://infolab.stanford.edu/midas /; a listserv of the data mining group can be found on Yahoo e-groups. See Jeffrey D. Ullman, "The MIDAS Data-Mining Project at Stanford," in *Database Engineering and Applications, 1999. IDEAS'99. International Symposium Proceedings*, 1999, 460-64, http://ieeexplore.ieee.org/xpls/abs_ all. jsp?arnumber=787298.

29. 이 자료의 인쇄된 버전은 다음에 나온다. Sergey Brin, Rajeev Motwani, and Terry Winograd, "What Can You Do with a Web in Your Pocket," *Data Engineering Bulletin* 21 (1998): 37-47.

30. http://infolab.stanford.edu/midas/.

31. Thomas Haigh, "The Web's Missing Links: Search Engines and Portals," in *The Internet and American Business*, ed. William Aspray and Paul Ceruzzi (Cambridge, MA: MIT Press, 2008), 160-61. Sergey Brin and Lawrence Page, "The Anatomy of a Large-Scale Hypertextual Web Search Engine," in *Seventh International World-Wide Web Conference (WWW 1998)*, 1998, http://ilpubs.stanford.edu:8090/361/, §3.1. "... most of the research on information retrieval systems is on small well controlled homogeneous collections such as collections of scientific papers or news stories on a related topic."

32. Sergey Brin and Lawrence Page, "Dynamic Data Mining: Exploring Large Rule Spaces by Sampling," Technical Report (Stanford InfoLab, November 1999), 2, http://ilpubs.stanford.edu:8090/424/.

33. Brin and Page, "The Anatomy of a Large-Scale Hypertextual Web Search Engine," §4.2.

34. Brin and Page, §4.2.

35. Statistical Analysis of Massive Data Streams (National Research Council of the National Academies, 2004), 8-9.

36. Alon Halevy, Fernando Pereira, and Peter Norvig, "The Unreasonable Effectiveness of Data," Intelligent Systems, IEEE 24, no. 2 (April 2009): 8-12, https://doi .org/10 .1109/MIS .2009 .36 .

37. Redacted, "Confronting the Intelligence Future (U) An Interview with William P. Crowell, NSA's Deputy Director (U)," Cryptolog 22, no. 2(1996): 1-5.

38. Paul Burkhardt and Chris Waring, "An NSA Big Graph Experiment."

39. NSA Job ID: 1034503

40. Redacted, "NSA Culture, 1980s to the 21st Century—a SID Perspective," Cryptological Quarterly 30, no. 4 (2011): 84. Bulleted points are rendered as continuous prose.

41. Catherine D'Ignazio and Lauren F. Klein, Data Feminism (Cambridge, MA: MIT Press, 2020), 173.

42. Antonio A. Casilli, En attendant les robots: enquête sur le travail du clic (Paris: éditions du Seuil, 2019), 14.

43. Sarah T. Roberts, Behind the Screen: Content Moderation in the Shadows of Social Media (New Haven, CT: Yale University Press, 2019).

44. Mary L. Gray and Siddharth Suri, Ghost Work: How to Stop Silicon Valley from Building a New Global Underclass (Boston: Houghton Mifflin Harcourt, 2019).

45. Casilli, En attendant les robots, 17.

46. Lilly Irani, "The Cultural Work of Microwork," New Media & Society 17, no. 5 (May 2015): 723, https://doi .org/10 .1177/1461444813511926.

47. Lilly Irani, "Justice for 'Data Janitors,' " Public Books (blog), January 15, 2015, http://www.publicbooks.org/justice-for-data-janitors/.

48. Bin Yu, "Institute of Mathematical Statistics | IMS Presidential Address: Let Us Own Data Science," July 2014, https://imstat .org/2014/10/01/ims-presidential-address-let-us-own-data-

science/.

49. Richard Olshen and Leo Breiman, "A Conversation with Leo Breiman," Statistical Science, 2001, 196.

50. Olshen and Breiman, 188.

51. Leo Breiman, "[A Report on the Future of Statistics]: Comment," Statistical Science 19, no. 3 (2004): 411– 411.

52. Leo Breiman, "Statistical Modeling: The Two Cultures," Statistical Science 16, no. 3 (2001): 201.

53. Chambers, "Greater or Lesser Statistics," 182.

54. David Madigan and Werner Stuetzle, "[A Report on the Future of Statistics]: Comment," Statistical Science 19, no. 3 (2004): 408.

55. See the much-cited McKinsey report Nicolaus Henke and Jacques Bughin, "The Age of Analytics: Competing in a Data- Driven World" (McKinsey Global Institute, December 2016).

56. Gina Neff et al., "Critique and Contribute: A Practice- Based Framework for Improving Critical Data Studies and Data Science," Big Data 5, no. 2 (June 2017): 85–97, https://doi.org/10.1089/big.2016.0050.

57. Jennifer Bryan and Hadley Wickham, "Data Science: A Three Ring Circus or a Big Tent?," Journal of Computational and Graphical Statistics 26, no. 4 (October 2, 2017): 784–85, https://doi.org/10.1080/10618600.2017.1389743.

58. "Are Data Scientists at Facebook Really Data Analysts," 25.8.2017, https://www.reddit.com/r/datascience/comments/6vv7u2/are_data_scientists_at_facebook_really_data/

59. Ryan Tibshirani, "Delphi's COVIDcast Project: Lessons from Building a Digital Ecosystem for Tracking and Forecasting the Pandemic," https:// docs.google.com/presentation/d/1t_T8BRIkvC5CDOgE4_1PekPw-SThN2nMJTdieYgdnr4.

60. Blaise Aguera y Arcas, Margaret Mitchell, and Alexander Todorov, "Physiognomy's New Clothes," Medium (blog), May 20, 2017, https://medium.com/@blaisea/physiognomys-new-clothes-f2d4b59fdd6a.

61. Luke Stark and Jevan Hutson, "Physiognomic Artificial Intelligence," *Fordham Intellectual Property, Media & Entertainment Law Journal*, no. forthcoming, https://doi.org/10.2139/ssrn.3927300, p. 5 (internal citations removed).

62. D'Ignazio and Klein, Data Feminism, esp. ch. 2.

63. Brin to listserv 10.11.97. 스탠퍼드 연구팀 MIDAS의 웹페이지는 다음에 보존되어 있다. http://infolab.stanford.edu/midas/; 데이터 마이닝 연구팀의 리스트서브의 부분적 아카이브는 삭제되기 전에 야후 e-그룹에서 볼 수 있었다. 존스는 부분적인 복사본을 갖고 있다. 브린은 예전 메시지를 복사하려고 계획했지만 그러지 못했다.

PART 3

Chapter 11

1. AI Now Institute, *Austerity, Inequality, and Automation* | AI Now 2018 Symposium, 2018,

https://www.youtube.com/watch?v=gl1KxTrPDLo.

2. Joy Buolamwini and Timnit Gebru, "Gender Shades: Intersectional Accu- racy Disparities in Commercial Gender Classification," in *Proceedings of the 1st Conference on Fairness, Accountability and Transparency* (Conference on Fairness, Accountability and Transparency, PMLR, 2018), 77-91, https:// proceedings.mlr.press/v81/buolamwini18a.html. 프로젝트에 수반된 다음 웹사이트도 보기 바란다. http://gendershades.org/.

3. Margaret Mitchell et al., "Model Cards for Model Reporting," in *Proceedings of the Conference on Fairness, Accountability, and Transparency*, FAT* '19 (New York: Association for Computing Machinery, 2019), 220-29, https://doi.org/10.1145/3287560.3287596.

4. Tom Simonite, "Google Offers to Help Others With the Tricky Ethics of AI," *Wired*, accessed August 24, 2021, https://www.wired.com/story/google -help-others-tricky-ethics-ai/.

5. Cade Metz and Daisuke Wakabayashi, "Google Researcher Says She Was Fired Over Paper Highlighting Bias in A.I.," *New York Times*, December 3, 2020, sec. Technology, https://www.nytimes.com/2020/12/03/technology/google-researcher-timnit-gebru.html.

6. Adam D. I. Kramer, Jamie E. Guillory, and Jeffrey T. Hancock, "Exper- imental Evidence of Massive-Scale Emotional Contagion through Social Networks," *Proceedings of the National Academy of Sciences* 111, no. 24 (June 17, 2014): 8788-90, https://doi.org/10.1073/pnas.1320040111.

7. Alex Hern, "Facebook Deliberately Made People Sad. This Ought to Be the Final Straw," *The Guardian*, June 30, 2014, sec. Opinion, https://www .theguardian.com/commentisfree/2014/jun/30/facebook-sad-manipulating-emotions-socially-responsible-company.

8. Matt Murray, "Users Angered at Facebook Emotion-Manipulation Study," TODAY.com, June 30, 2014, http://www.today.com/health/users-angered -facebook-emotion-manipulation-study-1D79863049.Murray.

9. M. J. Salganik, *Bit by Bit: Social Research in the Digital Age* (Princeton, NJ: Princeton University Press, 2017), 282.

10. Chris Chambers, "Facebook Fiasco: Was Cornell's Study of 'Emotional Contagion' an Ethics Breach?," *The Guardian*, July 1, 2014, https://www.theguardian.com/science/head-quarters/2014/jul/01/facebook-cornell-study-emotional-contagion-ethics-breach.

11. Allan M. Brandt, "Racism and Research: The Case of the Tuskegee Syphilis Study," *Hastings Center Report* 8, no. 6 (1978): 21-29, https://doi.org/10 .2307/3561468.

12. R. A. Vonderlehr et al., "Untreated Syphilis in the Male Negro: A Comparative Study of Treated and Untreated Cases," *Journal of the American Medical Association* 107, no. 11 (September 12, 1936): 856-60, https://doi.org/10.1001/jama.1936.02770370020006.

13. Susan Reverby, *Examining Tuskegee: The Infamous Syphilis Study and Its Legacy* (Chapel Hill: University of North Carolina Press, 2009).

14. See Albert Jonsen, Oral History, interview by Bernard Schwetz, May 14, 2004, https://www.hhs.gov/ohrp/education-and-outreach/luminaries -lecture-series/belmont-report-25th-anniversary-interview-ajonsen/index.html.

15. National Commission for the Protection of Human Subjects of and Biomedical and

Behavioral Research, "The Belmont Report: Ethical Principles & Guidelines for Research Involving Human Subjects" (Department of Health, Education, and Welfare, April 18, 1979), https://www.hhs.gov/ohrp/sites/default/files/the-belmont-report-508c_FINAL.pdf.

16. 보고서 자체에 천 페이지 이상의 부록이 달려 있는데, 거기에는 정부가 승인하는 절차 명세서가 될 수 있도록 윤리와 사회적 규범을 운영하는 방법에 관한 그들의 사고를 자세히 설명하고 있다.

17. Tom L. Beauchamp, *Standing on Principles: Collected Essays* (New York: Oxford University Press, 2010), 6.

18. Karen Lebacqz, interview by LeRoy Walters, October 26, 2004, https://www.hhs.gov/ohrp/education-and-outreach/luminaries-lecture-series/ belmont-report-25th-anniversary-interview-klebacqz/index.html.

19. United States, ed., *Report and Recommendations: Institutional Review Boards*, DHEW Publication; No. (OS) 78-0008, 78-0009 (Washington, DC: US Department of Health, Education, and Welfare: for sale by the Supt. of Docs., US Govt. Print. Off, 1978).

20. Mike Monteiro, https://muledesign.com/2017/07/a-designers-code-of-ethics. 21. Jacob Metcalf, Emanuel Moss, and danah boyd, "Owning Ethics: Corporate Logics, Silicon Valley, and the Institutionalization of Ethics," *Social Research* 86, no. 2 (Summer 2019): 449-76.

22. Brent Mittelstadt, "Principles Alone Cannot Guarantee Ethical AI," *Nature Machine Intelligence* 1, no. 11 (November 2019): 501-7, https://doi.org/10 .1038/s42256-019-0114-4.

23. Inioluwa Deborah Raji et al., "Closing the AI Accountability Gap: Defining an End-to-End Framework for Internal Algorithmic Auditing," in *Proceedings of the 2020 Conference on Fairness, Accountability, and Transparency*, FAT* '20 (New York: Association for Computing Machinery, 2020), 33-44, https://doi.org/10.1145/3351095.3372873.

24. Shannon Vallor, "An Ethical Toolkit for Engineering/Design Practice,"

25. Metcalf, Moss, and boyd, "Owning Ethics."

26. Metcalf, Moss, and boyd, 465.

27. Theodore Vincent Purcell and James Weber, Institutionalizing Corporate Ethics: A Case History (New York: Presidents Association, Chief Executive Officers' Division of American Management Associations, 1979), 6; quoted in Ronald R. Sims, "The Institutionalization of Organizational Ethics," Journal of Business Ethics 10, no. 7 (July 1, 1991): 493, https://doi.org/10.1007/BF00383348 .

28. Eric Johnson, "How Will AI Change Your Life? AI Now Institute Founders Kate Crawford and Meredith Whittaker Explain," Vox, April 8, 2019, https://www .vox .com/podcasts/2019/4/8/18299736/artificial-intelligence-ai-meredith-whittaker-kate-crawford-kara-swisher-decode-podcast-interview.

29. Ben Wagner, "Ethics as an Escape from Regulation: From 'Ethics-Washing' to Ethics-Shopping?," in Cogitas Ergo Sum: 10 Years of Profiling the European Citizen, ed. Emre Bayamlioglu et al. (Amsterdam University Press, 2018), 84-89, https://doi.org/10.2307/j.ctvhrd092.18.

30. Metcalf, Moss, and boyd, "Owning Ethics."

31. Henry T. Greely, "The Uneasy Ethical and Legal Underpinnings of Large-Scale Genomic

Biobanks," Annual Review of Genomics and Human Genetics 8, no. 1 (2007): 343–64, https://doi.org/10.1146/annurev.genom.7.080505.115721.

32. Arvind Narayanan and Vitaly Shmatikov, "How to Break Anonymity of the Netflix Prize Dataset" (arXiv, November 22, 2007), https://doi.org/10.48550/arXiv.cs/0610105.

33. Pierangela Samarati and Latanya Sweeney, "Protecting Privacy When Disclosing Information: K-Anonymity and Its Enforcement through Generalization and Suppression," 1998.

34. Cynthia Dwork and Moni Naor, "On the Difficulties of Disclosure Prevention in Statistical Databases or The Case for Differential Privacy," Journal of Privacy and Confidentiality 2, no. 1 (September 1, 2010): 94, https://doi.org/10.29012/jpc.v2i1.585.

35. Cynthia Dwork, "Differential Privacy," in Automata, Languages and Programming, ed. Michele Bugliesi et al., Lecture Notes in Computer Science (Berlin, Heidelberg: Springer, 2006), 4, https://doi.org/10.1007/11787006_1.

36. Cathy O'Neil, Weapons of Math Destruction: How Big Data Increases Inequality and Threatens Democracy (New York: Crown, 2016); Virginia Eubanks, Automating Inequality: How High- Tech Tools Profile, Police, and Punish the Poor (New York: St. Martin's Press, 2017); Ruha Benjamin, Race after Technology: Abolitionist Tools for the New Jim Code (Cambridge, UK; Medford, MA: Polity Press, 2019).

37. Julia Angwin, Jeff Larson, Surya Mattu, Lauren Kirchner, "Machine Bias," ProPublica, May 23, 2016, https://www.propublica.org/article/machine-bias-risk-assessments-in-criminal-sentencing

38. Arvind Narayanan, Tutorial: 21 Fairness Definitions and Their Politics, 2018, https://www .youtube .com/watch?v=jIXIuYdnyyk . See the notes at Shubham Jain, "TL;DS - 21 Fairness Definition and Their Politics by 346 Notes to Pages 253–259 Arvind Narayanan," July 19, 2019, https://shubhamjain0594.github.io/post/tlds-arvind-fairness-definitions/.

39. Julie Zhuo, "How Do You Set Metrics?," The Year of the Looking Glass (blog), August 10, 2017, https://medium.com/the-year-of-the-looking-glass/how-do-you-set-metrics-59f78fea7e44.

40. Michael Kearns and Aaron Roth, The Ethical Algorithm: The Science of Socially Aware Algorithm Design (New York: Oxford University Press, 2020), 78.

41. Will Douglas Heaven, "Predictive Policing Algorithms Are Racist. They Need to Be Dismantled," MIT Technology Review, July 17, 2020, https://www.technologyreview.com/2020/07/17/1005396/predictive-policing-algorithms-racist-dismantled-machine-learning-bias-criminal-justice/.

42. Kearns and Roth, The Ethical Algorithm, 63.

43. Catherine D'Ignazio and Lauren F. Klein, Data Feminism (Cambridge, MA: MIT Press, 2020), 61.

44. Matthew Le Bui and Safiya Umoja Noble, "We're Missing a Moral Framework of Justice in Artificial Intelligence," in The Oxford Handbook of Ethics of AI (New York: Oxford University Press, 2020), 178, https://doi.org/10.1093/oxfordhb/9780190067397.013.9.

45. Julia Powles and Helen Nissenbaum, "The Seductive Diversion of 'Solving' Bias in Artificial

Intelligence," Medium, December 7, 2018, https://medium.com/s/story/the-seductive-diversion-of-solving-bias-in-artificial-intelligence-890df5e5ef53 .

46. Frank Pasquale, "The Second Wave of Algorithmic Accountability," Law and Political Economy (blog), November 25, 2019, https://lpeblog.org/2019/11/25/the-second-wave-of-algorithmic-accountability/.

47. Rodrigo Ochigame, "The Invention of 'Ethical AI': How Big Tech Manipulates Academia to Avoid Regulation," The Intercept (blog), December 20, 2019, https://theintercept.com/2019/12/20/mit-ethical-ai-artificial-intelligence/.

48. Thao Phan et al., "Economies of Virtue: The Circulation of 'Ethics' in Big Tech," Science as Culture, November 4, 2021, 7, https://doi.org/10.1080/09505431.2021.1990875.

49. Shoshana Zuboff, The Age of Surveillance Capitalism: The Fight for a Human Future at the New Frontier of Power (New York: PublicAffairs, 2019).

Chapter 12

1. Herbert Simon, "Designing Organizations for an Information-Rich World," in Computers, Communications, and the Public Interest, ed. Martin Greenberger (Baltimore: Johns Hopkins Press, 1971), 40.

2. Paul Lewis, "Fiction Is Outperforming Reality: How Youtube's Algorithm Distorts Truth," The Guardian, February 2, 2018, sec. Technology, http://www.theguardian .com/technology/2018/feb/02/how-youtubes-algorithm-distorts-truth.

3. "Easter Sun Finds the Past in Shadow at Modern Parade," New York Times, April 1, 1929, https://timesmachine.nytimes .com/timesmachine/1929/04/01/95899706 .pdf .

4. Edward L. Bernays, Propaganda (New York: H. Liveright, 1928).

5. Simon, "Designing Organizations for an Information- Rich World," 41.

6. Richard Serra, "TV Delivers People (1973)," Communications 48, no. 1 (1988): 42–44.

7. Neil Postman, Amusing Ourselves to Death: Public Discourse in the Age of Show Business (New York: Penguin Books, 1986).

8. 포스트먼과 그의 미디어 결정론에 대한 더 자세한 내용은 다음을 보기 바란다. Siva Vaidhyanathan, Antisocial Media: How Facebook Disconnects Us and Undermines Democracy (New York: Oxford University Press, 2018), pp. 21-26.w.w3.org/Pe

9. https://www.w3.org/People/Berners-Lee/1991/08/art-6484.txt.

10. Ethan Zuckerman, "The Internet's Original Sin," The Atlantic, August 14, 2014, https://www.theatlantic.com/technology/archive/2014/08/advertising-is-the-internets-original-sin/376041/.

11. Michael H. Goldhaber, "The Attention Economy and the Net," First Monday 2, no. 4 (April 7, 1997), http://firstmonday.org/ojs/index.php/fm/article /view/519.

12. Goldhaber, "The Attention Economy and the Net."

13. Daniel Thomas and Shannon Bond, "BuzzFeed Boss Finds Natural Fit for Social Content on Mobile," Financial Times, March 14, 2016, https://www .ft.com/content/4f661ea8-e782-11e5-a09b-1f8b0d268c39.

14. 골드하버의 예언이 지금까지 전부 실현되지는 않았다. 또한 그는 돈이 아무런 역할도 하지 않는 순전히 주의력 기반인 경제도 예언했다. 비록 지금 우리는 휴대폰 시간을 서로서로 교환할 수 있고, 또는 언어 수업에서 보완적인 언어를 구사하는 다른 학생과 시간을 거래할 수도 있지만, 아직은 주의력이 돈으로 완전히 대체되는 경제 시스템이 마련되어 있지는 않다.

15. Goldhaber, "The Attention Economy and the Net."

16. Stewart Brand, "The World Information Economy," *The Whole Earth Catalog*, no. Winter (1986): 88.

17. 간결한 개요는 다음을 보기 바란다. Christina Spurgeon, "Online Advertising," in *The Routledge Companion to Global Internet Histories* (Routledge, 2017); Joseph Turow, *The Daily You: How the New Advertising Industry Is Defining Your Identity and Your Worth* (New Haven, CT: Yale University Press, 2011). 18. See Tim O'Reilly, "What Is Web 2.0," September 30, 2005, https:// www.oreilly.com/pub/a//web2/archive/what-is-web-20.html. For skepticism about the novelty of this shift, see Matthew Allen, "What Was Web 2.0? Versions as the Dominant Mode of Internet History," *New Media & Society* 15, no. 2 (March 1, 2013): 260-75, https://doi.org/10 .1177/1461444812451567.

19. Nick Couldry and Joseph Turow, "Big Data, Big Questions | Advertising, Big Data and the Clearance of the Public Realm: Marketers' New Approaches to the Content Subsidy," *International Journal of Communication* 8 (June 16, 2014): 1714.

20. Kim Cleland, "Media Buying & Planning: Marketers Want Solid Data on Value of Internet Ad Buys: Demand Swells for Information That Compares Media Options," *Advertising Age*, August 3, 1998, S18; discussed in Turow, *The Daily You*, 61.

21. Cleland, "Marketers Want Solid Data"; discussed in Turow, *The Daily You*, 61.

22. Rick Bruner, "Cookie' Proposal Could Hinder Online Advertising: Pri- vacy Backers Push for More Data Controls," *Advertising Age*, March 16, 1997, 16; discussed in Turow, *The Daily You*, 58.

23. Quoted in Meg Leta Jones, "Cookies: A Legacy of Controversy," Internet Histories 4, no. 1 (January 2, 2020): 94, https://doi.org/10.1080/24701475.2020.1725852. See also David M. Kristol, "HTTP Cookies: Standards, Privacy, and Politics," *ACM Transactions on Internet Technology* 1, no. 2 (November 1, 2001): 151-98, https://doi.org/10.1145/502152.502153.

24. CNET News staff, "Ads Find Strength in Numbers," CNET, November 4, 1996, https://www.cnet.com/tech/tech-industry/ads-find-strength-innumbers/.

25. See Jones, "Cookies," 95; Matthew Crain, *Profit Over Privacy: How Surveillance Advertising Conquered the Internet* (Minneapolis: University of Min- nesota Press, 2021), 125-29.

26. Crain, *Profit Over Privacy*, 129.

27. Susan Wojcicki, "Making Ads More Interesting," *Official Google Blog* (blog), March 11, 2009, https://googleblog.blogspot.com/2009/03/makingads-more-interesting.html.

28. Crain, *Profit Over Privacy*, 95.

29. Adam D'Angelo, Quora, 2010, https://www.quora.com/What-was-Adam-DAngelos-biggest-contribution-to-Facebook/answer/Adam-DAngelo.

30. Ashlee Vance, "In Ads We Trust," *Bloomberg Businessweek*, no. 4521 (May 8, 2017): 6-7.

31. John White, *Bandit Algorithms for Website Optimization* (O'Reilly Media,Inc., 2012); William

R Thompson, "On the Likelihood That One Unknown Probability Exceeds Another in View of the Evidence of Two Samples," *Biometrika* 25, no. 3/4 (1933): 285-94.

32. 단순한 악마화 내러티브를 거부하는 페이스북의 효과들에 관한 세밀한 내용은 다음을 보기 바란다. Vaidhyanathan, *Antisocial Media*, e.g., at pp. 16-17.

33. James Grimmelmann, "The Platform Is the Message," SSRN Scholarly Paper (Rochester, NY: Social Science Research Network, March 1, 2018), https://papers.ssrn.com/abstract=3132758.

34. Zeynep Tufekci, "Engineering the Public: Big Data, Surveillance and Computational Politics," *First Monday*, July 2, 2014, https://doi.org/10.5210/fm .v1917.4901.

35. Edward L. Bernays, "The Engineering of Consent," *The Annals of the American Academy of Political and Social Science 250* (1947): 115.

36. Salman Haqqi, "Obama's Secret Weapon in Re-Election: Pakistani Scientist Rayid Ghani," DAWN.COM, January 21, 2013, https://www.dawn .com/2013/01/21/obamas-secret-weapon-in-re-election-pakistani-scientist-rayid-ghani/.

37. Rayid Ghani et al., "Data Mining for Individual Consumer Models and Personalized Retail Promotions," *Data Mining Methods and Applications*, 2007, 215.

38. Ethan Roeder, "I Am Not Big Brother," *New York Times*, December 6, 2012, http://www.nytimes.com/2012/12/06/opinion/i-am-not-big-brother.html?_r=0.

39. Zeynep Tufekci, "Yes, Big Platforms Could Change Their Business Models," *Wired*, December 17, 2018, https://www.wired.com/story/big-platforms-could-change-business-models//www.we

40. Tufekci, "Engineering the Public."

41. M. J. Salganik, *Bit by Bit: Social Research in the Digital Age* (Princeton, NJ: Princeton University Press, 2017), 10.

42. Mike Butcher, "Cambridge Analytica CEO Talks to TechCrunch about Trump, Hillary and the Future," *TechCrunch*, November 6, 2017, https://social.techcrunch.com/2017/11/06/cambridge-analytica-ceo-talks-to-techcrunch-about-trump-hilary-and-the-future/.

43. Trenholme J. Griffin, *A Dozen Lessons for Entrepreneurs* (New York: Columbia Business School Publishing, Columbia University Press, 2017), 146.

44. AnnaLee Saxenian, *Regional Advantage: Culture and Competition in Silicon Valley and Route 128, With a New Preface by the Author* (Cambridge, MA: Harvard University Press, 1996); Christophe Lécuyer, *Making Silicon Valley: Innovation and the Growth of High Tech, 1930– 1970* (Cambridge, MA: MIT Press, 2006).

45. Josh Lerner, "The Government as Venture Capitalist: The Long-Run Impact of the SBIR Program," *The Journal of Private Equity* 3, no. 2 (2000): 55-78. Thanks to Ella Coon for stressing this.

46. Jerry Neumann, "Heat Death: Venture Capital in the 1980s," *Reaction Wheel* (blog), January 8, 2015, https://reactionwheel .net/2015/01/80s-vc.html.

47. Tom Nicholas, *VC: An American History* (Cambridge, MA: Harvard University Press, 2019).

48. Katrina Brooker, "WeFail: How the Doomed Masa Son-Adam Neumann Relationship Set WeWork on the Road to Disaster," *Fast Company*, November 15, 2019, https://www.

fastcompany.com/90426446/wefail-how-the-doomed-masa-son-adam-neumann-relationship-set-wework-on-the-road-to-disaster.

49. Kai-Fu Lee, *AI Superpowers: China, Silicon Valley, and the New World Order* (Boston: Houghton Mifflin Harcourt, 2019).

50. Ryan Mac, Charlie Warzel, and Alex Kantrowitz, "Growth at Any Cost: Top Facebook Executive Defended Data Collection in 2016 Memo—And Warned that Facebook Could Get People Killed," *BuzzFeed News*, March 29, 2018, https://www.buzzfeednews.com/article/ryanmac/growth-at-any-cost-top-facebook-executive-defended-data.

51. Paul Lewis, " 'Fiction Is Outperforming Reality': How Youtube's Algorithm Distorts Truth," *The Guardian*, February 2, 2018, sec. Technology, http://www.theguardian.com/technology/2018/feb/02/how-youtubes-algorithm-distorts-truth.

52. Jane Jacobs, *The Nature of Economies* (New York: Modern Library, 2000).

Chapter 13

1. Karl Manheim and Lyric Kaplan, "Artificial Intelligence: Risks to Privacy and Democracy," *Yale Journal of Law & Technology* 21, no. 1 (2019): 180, 181.

2. William H. Janeway, *Doing Capitalism in the Innovation Economy: Markets, Speculation and the State*. (Cambridge, UK: Cambridge University Press, 2012).

3. Marshall Kirkpatrick, "Facebook's Zuckerberg Says The Age of Privacy Is Over," *New York Times*, January 10, 2010, https://archive.nytimes.com/www.nytimes.com/external/readwriteweb/2010/01/10/10readwriteweb-facebooks-zuckerberg-says-the-age-of-privac-82963.html.

4. Tim Cook, "We Believe That Privacy Is a Fundamental Human Right. No Matter What Country You Live in, That Right Should Be Protected in Keeping with Four Essential Principles," Tweet, *@tim_cook* (blog), October 24, 2018, https://twitter.com/tim_cook/status/1055035539915718656.

5. Blake Lemoine, "The History of Ethical AI at Google," Medium, May 17, 2021, https://cajundiscordian.medium.com/the-history-of-ethical-ai-at-google-d2f997985233.

6. Urooba Jamal, "An Engineer Who Was Fired by Google Says Its AI Chatbot Is 'Pretty Racist' and That AI Ethics at Google Are a 'Fig Leaf,' " *Business Insider*, July 31, 2022, https://www.businessinsider.com/google-engineer-blake-lemoine-ai-ethics-lamda-racist-2022-7.

7. danah boyd, "Where Do We Find Ethics?," Medium, June 15, 2016, https://points.datasociety.net/where-do-we-find-ethics-d0b9e8a7f4e6; citing Audre Lorde, "The Master's Tools Will Never Dismantle the Master's House," in *Sister Outsider: Essays and Speeches* (Trumansburg, NY: Crossing Press, 1984), 110–14.

8. Anna Kramer, "How Twitter Hired Tech's Biggest Critics to Build Ethical AI," Protocol—The people, power and politics of tech, June 23, 2021, https://www.protocol.com/workplace/twitter-ethical-ai-meta.

9. Michael Kearns and Aaron Roth, *The Ethical Algorithm: The Science of Socially Aware Algorithm Design* (New York: Oxford University Press, 2020), 16.

10. Kearns and Roth, 16.

11. Cynthia Rudin, "Stop Explaining Black Box Machine Learning Models for High Stakes Decisions and Use Interpretable Models Instead," *Nature Machine Intelligence* 1, no. 5 (May 2019): 10, https://doi.org/10.1038/s42256-019-0048-x.

12. Annette Zimmermann, Elena Di Rosa, and Hochan Kim, "Technology Can't Fix Algorithmic Injustice," *Boston Review*, December 12, 2019, https://bostonreview.net/science-nature-politics/annette-zimmermann-elena-di-rosa-hochan-kim-technology-cant-fix-algorithmic.

13. Zimmermann, Di Rosa, and Kim.

14. Gina Neff et al., "Critique and Contribute: A Practice- Based Framework for Improving Critical Data Studies and Data Science," *Big Data* 5, no. 2 (June 2017): 85–97, https://doi.org/10.1089/big.2016.0050.

15. Mike Isaac, *Super Pumped: The Battle for Uber* (New York: W. W. Norton & Company, 2020), ch. 16.

16. Kate O'Flaherty, "Apple's Privacy Features Will Cost Facebook $12 Billion," *Forbes*, April 23, 2022, https://www.forbes.com/sites/kateoflahertyuk/2022/04/23/apple-just-issued-stunning12-billion-blow-to-facebook/.

17. Yochai Benkler et al., "Social Mobilization and the Networked Public Sphere: Mapping the SOPA-PIPA Debate," *Political Communication* 32, no. 4 (October 2, 2015): 594–624, https://doi.org/10.1080/10584609.2014.986349.

18. For a powerful reflection on the continuing need for state regulation, see Frank Pasquale, *The Black Box Society: The Secret Algorithms That Control Money and Information* (Cambridge, MA: Harvard University Press, 2015).

19. Amy Kapczynski, "The Law of Informational Capitalism," *The Yale Law Journal* 129, n. 5 (2020), 1465.

20. Karl Manheim and Lyric Kaplan, "Artificial Intelligence: Risks to Privacy and Democracy," *Yale Journal of Law & Technology* 21 (2019): 162.

21. Michael Kearns and Aaron Roth, "Ethical Algorithm Design Should Guide Technology Regulation," *Brookings* (blog), January 13, 2020, https://www.brookings.edu/research/ethical-algorithm-design-should-guide-technology-regulation/.

22. Morgan Meaker, "Meta's Failed Giphy Deal Could End Big Tech's Spending Spree," *Wired*, December 3, 2021, https://www.wired.com/story/facebook-giphy-cma-global-template/.

23. Manheim and Kaplan, "Artificial Intelligence: Risks to Privacy and Democracy," 186.

24. Quoted in Lina M. Khan, "Amazon's Antitrust Paradox," *The Yale Law Journal*, 2017, 740.

25. Patrice Bougette, Marc Deschamps, and Frédéric Marty, "When Economics Met Antitrust: The Second Chicago School and the Economization of Antitrust Law," *Enterprise & Society* 16, no. 2 (June 2015): 313– 53, https://doi.org/10.1017/eso.2014.18.

26. "General Data Protection Regulation (GDPR)—Official Legal Text," General Data Protection Regulation (GDPR), https://gdpr-info.eu/, art 22.

27. Meg Leta Jones, *Ctrl + Z: The Right to Be Forgotten* (New York: New York University Press, 2016).

28. Khan, "Amazon's Antitrust Paradox."

29. Sarah T. Roberts, *Behind the Screen: Content Moderation in the Shadows of Social Media* (New Haven, CT: Yale University Press, 2019).

30. Paul M. Barrett, "Who Moderates the Social Media Giants? A Call to End Outsourcing" (NYU Stern—Center for Business and Human Rights, June 2020), 4, https://static1.squarespace.com/static/5b6df958f8370af3217d4178/t/5ed9854bf618c710cb55be98/1591313740497 / NYU+Content +Moderation+Report June+8+2020.pdf.

31. Jeff Kosseff, *The Twent y- Six Words That Created the Internet* (Ithaca, NY: Cornell University Press, 2019).

32. Jennifer S. Fan, "Employees as Regulators: The New Private Ordering in High Technology Companies," Utah Law Review, Vol. 2019, no. 5 (2020): 55.

33. Alexis C. Madrigal, "Silicon Valley Sieve: A Timeline of Tech-Industry Leaks," *The Atlantic*, October 10, 2018, https://www.theatlantic.com/technology/archive/2018/10/timeline-tech-industry-leaks/572593/.

34. Daisuke Wakabayashi, "At Google, Employee- Led Effort Finds Men Are Paid More Than Women," *New York Times*, September 8, 2017, https://www.nytimes.com/2017/09/08/technology/google-salaries-gender-disparity.html.

35. Catherine D'Ignazio and Lauren F. Klein, *Data Feminism* (Cambridge, MA: MIT Press, 2020), 65.

36. Sarah Hamid, "Community Defense: Sarah T. Hamid on Abolishing Carceral Technologies," *Logic Magazine*, August 31, 2020, https://logicmag.io/care/community-defense-sarah-t-hamid-on-abolishing-carceral-technologies/.

37. Ruha Benjamin, *Race after Technology: Abolitionist Tools for the New Jim Code* (Cambridge, UK; Medford, MA: Polity Press, 2019).

38. Zimmermann, Di Rosa, and Kim, "Technology Can't Fix Algorithmic Injustice."

39. Zimmermann, Di Rosa, and Kim.

40. Amy Kapczynski, "The Law of Informational Capitalism," 1460.

41. On norms, laws, architecture and markets, see, e.g., Lawrence Lessig, "The New Chicago School," *The Journal of Legal Studies* 27, no. S2 (1998): 661–91.

찾아보기

414

데이터의 역사

1판 1쇄 인쇄 2024년 10월 15일
1판 2쇄 발행 2025년 1월 14일

지은이 크리스 위긴스, 매튜 L. 존스
옮긴이 노태복

펴낸곳 씨마스21
펴낸이 김남인

총괄 정춘교
편집 윤예영
디자인 이기복, 박상군
마케팅 김진주

출판등록 제 2021-000079호 (2020년 11월 24일)
주소 서울특별시 강서구 강서로33가길 78
내용문의 02-2268-1597
팩스 02-2278-6702

홈페이지 www.cmass.kr
이메일 cmass@cmass21.co.kr

ISBN 979-11-983470-3-9 (03900)